Western Educational Theory and Practice during the Period of Transformation

转型期西方教育理论与实践丛书

主编 陆有铨

论争与建构

——西方教师教育变革关键词及启示

鞠玉翠 ◎著

山东教育出版社

图书在版编目(CIP)数据

论争与建构——西方教师教育变革关键词及启示/鞠玉翠著.—济南:山东教育出版社,2011
ISBN 978—7—5328—6268—9

Ⅰ.①论… Ⅱ.①鞠… Ⅲ.①教育理论—西方国家—现代 Ⅳ.①G40—092.5

中国版本图书馆 CIP 数据核字(2011)第 028253 号

Preface

前言

陆有铨

这套丛书实际上是此前由山东教育出版社出版的“20 世纪教育回顾与前瞻”丛书的续篇。“20 世纪教育回顾与前瞻”丛书出版于 1995 年，主要叙述 19 世纪末 20 世纪初至 20 世纪 80 年代西方主要国家的教育在若干方面发展的进程。目前读者看到的“转型期西方教育理论与实践”这套丛书，主要叙述 20 世纪七八十年代以来西方主要国家教育理论和实践若干主要方面的进程。

关于“转型期”这个概念，可谓意见纷纭，但在这里，主要是从时间的意义上使用的。20 世纪 80 年代前后的确是一个“转折”的时代，包括中国在内的世界各国在各个方面都或隐或显地出现了与以往不同的特征，故此，我们把这个具有分水岭性质的时代，称之为转型期。具体来说，本丛书的“转型期”是指 20 世纪 70 年代末 80 年代初以来大约 30 年左右的时间。

学校教育，无论就其产生还是发展来说，任何人都无法割断她与社会的联系。联合国教科文组织国际教育发展委员会 1972 年编著的《学会生存——教育世界的今天和明天》明确地指出：教育体系受着内部和外部两方面的压力。内部压力来自体系内部的失灵与矛盾……然而过去的经验表明，内部压力和紧张状态本身还不足以引起教育结构上的变化。外部压力在我们这个时代特别坚强有力。——未来行动的方向主要将从外在因素中推演出来。联合国教科文组织发表于几十年以前的这一结论和预言，在社会转型的时期，得到了充分的验证。

转型期西方国家的教育发生了深刻的变化。这种变化的原因，归根结底是由于社会各个方面施加于教育的“外部压力”。大体说来,这种“外部压力”有下列几个方面。

首先,从生产方式的角度而言,人类社会开始由工业经济向知识经济迈进。早在20世纪60年代,美国学者马克卢普(F. Machlup)就根据战后产业结构变化的背景提出了“知识产业”的概念。此后,1973年,丹尼尔·贝尔出版《后工业社会的来临》;1980年,阿尔温·托夫勒出版《第三次浪潮》;1982年,约翰·奈斯比特出版《大趋势》等一系列标识人类生存方式变化的著作。1996年,“经济合作与发展组织”(OECD)发布了《科学、技术和产业展望报告》,该报告首次使用了“知识经济”这一概念。后来该组织又将报告中有关部分以《知识经济》为题单独发表。根据OECD的界说,知识经济是建立在知识和信息的生产、分配和使用基础之上的经济。该组织认为,知识是支撑OECD国家经济增长的最重要的因素(OECD的成员国多为发达国家)。不言而喻,在知识经济时代,知识的生产、知识的创新乃是至关重要的因素。

20世纪80年代以来,西方发达国家的产业结构发生了巨大变化,以劳动密集和传统工业技术为核心的第一、第二产业在国民生产中的比例逐渐下降,而以知识密集和信息技术为核心的第三产业迅速成长为强大的经济增长点和新兴的支柱产业。

作为重要的“外部压力”,人类生产方式的转变,对于以培养人为宗旨的教育的意义可谓不言自明,因为知识经济得以实现的一个不可或缺的条件,乃是人的素质。在20世纪80年代,西方国家发布了许多关于教育危机的报告,看到了教育与新的生产方式之间存在的不协调。教育哲学的研究也出现了以“教育问题”探讨为主的转向。当然,“危机”的表现或内容复杂多样,但教育质量问题却是不变的主题。对于基础教育而言,与知识经济时代伴随而来的科技革命和信息化,使得学校似乎正在培养科学和技术“文盲”的一代。知识经济时代要求人要具有不断学习乃至终身学习的意愿和能力,而且还要具有创新意识和竞争能力。

其次,从国际关系的角度而言,各国之间的竞争空前激烈。强化教育为国家利益服务,强化教育的国家目的,这是20世纪以来世界各国教育发展的一条基本线索,西方国家当然不会例外。需要指出的是,国家目的不是一成不变的。不同的历史阶段,国家目的的表现形式和内容各异,重点亦不相同。19世纪末20世纪初开始至1945年第二次世界大战结束,国际间国家目的突出的是意识形态领域的斗争，民主主义、共产主义、法西斯主义的意识形态对相关国家的教育，分别产生了极为重要的影响。第二次世界大战结束至七八十年代，在美苏双峰对峙的态势下，国家目的突出的是科学技术的竞争，教育的重点是为培养科技专家服务。此后，随着苏联的解体、第三世界国家的崛起，形成了多极世界的政治格局。在这种格局下，国家之间的竞争与冲突表现为政治、经济、文化、历史文明冲突等多维度。

1985 年 3 月 4 日，邓小平在会见日本商工会议所访华团时指出，和平与发展是当代世界的两大问题；虽然战争的危险还存在，但是制约战争的力量有了可喜的发展；发展的问题也就是经济问题，世界各国经济发展的互相依赖性增强了，因为任何国家都不可能孤立于国际社会而获得经济的发展。

人们往往用“经济全球化”来表示各国经济互相依赖的情况。但经济全球化并不等于大同世界的到来。它除了强化了国际合作的需求和可能之外，还大大地加剧了全球范围内国家之间的竞争。由于经济的实力往往是决定其他各种力量的关键，它施加于教育的“外部压力”，就是教育要为提升综合国力服务。所谓综合国力，乃是指一个国家的经济实力、国防实力和民族凝聚力的总和。

第三，全球性问题乃是人类共同面临的困境。欧洲自中世纪以后，历经意大利的文艺复兴，德国的宗教改革，法国的启蒙运动以及英国的工业革命等解放运动，世界各国在现代化的道路上你追我赶，在取得巨大物质文明进步的同时，在人与自然、人与社会以及人与自我的关系方面，出现了一系列的问题。如何面对并克服人类共同面临的困境，实际上关系到人类自身的生存和发展。

这一系列的“外部压力”，乃是包括西方国家在内的世界各国的教育发生深刻变化的根本动因。这套丛书力图从若干方面描述西方一些国家最近 30 年左右的时期内教育理论与实践的一些进展及其主要的特征。

二

著名教育家胡森曾经说过，教育作为一个实践的领域，其真正的本质在于地方性和民族性。教育毕竟是由它所服务的国家的文化和历史传统形成的。近代以来，教育实践的一个极其重要的特征是，教育越来越成为不同国家实现各自目的的工具。

20 世纪 80 年代以来，基于国际竞争的压力以及对教育重要性的普遍认同，教育的危机被看做是整个民族、国家的危机；所有教育上的改革和创新，不再仅仅是地方性或局部性的了，而成为一种全国性的努力；各国政府普遍加强了对教育的控制，强调教育为国家利益服务，并自觉地将教育作为实现国家目的的重要工具。在这里，我们姑且将这种现象称之为“教育的国家干预”的倾向。

转型期西方各国教育国家干预的程度更加强化，其表现有下列几点。

首先，国家拟定国家教育目标、国家统一课程，教育目标和内容越来越集权化；教育改革计划大都以立法形式颁布，并作为国家意志强制实施。

政府控制教育的情况，在拥有集权管理传统的法国表现得较为直观。根据法国 1989 年的《教育指导法》，各级政府对教育的控制以不同形式得以强化。地方教育管理机构(Regional Education Councils)的权限甚至扩展到高等教育系统之中，地方教育总长(Chief Education Officer)作为大学的副校长被要求就所管地区的高等教育状况提供年度报告。

许多分权制国家的中央政府也开始加强对教育的干预和控制，这在 20 世纪 80 年代以后尤为突出。许多国家的中央政府往往通过立法、建立统一标准、国家统一课程、统一考试、财政拨款等方式，主导教育的走向。为了避免国家控制和标准化可能带来的僵化，一些国家采用的策略是，由政府规定全国性计划，而计划的执行则留给地方层面的行政机关。

二战以来，美国进行过几次主要的教育改革，一次更比一次强调政府对教育的干预和监控。20 世纪 80 年代因美国在国际中小学生学科竞赛中成绩过差，导致《国家在危险中》报告的发表。1988 年，美国当时的教育部长威廉·J. 贝内特递交了《关于美国教育改革的报告》，建议学校应从三方面改进：讲授基本道德准则；建立纪律和规章制度；鼓励学生养成努力学习的习惯。1993 年，克林顿行政当局以法案的形式提交《2000 年目标：美国教育法》，并作为国家法案提交参众两院审议通过，完成了立法程序。为了加强学校的道德教育，白宫于 1994～1996 年 3 年中分别 3 次召开关于公民与民主社会品格建构研讨会。开始于 20 世纪 90 年代末、当前仍在进行的美国这次教改更加广泛、深入，它包括中小学直至大学、研究生教育，涵盖学校教育和全美国人力资源的开发。它所涉及的，既有教育质量的老问题，更有教育数量的新问题。新一轮全局性、整体性的教育改革的显著特点，是对美国联邦政府在全国教育事务上的角色的重新定位，它强烈要求联邦政府实质性地参与学校事务，要求强制干预全国教育事务。2001 年 1 月出台的《不让一个孩子掉队法》(No Child Left Behind，即“NCLB”)，则发动了一场涉及全美每一所中小学的教育改革。这清楚地说明了美国联邦政府对美国教育干预的进一步强化。

其次，国家利用市场逻辑、校本发展等多种手段，加强对学校教育的监控。

20 世纪 80 年代以后，社会转型的冲击促使教育在保持自身独立发展的同时，也不断地进行反思与改革。以市场为导向，变政治行政模式为经济市场模式的制度性变革已成为转型期西方公共教育改革中的重要实践取向。联合国教科文组织《1993 年世界教育报告》指出，20 世纪 80 年代世界朝着某种形式的市场经济转变，没有几种教育制度完全不受这种全球变化的影响。与过去直接干预和介入教育的方式不同的是，这个时期国家逐渐认识到市场这只“看不见的手”也可以在教育领域内发挥举足轻重的作用，市场竞争正日益成为教育国家化的重要手段。

在国家职能不断扩展的这一总趋势下，西方国家以市场为取向的公共教育改革似乎是对国家垄断教育的做法进行质疑和批判，其实不然。以市场力量参与管理取代政府的集中管理，正是转型期西方国家干预教育的一种新手段，其目的是为了更好地服务于国家利益。在国家观念与市场逻辑二者看似冲突的背后，反映出的本质却是国家干预教育的力量更强大，获取的教育权力更多，而且手段更巧妙。杰夫・惠迪(Geoff Whitty)等人在研究了英国、澳大利亚、新西兰、美国和瑞典五国公共教育放权与择校的改革实践后指出，尽管许多教育职责正在从国家或地方政府转移，但没有一国政府的总体作用在明显下降。无论是国家还是州政府，都掌握了决定学校知识的标准、成就评估的方式以及评估报告的对象等新的权力。政府虽然放弃了地方层面的教育权责，但是在中央层面的教育控制权却更加强化了。

除了市场逻辑对教育的影响之外，教育校本化思潮的影响也是一个不容忽视的因素。教育校本化带来的多样化和个性化可能会导致学校教育发展的不均衡甚至平庸化等风险，为此，西方国家又通过出台各种国家教育标准、加强绩效问责乃至国家教育考试等集权化的措施予以应对，并且通过制度和政策从赋权给学校转向促进学校增能。所以，在转型期西方教育校本化思潮的复兴过程中，我们常常可以看到分权与集权的博弈始终是如影随形。这种看似矛盾的教育改革思路，实则反映了西方国家对于中小学教育发展的基本诉求，即多样化、选择性和高质量。当然，现实与追求之间的鸿沟似乎总是难以逾越，但却为学校教育的发展提供了源源不断的改革课题和发展动力。

各国政府积极介入教育的原因何在？教育为何走上国家化的道路？按政治学的解释，任何政府行为都有一个最根本的动因——国家利益，国家利益是一个政府活动的出发点和最终归属。国家利益的影响力是如此之大，以至于那些有重要影响力的政治人物都不得不借助国家利益的名义来推行自己的政治主张。拿破仑以法兰西利益为借口，发动了对俄战争；林肯总统以联邦利益的名义反对分裂；希特勒用德国国家利益的名义为其扩张主义政策而辩护。国家积极介入教育的动因也不例外。西方各国频频出台的教育变革举措让人眼花缭乱，其最终目标却只有一个，就是为了国家竞争力的提升，国家竞争力成为转型期前后西方教育变革的首要目标。其深层次的原因就在于，“创新”和“竞争”的能力是当今世界各国普遍关注的话题，而一个国家创新和竞争力的关键在于全民素质和人才的竞争力，在于教育变革的成效如何。

西方的政治哲学有一种自由主义传统，认为“最小的政府就是最好的政府”，只要政府可以不管的就尽可能不加干预。这种政治哲学也渗透到政府对教育的态度上，西方各国政府对教育一般不直接干预。然而，20 世纪中期以后，这种情况发生了深刻的变化，教育的公益性在弱化过程中备受各国政府的关注。于是，各国政府便主动承担起更多的发展教育的责任，一方面把促进教育公平视为政府的重要职能，更把发展教育作为增强国家综合实力的重要工具。这可能是转型期强化教育国家干预的根本原因。

二

上文提到，转型期西方国家教育在强调政府集权对教育直接干预的同时，分权与政府集权的博弈始终是如影随形。为了避免国家控制和标准化所带来的僵化，充分发挥学校、社会团体、教师、专家、家长等各个方面的能动性，一些国家采用的策略是，由政府规定全国性计划，而计划的执行则留给地方层面的行政机关、学校等，在教育变革的运作上，呈现出一种治理结构“扁平化”的特征。

首先，公立学校的办学引入市场竞争机制。

形成和发展于工业经济时代的公共教育体制，为适应政治生活民主化和经济生活工业化的要求，被赋予了公益性、平等性和国家垄断性的内涵。从西方国家公立学校市场化改革所涉及的领域来看，在宏观上涉及国家的办学体制，在微观上涉及学校的运行机制。在办学体制方面，是打破政府对于公立学校的垄断，倡导教育资源提供者的多元化，允许政府以外的个人、社会团体和企业为社会提供公立学校教育的服务。目前在西方国家办学体制改革的探索中，已经出现了特许学校、城市技术学院、教育行动区等新型办学模式。在学校的运行机制方面，倡导学校之间的竞争，取消政府对于公立学校的保护。其中，较具代表性的是教育券计划（Education Voucher Plan）、开放入学计划（Open Enrollment Plan）。这类计划将公立学校本身看做一个开放的系统，允许学生及其家长在公立学校内部以及公私立学校之间进行自由选择，以改变长期以来他们在教育方面始终处于被动接受地位的不利状况。

西方国家以市场为取向的公共教育改革，其具体内容包括三个方面。一是扩大学校自主权。学校自主权（school autonomy）的扩大，在政策层面，指的是地方教育行政部门将各种各样的教育决策权直接下放到学校这一层次，给予学校更大更多的办学自主权；在实践层面，则表现为公立学校办学体制和管理体制的转变，出现了公立学校管理校本化、私营化等理念，以及在此理念指导下的多元公立学校模式的试验。二是鼓励家长择校。20 世纪 80 年代以后，随着人们对公共教育系统的日益不满以及对于优异教育的重视，家长择校成为一项重要的公立学校改革方案得到广泛重视和采纳。在鼓励家长择校的改革方案中，影响最大的是教育券计划，其次是开放入学计划和公助学额计划（Assisted Places Scheme）。三是政府直接干预减少，宏观控制加强。

西方公共教育改革的主要特征有两个方面。第一，改革的核心是公共教育权的重新分配与平衡。允许学校自主管理和家长择校的前提是，学校和家长拥有与此相匹配的权利和责任。因此，以市场为导向的西方公立学校改革，其核心关涉的是公共教育权利和权力的重新分配与平衡，即公共教育权在各有关行为主体，包括中央政府、地方政府、学校、市场与家长之间发生的变更。重新分配的目的在于调动多方参与教育的积极性,更有效地配置教育资源。第二,改革的主要推动者是各国政府。与以往教育改革有较大不同的是,转型期公立学校市场化改革基本上是由各国政府自上而下推动的。政府一手主导了大部分的改革方案,并积极促成了以市场为导向的公立学校改革,也就是说,市场机制根本上就是由国家这一双大推手导入的。这正是新保守主义思潮中"强有力的政府,自由的市场"(the strong state, the free market)主张的体现,即自由的市场必须要有强有力的政府来保障。

在公共教育由国家垄断时期,公共教育是置身于国家干预和市场调节这一对矛盾体的博弈之外的。但是,转型期发生在公共教育领域内的种种改革显然已经打破了这种平静的局面,不管赞同还是反对,市场的理念和机制正一步步地改造着人们已经习惯了的公共教育。当然,公共教育改革过程中,也面临着许多矛盾,主要有四个方面。第一,公共教育的社会定位:公益性还是准市场性。第二,公共教育的目标定位:公平还是效率。第三,公共教育的管理价值取向:标准化还是多样化。第四,国家的教育职能:增强还是减弱。

值得注意的是,教育领域市场机制的引入,在高等教育办学方面出现了一种"消费主义"的教育观,办学指导思想出现消费主义倾向。

在教育质量运动、共同治理等转型的背后,西方各国的办学指导思想也逐渐发生了变化,消费主义倾向悄然成为不少学校的办学指导思想。消费主义既指一种价值取向,又指一种行为实践,它意味着"万物皆商品、一切可买卖","为消费牺牲一切"。

消费主义教育观主张由顾客定义教育质量,质量规划的目的就是取悦顾客,就是努力在教育消费者最需要的时候以消费者最满意的方式提供教育服务。在消费主义观念主导之下,有多少消费者,就有多少质量的定义,教育离传统的定义渐行渐远。这从根本上改变着学校教育的性质。

消费主义倾向使教育价值的功利化取向抬头。功利化集中体现在高等教育商业化潮流之中。这从博克(Derek Curtis Bok)教授先后出版的两本理论著作的书名就能得到部分的印证。博克 1982 年出版的《走出象牙塔》认为,走出象牙塔是现代大学的社会责任。不过,那只是现代大学的社会责任之一,当时还难于想象大学完全被市场话语所包围的情景。而他 2003 年面世的著作《市场中的大学:高等教育商业化》考察和描述了大学校园里通过教学、研究等活动赚钱的行为——高等教育的商业化行为,从而指出,大学已经商业化,大学正经历着十分新奇的商业化活动过程。随之而来的,是教育的公益性遭遇消解,是竞争意识与私欲的过度强化。这使西方大学无私心、无功利的追求出现了以私利为主导的倾向。高等教育为利益攸关者服务的职能在强化,功利化的教育价值取向在强化,而知识本身即目的的信念日益受怀疑,甚至出现"有校无学"(school without learning),使高等教育的非功利性目标遭遇不恰当的抑制。

其次,教育的校本化发展。

为缓解转型期学校教育的多重矛盾和压力,西方国家普遍地采取了重建学校教育的一系列改革策略。在这一过程中,校本化思潮的复兴和校本管理的概念重建始终是一个引人注目的教育改革现象。教育校本化思潮经历了20多年的起伏消长,如今只要在网上输入"校本"二字或"school-based",就可以立刻涌现海量的信息,无论是中文的还是英文的,实在让人目不暇接。尽管其中存在许多水分,但仍然可以反映出校本化思潮的广泛影响。教育的校本化不只表现为校本课程的开发和实施,而且出现了校本管理、校本培训、校本评价、校本教师教育等全方位校本化的倾向,这是教育的重心下移,微观领域教育权力下移和治理格局出现转型的重要体现。

教育校本化思潮的复兴与西方经济社会的转型密切相关,或者说它本身就是信息化时代来临和经济全球化背景下西方经济社会转型的重要组成部分。教育校本化思潮试图为中小学松绑,更好地调动校长、教师乃至社区和家长的教育改革积极性,提高教育发展的绩效和公民社会的参与度,增强教育的适应性,为学校教育的改革和发展注入活力。因此,西方各国纷纷出台校本化的教育改革政策和措施,重点推动了校本管理、校本课程开发、校本评价和校本教师教育等方面的校本化改革进程。

在我们观察和研究转型期的西方中小学教育时,校本化思潮无疑是一个不可缺少的视角。教育校本化发展在很大程度上反映了最近20多年来西方国家中小学教育改革和发展的一个明显趋势,它所体现的教育分权化和多样化发展的思路与教育集权化发展思路一道所形成的力量对比和消长的轨迹,正是转型期西方中小学教育改革和发展的现实图景。通过解析教育校本化思潮,我们不仅可以更好地理解西方教育发展的基本矛盾和改革方向，而且还可以获得对于我国基础教育发展具有重要借鉴意义的经验和启示。

第三，控制教育的方式从自律为主转向共同治理的“问责制”。

20 世纪 80 年代以来，知识经济时代社会对教育质量的高度关注、高度期望，以及公众对教育的不信任，造就了有史以来外界控制教育的最为强大的力量，最终导致以自律为主的教育转向共同治理的格局。

问责制的产生一方面是由于学费上涨、高校的财政困境以及公众对教育的不信任等因素，然而，各方面的利益驱动、教师自律机制的失信、管理哲学的变化、学术价值观由内部认可到外界承认的变化等因素才是共治高等教育的更为深层次的原因。

20 世纪 80 年代以后，问责成为西方各国教育改革中的一个重要关键词。它的主要特征与责任密切相联，同时非常强调结果和绩效。问责制的定义尚不统一，但简单地说，问责制作为转型期西方各国治理教育的一项重要制度，其基本含义，就是资源使用者向资源供给人提交报告的义务或职责。在西方高等教育系统中，问责制的影响不仅广泛，而且深刻。这主要表现在四个方面。第一，问责制使高等教育正在“失去朋友”，尽管高等教育因此有了更多的利益攸关者(stakeholders)。越来越多的利益攸关者总是习惯于追问高校为他们做了什么，而不是像朋友那样，常问自己为高校做了什么。第二，问责制使松绑的高校依然处于政府的控制之下。第三，问责制使高等教育受到更多的“外部控制”。第四，问责制使高等教育资源配置以绩效评估为依据。这样的制度，在以自律机制为主的西方传统高等教育治理格局中是难以想象的，但在有关各方共同治理教育系统的条件下，却是难以回避的方向。

西方教育之所以走向共同治理，原因非常复杂，从认识论来看，则在于人们对教育复杂性的深刻反思和强烈意识。复杂科学不止在改变人们的自然观、知识观，也在改变人们的社会观、教育观，使一个有序、简单、透明的世界观和价值观向着多重性、暂时性和复杂性变化。复杂科学孕育了一种新的思维方式，“情境化”的“复杂知识”将取代“去情境”的“简单规则”，这样的社会价值追求形成了对复杂教育的一种潜在的引导。

三

在知识经济、信息技术和全球化背景下，教育自身的质量问题变得比以往任何时候更加突出，成为困扰西方各国的重要社会问题，引起了社会各界的广泛关注，甚至在全球范围掀起了一波又一波的教育质量运动。

首先，德育质量作为教育质量的重要内容受到了前所未有的重视。

在美国，20世纪80年代中后期，公德衰败，公立学校教育在培养道德公民方面的有效性受到越来越多的质疑，家长和选民对公立学校教育的支持减少。在重重压力与众多指责之下，美国公立教育努力重建美国传统价值，学术研究也开始了回归传统、重构理论的转型。教育理论界开始对美国道德教育重新检讨，一批有着强烈责任感与使命感的学者开始了道德教育理论的探索。其中有影响的理论有三种："新古典"取向的品格教育（character education）理论、"情感"取向的关爱教育（caring education）理论和"关系"取向的领域理论（domain theory）。这使得道德教育理论表现出重检与重建的特点，并取得了新进展。在实践领域，出现了举国参与学校道德教育改革的局面。联邦政府直接干预学校道德教育的实践方向，专家直接参与学校道德教育项目的实施，学校则实施明确的道德教育。

其次，教学效果成为评价教育质量的重要领域，教学的有效性探索因此成为热点。

在一定程度上可以说，世界各国一直在探索有效教学的种种策略，并形成相应的有效教学的理论。整个世界教育史，就是一部追求有效教学的历史。而20世纪80年代以来，西方各国普遍关注学校教学质量，追求教学的"有效"和"高质量"。美国、英国、日本、法国等纷纷对学校教育现状展开调查，出台了很多调查研究报告，调查报告的结果普遍显示学校教育质量不能满足国家和时代的要求。现实的危机使世界各国开始探索学校有效教学的新思路，并在探索过程中呈现出一些共同的特点和追求。

以新技术为特征的教学情境设计，业已成为20世纪80年代以来学校教学变革力度最大的一个领域。为学生创设丰富的、复杂而真实的学习情境，让学生运用多种方式理解知识和表现知识，而不是单纯的知识讲授与接受，成为学校教学变革的基本宗旨。除了与新技术有关的变革学校教学情境的思路，还存在着不少以学生活动和表演为主的课堂教学情境创设。有效教学的情境创设主要有三种思路：网络学习情境、多媒体教学情境和角色扮演教学情境的创设。有效学习的基本策略是回归"学徒制"、回归"综合实践活动"和回归"探究式教学"。有效教学追求每一个学生的终身学习，"一个都不能少”，如何在班级教学中照顾学生个别差异，促进学生自学，成为有效教学组织形式变革中的核心问题。

第三，对教育质量的强烈关注，导致各国对教师教育质量日益重视，几乎各国都经历过从关注教师数量到关注质量的历程。

国际竞争对高素质人才需求的压力、社会民主化进程对所有儿童受教育权的保护等使得人们对教师的期望大大提升，“让所有孩子拥有高质量的教师”更成为各国共同的目标。许多国家把教师看做提高综合国力、保持国际竞争力的关键。在日益看重教育的背景下，教师的重要性和对高质量教师的迫切需求成为西方国家的共识。

但是，关于何谓“高质量”教师、如何才能得到“高质量”教师等问题，却充满争议。教师教育的重要性和实际效果的不如人意、利益相关者的多元性、理想教师内涵的复杂性以及作为学术前沿常态的冲突等使得教师教育领域对立的观点纷纷涌现出来。对立观点的交锋形成西方教师教育研究与实践的一个突出特点。这种交锋为教师教育研究者提供了反思自身的富有张力的场域，从而促进了教师教育研究与实践的建构与生成。不同国家对教师要求的侧重点有很大不同，甚至同一城市的不同地区、不同学校之间都会有不同的评判标准。20 世纪 80 年代以后，这些争论更激烈，影响范围更大，甚至提升到关涉国家前途的高度，因此，政府也成为争论的一方。特别是像美国这样的分权制国家，以往教育权在州和地方，联邦政府很少关注教育问题，而现在，教育、教师教育都成为联邦政策的重要关注点。由于政府所拥有的权力，使得其观点成为当前教师教育中的主导倾向。但是，对政府政策、观点的质疑声也不绝于耳。于是，在这些纷繁复杂的论争中，凸显出来两股主要力量或两大阵营——政府（特别是保守主义倾向的政府）和专业团体，二者对待教师教育的观点存在巨大差异。保守主义立场承认教师的重要性，但是否认教师教育的必要性和有效性。政府立场更多从国家政治经济的宏观角度来看教育问题，把教育看做解决政治经济等问题的工具，看重的是教育的结果、产出。因此，政府承认高质量教师的作用，但是在高质量教师的内涵、衡量标准、如何产生等关键问题上却与专业立场存在根本分歧。

值得注意的是，教师教育领域还有一种非常明显的声音，倡导多元文化、批判理论及知识社会学的视角和理论框架，关注贫困地区及有色人种学生，热衷于从阶层、种族、政治、文化等角度发起批判，揭示上述两种立场如何复制、巩固甚至加剧社会的不平等，致力于为民主社会培养具有批判精神的教师，最终通过教学和教师教育"来改变这个世界"。这被一些学者称为"社会正义"取向。

在西方各国教师教育的争论和探索实践中，涌现出解制、专业化和社会正义、市场化、问责、标准和认证、适应性专家、基于科学的研究、有力的教师教育等关键词，它们涉及教师教育的根本目标和性质及基本取向、资源配置方式、结果监控、准入制度、培养方式、研究取向等几大主题，在很大程度上代表了当前西方教师教育领域改革和论争的焦点。各派观点的目的和口号是一致的，那就是"让所有孩子拥有高质量教师"，但是由于立场不同，对问题的诊断不同，开出的处方也不相同。当然，各方的观点都能够提供有参考价值的视角，而更为关键的则是要根据具体国情，把握方向，展开具体研究，为教师教育变革提供比较坚实的基础。

转型期西方各国对教育质量的普遍关注，已经掀起了全球性的高等教育质量运动，实现了高等教育控制内容从规模扩展向质量保证的转变。这场运动至少呈现出四个方面的特征，那就是：第一，质量文化成为不同文化的共同语言；第二，机构建设是质量运动的组织保证；第三，理性批判促使质量运动走向成熟；第四，市场机制引导质量信息广泛传播。这些特征，深刻地影响着西方高等教育的办学实践。追求高深学问的传统，使得西方高等教育内部从来都比较重视教育质量问题，在一定程度上可以说，高等教育质量运动是高等教育内部的要求，但更为主要的，还是外力作用的结果。民众强烈的受教育愿望带来规模扩展，也带来质量问题。对质量问题的深切关注，以及办学自主权的进一步诉求，引发高等教育质量运动的实践动力，带来高等教育管理的理论创新，也带来了高等教育质量概念的泛化、办学活动的效率主义倾向等诸多需要反思的问题，最终导致了西方高等教育控制内容从规模扩展向质量控制的深刻转型。

转型期西方教育改革的许多举措，都是针对教育质量问题而出台的。无论是对有效教学的不懈追求，对道德教育的忧虑，或是对高质量教师的期待；无论是国家干预、市场化的趋势，还是校本化的举措——尽管视角不同，其指向的目标都是教育质量的提高。

四

西方国家最近几十年的发展对我国的教育具有很大的启示意义。

第一,重视教育的社会功能。

作为人类的一项重要的社会实践活动,无论就其产生和发展来说,教育与社会需要从来就是互为表里的关系。也就是说,社会需要潜在地制约并决定着教育。世界各国教育发展的历史充分地证明了这一点。

近代以来,国家的职能在不断地扩大,以至几乎覆盖到人类生活的各个方面,而且,往往用"国家利益"或"国家目的"的名义为其合法性、合理性找寻法律和道德的基础。这在教育的领域也得到了充分的证明。在许多时候,"国家利益"或"国家目的"甚至成为教育社会功能的全部内容。只要国家还存在,国家的安全和利益必将置于个人的利益之上。这也是衡量教育成效的最终裁判。

几乎没有人(包括各国的领导者)会公开否认国家利益的实现是为了"人"(人民)的利益或目的,但一个不可更易的事实是,只有通过"人"才能够实现国家的目的。就这个意义来说,只要有国家存在,教育就不可能纯粹或主要是为了"人"的发展、"人"的自我实现等等。不同时代的差别仅仅在于,为了实现不同时代的国家目的,要有什么不同的人的规格。因为人的发展的具体内容和方向,都不只是自我或某人规划的结果,它们都无可逃避地要受到国家和社会的制约。

第二,尊重教育的特殊性。

无论从教育的国家目的或为人的目的来说,教育都是用以实现目的的工具。然而,同其他的工具一样,教育有其自己的特性。

教育具有公共性,经济的合理性不能取代教育的公益性原则。国家、公共团体举办的公共教育固然如此,即使是私立学校也应该看做公共教育的一个组成部分。西方国家将市场的机制引入教育的领域,绝不意味着可以将教育或学校当做赚钱的工具。

学校只能做自己"能做"的事,不能漫无边际地追求"应该"做的事。同人的五脏六腑各司其职一样,社会的各种部门也应该各尽职守。学校教育的作用是有限的,学校究竟能为学生的发展发挥什么样的作用,应该深入思考。

第三，树立正确的教育质量观。

就教育内部的动因来说，所有的改革几乎都可以归结为教育质量观的变化。没有抽象的质量，而且，质量也是相对的。在历史上，不同的历史时期、不同的国家，有过不同形态的教育，归根结底，有过的种种教育形态都是由不同时代的质量观决定的，而且，万变不离其宗，在质量观的背后，我们都可以发现社会需求的影子。可以毫不夸张地说，从来就没有所谓的"好教育"，也没有所谓的"坏教育"，只有"适合"的和"不适合"的教育，所谓"适合"与"不适合"，主要衡量标准是它能否满足社会的需求。

我们确定的质量观，潜在地决定着我国教育的形态。在思考我们国家教育的时候，应该充分考虑到两个"适合"。一方面，要适合社会的需求、国家的利益，中华民族的复兴和崛起当然是必须考虑的首要因素。另一方面，还要考虑适合学生作为人的内在的自然需求。当这两个方面出现冲突的时候，教育质量观的恰当取舍就显得尤其重要了。

Contents

目录

Introduction

导言

教师中的天才像其他职业者一样，不可多得，教育目前是并且将来也是托付于平凡人的手上。

——杜威

学术生活首要的是冲突和分歧。教学则给人相反的印象，尤其是新手向新手讲述我们声称已经知道的东西的时候；但产生新观点的前沿地带总是充满异见者的争论。……不是加入论战的个人而是为数不多的论战阵营才是学术史的典型范式。冲突是学术生活的能量源泉，但冲突也受到其本身的限制。……对立的双方是相互构建的。——R. 柯林斯①

加拿大学者戴维·史密斯说，"教师在年轻一代面前度过他们的时日，这种独特的职业与生活的可能性意识紧密相连。毫无疑问，在任何关于人类共同未来的讨论中，这样的职业应该放在中心位置来考虑。"②在人类未来意识日渐觉醒的今天，教师的重要性也逐渐被人们认识。

自20世纪80年代以来，西方各国对教育及教师教育表现出空前的关注。世界经济合作与发展组织(Organisation for Economic Co-operation and Development，OECD)的每一个成员国都期望自己的学校与过去相比，能为

★本书系华东师范大学基础教育改革与发展研究所成果

①［美］R. 柯林斯. 哲学的社会学——一种全球的学术变迁理论. 吴琼，齐鹏，李志红译. 北京：新华出版社，2004. 导论 p. 1

② David Smith. Trying to Teach in a Season of Great Untruth：Globalization，Empire and the Crises of Pedagogy. Rotterdam/Taipei：Sense Publishers，2006. p. 25

学生做得更多——追求所有学生突出的教育结果，而不仅仅是指向有限的精英。“影响学生学习结果的因素有很多……但教师始终是连接社会期望和学生所学内容的核心。”①因此，各国都致力于为所有孩子培养高质量教师。

一、教师教育面临的挑战与机遇

教师教育和教师发展，都不可能脱离教育体系的改革和发展，而教育体系的改革和发展归根结底与整个社会的变革密不可分。社会变革的趋势反映在教育体系之中，也反映在教师教育中，虽然可能会滞后一段时间。社会的转型给教师教育带来前所未有的挑战与机遇。

(一) 知识经济时代备受重视的教师教育

教师教育之所以在当今备受关注，甚至有时好像处于“聚光灯”下，关键在于知识经济时代“知识—教育—教师—教师教育”的关系链条。知识经济时代，人们很少否认教师的重要性，也常常对培养教师的教师教育寄予厚望。

在知识经济时代，以传递、生产知识为已任的教育事业，其重要性是不言而喻的。教育需求旺盛也是顺理成章的事情，一方面，作为一种基本的国民素质要求，政府需要保证本国的所有公民都接受最起码的教育；另一方面，从国际竞争和市场竞争的角度来看，各级组织为保持在竞争中的优势地位，对更高技术含量、受过更高等级教育的人才的需求也越来越旺盛。

社会生产的高“技术化”、高创新性要求，导致对高技术人员和创新性人才的大量需求。未来一代需要接受较高的教育并具备较好的技能，而且必须能够不断接受再培训以适应迅速变化的知识市场。这在商业界、工业界和服务行业表现尤为突出，对工程师、技术人员、自由职业者、管理人员的需求越来越多，要求越来越高。因此，各国政府都认为有必要提高教育质量、降低辍学率、更新学校课程内容。

在1997年英国教育白皮书《卓越学校》(Excellence in Schools)中，戴维·布鲁特(David Blunkett)陈述了英国新工党的投资教育的战略观点：“我

① Centre For Educational Research and Innovation. Staying Ahead: Inservice Training and Teacher Professional Development. Paris: OECD Publications, 1998. p.17

们正谈论在知识经济时代投资于人力资本……以在全球经济中竞争。"①

英国工党教育政策的根本信念是，教育能够生产更多的知识，并能构成保持高工资、高技能经济的高附加值因素的基础。托尼·布莱尔首相为1997年白皮书所作的序言也表达了该政府的意图，即"投资于仅靠企业所不能投资的领域：教育、科学和企业文化的创造"，目的是开发"我们最有价值的资产：我们的知识、技能和创造性"，这些都"处于现代以知识为基础的经济的核心"。

当今社会，需要来自不同社会背景的学生都追求相当高的学业水平，而不像以前，只期望"学术的"和"特权的"少部分人在学校学业有成。继2002年美国总统乔治·W.布什签署《不让一个孩子掉队》②的法案之后，在英国2005年大选中，布莱尔再次打出教育的王牌并作出承诺：新政府将致力于发展适合每个儿童的教育，并且保证所有孩子都能接受高水平的教育。大选获胜后，布莱尔政府于2005年10月23日颁布了《为了全体学生：更高的标准，更好的学校》白皮书，教育与技能部部长鲁斯·凯利(Luth Kelly)在白皮书的序言中指出："教育是社会发展的动力，必须确保每个社区的所有孩子都能接受良好的教育。"

同美英相似，其他许多西方国家政府都越来越关注各个层次的教育质量的持续提高。而教育的"优异"离不开"高质量"教师，政府期望教师能够在此进程中发挥重要作用。换言之，几乎所有西方政府都有志于"让所有孩子拥有高质量教师"。

随着教育改革的推进，公众也越来越认识到：所有的教育改革，最终都要落实到教师的身上；人们也普遍相信：一名好教师对于儿童的成长具有极为重要的意义。在今天的西方世界，教师作为决定学生成败的重要因素几乎已成共识，公众对教学和教师培养的关切不断增加。

教学和教师教育不仅关涉国家利益，还涉及政策执行者、商界、各种基金会以及多方面的利益团体。美国《教师教育杂志》时任主编柯兰-史密斯认为，"在过去5到7年中，教师教育在媒体评论和激烈的政治争论中处于前所

---

① 转引自 Graham J. From Welfare to the Knowledge Based Economy—The New Labour of Teaching. Graham J. ed. Teacher Professionalism and the Challenge of Chance. London: Trentham Books, 1999. pp. 90～91

②《不让一个孩子掉队》法案是对1965年首次通过的《初等和中等教育法案》(the Elementary and Secondary Education Act，简称ESEA)的修订。

未有的关注中，以至于主导了政治讲坛并波及法律改革"①，"在过去的10年中，改革教师教育已经变得相当政治化"，"毫无疑问，政治已经成为了教师教育的一种生活方式"。②

对于这种现象，柯兰·史密斯的解读是："作为一个国家，我们最终承认了教师对于他们所教学生取得成就和生活机会的难以置信的重要性。这对教师教育的未来是极有希望的……"③

（二）"理想教师"的复杂内涵与饱受批评的教师教育

教师教育所受到的重视和所遭遇的批评似乎是成正比的。当各界开始审视中小学教育的质量时，往往得出这样的结论：根据过去十年所表现的高的期待来看，教育并没有发展。也就是说，教育未能充分地满足近十年来社会和经济的要求，并且似乎也不能为未来十年的挑战作好准备。教师们也为此受到责备，特别是教学和教师教育的质量受到了猛烈的抨击。④ 密歇根州立大学的戴维·拉布里说："似乎人人对于教师教育都有批评的话要说。如果我们相信所读到和听到的，那么当今美国教育中的许多问题都可以追溯到教师的失败以及教师教育的不足。我们常常听到这样的说法：学生不学习，生产力不增长，经济竞争力下降——这些在某种程度上都源自教师不知道如何教学。"⑤

对教师教育的抨击在很大程度上反映出批评者对教师教育的不满与失望，这固然有教师教育自身的问题（这也是本书各章重点要探讨和试图作出回答的），但是，分析一下时代的要求和人们的期望，也许对于理解教师教育的境况有所帮助。这里重点就时代需要的和人们期望的"理想教师"稍作剖

① Cochran-Smith M. The Politics of Teacher Education. Journal of Teacher Education, 2005, 56(3): p. 179

② Cochran-Smith M. Editorial: The Politics of Teacher Education and the Curse of Complexity. Journal of Teacher Education, 2005, 56(3): p. 185

③ Cochran-Smith M. Thirty Editorials Later—Signing Off as Editor. Journal of Teacher Education, 2006, 57(2): p. 97

④ Vonk J. H. C. Teacher Education and Reform in Western Europe: Sociopolitical Contexts and Actual Reforms//Shimahara N. K. & Holowinsky I. Z. ed. Teacher Education in Industrialized Nations. New York & London: Garland Publishing Inc, 1995. p. 264

⑤ David F. Labaree, An Unlovely Legacy: The Disabling Impact of the Market on American Teacher Education, Phi Delta Kappan 1994, 75(April): p. 591

析，具体的争论还将在后文展开。

当今，几乎全世界学校教育都面临一些共同状况：对教育质量的高要求、义务教育的普及、文化多样性的增加、家庭结构的改变，以及将那些有特殊需要的儿童都整合进主流教育渠道的趋势，这些变化要求教育要做到效率与公平兼顾，这对教师提出了比以往更高的要求。**换句话说，国际竞争对高素质人才需求的压力、社会民主化进程对所有儿童受教育权的保护等使得人们对教师的期望已经大大提升，而教师教育如果不能及时应对这些挑战，必然遭到诟病。**

教师教育发展的一个前提就是对“理想教师”的界定与理解。在许多西方国家，“有效教师”、“高质量教师”成为了他们的共识，“让所有孩子拥有高质量教师”更成为他们共同的目标。但是，不同国家对教师要求的侧重点却有很大不同，甚至同一城市的不同地区、不同学校之间都会有不同的评判标准。例如，日本强调教师的个性和创造力；瑞典更关注教师对多样学生的适应；美国对教师的要求侧重智力和学科知识方面；德国教师，则更关注学生发展的人性方面而不仅仅是理论知识的掌握。① 这些侧重点固然是针对特定地域教师教育自身的薄弱之处，关涉到不同的文化背景，也反映了特定地域在一定阶段的价值追求；同时，也反映出“理想教师”和“高质量教师”内涵的丰富性、复杂性。事实上，上述不同国家的不同侧重点，往往会浓缩在一国的教师教育中，表现为不同取向间的论争。

可以说，每一种教师教育模式对于“理想教师”都有自己的设定。“几十年来，教师教育者们一直试图对好教师的特征进行界定。”②他们把这些思考整合到相关政策和理智实践中。有许多人把学生学习看做他们对教师是否成功的最终测量依据。但是近些年来这种观念正在面临越来越多的挑战，更多的人开始认为教师成功的特征是多维的。很多学者花了大量的时间来检视什么是好的教学以及观察好教师在课堂中做了些什么等，很多人毕生都在致力于建构观察工具并试图了解在特定情况下教师在不同类型的课堂

① Centre For Educational Research and Innovation. Staying Ahead: Inservice Training and Teacher Professional Development. Paris: OECD Publications, 1998. p. 53

② Imig D. G. & Imig S. R. The Teacher Effectibeness Movement—How 80 Years of Essentialist Control have Shaped the Teacher Education Reform. Journal of Teacher Education, 2006,57(2):p. 171

中是如何应对不同类型的学生的。① 随着新技术的不断开发和应用，新一代的研究者在不断地作出新的努力，包括建立关于学生成绩的更大的数据库等。

还有一些教师教育者和研究者致力于分析家长和校长眼中的有效教师的特征，开发出各类研究手册并在理论上作了大量的相关论述。通过这种方法，人们发现，以下一种或多种因素决定着高质量的教学：

(1) 教学经验年数——有过教学经验的教师要比新手或初任教师更加有效；(2) 拥有高学位——高等教育的学习被认为是成功教学的必要因素；(3) 备课——教师为某门学科准备教学是必要的；(4) 州的许可证——满足本州对进入教学领域的期望；(5) 培养机构的筛选性——"聪明"的新教师被认为比那些毕业于更少筛选性学院的新教师更为有效；(6) 具备所教学科的学术性学位——感情和同情是重要的，但是与学科知识相比就是处于第二位的了；(7) 持续的专业发展的机会，尤其是与其所教课程紧密相关的学习机会；(8) 机构的授权地位——受过认证的学院和大学被认为质量高于没有受过认证的学院和大学；(9) 候选人在多种教师测试和文字能力测试中的成绩——其假设是高成绩与学生在课堂中令人满意的表现是相关的。②

这种看似全面的理想教师模式也遭到了其他学者的批评，并且因为其操作性不强，政策制定者所采用的往往仍然是可测的、单一的标准——学生成绩。总之，关于理想教师的理解和界定仍然存在着许多争议。人们用不同的、有些甚至是难以兼容的标准来要求教师和教师教育，教师教育处于众口难调的困境之中。

(三) 保守主义倾向下寻求改进的教师教育

当前对于教育和教师教育而言是一个严峻的时期。在许多西方国家，政府都在考虑缩减教育经费，但同时却期望学校管理者、教师和教师教育者

---

① Imig D. G. & Imig S. R. The Teacher Effectibeness Movement—How 80 Years of Essentialist Control have Shaped the Teacher Education Reform. Journal of Teacher Education, 2006,57(2):p. 171

② Imig D. G. &Imig S. R. The Teacher Effectibeness Movement—How 80 Years of Essentialist Control have Shaped the Teacher Education Reform. Journal of Teacher Education, 2006,57(2):p. 172

做得更多。① 在美英为代表的西方世界,在经历了20世纪六七十年代的动荡之后,从70年代以来日益强盛并支配美英政治、经济和文化发展方向的思潮是新保守主义。它既是对自由派制定的激进改革纲领和政策作出的批判纠正,也反映出美国社会公众向传统回归、寻求稳定价值观念的广泛心理。新保守主义,从不同的角度和立场提出一系列偏向节制、冷峻和实际的观点,鼓励自由竞争,缩减福利开支,抵制过分的平等要求,恢复道德约束和文化秩序,以便在日趋严峻的局势下维持国家的繁荣与尊严。

在20世纪后期经济衰退的影响下,伴随着经济紧缩和政治上的保守主义倾向,一些西方国家一方面不放弃对教育的高期望,一方面却在减少教育投资。例如,英国教育投资在国内生产总值中所占的比重从1975年的6.7%下降到1995年的5.2%。② 政府关注教育的投入和产出,缩减成本提高效率成为一项基本要求,对教育表现出强烈的理性化的追求。"教育的理性化正是许多处于财政(预算)制约和压力之下的西方政府所追求的。讲求效率、重视学生成就和教师业绩的质量控制系统等都是这一趋势的表现。"③

在"知识—教育—教师—教师教育"的链条中,持有保守观点的一些人尽管非常看重教师的作用,却未必看好教师教育。因为许多人相信好教师是天生的,低效的教师教育不仅没有起到培养好教师的作用,反而阻碍了优秀人才进入教师岗位。许多政策制定者只是把教师教育看做是实现更大的政治目的的工具,对教师教育本身并不关心。

备受重视又饱受批评的教师教育、承受期望又缺乏支持的教师教育,让教师教育者感到了前所未有的挑战与机遇。教师教育急切地寻求改进。许多教师教育者和研究者相信教师教育会有所作为。他们固然承认,最优秀的教师可能并不是培养出来的,因为他们身上有某些先天因素是目前尚未了解的。但是,正如杜威先生所言,教育中的天才毕竟是少数,教育的成败

---

① Townsend T. & Bates R. Teacher Education in a New Millennium: Pressures and Possibilities. Townsend T. and Bates R(eds.), Handbook of Teacher Education. Netherlands: Springer. 2007. p.4

② [英]安东尼·吉登斯. 第三条道路:社会民主主义的复兴. 郑戈译. 北京:北京大学出版社,2000. 117页

③ [英]安东尼·吉登斯. 第三条道路:社会民主主义的复兴. 郑戈译. 北京:北京大学出版社,2000. 256页

最终必将依赖于平凡人的功绩。教师教育便发挥着这样的功能。

教师教育者越来越迫切地需要向公众证明自己，教师教育领域对证据、有效性的关注不断增强，并希望由此带来更强的专业性和专业化程度。“由于专业和技术知识重要性的日益增加，专业已成为现代社会的主要参与者并且处于改变我们未来方向的位置。专业教育者在为民主社会形成个人和公民的工作上发挥着重要作用。（教师教育）这项重要的公共工作必须成为作为一门专业的教学的中心，而且必须成为坚定我们成为教育者的里程碑。”①

总之，教师教育的重要性和实际效果的不尽如人意、利益相关者的多元性、理想教师内涵的复杂性以及作为学术前沿常态的冲突等，使得教师教育领域充满论争。在这些纷繁复杂的论争中，凸显出来两股主要力量或两大阵营：政府和专业团体，他们对待教师教育的观点存在巨大差异。下面将论争双方的一些主要观点作一概述。

二、政府主导倾向影响下的教师教育

西方国家对教师教育的争论，在历史上早已出现过，并不是从 20 世纪 80 年代才开始的。J. D. 凯尔纳(J. D. Koerner)早在 1963 年就通过自己两年的研究写出了《美国师范教育的失误》一文，他说，“同大多数教育上的争论不同，公立学校师资的培训是不断引起感情激动的题目。其他一些争端带有一种周期性的特点，如约翰尼为什么不会读，学院一年级学生为什么不会写，智商测验为什么不可靠，学校是否应成为华丽的娱乐场所，这样一些争议时起时落。但是，如何最好地培训教师这一问题——教育上其他任何事情的核心问题，却成为一场无休止的论争。”②

与以往不同的是，从 20 世纪 80 年代以后，这些争论更激烈，影响范围更大，甚至提升到关涉国家前途的高度，因此，中央政府也成为争论的一方。特别是像美国这样的分权制国家，以往教育权在州和地方，联邦政府很少关注教育问题，而现在，教育、教师教育都成为联邦政策的重要关注点。由于

---

① Yinger R. J. A Public Politics for a Public Profession. Journal of Teacher Education, 2005, 56(3): p. 289

② [美]凯尔纳. 美国师范教育的失误. 张必芳译. 马骥雄校//瞿葆奎主编. 马骥雄选编. 教育学文集·美国教育改革. 北京：人民教育出版社，1991. 236 页

中央政府所拥有的权力，使得其观点成为当前教师教育中的主导倾向。但是，对政府政策、观点的质疑声也不绝于耳。

(一) 从关注投入到关注结果

作为国家福利事业的一部分，20世纪60年代西方国家普遍关注教育投入。美国1965年出台的初等和中等教育法，第一编就是"为教育低收入家庭儿童给地方教育机关提供财政援助"。① 休斯顿·纽曼(Houston Newman)在1982年回顾说，在过去25年中(1957—1982)，美国教育的学校、学院和系(简称"校院系")经历了一个无与伦比的繁盛时期。由于苏联1957年人造地球卫星的发射，联邦政府鼓励范围广泛的师范教育修业计划的革新和实验。数以亿计的美元用于研究、形成和推广那些有助于增进教师能力的计划和技术。师范教育受到如此巨大的支持或期望，是从来没有过的。在这期间，无论是拥护者还是反对者，都发出了改革师范教育的呼声。②

但是高投入并没有产生预期的结果，许多批评者指出，接受过与没有接受过正规教师培养的教师并没有什么差别。福利性的教育制度成为效率和效益低下、对社会要求反应迟缓的代名词。从20世纪80年代到21世纪初，多项极有影响力的报告均展现了这些问题，为政府部门把关注点从教育投入转向教育结果提供了依据。

1983年美国高质量教育委员会(The National Commission on Excellence in Education，NCEE，又译教育优异委员会)发表的《国家处在危险之中：教育改革势在必行》中说："成绩(分数)应该是学习成就的指示器，是证明学生继续学习的可靠证据。"③**该报告重新定义了教育领域面临的首要挑战：从以前提供平等的受教育机会，关注种族、贫困、经费、创新等问题，转变为促进背景各异的学生的成功学习。**它还明白无误地阐述了这样一个道理，即没有优异的公平是空洞的成就，没有质量的数量是未兑现的承诺。

① 美国1965年初等和中等教育法. 张维平译. 马骥雄，赵中建校//瞿葆奎主编. 马骥雄选编. 教育学文集·美国教育改革. 北京：人民教育出版社，1991. 271页

② [美]豪斯顿·纽曼. 师范教育修业计划. 陈文宁译//瞿葆奎主编. 马骥雄选编. 教育学文集·美国教育改革. 北京：人民教育出版社，1991. 547页

③ 美国高质量教育委员会. 国家处在危险之中：教育改革势在必行. 徐进，周满生译//吕达，周满生. 当代外国教育改革著名文献(美国卷·第一册). 北京：人民教育出版社，2004. 6页

20 年之后，为了纪念《国家处在危险之中》的发表，美国再次掀起讨论基础教育的高潮。美国著名智囊机构胡佛研究所旗下的"克莱特工作组"2003年公布的《我们的学校和我们的未来：我们仍然处在危险中吗?》尤其引人注目。报告认为，虽然《国家处在危险之中》的论点或许已经被普遍地接受，但他们却没有转化成积极的行动，在"改革"名义下的各种渐进措施并未使学校的办学质量和学生的学习成绩得到提高，曾经使高质量教育委员会震惊的趋势并没有被扭转。虽然在某些领域(特别是数学教育)取得了一些成绩，但充其量是回到了 30 年前的水平。而且，正当美国原地踏步的时候，其他国家已经赶上来了。要拯救美国教育，中小学系统的激励机制和权力关系需要根本的改变。这些改变的实现有赖于三大核心原则的贯彻，它们是责任制、选择机制和透明化。高质量教师是改进学校的关键，评估教师质量的正确方式与追加投入无关，最核心的是课堂效率。①

时任教育部长的罗德・佩吉(Rod Paige)明确宣称："改革不再是关于拓宽教育机会和经费方面的改革……而是通过提高我们提供给美国学生的教育本身的质量来提高学生的学业成绩的一项改革。"②

(二) 加强控制和标准化

对结果的关注，使得各国政府普遍加强了对教育的控制。西方许多国家实行教育分权制，例如，美国教育行政体制是由联邦、州和地方三级教育行政机构及其权利与责任所组成的。教育行政从地方开始，教育的管辖权在州一级，联邦政府处于指导地位。这种体制的优点是能较好地发挥地方办学的积极性，使教育与当地社会经济发展的需求密切联系起来。但是，这种体制的弊端也十分明显，例如，教育决策权的过于分散使各地教育发展不平衡状况加剧；地区往往只关注与眼前利益有关的教学与研究，忽视基础研究与人才培养等。特别是从国家利益的高度来看待教育问题时，分权带来的问题就更加突出。因而在二战以后，许多分权制国家的中央政府开始通过大量立法和教育拨款等途径不断加强对教育的干预和控制，这在 20 世纪

---

① [美]克莱特基础教育工作组. 我们的学校与我们的未来：我们仍然处在危险之中吗？李茂译，吕达校//吕达，周满生. 当代外国教育改革著名文献(美国卷・第四册). 北京：人民教育出版社，2004. 337，339，344 页

② 美国教育部 2002—2007 年战略规划. 2002∥吕达，周满生. 当代外国教育改革著名文献. 美国卷・第四册. 北京：教育科学出版社，2004. 216 页

80年代以后尤为突出。

英国1988年教育改革法推行全国统一课程，对学生实行全国统一考试，让家长自己选择子女就读的学校，这被普遍认为是20世纪英国最激进的一次教育改革；在美国，老布什政府一度尝试建立全国的学术标准，几年后在克林顿政府的"2000目标"计划的推动下，几乎每一个州都在制定自己的标准，建立自己的评估体系以及设计自己的问责制度；20世纪六七十年代，许多欧洲国家还是强调教师自我主导(self-directed)的个人发展(例如，瑞典、挪威、德国、荷兰、英国)，但是如今的一个转变是朝向强调国家规定的"核心课程"和"标准课程"。在几乎所有的欧洲国家，初等、中等普通教育的最低标准已经有了明确的阐述，而且质量控制的策略在国家层面上也已经开发了。

需要说明的是，在一些有着集权传统的国家，例如意大利、西班牙、法国，则出现了分权的趋势。例如在西班牙，就出现了教育和教师教育责任的地方化；而在法国，教育政策倾向于把部分课程责任转让给地方层面。在斯堪的纳维亚地区的国家(如挪威、瑞典、丹麦)，分权化首先意味着所有的利益团体，如家长、商业和工业以及地方当局更积极地参与进教育事业。①

概言之，20世纪80年代以后，许多国家的中央政府往往通过立法、建立统一标准、国家统一课程、统一考试、财政拨款等方式，主导教育和教师教育的走向。为了避免国家控制和标准化所带来的僵化，一些国家采用的策略是，由政府规定全国性计划，而计划的执行则留给地方层面的学院和行政机关。

(三) 绕过教育学院的解制取向

"让所有孩子拥有高质量教师"，听起来颇吸引人，也成了诸多国家共同追求的目标，似乎事情已经非常明了了，没有什么可以探讨的了。但是，事实上，对"什么是高质量教师"、"高质量教师如何产生"等一系列问题的回答，却充满着争议。

---

① Vonk J. H. C. Teacher Education and Reform in Western Europe: Sociopolitical Contexts and Actual Reforms//Shimahara N. K. & Holowinsky I. Z. ed. Teacher Education in Industrialized Nations. New York & London: Garland Publishing Inc, 1995. pp. 267～268

对于教师教育者而言，更加严峻的问题是，有一种强烈的否定教师教育的声音，即要求绕过低效的教育学院，这就是所谓的“解制取向”，而这种取向恰恰成为进入 21 世纪以后美国政府的选择。在英国，这种取向被政府青睐的时间则可以提早到上个世纪 80 年代。

在英国，教师教育所遭受的质疑的焦点是教育理论空洞无用：长期的、空洞的教育理论教学，让一些未来教师学会了批评政府，却不知道如何让一个喧闹的班级安静下来。20 世纪 80 年代开始的改革体现了明显的排斥教育学院的倾向，例如，要求所有教师教育者都要具备与所教内容相关的、近期的(recent and relevant)中小学教学经验；教师培训也更多地以中小学为基础展开，而相应地，对教育学院的资助也大幅削减。1994 年成立了教师训练署(Teacher Trainer Agency，TTA)。该机构为政府工作，对政策制定提出建议并执行。其名称中的“训练”就激起了专业工作者的反对，然而这个名称还是保留着，意在强调教师培养中的技术层面，而非教育性的(educative)的层面。①

对于解制取向者来说，最关键的是结果，是学生的学业成就，而教师则是为这一结果服务的。他们认为，教育学院的要求是不必要的“栅栏”，这些“栅栏”使得聪慧的年轻人不能进入教学领域。该取向从教师教育市场化的角度来构建“正义”，敦促一个关于开放市场的议程，奋力争取使教学的替代性途径和教师考试成为该专业的主要的“看门人”。②

“解制”的观点主张，“自由市场”原则是民主社会的主导原则，为了提高教学水平和生活质量，学校最为需要的就是自由和弹性，只有打开大门才能招聘、雇佣，并保留所有那些能够提高学生考试分数的教师。

三、专业立场对问题的诊断

与政府更倾向把教师教育作为政治、经济发展的工具，更侧重用学生成绩来衡量教师教育的质量不同，教师教育领域的专业工作者，更关心的是教

---

① Newby M. Standards and Professionalism：Peace Talks? Townsend T. and Bates R.（eds. ），Handbook of Teacher Education. Netherlands：Springer. 2007. pp. 113～126.

② Cochran-Smith M. Walking the Road：Race，Diversity，and Social Justice in Teacher Education. New York：Teacher College Press，2004. p. 121

师是否得到了更好的培养、教师作为一项职业其专业化程度实现的情况、培养出来的教师能否为学生提供积极的学习环境，促使学生与他人合作、对实践进行批判性思考、参与学习团体等。他们中的许多人更是以批评政府当局为己任。因此，立场的不同决定了政府主导倾向与专业工作者观念的差异。

尽管与解制主义者一样，专业化的倡导者同样关注结果问题，但是他们反对解制主义者“成本—利润”式的线性思维方式。约翰·古得莱得(John Goodlad)说，“我相信，大多数学校改革计划的失败都是出于无知——对学校一般运作的无知。”①从教学专业的立场看，对于教师教育同样如此，大多数教师教育改革计划的失败都是出于无知——对教师教育一般运作的无知。

(一) 缺乏稳固的知识基础

在许多专业工作者看来，教师教育面临的首要问题就是缺乏稳固的知识基础。早在1963年，凯尔纳经过两年的调研，指出了美国师范教育的失误之处，首当其冲就是知识基础的匮乏。他认为，支配着教师教育项目(project)的专业教育(教育学科方面的培训)已经成为无用的、迟钝的官僚主义的庞然大物。它的基础建立在不稳固的沙滩上。它是高等教育界中说得最差的无定型的领域。它至多是一个派生物，从心理学、历史、哲学和社会科学这些学术领域中吸取了实质的内容，但没有消化，仅仅增加了少量它自己特有的东西。因为它未能把一个统一的理论贯穿到这种五花八门的性质中，所以培训计划的制定依据仍然是空虚无力的、未经验证的假设，或者是一定情况下的权宜之计。②

22年之后(1985年)，戴维·C.伯利纳(David C. Berliner)乐观地把1963年赋予了新的意义。他在克雷明对美国师范教育四阶段分期的基础上，提出了第五个时期。1963年正是第四个时期的结束之年。因为1963年出现了第一本教学研究的手册，从此教学研究不再只是一些研究人员的兴趣了。对于教学所进行的持续的科学探索的第一批成果，为改革师范教育

① [美]约翰·I.古得莱得.一个称做学校的地方.苏智欣，胡玲，陈建华译.上海：华东师范大学出版社，2006.16页

② [美]凯尔纳著.美国师范教育的失误.张必芳译//马骥雄校//瞿葆奎主编.马骥雄选编.教育学文集·美国教育改革.北京：人民教育出版社，1991.236页

提供了动力。①

但是,教师教育的状况仍然不容乐观。豪斯顿在 1982 年回顾说,在过去 25 年中,为改革师范教育修业计划作了广泛的努力。这些努力具体表现为,联邦用于发展受训者津贴的高支出、技术改进(电视、计算机、视听材料)、培养方式的多样化(例如,能力本位和人本主义的师范教育模式等)。研究和评价比起发展来说不那么受到人们的重视,革新的实践浪潮冲刷着教育现状,但却很少留下有价值或有效性的痕迹。

豪斯顿引用霍尔(Hall) 1979 年在总结全国师范教育研究和发展会议时说:"在师范教育中,很少领域有扎扎实实的经验性发现或首尾一贯的概念和理论来指导今后的研究工作。的确需要进行描述、分析、探讨、图谱化和理论建树。"②

2003 年 7 月,"国家教育使命"发布了教师质量系列报告的第一部分。该部分由"国家教育使命"教学质量政策中心主任迈克尔·阿伦(Michael Allen)执笔,在分析了大量经验研究结果后,提出了 8 条有关教师培养的问题,也是州和其他级别的政策制定者以及教育者和研究者特别感兴趣的问题,例如:学科知识和教学知识对新教师效能的帮助、实际工作经验的作用、替代性途径、为表现较差学校的教学提供的培养、严格规定的项目要求等。

但是对这些问题的回答却非常含糊和令人遗憾。阿伦得出结论:对 8 个问题的回答都没有足够的科学证据支持,只有一个结论(坚实的相关学科知识对有效教学是重要的)得到了一定程度的支持,而且这只是在中等学校阶段的数学科目上。阿伦发现,以下结论只是得到了科学研究有限的支持:知道如何教相关科目是重要的;教学准备有助于高效教学;改变教学方法可能会导致短期的停滞,虽然教师最终会和其他教师同样高效,但最初几年会更

---

① 克雷明(Cremin,1953)把美国师范教育的发展划分为四个时期:从 1600 年到 1789 年为无兴趣时期;大约从 1789 年到 1860 年为学校扩展和师范学校发展时期;从 1860 年到 1910 年,以文理学院和大学中教育专业系科的发展以及师范学校变成四年制学院为标志的时期;第四个时期是从 1910 年开始,以提高入学率、扩大课程、努力提高教育事业的水准为标志。[美]伯利纳.实验背景和师范教育的研究.戴玉芳译//马立平校.瞿葆奎主编.李涵生、马立平选编.教育学文集·教师.人民教育出版社,1991.567 页

② 参见[美]豪斯顿·纽曼.师范教育修业计划.陈文宁译//瞿葆奎主编.马骥雄选编.教育学文集·美国教育改革.北京:人民教育出版社,1991.547 页

为困难；为表现较差的学校特意花工夫储备教师可能会有所帮助。但还有许多问题尚无结论或者根本没有研究，例如：严格控制的资格准入要求的有效性、实践经验的作用等。阿伦认为，在如此缺乏研究支持的领域中，提出可靠的政策建议是非常困难的。①

（二）对教学和教师教育的误解②

在一些教师教育者看来，也许教师教育中存在的根本问题在于对教学的一种普遍的误解——教学和教师教育是一项极其简单的工作。在许多人眼中，教师工作非常简单、毫不神秘，只不过是把自己知道的知识传递给学生而已。因此，除了掌握所需传递的知识，教师不需要接受其他的训练。换句话说，一个人只要掌握了学科知识，就能成为合格的中小学教师。也有许多人认识到上述观点的简单化，明白掌握学科知识和教授学科知识之间并不能画等号，但是，他们中的一些人认为好教师是天生的，不是培养出来的；还有一些人认为教师教育只不过是教授一些技巧，是小儿科的事情。持有这些看法的人都不会看重教师教育。

持专业立场者认为，"教学"与"学习教学"是不同的。教师专业素养的核心不是课程的内容，而是教授其他人如何学习内容的能力。教师教育者专业素养的核心也不是学科性（disciplinal）的知识，而是教授他人如何有效教授这些知识的能力。③ 让教师教育者意识到自身是教师，更是教师的教师，他们所教授的是学生，更是未来的教师，这是教师教育的培训中首先应该得到明确认识的问题。

除了教师教育自身的独特使命和性质外，时代也对教师教育提出了更高的要求。在飞速变革的时代，教育正为一个未知的世界培养人才。专业化者强调，教育和教师教育要对变革的世界作出反应。全美教师教育认证委员会（NCATE）时任主席阿瑟·怀斯（Arthur Wise，1994）说，"我们一直在

---

① Allen M. Eight Questions on Teacher Preparation: What does the Research Say? Denver, CO: Education Commission of the States. 2003. 转引自 Cochran-Smith M. Editorial: Ask a Different Question, Get a Different Answer—The Research Base for Teacher Education. Journal of Teacher Education, 2004, 55(2): p. 111

② 具体内容将在第五章详述。

③ David F. Labaree. The Trouble with Ed Schools. New Haven and London: Yale University Press, 2004. p. 59

教今天的学生适应昨天的要求。我们还处在过时的认证制度之下。以前很长一段时间，教师们教授学生农业和工业社会需要的基本技能，并且很好地服务于公众。即便许多劳动力都只受过基本的技能训练，我们的社会仍然成为兴旺的工业社会”。但是，怀斯强调，当今的教师需要更好的训练来帮助学生在未来更复杂的后工业社会生存。①

专业立场认为，对教师教育的简单化理解是一种误解，然而批评者却认为“复杂性”才是应该受到责骂的，他们宁愿相信简单的常识或清晰的理性就能有效处理教师教育中的问题。② 争论还将继续。

（三）教师的工作环境限制了其专业性

古得莱得认为，即使对于那些理解甚至信仰教师专业性的实践者，由于其工作环境的限制，也会放弃专业性的理念，像工匠一样教学。③ 专业的性质要求其成员有相当的决策自主权，并在职前和在职教育中发展和完善专业知识和技能。许多教师选择进入教师职业，正是因为这些内在的职业价值。但是，他们在学校里面对的许多现实情况都妨碍了他们往专业化的方向发展。

人们希望教师能日复一日地热情奔放地教学生，并敏锐地诊断和帮助学生克服学习上的困难，这种希望现实吗？据杰克逊的研究，教师在每个小时的上课时间里要作出200多个决定。在每个工作日里，许多教师要连续不断地给多达35名学生的班级上课。有教师说：“正是每天与173名学生的交往使我筋疲力尽，垮了下来。”

教师的负担如此之重，以至于即使他们能采用最佳的教学方法，他们中的许多人也会转向使用那些精神和身体都不那么劳累的老办法。有的教师故意作好了离开课堂的准备。一旦教师获得教育专业的最高学位（博士），他/她就几乎毫无例外地离开中小学的教学工作，进入更高工资的其他地方工作。教书也许是唯一的使其最高学位获得者离开中心工作的“专业”。

如今，在校学生之间的差异越来越大；学校被更多地利用来解决重要的

---

① Christopher J. Lucas. Teacher Education in America—Reform Agendas for the Twenty-First Century. New York: St. Martin's Press, 1997. p. xii

② Cochran-Smith M. Editorial: The Politics of Teacher Education and the Curse of Complexity. Journal of Teacher Education, 2005,56(3):p. 184

③［美］约翰・古得莱得.一个称做学校的地方.苏智欣，胡玲，陈建华译.上海：华东师范大学出版社，2006.207～209页

诸如消除种族隔离的社会问题；通过立法和执法机构来管理学校的做法显著增加；教师个人的经济收入仍然较低；在教育领域里调换工作的机会仍然有限；学校和教室里的条件依旧，使教师感到筋疲力尽，只好沿用传统的教学方法，而不去创造性地教学。如果只要求教师提高学生的成绩，而不去探讨上述的环境问题，就不可能改善教师的职业生活，也不能提高他们所在学校的教学质量。

（四）交换价值掩盖了使用价值

在教师教育发展历程中，一个严重的问题是：交换价值掩盖了使用价值。教师教育的交换价值主要指学生经过教师教育的培养所能获得的工作机会和报酬，而使用价值则是指学生接受教师教育后所获得的能力对于他们所服务的中小学校的功用。

师范学院地位的提升和大学开展教师教育，更多的是与消费者对高等教育数量的需求和鼓励、教育机构满足这种需要的市场状况有关，而不是与教师的职业教育质量相关。因此，教师教育的内容没有它的机构形式对于这个过程重要；有效地培养人们执行教师角色的能力，没有为他们提供大学毕业生的地位重要。也就是说，教育学院只不过是一个给学生发放高等教育文凭的场所，至于培养出来的人是否适合做教师，并不是大家最关心的。

早在 1963 年凯尔纳就指出，教育已被金钱和权力败坏了。美国高等院校所授予的全部学士学位中，教育方面多达 1/4。1963 年有约 15 万应赴公立学校任教的合格毕业生，但其中相当多的人并不去教书，更多的人任教时间不长。教育硕士学位占全部硕士学位的一半，它还授予了比其他任何一个学术领域都多得多的博士学位。为了给这部庞大的机器配备人员，教育这个领域的专职教员已远远超过了 2 万人。除了院校本身之外，还有一大批属于教育这部机器的组成部分的专业组织和服务组织。所有这些，都是在一个惊人的短时间内发生的，而且取得的“成功”使教育这一领域陷入傲慢情绪和忙于行政工作的歧途，放弃了应该关切的首要的事情。师资培训是一个大的工业，教育学院的收入有时相当好，其收入不仅维持教育学院、教育系和教育教授，而且往往还支持大学的其他分支部门，甚至整个大学。①

---

①［美］凯尔纳著. 美国师范教育的失误. 张必芳译//马骥雄校//瞿葆奎主编. 马骥雄选编. 教育学文集·美国教育改革. 北京：人民教育出版社，1991. 238 页

与此相似,伯顿·克拉克(Burton R. Clark)这样论述:美国70%以上的四年制大学和学院都开设经各州批准的师资培训课程,但其中一些课程的质量(在一般学科、专业学科和职业培训等各方面)很差,许多课程在某一方面或若干方面低于标准水平。师资训练课程的激增,分散了这个领域的人力和物力,并且使得如此大量的训练课程与探求教育知识的各教育中心相脱离。更关键的是,那么多高等院校开设师范教育课程不足以说明这些学校愿意负起培养优秀教师的责任。事实上,他们承担的只是为学生的就业需要提供服务的责任。绝大部分这样的学校只提供学士学位课程,他们开设师资培训课程是因为他们希望能与其他学校竞争以获得学生。这些学校的教师一般不参加教育知识的研究和探求。①

可见,在教师教育中,对文凭、形式和交换价值的追逐,大大超过了对教师教育内容和使用价值的兴趣。这种现象的长期存在,与前述三点密不可分。随着教学专业知识的积累、对教学复杂性的认识、教学专业不可替代性的增强、教学专业地位的提升,上述状况才能缓解。在通向专业化的道路上,许多教师教育者都作出了诸多的尝试,尽管效果不一,但是为教师教育的发展提供了更多的途径,积累了更坚实的知识基础(详见本书第五章)。

(五)研究基础有待夯实和丰富

研究作为系统地诊断问题、解决问题的探索过程,受到关心教师教育的人士的广泛重视。《教师教育杂志》的主编柯兰-史密斯在该杂志2004年第一期上发表了一篇文章,题目是《在2004年进行盘点——教师教育处于危险之中》。文章认为,目前,推动教师教育实践、政策、研究向前发展的三个主要因素是:对教师质量的强烈关注;作为联邦改革日程、为教师培养而提出的"解制"议程;作为教育问题解决方法的科学力量的增强。作为推动教师教育发展的第三个引擎,"教育科学"和教育"科学研究基础"迅速崛起。其中一个表现就是美国教育部教育科学研究院(Institute for Education Sciences,IES)的成立。这个机构明确地"反映了总统和国会推动教育研究领域发展的决心,更强有力地支持了建立在证据基础上的教育"。

---

①[美]伯顿·克拉克.为2000年培养更优秀的教师——师范教育结构改革的建议.吴慧萍译//瞿葆奎主编.马骥雄选编.教育学文集·美国教育改革.北京:人民教育出版社,1991.365页

“基于科学的研究”、“基于证据的教育”极为推崇严密的科学研究与实验或类似实验的设计，甚至将随机实验作为教育研究的“黄金标准”，主张“通过显示从教师培养到产出（定义为学生在高难考试中所取得的成绩）的直接因果关系来进行随机实验”。

专业立场并不反对科学研究和对证据的寻求，但是却不满足于“黄金标准”的狭隘性及其对教师教育的线性理解，主张用多元方法丰富教师教育的研究，为教师教育提供扎实的知识积累（详见第六章）。

通过以上简要论述，已不难看出政府立场与专业立场的分野。政府立场更多地从国家政治经济的宏观角度来看教育问题，把教育看做解决政治经济等问题的工具，看重的是教育的结果、产出。因此，政府承认高质量教师的作用，但是在高质量教师的内涵、衡量标准、如何产生等关键问题上却与专业立场存在根本分歧。

事实上，作者在查阅文献的过程中，还强烈感受到另外一种相当凸显的声音，其观点往往带有后现代色彩——倡导女性主义、多元文化、批判理论以及知识社会学的视角和理论框架，热衷于从阶层、种族、性别、政治、文化等角度发起批判，揭示上述两大立场如何复制、巩固，甚至加剧社会的不平等，这又被称为“社会正义”立场（详见第一章）。

例如，关于“基于科学的研究”，柯兰-史密斯指出，尽管仍存在许多值得探究的以科学实验为依据的问题，但也应看到，有许多与教师教育相关的重要问题无法得到科学的解答。在教育史上，一些争论最激烈的问题是关于谁应受教育、为何种目的、如何评价、由谁决定等方面的根本分歧。这些都不是有关科学和证据的问题，而都属于价值问题。教育（和教师教育）是提出道德、种族、社会、哲学和思想问题的社会机构，把研究描述为好像仅在研究的基础上就能够解决这些问题并且处理这些问题时——好像它们都属于价值中立和不包含意识形态似的，这是一种错误的导向，而且是危险的。

本研究的主要方法是文献法。所涉及的文献主要有两大类：一类是西方国家政府出台的相关法案或报告，如《不让一个孩子掉队》法案及美国教育部关于该法案执行情况的年度报告；另一类，也是绝大多数的，是学术著作、论文或研究报告。前者代表了政府对教育和教师教育发展的官方观点和主导倾向；后者则更可能提供具体的、更具有专业立场的信息，通常提供了对官方观点的批判性讨论。

在翻译和梳理大量文献的过程中，这样一些关键词抓住了作者的视线：解制、专业化和社会正义(第一章)，市场化(第二章)，问责(第三章)，标准和认证(第四章)，适应性专家(第五章)，基于科学的研究、黄金标准(第六章)，有力的教师教育(第七章)等。这些关键词涉及教师教育的根本目标和性质或者基本取向、资源配置方式、结果监控、导向与资格鉴定、培养方式、研究取向等几大主题，在很大程度上代表了当前西方教师教育领域改革和论争的焦点。本书以下各章就主要围绕这样一些主题和关键词展开。

需要说明的是，由于各国独特的历史以及社会背景等因素，西方各国教师教育的具体形态并不相同，但是各国教师教育的发展及改革又有一些共同特点可循，上文已有所概述。出于资料的聚焦、阐述的深度以及论述的一致性和连贯性等考虑，本书多以美国的教师教育发展及改革为主进行论述，这样也许难以代表西方世界的整体状况，但是本书中所探讨的各方论争的问题都是各国共同关心的问题，论争的观点、方法等都可能为我们带来启示。

第一章

解制、专业化和社会正义：教师教育基本取向之争

期望各州能保证其所有的孩子都能接受高水平教师的教学。①

——《不让一个孩子掉队》法案

西方教师教育的变革致力于为“所有孩子”培养“高质量教师”，呈现出追求优异教育质量的总趋势，而对“高质量”理解的不同、在“高质量”与“所有孩子”之间的侧重不同等分歧，使得教师教育的实践及研究呈现出多样态势，表现出不同立场的博弈，使得教师教育改革充满矛盾和张力。

2002 年 1 月，美国总统乔治·W. 布什(George W. Bush)签署了《不让一个孩子掉队》法案(No Child Left Behind Act)，以保证每个孩子都能拥有高质量的教师。然而一些学者对此提出了质疑，认为如今真正的侧重点在“高质量”，而不是“所有孩子”。

事实上，围绕“高质量教师”这一目的，美国的教师教育改革在实践中一直存在着多种取向，在理论上也形成了学术争鸣。美国威斯康星大学麦迪逊分校教育学院副院长肯尼思·M. 沙科纳教授(Kenneth M. Zeichner)在接受中国教育学者访问时，分析了当前美国教师教育改革的主要取向。他把美国的教师教育改革划分为“专业化”(professionalization)、“解制”(deregulation)和“社会正义”(social justice)三种基本路向，并指出这种划分并不是全新的，从 19 世纪 60 年代美国教师教育制度形成以来，这几种主张

① [美]G. W. 布什. 不让一个孩子掉队. 董建红等译//吕达，周满生. 当代外国教育改革著名文献(美国卷·第四册). 北京：人民教育出版社，2004，196 页

就一直存在着。① 笔者在阅读相关文献时，也明显感受到这三种取向的存在。

第一节 追求"好教师"：专业化还是解制？

20 世纪 80 年代，《国家处在危险之中》的发表激起了人们对教师教育质量的强烈关注，使得"如何培养和留住好的教师"这个本已争论激烈的话题更趋白热化。面对这个挑战，一种应对方式是使新的指导原则更加专业化，使现存的认证和培养体系更加严格，因此要求更多的培训、更多的资金、更高的教师工资、更多相关科目的训练、更高的标准，试图以此吸引更多资源并提高教师职业的声望。② 但批评者们却对这种专业化取向发起了猛烈的攻击，他们声称任何一种替代方式都是"新的"和"最好的之一"。世纪之交，美国联邦政府对教师教育改革取向的选择发生了转移，基本上体现为从专业化取向到解制取向。以《不让一个孩子掉队》出台为界，之前偏重专业化取向，之后则转向解制。但无论何者占据优势，双方的争论几乎从未停歇。

一、历史回顾③

类似的争论从形式化教师教育诞生之初就产生了，争论的核心是教师教育的专业性及效能。

克利斯多佛·卢卡斯(Christopher J. Lucas)在《美国的教师教育》一书的前言中，提醒读者：从历史的观点看，记住这一点将是有益的——提供全方位充足准备的教师是相对晚近的事情。19 世纪 70 年代前后，大多数教师通常只需要小学毕业而且很少受到教育学训练。也就是说，对教师和教师教育要求的提高，是一个历史的过程。

---

① 具体参见洪明，丁邦平，黄忠敬. 让教师在专业实践中成长——国际教师教育学者沙科纳教授访谈. 全球教育展望，2006(3)：3～7

② 关于专业化取向的改革举措详见第四章。

③ 参见 Christopher J. Lucas. Teacher Education in America—Reform Agendas for the Twenty-First Century. New York：St. Martin's Press，1997

美国的教师教育制度创立于19世纪初期，由于受经济、政治和文化的影响，美国的教师教育制度经历了师范学校、教师学院和综合大学教育院系三个阶段。19世纪初，各地区通过创建师范学校来培养教师。19世纪末20世纪初，这些师范学校发展为教育学院，然后是州立学院和州立大学。然而，形式化的教师教育从产生之初就伴随着争议，其面临的主要问题是公众对其效用的质疑——教师教育是否满足了某种真实的需求，是否有存在的必要。

历史学家赫布斯特(Jurgen Hurbst)评论道，在大多数人眼中教师很容易被替换，也不需要拥有特殊的才能或热情，甚至可以说如果在紧急关头，任何人都可以从事教学。因此，教师教育毫无必要。

在主张自由教育(理性主义)的人们看来，西方2000多年的历史已经证明，自由教育或广博的学术训练本身就构成了最好的教师教育，对中学阶段的教师尤其如此。在19世纪前半期，这种观点在中学教师培养中占据主导地位。通过自由教育，学生浸染于西方文化传统之中，亲近最伟大的思想与问题，获得特定的思维习惯、技能和自律能力，这对其一生的成功至关重要，无论从事教学还是其他职业都是如此。也就是说，教师教育没有独特性，没有独立存在的必要。

20世纪50年代，学者们批评教师教育只不过传授一些常识。著名的要素主义代表人物贝斯特(Arthur E. Bestor)在其代表作《教育的荒地》中批评说，任何想要教书的人都毫无选择地必须去积累教育学的学分，而这些学科的显著特征是空洞、琐碎。他批评人文和科学工作者没有为教师们设置合适的课程，正是他们的懒惰为教育专家提供了空间。因此，他主张教师教育课程应该用人文和科学取代教育学，这样才能抵制当时流行的反智主义(anti-intellectualism)。也有学者认为，教学技术只能在课堂中学习到，用与实践分离的方法学习它们是根本无效的。

1963年发表的《科南特报告》①开篇就展示了两大阵营之间的对立：教育学教授和公立学校教师以及管理者是一方，人文学科和科学教授是另一

---

① 卡内基公司资助，哈佛大学校长科南特执笔的《美国教师教育》，以《科南特报告》闻名。James B. Conant. The Education of American Teachers. New York: Mcgraw-Hill. 1963.

方。科南特宣称,没有经验证据说明特定的原理体系能够传授给教师并保证一个人成为好教师。相反,他认为教师应该通过督导下的实际教学来培养。教学实践是专业教学中唯一重要的因素。

1991 年发表的《教育学院的罪恶》,由记者克拉默(Rita Kramer)撰写。她花了一年时间考察美国的中小学和教育学院。她认为教育出了问题,而追溯原因不难找到教师教育的问题。她认为,如果教师教育不改变,无论出版多少报告,教育都得不到改善。她认为吸引优秀人才的办法是提高报酬、提供更好的工作环境、给予更大的专业自主权、提高入学标准。更重要的是再概念化的教师教育。她再一次重复一个熟悉的批评:教学法专家在自己的教学中并不运用他们所传授的方法。教师教育者既缺乏知识也缺乏对知识的尊重,如此怎么能够让学生有求知的热情呢?她说:"现今美国,除了教育学院,找不到智力生活比中小学更死板的地方了。"她认为关于教学,教师所需要知道的就是"聪明人接受一个暑假的良好培训"。中学教师需要在某一学科领域自由教育的基础上,辅之一段时间的有督导的教学实习。

卢卡斯总结道,回顾 30 年甚至 50 年的历程,会发现教师教育领域几乎没什么变化:尽管 50 年间发表了大量评论,例如 20 世纪 50 年代贝斯特等人就在批评教师教育课程的软弱,提倡更严格的要求,几十年之后,批评的声音还是如此,回应也是相似的,问题没有实质性的变化。到了 20 世纪末,随着《国家处在危险之中》的发表,对学校和教师教育的批评更加激烈。《明日的教育学院》列出了老问题:"公众和许多大学自身都在怀疑教育学院的有效性。按照常识,教学仅仅是知道一些知识并向他人解释。难道接受过普通教育的有正常智力的人,不接受特殊训练就不能从事教学工作吗?也许课堂管理方面的少量课程是有益的,但是其他的教育课程能起到什么作用?事实上,教育学院没有尽到职责。"

通识教育和专业教育的平衡也是争论的老问题。自由教育的支持者往往抱怨"学术"课程的比例太少,"教育专业"课程的比例太高;而教育学教授则看到了另一面:教育专业的学生在教育学院之外学的课程远比在内部所学要多。为解决这一矛盾,解制取向者提出缩短教育类学科的时间,而专业化取向者则有人主张把教育课程放到学士后水平。

二、新近的争论

尽管近二三十年来各界对教学质量重要性的认识已相当一致,都认为在学生的学习、成就，及其未来的生活机会方面，教师发挥着相当重要的作用，不合格教师对学生造成的不良影响将难以补救，但对于教师教育改革的方向、如何提高教师教育质量，专业化与解制的两大阵营却各执一词，据理力争。

教学和教师教育专业化取向由琳达·达琳-海蒙(Linda Darling-Hammond)等人以及全美教学与美国未来委员会(National Council for Teaching and America's Future，NCTAF)充当先锋，并通过全美教师教育认证委员会(National Council for Accreditation of Teacher Education，NCATE)、全美教学专业标准委员会(National Board for Professional Teaching Standard，NBPTS)、美国州际新教师评价与支持协会(Interstate New Teacher Assessment and Support Consortium，INTASC)的联合努力得到推进。① 该取向获得了一些基金会的支持，包括卡内基公司、皮尤慈善信托基金会(the Pew Charitable Trusts)、福特基金会、读者文摘基金会(the DeWitt Wallance Reader's Digest Fund)等。专业化的支持者们提倡基于专业标准的教师培养和专业发展，以及基于表现(performance)的教师评价。该取向从民主价值角度构建美国的教师教育，以保证为每一所学校的每一个儿童提供可以胜任的教师。

然而，另一些人则反对专业化取向，他们发起解制教师教育的运动，试图打破该专业长期享受的垄断。解制取向由保守政治团体及私人基金会支持，包括富翰姆基金会(Fordham Foundation)、传统基金会(Heritage Foundation)、先锋学院(Pioneer Institute)及曼哈顿学院(Manhattan Institute)等。解制取向根据学生的成绩来衡量教师质量和教师教育的结果。经济学家埃里克·汗什克认为，教师质量就是获得的考试成绩；为了提高分数，公共政策和学校、教师都应为考试成绩服务。他们倾向于用"成本—利润"的线性观点来看待教师教育，把接受"好的培养"的教师至多看做一种中间的结果，它本身并不重要，只有它"生产"的学生成绩这一结果才有意义。

专业化的倡导者也关注教师教育的结果，但是，他们反对仅仅用学生考

① Gallagher K. & Bailey J. The Politics of Teacher Education Reform: Strategic Philanthropy and Public Policy Making. Educational Policy, 2000, 14(1): p. 11～24

试成绩这样的单一标准来界定与衡量教师质量。他们还强调以下方面的重要性：应对学习者的个别差异、满足学生特殊的学习需要、提供积极的学习环境、与其他人的合作、对实践进行批判性思考以及参与学习团体，把结果界定为专业成就。他们关注的是学生学习、教师学习与支持学生学习的教学成就之间的关系。

解制取向的支持者经常提到的一个证据是，尽管教授十七八岁高三学生的教师必须持有州发行的教师执照，但是对在大学中教授 18 岁大一学生的教师却没有相应的要求，因此他们怀疑是否两种情境的差别真的如此之大，以至于在前一种情形下教师强制接受长期的培训是合理的，而在后一种情形下教师仅需要学科内容知识。① 况且历史事实表明，教师教育不仅远离实践，不能对新的要求作出反应，反而阻碍了聪明的年轻人进入教学领域。因此绕开教育学院的替代性途径大受推崇。

老布什总统 1988 年的教育建议就鼓励推行替代性教师证书制度。自 1990 年以来，40 多个州采用了替代性证书以开辟进入教学的新通道，而不是提供传统的本科教师教育项目。尽管大多数教师教育项目是以大学为基础的，甚至有些是精心设计的学士后项目，但另一些项目则把正规训练减少到只有几周。1995 年，曾为美国众议院发言人的纽特·金瑞奇(Newt Gingrich)建议取消教师认证制度。1999 年，切斯特·芬恩和托马斯·富翰姆基金会提出：教师教育(指传统的教师教育形式)是进入教学职业的障碍。②

经济学家戴尔·巴卢(Dale Ballou)和迈克尔·波德斯基(Michael Podusrsky)，他们在富翰姆基金会的专论上发表了关于怎样培养更好的教师和更好的学校的言论："我们被震惊了，因为只有极少量证据证明投入(所上的课程、所花费的时间，以及所参与的活动)与实际教学效果之间存在联系。在对将近 400 项关于各种不同的学校资源对学生成就的影响的研究进行元分析(meta-analyses)的过程中，几乎无法找到教师所获学位或他们所拥有的经验与学生学习收获多少之间的关联。"他们推断：从教师认证考试中得到的证据以及对替代性项目的研究，均表明教师教育对教学成就无能为力，因

① Cochran-Smith M. Walking the Road: Race, Diversity, and Social Justice in Teacher Education. New York: Teacher College Press, 2004. p.121

② Daling-Hammond, L. et al. Powerful Teacher Education. San Francisco: Jossey-Bass, 2006. pp.19～20

而教师教育无关紧要。

巴卢和波德斯基对教师培养、认证进行的分析支持了教师教育解制取向，他们的结论极力制约而非增强教育团体控制该专业的权力。例如，在富翰姆基金会关于怎样培养更好的教师和更好的学校的政策话语中，巴卢和波德斯基再次论述："教师的能力似乎更是一种天生的功能，而不是受教师教育项目的质量的影响。教师自己告诉我们的确是这样。在考察教师资格考试分数的决定因素时，我们也得出了相似的结论。最后，通过替代性证书项目进入教师职业的教师似乎至少和那些接受传统培养的教师一样有效，这表明：培训对教学成就并没有很大贡献。"①

米尔肯家族基金会（The Milken Family Foundation）宣称：(1) 教师教育无法培养出一流的教师，以承担熟练教师的责任；(2) 理论无法很好地转变为真实世界中的实践；(3) 学习教学的过程是一个不能控制的、无法检测的试误过程。② 因此，该基金会得出结论，对于想要成为教师的个体来说，完成完整的职前教师培养在经济上是没有意义的。它指出一个人花在教师培训中的时间越长，在教师培训中的投资回报率就越低，即使薪水有所增长，也不能补偿完整的教师培训所花的费用。

但是，把上述观点与全美教学与美国未来委员会的第二次报告《做最紧要的：投资高质量教学》中的论点进行比较就显得很有意思："对 200 余篇研究进行的回顾反驳了这样一个长期流传的神话，'每一个人都能教学，教师是天生的而不是培养而成的'。……那些在学科和教育方面都接受了充分培养和认证的教师，比那些没有接受培养的教师，受到了更高的评价，并且更成功，而且那些接受了更好培训的教师……比那些接受较差培训的教师更有效。" ③

琳达·达琳-海蒙通过对 7 个成功的教师教育项目的考察，进一步肯定

---

① Ballou D. & Podgursky M. Teacher Training and Licensure: A Layman's Guide// Kanstoroom M. & Finn C. (Eds.). Better Teachers, Better Schools. Washington D. C.: The Thomas Fordham Foundation, 1999. p. 31～82

② Sindelar Paul T. Serving Too Many Masters. Journal of Teacher Education, 2000 (5): p. 188

③ National Commission on Teaching and America's Future. Doing What Matters Most: Investing in Quality Teaching. New York: Author, 1997. p. 10

了教育学院对教师的培养，她说："这些成功的项目超越了把教师培养成能够管理班级、传授标准课程、获取好成绩的目标……而是能够激发儿童的热情、能力，从而增加教育的机会和社会正义。"①(详见本书第五章)

关于教师教育的作用，卢卡斯指出，有一些教师在拥有牢固的学科知识基础，而没有受过教师教育培训的情况下，具有对教学所需要的能力的直觉掌握。但是，不可否认，仅有相当少数的人会在绝对的感召力和个性特征的基础上取得教学的成功。这部分人是相当少数的，大多数进入教学领域的人都会从某种系统的教育和培养项目中大大受益。② 因此，好的教学，远不是一个聪明的人拥有大学水平的知识，并且将它们以较低的水平或者较慢的速度教授给学生的过程；单纯的学科知识学习，或者几周的短期培训不能取代正规的教师教育。

上文描述和分析了专业化取向和解制取向的一些基本立场与观点，下面将尝试揭示对立观点背后的价值诉求。

三、辩论背后的证据与价值诉求

两种取向之间的对抗不仅意味着双方对于学校教育目的有不同的假设，对国家、社会的未来有不同的期待，以及对公共教育在民主社会中的角色有不同的理解，还意味着双方权力经纪人对教师教育结果的诉求，以及谁的利益和需要得到满足、谁的目标得到优先实现的争夺。

(一) 证据的选择

专业化—解制的争论已经在学术期刊、媒体以及许多政策和专业领域中体现出来。在学术著作中，关注的基本焦点在于呈现对各自有利的证据，以此表明各自主张对教育的积极效果。

在《教育学院记录》(Teachers College Record)中，巴卢、波德斯基和达琳-海蒙不约而同地质疑对方证据的有效性。巴卢和波德斯基直接攻击全美教学与美国未来委员会的研究结果，他们认为："该委员会夸大了政策含义，忽视了研究的批判性含义。在许多情况下，该委员会断然误报并曲解了这

---

① Daling-Hammond, L. et al. Powerful Teacher Education. San Francisco: Jossey-Bass, 2006. p. 7

② Christopher J. Lucas. Teacher Education in America—Reform Agendas for the Twenty-First Century. New York: St. Martin's Press, 1997. p. 173

些研究所显示的实际情况。”①

而达琳-海蒙则为全国教学与美国未来委员会说话，她激烈地驳斥了巴卢和波德斯基对证据的使用以及他们的结论。她认为：“巴卢和波德斯基在控诉委员会曲解研究资料和研究结果上走得太远。在他们的论证过程中，他们的批评本身就误报了资料……并忽视和曲解了支持报告的核心结论的研究证据。”②“自由市场观点的倡导者，忽视了那些能够证明教师教育和认证对学生学习有重要作用的广泛证据。”③

可见，争论的双方都试图指出对方方法的错误、资料的不完整或不正确以及逻辑推理的混乱，来找出对方论证中的纰漏和错误，从而颠覆对方的结论。这种证据选择的过程实际上反映了教育研究的价值负载以及由此导致的偏见。美国教师教育学院协会副主席佩内洛普·厄莉(Penelope Earley)作过相关论述。她指出：“在政策程序中所使用的资料和证据将会有几个层面的偏见，嵌于资料和证据本身的偏见、对证据进行分析中存在的偏见，以及那些在政策领域中使用这些信息的人的偏见。”④

（二）价值诉求：对“公共利益”的不同理解

从上文可见，尽管解制取向与专业化取向的观点几乎截然对立，但双方的支持者都宣称并尽力说服他人：他们所支持的是一种包容的议程，试图促进民主社会发展，并显而易见地为公共利益服务。与此同时，他们贬斥对手，认为对手倡导的是一种为了极少数特权者利益服务的私人议程。下文将对这一“矛盾”言论作一番考察。

解制取向者对“公共利益”的强调在托马斯·富翰姆基金会的负责人切斯特·芬恩的评论中非常清晰：“获得好教师的一种更好的途径……事实上是打开门、欢迎更多的人通过更多的路径进入美国公立学校……我认为在

---

① Ballou D. & Podgursky M. Reforming Teacher Preparation and Licensing: What is the Evidence? Teachers College Record, 2000,102(1):pp. 13～14

② Darling-Hammond L. Reforming Teacher Preparation and Licensing: Debating the Evidence. Teachers College Record, 2000,102(1):p. 29

③ Darling-Hammond L. Teaching for America's Future: National Commissions and Vested Interests in an Almost Profession. Educational Policy, 2000,14(1):p. 176

④ Earley, P. Finding the Culprit: Federal Policy and Teacher Education. Educational Policy, 2000,14(1):p. 35

今天,这个主题(高质量的教学)所需要的,是谦逊、虚心、多重性以及经验主义……这是对自由、责任、多重性以及多样化的一种祈求,这所有的一切都以学校问责的观点为中心。"①

分恩的观点表明,"自由市场"代表了美国社会的最终"自由"。为了提高教学和生活质量(显而易见的,这是为了大众),学校最为需要的就是用自由和弹性来打开它们的大门,并因此招募、雇用、保留所有能够提高学生考试分数的教师,而不考虑其他因素。解制主义者的这种话语是想说服公众:根据自由市场的力量进行的教师教育(以及学校教育)是服务于美国公民,并为民主社会生产最大利益的、包括生产更好教师的最佳方式。

而专业化的支持者则坚持:美国的每一个儿童应该得到有资格的、受过充分培养的、忠诚的教师。这种观点在全美教学与美国未来委员会的主要文件中都阐述得极其清楚:"一个人道的、有能力的、而且有资格的教师,是教育改革最重要的因素……在这个知识社会,美国急切地需要重申这一舆论:在一个民主国家中,关于公共教育的角色和目的……这个挑战一直向外延伸,远不止为了这个世界培养学生。它包括建造美国的未来,这个未来是正义、人道而且有生产能力的……界定美国的核心概念,关于正义、宽容以及机会这些观点受到了接连重击。我们必须拯救美国的灵魂。"②

专业化提倡者的基本论点是:为了提高公众的生活质量和经济机会,学校最为需要的是完全有资格的教师。从这个观点看,让有资格的、得到充分培养的教师进入教师职业以及所有学生的丰富的学习机会是实现民主社会的正确途径。

专业化提倡者指出:解制取向远离了民主社会中公众的最大利益。在与芬恩的争论中,达琳-海蒙不止一次地指出:在有大量贫困和少数民族学生的学校中,教师雇佣的实际情况很危急,而富翰姆基金会的市场取向却没有重视这一点:"实质上,在每一个州、每一个地区,贫苦儿童和少数民族儿童

---

① Education Commission of the State. Two Paths to Quality Teaching— The Debate. 2000[EB/OL]. [2010 — 01 — 22], Available: www. ecs. org/html/Document. asp?chouseid=1222

② National Commission on Teaching and America's Future. What Matters Most: Teaching for America's Future. New York: Teachers College, Columbia University, 1996. p.11

总是得到最差资格的教师……少数民族儿童人口很多的学校比那些少数民族儿童人口不多的学校，更可能得到不合格的教师，差距达九到十倍。高度贫困的学校也更可能得到不合格的教师。所以当市场运作的时候，它并不总是给所有儿童提供合格的教师。”①

厄莉和戴维·F.拉布里都指出：市场观点从根本上曲解了教师工作的本质。教师工作从本质上讲是一项为了共同利益的公共事业，这和市场取向的教育改革形成了对比。市场取向的教育改革所建议的是为了“私人利益”而进行的个体间的竞争。厄莉直指教师工作和市场驱动之间的矛盾：“市场政策是建立在竞争、选择、胜利者和失败者的基础之上的。但是，教师必须假定，所有的学生都能够学习，所以就不存在胜利者和失败者。公共教育所采用的市场政策与教学、学习合作观点相冲突……然而，该市场观点被运用于教育政策并体现于相关法律中的问责部分，在此观点下，教师和那些设计并执行培养计划的人必须成为胜利者，而不是失败者。这些压力所带来的后果是……挫败了把教学作为真正的专业性工作的努力。”②

专业化的支持者们认为：教育改革的市场取向使得“私人利益”的统治地位合法化了，并破坏了这样一种观点：公共教育是为了民主社会中的公共利益的一项事业。

显然，辩论双方的立场是相悖的，但双方却都宣称自己是真正忠诚于公共利益、忠诚于美国社会的，双方都使用了公共利益、民主社会、多重性、自由这些语汇，都抨击对方不是为了公共利益，而是利己的私人议程。例如，解制取向者攻击专业化取向是保护该专业的私人垄断；而专业主义者攻击解制取向是保护那些既得利益者，并无视贫困群体和少数民族群体的教育机会。双方所谓的“公共利益”和“私人利益”所指陈的内容其实是相当不同的。

---

① Commission on Multicultural Education. Directory: Multicultural Education Programs in Teacher Education Institutions in the United States. Washington D. C.: American Association of Colleges for Teacher Education, 1978 转引自 Cochran-Smith, M. Walking the Road: Race, Diversity, and Social Justice in Teacher Education. New York: Teacher College Press, 2004. p. 136

② Earley, P. Finding the Culprit: Federal Policy and Teacher Education. Educational Policy, 2000, 14 (1): pp. 36～37

不管怎么说,教师教育的种种变革都与当时的社会变革密不可分。教师教育与意识形态导向相关,在国家和国际层面上,意识形态导向与更大的社会、历史、经济背景以及教育改革的不同政治议程有着密切的联系。20 世纪 60 年代中期以来,美国教育政策逐渐成为总统政治的核心,并直接影响到总统竞选的成功与否以及执政过程中的民意。为此,两党候选人纷纷在竞选中将自己标榜为"教育总统",积极构思一系列教育政策,以此谋求民众的支持。美国两党对教育政策此消彼长的影响,反映在战后的几个阶段:(1) 20 世纪六七十年代从伟大社会到保守主义运动;(2) 20 世纪 80 年代到 90 年代初基于机会平等的保守主义的胜利;(3) 20 世纪 90 年代中后期民主党的回归;(4) 2000 年之后保守主义——绩效责任中的机会。2000 年,共和党候选人布什宣称:在教育问题上政府应该起建构性的作用,但个人和团体要对自己负最终责任。显然,近三四十年,政治生活中占主导地位的是保守势力,其主张"机会平等"而非"结果平等"。

第二节　解制取向及影响

专业化取向和解制取向,在美国的教师教育改革中一直争论不休,只是不同的时期在教师教育政策中的受重视程度不同。《不让一个孩子掉队》法案的出台,表明美国联邦政府对解制取向的青睐。时任教育部长的罗德·佩吉(Rod Paige)在 2002 年年度报告《迎接高质量教师的挑战》(Meeting the Highly Qualified Teachers Challenge: The Secretary's Annual Report on Teacher Quality)中,对"高质量教师"进行了明确的界定,并对"高质量教师"的培养进行了规定,表现出明显的解制倾向。

罗德·佩吉指出:学生学业成功的一个至关重要的因素就是高质量的教师。不管怎么说,在如今的课堂中,对高质量教师的需求是紧迫的。如果没有高质量的教师为孩子指引道路,那么促进每一个孩子进步是不可能的。提高教师质量是帮助美国儿童达到教育优异的改革链条上至关重要的一环。这就是为什么教师质量成为《不让一个孩子掉队》的关注点的原因,也是随后一系列年度报告产生的原因。

一、解制取向受到政策制定者的青睐

2002年1月8日，布什总统在《不让一个孩子掉队》上签了字，使之成为了一个有效力的法案。该法案要求，至2005—2006学年末，所有核心学科教师都必须是"高质量"的。

2002年，时任教育部长的罗德·佩吉提交给国会的题为《迎接高质量教师的挑战》的第一份年度报告，申明了《不让一个孩子掉队》的教师教育取向。部长的这份报告认为：国家规定的教师学术标准过低，而将那些未接受完整教师教育的职前教师拒之门外的门槛过高。这份报告呼吁：替代性项目是"模范的"政策选择，这将会一并解决教师质量和教师供应问题。这份报告对什么能够以及什么不能够带来高质量的教学说得很清楚："我们已经发现，严格的研究表明——语言能力和内容知识是高质量教师的最为重要的特性。此外，几乎没有证据表明，教育学院的课程能够提高学生的成就。"①显然，部长的报告支持解制取向，而排斥基于大学的教师教育。这昭示着：解制取向获得了政策制定者的青睐，被建构为政策导向下的可操作的解制议程。

（一）低标准、高栅栏的教师教育体系

《迎接高质量教师的挑战》指出，教育学院和正规的教师培训项目没有能力培养出《不让一个孩子掉队》所要求的高质量教师，并且"今天的认证体系在允许具有低劣教学胜任能力的个体进入课堂的同时，对大多数有天分的候选者竖起了栅栏"。这是因为：

1. 教师认证体系的标准设得很低

《迎接高质量教师的挑战》指出，仅有23个州将教师标准与幼儿园到中小学（K～12年级）学生的学科内容标准相结合，并且教师的学术标准设得很低。例如，在一个广受29个州欢迎的教师执照测试中，只有一个州设立的阅读分数线接近国家的平均分数，有15个州设立的分数线低于第25个百分位（percentile）的考分。在数学和写作考试中，也只有一个州设立的分数线

---

① U. S. Department of Education, Office of Postsecondary Education. Meeting the Highly Qualified Teachers Challenge: The Secretary's Annual Report on Teacher Quality. Washington D. C. 2002[R/OL]. [2007-10-20]http://www.ed.gov/about/reports/annual/teachprep/2002title-ii-report.pdf

高于国家平均分数。由于设立的分数线较低，因此州级教师测试的通过率就比较高，在1999—2000学年间，通过初级教师执照所必需的各种州级测试的教师候选者占93%，有6个州公布了100%的通过率。① 另外，到2002年为止，已经有37个州要求所有教师资格申请者必须通过基本的听说读写技能的测试，33个州要求申请者必须通过学科知识测试，而26个州要求他们必须通过教育理论测试。但是，这些测试都基本暴露出一个共同的问题，那就是测试的标准过低。在教育考试评估调查中人们发现，很多教师执照考试的内容水平基本等同于高中水平，从来没有达到过学士水平。② 这些低标准的测试要求一方面使教学胜任能力较低的申请者进入教学，另一方面在一定程度上也挫伤了能力优秀的申请者对教师职业的信心和积极性。

2. 对教育类课程的要求繁重

《迎接高质量教师的挑战》指出，传统教师教育对教育类课程的要求过于繁重。例如，在亚利桑那州，获得一个临时的小学教学执照，要求完成包括45个小时的教育类课程和至少8周的教学实习；印第安纳州所有的教学资格证书都要求64个小时的教育类课程，初中和高中教师执照则规定在其他要求的基础上，修40个小时的普通教育课程、24个小时的专业教育类课程和选修教育类课程；新泽西州初级教师执照要求教学候选者主修其所教学科，并且规定了200个小时的教育类课程。虽然为了绕过一些传统认证体系的繁重要求，45个州开发了进入教学的替代性途径，但是这些途径中仍然充斥着各种关于教育类课程的要求。③

该报告认为，这些要求成为教师资格证书制度的致命的弱点，它阻碍了许多高水平的人才进入教师队伍。一方面，选择教学专业所需要的巨大的

---

① U. S. Department of Education, Office of Postsecondary Education, Office of Policy Planning and Innovation. Meeting the Highly Qualified Teachers Challenge: The Secretary's Annual Report on Teacher Quality. Washington D. C. 2002. [R/OL]. [2007—10—20]http://www.ed.gov/about/reports/annual/teachprep/index.html

② 秦立霞，栗洪武. 当前美国教师资格评价标准的研究现状与意义. 外国教育研究，2007(10):43～47

③ U. S. Department of Education, Office of Postsecondary Education, Office of Policy Planning and Innovation. Meeting the Highly Qualified Teachers Challenge: The Secretary's Annual Report on Teacher Quality. Washington D. C. 2002. [R/OL]. [2007—10—20]http://www.ed.gov/about/reports/annual/teachprep/index.html

机会成本(上述的那些要求所导致的),使得教学能力很高但是有很多职业选择的优秀人才经常放弃教学职业,去选择薪水较丰厚而又没有各种附加要求的其他职业。另外,进入教学的这些繁琐要求,对许多拥有其他职业机会的优秀少数民族候选者来说特别繁重,他们更有可能因为进入教师教育项目的经济成本太高而不去从事教学。另一方面,教育学院没能提供严密的课程,也在一定程度上阻碍了优秀人才进入教师教育项目的积极性。

总之,该报告指出各州都在寻求拥有坚实的学科知识和良好的口语表达能力的教师,然而现有的教师教育体系正在阻碍着最有才能的个体进入教学的热情;同时由于学术标准很低,使许多能力较低的人进入了教学领域。因此,必须对现有的教师教育体系进行革新。

(二)"高质量教师"的界定

《不让一个孩子掉队》第四条款(Title Ⅳ,Section 9101)对"高质量教师"标准作出了原则上的规定,对不同类型的教师(新聘任的小学教师、新聘任的初中和高中教师、在职的中小学教师)提出了不同的要求。但是其中都包括至少具有四年本科院校授予的学士学位,并且通过主要强调学科专业知识和教学能力的州级考试或者认证。在罗德·佩吉 2002 年提交的《迎接高质量教师的挑战》报告中,他根据《不让一个孩子掉队》相关条款,对"高质量教师"进行了明确的界定。

(1) 已经通过了州级教师资格证书的考试,并获证书;或现已在州的公立实验学校任教,虽无证书,但已具有在公立学校任教的相应水平,并且是学校急需的临时教师。除此之外,所有的核心课程教师必须具有资格证书或特许证明。也就是说,除了特许学校的教师之外,所有教授核心科目的教师都必须具有完全的州证书或许可证,这才能算"高质量"。

(2) 如果是新教师,条件会更严格。小学教师至少应具有学士学位,并通过严格的州级考试,包括学科知识、阅读、写作、数学和其他小学课程中法定的核心课程的教学技能考试;中学教师至少要有学士学位,通过严格的州级学科课程(将要任教的学科)的考试,并获相应的证书或特许证明;或已完成了将要任教课程和专业的学习,获硕士学位;或具有高级证书和证明。

(3) 对现已具有学士学位的核心课程的任课教师,要达到由州级确立的教师学科知识和教学评价的要求以及评价标准,并由学科专家、教师、校长和教育行政管理者对教师教学水平、学科知识技能掌握和从教时间及所教学生的学绩进行综合评定，为教师的专业技能和教学水平作出一个客观的评价和综合的能力测试。其中特别强调教师所具有的学科学识的水平。

《不让一个孩子掉队》要求，至2005—2006学年底，核心学科的教师都必须是"高质量"的。在2003年报告中，核心学科界定为：英语、阅读或语言艺术、数学、科学、外国语、公民与政府、经济学、艺术、历史以及地理学。

总之，该议程中"高质量教师"的焦点在于"学科知识"，并认为这是与学生学习能力和学绩的提高直接相联系的。相应的对于教师教育的规定，佩吉(2002)的报告呼吁各州：(1) 结束教育学院的"独有特权"，并减少"规定认证所需的教育学课程的令人厌恶的数量"；(2) 援助各州将教育学院的课程从各州的认证要求中排除出来，并使"进入教育学院……可以随意"；(3) 在新的认证要求中，将读写能力和学科知识内容置于优先位置；(4) 为教师候选者发展一种新的和"具有挑战性"的评价方式；(5) 要求"为职前教师设置具体学科领域的专业"。①

二、替代性途径成为范型

《不让一个孩子掉队》的重要规定之一，是至2005—2006学年末，所有核心学科的教师都必须是"高质量"的。美国有许多好老师，但仍然不够。时任教育部长罗德·佩吉在2003年报告的一开始就呼吁："为迎接这个挑战，教育系统的所有人都必须行动起来，我们必须具有创新精神——不仅在理论上创新，而且在实践中创新。"②一项重要的创新就是把替代性途径作为教师教育的范型。

(一) 改革的两项原则：提高标准、降低门槛③

2002年的教师质量年度报告强调了当时教师招聘和认证制度的局限。

---

① David G. Imig. The Teacher Effectiveness Movement—How 80 Years of Essentialist Control have Shaped the Teacher Education Reform. Journal of Teacher Education, 2006, 57(2): pp. 167～180

② U. S. Department of Education, Office of Policy Planning and Innovation. Meeting the Highly Qualified Teachers Challenge: The Secretary's Second Annual Report on Teacher Quality. Washington D. C. 2003. [R/OL]. [2007－10－20]http://www.ed.gov/about/reports/annual/teachprep/2003title-ii-report.pdf

③ 罗德·佩吉所提倡的两条原则"提高标准、降低门槛"是指提高学科知识的要求，降低教育专业知识和技能培训的要求。下文的"标准"、"门槛"含义同此。

简言之，罗德·佩吉认为，当时的制度在进入教职之路上设置了不必要的障碍，因此阻止了许多高成就的大学生和在职人员进入教师队伍。与此同时，该制度对新教师的学科学术标准要求过低。罗德·佩吉在2002年报告中对当时的教育制度作出了这样的诊断——高门槛、低标准，并提出了一种大胆的新方法，以便向合格的、有才能的人敞开进入教职之门——替代性途径。

在第二年，即2003年的报告中，罗德·佩吉重申替代性途径的思路，明确提出了招募和培养职前教师的两项主要原则：一是在教师的学科知识方面提高学术标准；二是在教育课程方面降低门槛。

在“高质量教师”的定义中，要求教师获得州完全认证（full state certification）。但“获得州完全认证”意味着什么，《不让一个孩子掉队》对此的界定不够明确。事实上，不管是法律还是教育部的章程，对该问题都保持缄默。

随之，各州的执行就具有了弹性。各州可以利用这个机会来考虑如何更新其认证制度，以及对现有制度进行修订。绕过教育学院的替代性途径备受青睐，其目标指向于那些可能被传统认证项目拒之门外的有才能的人。换句话说，《不让一个孩子掉队》给那些意欲降低教学职业门槛的行为大开绿灯。

此外，由于《不让一个孩子掉队》申明：持应急证书或临时豁免证书（temporary waivers）的教师不是高质量的，因而这一规定阻碍了这部分教师转变为“高质量教师”。为了消除障碍、降低门槛，教育部发表了指导性文件，说明只要这部分教师在教学时参与合格的替代性项目，就许可他们成为“高质量教师”。同时，该文件也对合格的替代性项目①进行了界定。总之，这些规则为各州设立合格的替代性认证项目提供了机会，而且保证了目前

① 合格的替代性项目是指，在这些项目中，教师能够获得高质量的专业发展，这种专业发展是持续的、深入的，并且聚焦于课堂的；参与深度督导项目，包括对教师或教师指导项目（a teacher mentoring program）进行结构化指导与常规支持；从事教师职业并在三年内证明自己具有令人满意的进步，以获得完全的州认证。U. S. Department of Education, Office of Postsecondary Education. Meeting the Highly Qualified Teachers Challenge: The Secretary's Annual Report on Teacher Quality. Washington D. C. 2002 [R/OL]. [2007 - 10 - 20] http://www.ed.gov/about/reports/annual/teachprep/2002title-ii-report.pdf

持豁免证书的教师也能成为"高质量教师"。也就是说,该规则进一步促进了"学科知识的高标准和教师课程的低门槛"。

(二) 更光明的道路:替代性途径

为了应对在每间教室都配备高质量教师这一挑战,针对当时教师教育存在的"教育课程的高门槛、学科知识的低标准"问题,罗德·佩吉提出,以"提高标准、降低门槛"为原则的替代性途径,是比传统教师教育更光明的道路。

通过替代性途径进入教师职业的人也必须通过认证或证书考试,这与传统认证一样,但许多教育专业方面的要求,例如教育哲学或方法的课程论文(course work)、教育学、教学实习等,通常被削减或完全免除。通过减少进入的"障碍",这些替代性项目扩大了潜在的教师资源。但同时也出现了这样一个问题:各州能够同时推进教师数量和质量吗?罗德·佩吉在2002年报告中说:"正如我们将看到的,答案是肯定的。因此,这种替代性途径可以作为整个认证制度的范型。"①

许多州在开发替代性项目上不遗余力,联邦政府也鼓励这种"创新"项目的发展。但是2002年报告中也指出,认证的替代性途径尽管很流行,但有些项目并未实现其潜能。例如,一项花费了两年时间以及成千上万美元的替代性途径只是徒有虚名,它对于减缓紧迫的教师短缺或推进整体质量无济于事。

不管怎么说,2002年报告还是描绘了一幅光明未来的图景。罗德·佩吉认为:"教师认证制度是我们自己制定的,因此,这种认证制度可以通过各州的民主程序进行改革。存在着一种更好的模式,这种模式可以保证我们所需要的教师数量和质量。我们完全有可能保证,美国的每一个孩子都拥有高质量教师。我们完全有可能设计一种为每一个孩子服务的教育制度。"②

① U. S. Department of Education, Office of Postsecondary Education. Meeting the Highly Qualified Teachers Challenge: The Secretary's Annual Report on Teacher Quality. Washington D. C. 2002[R/OL]. [2007－10－20]http://www.ed.gov/about/reports/annual/teachprep/2002title-ii-report.pdf

② U. S. Department of Education, Office of Postsecondary Education. Meeting the Highly Qualified Teachers Challenge: The Secretary's Annual Report on Teacher Quality. Washington D. C. 2002[R/OL]. [2007－10－20]http://www.ed.gov/about/reports/annual/teachprep/2002title-ii-report.pdf

(三) 优秀的替代性项目

随后，罗德·佩吉在2003年报告的第二部分，提供了前途看好的改革的具体例子，一些州的教育系、私立团体以及大学进行了大胆的改革，并取得了令人鼓舞的结果。报告介绍了对传统教师培养模式的改革，以及创新的替代性培养模式这两方面的成功案例。① 这些创新的替代性项目都试图提高学术标准，并降低进入教职的门槛。②

1. 从军人到教师计划(Troops to Teachers Program)

这个项目是针对退伍军人的，主要是把他们分配到当地的学校中从事教学工作，并为他们提供一定的资金援助和适当的培训。这个计划已经为20个州的学校提供了一种新的教师资源，为高素质的个体从事教育教学工作扫除了障碍。

据美国教育信息中心宣称，替代性认证途径为课堂带来了多元化的教师，并且这些教师更善于承担具有挑战性的任务。例如，该计划中男性占90%，而在所有教学队伍中男性仅占26%。在这个计划中，少数民族教师大约占30%，而在整个教师队伍中少数民族教师仅占10%。这些教师经常被安置在师资非常短缺的学科领域，其中教授数学的占29%，教授科学的占24%，特殊教育教师占11%。

2. “为美国而教”计划(Teach For America Program)

在替代传统的教师教育的途径中，“为美国而教”计划是最早出现的，也是最引人瞩目的一项革新。这个计划旨在吸引各专业优秀大学毕业生到低

① 两方面的成功案例包括对传统的教师培养的改革案例以及创新的替代性项目。对传统的教师培养的改革案，例如，西弗吉尼亚大学本内顿合作性、基于标准的教师教育项目(West Virginia University's Benedum Collaborative、Standards-Based Teacher Education Project,STEP)；而创新的替代性项目包括：美国优异教师认证委员会项目(American Board for Certification of Teacher Excellence)、加州教学技术项目(California's Technology to Teachers Program)、纽约市教学项目(New York City Teaching Fllows)、美国西部州长办大学(Western Governors University)、为美国而教项目(Teach For America Program)、成为教学伙伴(Transition to Teaching Partnership)等。

② U. S. Department of Education, Office of Policy Planning and Innovation. Meeting the Highly Qualified Teachers Challenge: The Secretary's Second Annual Report on Teacher Quality. Washington D. C. 2003[R/OL]. [2007-10-20]http://www.ed.gov/about/reports/annual/teachprep/2003title-ii-report.pdf 详见2003年报告第二部分，21～31页。

收入、师资匮乏的城镇和农村公立中小学支教，目的是让全国的儿童特别是贫困地区的儿童获得平等的受教育机会。它的招聘对象主要是刚刚毕业的美国大学生。该项目的竞争非常激烈，录取率只有 1/6，其中常青藤院校毕业生就占了 1/3。

参加这个计划的志愿者需要在夏季培训学院完成志愿者岗前短期培训，并且在此之前完成阅读、课堂观察和自我评估等方面的训练，为夏季岗前短期培训打下基础。参加该计划的志愿者将在办学条件较差、师资短缺的学校任教两年，两年后可根据自己的意愿留任或离开。在这两年期间，"为美国而教"计划和当地的学校社区会为新教师提供持续的支持。自 1989 年开始实行以来，该项目已经为美国师资需求量最大的学校提供了 8000 多名有才能的青年。

由于这些教师没有接受正式的教师职前培养，那么他们是否有助于提高学生的学业成就呢？有证据显示答案是肯定的。例如，休斯敦独立学区(Houston Independent School District)于 1993 年参与计划，是聘用该项目教师最多的地区。教育结果研究中心(the Center for Research on Education Outcomes，CREO)对在此学区工作的该项目教师 1996—2000 年的教学表现进行了调查，结果表明"为美国而教"计划是一个可行的高质量教师的替代性来源，该项目的教师对学生成绩的提高超过其他的新教师，至少和休斯敦的所有教师是一样的。该项目教师占表现优秀教师的绝大部分，而且他们之间的水平更趋向一致，他们之间不会有太大的差异。①

3. 新泽西州的举措

上面的两个例子都是联邦层面的计划，其实各州在积极响应联邦层面计划的同时，也采取了许多实施替代性认证途径的措施。例如，在新泽西州，1985 年第一个为拥有学士学位、却没有学过教育专业课程的本科毕业生开发了替代性教师认证途径。自此，8347 个转行者(career-changers)以这种方式获得了资格证，缓解了本州内的教师短缺以及让非本学科专业者教授该学科的问题(out-of-field teaching)。因此学区管理者评论道，替代性途径为他们很难供应的职位带来了高质量的教师候选者。20 世纪 90 年代，新泽

① 徐春妹，洪明. 解制取向下的美国教师培养新路径——"为美国而教"计划的历程、职能与功过探悉. 外国教育研究，2007(7)：24～28

西州大约 1/4 的新教师是通过替代性途径被雇用的，这也推动了常规教师证书的改革。替代性途径要求学校社区分派支持(援助)小组，在新教师教学的第一年里与他们一起工作；在这一年结束时，小组推荐他们获得常规教学资格证。① 1992 年，新泽西立法机关决定，要求学区为包括从教育学院出来的教师在内的所有新教师提供支持小组。

(四) 替代性项目及其完成者数量显著增长

许多州越来越多地尝试替代性认证途径的计划，推动其教学队伍的发展。到 2002 年，45 个州提供了替代性途径资格证，20 个州通过了新的立法或者扩展了现有的教师教育项目；全美 310 万教师中，大约有 17.5 万人拥有替代性教师资格证书。政策制定者对解制取向的青睐，进一步加速了替代性途径的发展。通过 2006 年度的报告，可以比较清楚地看到这种趋势。

2006 年报告收集了 50 个州、哥伦比亚、波多黎各、关岛和维尔京群岛地区的数据，教育部长玛格丽特·斯佩林斯在对数据分析的基础上，欣喜地报告："完成教师教育项目的教师数量持续上升。替代性途径教师教育项目在此上升中起了重要作用——替代性项目的完成者从 2000 年到 2004 年上升了近 40%。如今，接受替代性途径培养的新手教师占了全国新教师的近 20%。"②

由于现在美国各州主要采用了两条教师资格认证方式——传统的认证途径和替代性认证途径，下面引用 2006 年报告中的数据，从以下三方面进行分析：教师教育培养的教师总体数量、传统项目完成者数量、替代性项目完成者数量(参见表 1-1)。

对过去 4 学年的国家数据收集显示：新产生的教师总数量正逐年上升。在 2000—2001 学年至 2001—2002 学年下降 4%之后，项目完成者的数量随后两年增长了 18%，2003—2004 学年超过了 22 万人。

就传统途径项目的毕业生来看，绝大多数的教师仍来自于教育学院的

---

① States' Efforts. [EB/OL]. [2007－10－20] http://www.teacherquality.us/Public/PromisingPractices.asp? PPCategoryID=3

② U. S. Department of Education, Office of Postsecondary Education. The Secretary's Fifth Annual Report on Teacher Quality: A Highly Qualified Teacher in Every Classroom. Washington D. C. 2006[R/OL]. [2007－10－20] http://www.ed.gov/about/reports/annual/teachprep/2006-title2report.pdf

本科项目。2003—2004年，各州所统计的教师项目毕业生中大约81%毕业于传统项目，人数超过了17.9万人，在4年里增长了7%。但是，在所有项目毕业生中所占的比例从2001—2002学年开始下降，那时传统项目毕业生的比例占86%。

就替代性项目的毕业生来看，不管是替代性项目的数量还是完成这种项目的学生数量，都出现了显著增长。2000—2001学年至2003—2004学年，替代性项目完成者的数量大约增长了40%，从29671人增长到40925人。纽约培养的替代性项目完成者最多(17772人)，占全国替代性项目完成者总数的43%。经由替代性项目培养的教师占了所有项目完成者的19%。此外，据各州报告，2005年有110个替代性项目，这比2002年的79项增加了40%。此外，2002年只有44个州有替代性项目，而据2006年报告，47个州拥有替代性项目。

表1-1 2000—2001—2003—2004教师教育毕业生的总体数量①

学年	2000—2001	2001—2002	2002—2003	2003—2004
毕业生的总体数量	194969	187099	205588	220777
替代性项目毕业生的总数	29671	27105	35353	40925
传统项目毕业生的总数	165298	159994	170235	179852

三、持豁免证书教师"转变为"高质量教师

2003年报告中，时任部长罗德·佩吉汇报说："我们的国家面临着一个历史性的挑战：确保不让一个孩子掉队。"②"《不让一个孩子掉队》要求国家为所有孩子的未来描绘一幅大胆的图景，每一个孩子，不管种族、收入或母

① U. S. Department of Education, Office of Postsecondary Education. The Secretary's Fifth Annual Report on Teacher Quality: A Highly Qualified Teacher in Every Classroom. Washington D. C. 2006. http://www.ed.gov/about/reports/annual/teachprep/2006-title2report.pdf. p6

② U. S. Department of Education, Office of Policy Planning and Innovation. Meeting the Highly Qualified Teachers Challenge: The Secretary's Second Annual Report on Teacher Quality. Washington D. C. 2003[R/OL]. [2007－10－20]http://www.ed.gov/about/reports/annual/teachprep/2003title-ii-report.pdf

语，都应当拥有在学校和生活中获得成功的机会……”①在2005年报告中，时任教育部长的玛格丽特·斯佩林斯也重申了这一点。

当然，正如布什总统在庆祝《不让一个孩子掉队》一周年庆典上所说："我们能够说，改革工作有了一个很好的开端。"随后每年的年度报告中，部长都会报告一连串好消息，例如“美国承担了这项责任”(2003)、“在极度需要教师的地区我们已经取得了进步”(2004)、“这种理想在全国的教室中正日渐成为现实……我们应该认识到目前为止的成就并引以为豪”(2006)等。

但是，通过历年报告中的数据，我们可以清晰地看到贫困地区和少数民族地区教师质量问题一直未能得到改善。在2004年报告中，罗德·佩吉部长坦言："持豁免证书教师的数量和分布还是成问题的。事实上，未经培养的教师的问题，在那些高度贫困学生比例较高的地区，问题更为严峻。"②

(一)“豁免证书”的界定

在全美各州，准予持豁免证书或应急证书教师进行教学的标准各不相同。学区解决教师短缺问题的一条途径就是：允许教师教其他学科，而不是他所接受培训的学科。许多州准予那些在朝着认证要求努力，但是尚未完全达到要求(例如尚未参加某项必要的考试，或完成课程论文)的人成为教师。此外，一些州允许在其他州获得认证但不完全满足该州要求的人成为教师。

2004年年度报告对于“持豁免证书教师”(Teachers on Waivers)进行了说明。在高等教育法案第二条款中，豁免证书的界定是指：任何临时或应急许可证、执照或其他授权，这种授权允许那些尚未在该州或其他州获得职前认证或证书的个体在公立学校教学，包括：持临时或应急证书或许可证进行

① U. S. Department of Education, Office of Postsecondary Education. The Secretary's Fourth Annual Report on Teacher Quality: A Highly Qualified Teacher in Every Classroom. Washington D. C. 2005[R/OL]. [2007－10－20] http://www.ed.gov/about/reports/annual/teachprep/2005Title2-Report.pdf

② U. S. Department of Education, Office of Postsecondary Education. Meeting the Highly Qualified Teachers Challenge: The Secretary's Third Report on Teacher Quality. Washington D. C. 2004[R/OL]. [2007－10－20] http://www.ed.gov/about/reports/annual/teachprep/2004Title2－Report.pdf

教学的教师；通过替代性途径获得认证的教师；作为长期的代课教师进行教学的教师。①

由于教育部倡导替代性途径，参加替代性项目的教师往往被认为是高质量的，但按照高等教育法案的界定，这些参加替代性项目的教师，却被统计在持豁免证书教师的数目之内。为了努力使这些界定更一致，教育部在2004年10月的高等教育法案第二条款州报告中，允许各州自行确定其替代性途径候选者属持豁免证书，还是属完全认证。

2005年报告表明了对“豁免证书”界定的变化，对“豁免证书”的界定与《不让一个孩子掉队》对“高质量教师”的规定更一致。不仅参加替代性途径的教师不再属“持豁免证书教师”之列（因为这些教师在《不让一个孩子掉队》中被认为是完全合格的），此外，那些短期或长期代课教师也不再属“持豁免证书教师”。

从“豁免证书”界定的变化可见，持“豁免证书”教师的外延逐渐缩小，而“高质量教师”的外延则逐渐扩大。由此，在解制议程中，那些临时的、代课的，甚至没有获得认证的教师都正逐步转变为“高质量教师”。也就是说，根据《不让一个孩子掉队》中“高质量教师”的定义，部分原来不算“好教师”的教师顺利地转变为“高质量教师”。那么，这些仅仅因概念界定而从“持豁免证书教师”转变为“高质量教师”的人流向哪里了？

（二）高度贫困地区“持豁免证书教师”比例居高不下

根据高等教育法案第二条款数据收集和报告系统，2002—2003学年全美大约6%的教师（即大约180000名教师）尚未拥有州认证或证书，这些教师更倾向于在高度贫困学区而不是其他地区教学（分别为8%和5%）。

2003—2004学年的数据与往年的数据相比，对“豁免证书”界定的改变限制了该年度的“豁免证书”数据的使用，这也限制了对“豁免证书”教师趋势进行有意义的分析。但在衡量美国学校所面临的持续的挑战时，2003—2004年度报告的数据还是有参考价值的。通过这些数据可见，还有太多的教师是持豁免证书的，还有太多的地区在为高度贫困学区高于其他学区的

① 高等教育法案第二条款中尚未包括的持豁免证书教师还有下列情形：1）在其他州获得认证的教师；2）持有由全美各州教育与证书主管协会（The National Association of State Directors of Teachers Education and Certification，NASDTEC）所界定的Ⅰ、Ⅱ、Ⅲ级证书的教师；3）在边境工作的教师。

持豁免证书教师比例而挣扎。

2003—2004 学年，据州报告，在高度贫困地区和所有其他学区之间，持豁免证书教师的平均比例分别为 5.2%和 3.1%。此外，在 2003—2004 学年，有 17 个州汇报其高度贫困地区的持豁免证书教师比例高于国家平均比例，马里兰的 20.2%是全国最高的。在 2005 年年度报告中，教育部长说："可见，要达到使每间教室都有高质量教师这个国家目标，我们还有许多工作要做。"①豁免证书、应急证书以及临时证书仍在继续使用，这可以看做许多州面临着招聘和保留高质量教师的挑战的又一个例证。

2006 年报告再一次强调了"持豁免证书教师"的分布地区以及所教学科：②2004—2005 学年，将近 1/3 (28%)的持豁免证书教师在高度贫困学校教学。2003—2004 学年至 2004—2005 学年间，高度贫困地区持豁免证书教师的聘用率从 4.35%降至 3.01%；在其他地区，聘用率也从 3.07%降到 2.21%；降幅分别为 31%和 20%(详见表 1-2)。

高等教育法案第二条款收集的数据对持豁免证书教师所教学科进行了分类。从每个学科的持豁免证书教师数量可以推测教师的短缺情况。2004—2005 学年，聘用豁免证书教师数量最多的学科是外国语(7%)和特殊教育(5%)。数学和科学学科豁免证书教师聘用率大约是 3%。总的来说，除了外国语学科之外，其他各个学科的豁免证书教师聘用率都有所下降。降幅最大的是职业/技术教育教师——从 10%降到 3%(详见表 1-3)。

纵观历年来的数据，教育部长在 2006 年年度报告中作出结论："高度贫穷学区与其他学区相比，豁免证书教师(即未获得完全认证的教师)比例持续居高不下，尽管所有学区状况已得到改善，而且尽管成就差距开始缩小。但仍有太多的少数民族学生和来自低收入家庭的学生继续表现不佳，并达

① U. S. Department of Education, Office of Postsecondary Education. The Secretary's Fourth Annual Report on Teacher Quality: A Highly Qualified Teacher in Every Classroom. Washington D. C. 2005[R/OL]. [2007－10－20] http://www.ed.gov/about/reports/annual/teachprep/2005Title2-Report.pdf

② 下文资料、数据及图表来源参见 U. S. Department of Education, Office of Postsecondary Education. The Secretary's Fifth Annual Report on Teacher Quality: A Highly Qualified Teacher in Every Classroom. Washington D. C. 2006[R/OL]. [2007－10－20] http://www.ed.gov/about/reports/annual/teachprep/2006-title2report.pdf

不到州学术标准。我们必须记住我们的使命——不让一个孩子掉队，并且要寻找方法，以使所有学校能从教师质量的提高中获益，尤其那些需求最迫切的学校。"①

表 1-2 "豁免教师"地区分布比例学年度对照表②

地区＼年度	2001—2002 学年	2002—2003 学年	2003—2004 学年	2004—2005 学年
所有地区	6%	6%	3.31%	2.50%
高度贫困地区	8%	8%	4.35%	3.01%
其他地区	5%	5%	3.07%	2.12%

表 1-3 学科豁免教师比例对照表③

学科	学年	
	2003—2004	2004—2005
艺术	2.91%	2.00%
特殊教育	6.59%	4.83%
双语/ESL	3.64%	2.10%
英语	2.61%	2.10%
阅读/语言艺术	1.88%	1.04%
数学	3.44%	3.00%
科学	3.76%	2.94%
外国语	5.85%	7.09%
公民/政府	2.50%	1.63%
经济学	3.58%	2.20%
历史学	2.39%	2.26%
地理学	6.02%	3.27%
职业/技术教育	9.51%	3.20%

① U. S. Department of Education, Office of Postsecondary Education. The Secretary's Fifth Annual Report on Teacher Quality: A Highly Qualified Teacher in Every Classroom. Washington D. C. 2006[R/OL]. [2007－10－20] http://www.ed.gov/about/reports/annual/teachprep/2006-title2report.pdf

② 2003—2004 学年、2004—2005 学年数据来源于 U. S. Department of Education, Higher Education Act Title II Reporting System, 2005.

③ U. S. Department of Education, Higher Education Act Title II Reporting System, 2005.

从上述数据，我们似乎可以得出这样的结论：纵向比较，所有地区以及高度贫困地区的"豁免证书教师"数量减少，比例下降，但不能不考虑"豁免证书教师"的界定变化对此的影响。其实，修改后的定义再一次缩小了"豁免证书教师"所涵盖的范围，将一部分原来的"豁免证书教师"合法地转换成了"高质量教师"。在此基础上，再来考察这些数据，可能状况就不那么简单和乐观了，"高质量教师"议程的效果也因此而增加了疑问。

四、专业化取向对解制议程的批评

教师教育的解制取向，其实质是否认教师职业的专业化特征，削弱和否定教师教育的作用，一直受到专业化取向和社会正义取向的批评。当解制取向获得政策制定者青睐时，这种批评就更为激烈。专业化取向的批评主要是：

（一）"高质量教师"未必高质量

解制议程要求"高质量教师"必须通过州级的考试。但是这种考试的标准往往很低。在 2004 年报告中，部长罗德·佩吉承认："由于大多数州对职前教师(prospective teachers)的学术知识评价所设的最低通过分数线都低于国家平均分数，所以这些评价只是筛选掉了最差的那部分教师候选者。"①

在 2006 年报告中，教育部长玛格丽特·斯佩林斯的分析则更为明确："如今，很多新教师在进入课堂之前，还必须通过州的标准化评估，他们不仅要接受学科知识测试，还要接受教学技能测试。……一直以来，评估的通过率就很高，而今年的通过率越发的高。因为，这些评估所设定的最低通过分数总是低于国家分数。因此，这种评估对于保证教师培养质量的作用就很值得怀疑。"②

① U. S. Department of Education, Office of Postsecondary Education. Meeting the Highly Qualified Teachers Challenge: The Secretary's Third Report on Teacher Quality. Washington D. C. 2004[R/OL]. [2007－10－20]http://www.ed.gov/about/reports/annual/teachprep/2004Title2-Report.pdf

② U. S. Department of Education, Office of Postsecondary Education. The Secretary's Fifth Annual Report on Teacher Quality: A Highly Qualified Teacher in Every Classroom. Washington D. C. 2006[R/OL]. [2007－10－20]http://www.ed.gov/about/reports/annual/teachprep/2006-title2report.pdf

对此,亚利桑那州州立大学教授戴维·C.伯利纳在《近乎不可能的教师质量测试》中如是说:"联邦法律要求每个州的每间教室里都配备高质量的教师。这必将导致对'高质量'的50种不同的定义,而每种定义都和各州、各地区教师的需求情况有着千丝万缕、不可分割的联系,各州教师的短缺或多余情况将会影响各州对该定义的选择。"

伯利纳以亚利桑那州为例,对这种情况进行了说明:和其他许多州一样,亚利桑那州有一个确保新教师都是高质量的测验。最近,在参加这项测试的所有申请者中,95%的人一次性就通过了,几乎所有最初未通过这项考试的人在第二次或第三次也就通过了。因为,该州的教师供应状况向来很紧张,而且在数学、科学、特殊教育、双语教育和为贫困学生服务的领域师资短缺更为严重。在这种情况下,便不可能出现较为严格的质量测试,因为严格的测试会加剧教师短缺问题。质量较低的教师总比没有教师要好些。所以,事实上教师质量测试的通过率或分数线是与各州教师劳动市场的现实状况紧密联系的。该测试是否帮助亚利桑那州的孩子们找到了高质量的教师,这就很难说了。伯利纳由此推论:"这进一步证实了测试是一种政治作秀,而不是真诚地试图提高教师质量。"①

除了保守势力的影响外,在很大程度上可以说解制取向是应对教师短缺的权宜之计。根据美国教育部数据中心公布的"至2011年的教育数据预测",美国中小学教师的需求数量将从1999年的330万人上升到2011年的365万人,上升幅度约为10%②,而在今后的10年里将有大量的教师退休,因此教师短缺的问题非常严重,在市中心和边远农村这个问题更为突出。为了提供充足的教师,大多数州采用了替代性认证途径,特别是数学、科学和双语教育以及极度贫困学校的教师匮乏,极大地促进了替代性认证途径的出现。如此状态下的替代性途径,要得到"高质量教师",其可能性可想而知。

此外,一些学者对"高质量教师"的界定本身也提出了质疑。达琳-海

---

① David C. Berliner. The Near Impossibility of Testing for Teacher Quality. Journal of Teacher Education, 2005,56(3):p. 205～213

② National Center for Education Statistics. Fast Facts: Teacher Quality. Washington D. C. 2000[online website]. http://nces.ed.gov. 转引自袁振国.中国教育政策评论2002.教育科学出版社,2002.214页

蒙和皮特·扬斯(Peter Youngs)的观点是:有证据表明,教师培养对有效性及保持力所作的贡献至少和其对语言能力、内容知识所作的贡献一样多,而替代性途径则不包括教师培养的这些核心方面,替代性途径将会导致无效的教师,这些无效的教师感觉自己没有接受正规培养,并且离职率很高。①

(二) 独断地否定了教师教育的作用

罗德·佩吉报告出台不久就有学者对其观点提出质疑,达琳-海蒙和皮特·扬斯、柯兰-史密斯等对该报告提出了严厉批评,认为该报告是建立在私人机构和基金会的报告基础上而不是以严肃的学术研究结果为基础的。②

柯兰-史密斯指出,这篇报告的许多结论与其他对关于教师教育的研究进行评论以后而得出的结论是根本不一致的。这些研究包括威尔逊、弗罗登(Wilson,Floden,2001)等人关于教师培养的研究综述,这个研究是由美国教育部通过华盛顿大学的教学和政策中心资助的,并且在2002年的《教师教育杂志》中作了概述。③ 该报告仅仅提及在威尔逊等的综合评论中的57个严格的经验研究中的1个,忽略了本不该忽略的教师教育者的研究结论。

希普(Heap,2002)则明确地指出了这篇报告与威尔逊的研究综述之间的不一致,他指出:“不同于部长的报告,威尔逊的研究综述得出结论:在大学中对学科内容的学习与教学质量之间没有明确的联系,并且有证据显示教师教育确实有助于教学质量的提高;另外,由于对替代性项目的定义缺乏一致性,因此对替代性途径的研究所具有的说服力也是不充分的。”④柯兰-史密斯还指出,这篇报告也没有提到其他发表在著名的同行评议(peer-reviewed)杂志上的综述和经验研究。而这些研究得出的结论是,除了学科内容知识和口头语言能力,还有一些教师的资格条件与学生的成就有关。

① Darling-Hammond L. & Youngs P. Defining ‘Highly Qualified Teachers’: What does ‘Scientifically-based Research’ Actually Tell Us? Educational Research, 2002, 31(9):pp. 13~25

② 皮拥军.新世纪美国教师培养与认证制度的改革指南.比较教育研究,2007(9):88~92

③ 本书第八章对此研究进行了较详细的介绍。

④ Cochran-Smith M. Reporting on Teacher Quality: the Politics of Politics. Journal of Teacher Education, 2002(11/12):pp. 379~383

这些条件包括：通过教师培训课程和经验所获得的关于教学和学生学习的知识、教学经验以及教师的认证身份(teacher certification status)。①

拉贝里也指出，教师教育者提出了许多有关教学、学习和学会教学的建议，但大都被拒之门外。② 斯蒂芬·J.鲍尔一语中的："重要的不是讲话的内容，而是谁被授权发表观点。教师在教育决策中的地位正变得名存实亡。"③

第三节　为了"社会正义"的教师教育

上述对解制议程的批评主要是从专业立场出发的。在专业化—解制之争愈演愈烈之时，尽管政策制定者支持了解制，形成了上文所述的"高质量教师"培养议程并纳入法律，但是，专业化支持者们的力量并未消退，正如沙科纳教授所言："联邦政府、保守的基金会和其他各种势力正寻求启动'解制'之门，这对政策肯定会有影响，例如教师教育的'替代性途径'现在普遍流行，在加利福尼亚通过替代性途径成为教师的人数比传统的途径还多。尽管如此，专业化的力量依然强大。……'专业化'的主张正对美国各州的教师教育政策产生重要的影响，正主导着美国教师教育的改革。"④当然，这种"主导"是就教师教育内部而言的，当考虑到社会政治经济因素时，专业化的声音往往被"解制"和"社会正义"所淹没。

沙科纳认为应该把"社会正义"的改革取向，从其他取向中分离出来看待。尽管其他两种取向的人会说他们已经考虑了社会平等和公正问题，但

---

① Cochran-Smith M. Reporting on Teacher Quality: the Politics of Politics. Journal of Teacher Education, 2002(11/12):pp. 379～383

② Labaree, D. F. Life on the Margins. Journal of Teacher Education, 2005,56(3): p. 186

③ [美]斯蒂芬·J.鲍尔.教育改革——批判和后结构主义的视角.侯定凯译.上海:华东师范大学出版社,2002.73页

④ 洪明,丁邦平,黄忠敬.让教师在专业实践中成长——国际教师教育学者沙科纳教授访谈.全球教育展望,2006(3):3～7

在美国当前经济发展不景气、公共经费被压缩的情况下，有关社会正义的问题会显得更为突出，“社会正义”取向所受到的民间支持也会越来越多。这三种取向对美国教师教育改革都有影响。①

为了社会正义的教学和教师教育这一观念，与其他对教学和学校教育的社会动力、历史动力、政治动力的批判性理解是一致的。这种理解来自于一些不同但却相互联系的政治运动和知识分子运动，这些运动有的已达一个世纪之久，还有的则是近些年出现的，包括：欧洲的批判性社会和经济理论；美国人权运动及随后为了开发多元文化、反种族主义者的教学法和课程而进行的努力；拉丁美洲为了自由教育的斗争，特别是在保罗·弗莱雷(Paulo Freire)的作品中写到的；北美洲的批判教育理论；建立在批判性种族理论、批判性人种志理论、激进的女权主义理论和研究、批判性的参与行动研究基础之上的对学校教育和教学的研究。②

“社会正义”取向的倡导者对解制议程持什么态度？他们所提倡的教师教育改革是什么样的？如何实现“社会正义”的教师教育目标？

一、批评解制议程：以平等的方式加剧不平等

“社会正义”取向的倡导者认为，尽管政策制定者的口号是“让所有孩子拥有高质量教师”，但教师教育改革的结果却与其初衷相去甚远。从《不让一个孩子掉队》可见，布什政府的教育政策在价值倾向性上，其实质是一种糅合了传统国家主义与崇尚市场逻辑的新自由主义，传统的保守主义和唯有在美国本土才能生长出来的一种根深蒂固的实用主义相结合的复杂哲学。它并没有轻言放弃传统国家主义的教育平等的理想目标，反而进一步强化了国家的责任意识。“不让一个孩子掉队”，这一动人的标题便足以搪塞来自左派的激烈批评。但是，由于选择机会的增加，这种政策的实际效果可能与所期望的正好相反——让出身背景良好的家庭的孩子大获其利，使不同阶层间的差异进一步拉大。③

① 洪明，丁邦平，黄忠敬. 让教师在专业实践中成长——国际教师教育学者沙科纳教授访谈. 全球教育展望，2006(3)：3～7

② Cochran-Smith M. Walking the Road：Race，Diversity，and Social Justice in Teacher Education. New York：Teacher College Press，2004. p. 18

③ 参见阎光才. NCLB与布什政府的教育政策取向. 外国教育研究，2002(8)：14～17

柯兰-史密斯对“社会正义”取向所作的批评可谓相当犀利：“该法案中的教师培养议程也强调平等，但其实质是和为了社会正义的教师教育相悖的。”①解制议程倡导替代性途径，从而把权力转移到了地方负责人的手上，并且让市场来决定教师培训是否有价值，让市场力量来决定教师的安置和保留，而不是平等地对资源进行重新分配，使得为所有学生提供高质量教师的许诺成为空话。②

柯兰-史密斯指出，该法案所提倡的替代性教师培养方式是目前非常流行的，因为它宣称，这将增加学校中的多样性及自由，将使每个学生都拥有高质量的教师，并因此保证公众利益。然而，教师教育者必须认识到，尽管其措辞涉及“公共利益”、“社会正义”等，但其本质与为了社会正义的教师教育是对立的。本书第二节通过对部长报告的解读，展现了不合格教师大量分布在贫困地区的事实。教育部长罗德·佩吉的报告也不得不承认：“极度贫穷的学区比富裕的地区更可能去聘用那些持豁免证书的教师。”③然而，这份报告最终未能把高度贫困、有色人种儿童的教师质量问题构建为一种社会正义问题。

相反，在《不让一个孩子掉队》及部长的报告中，通过对“高质量教师”的界定以及对“豁免证书”的新界定，反而将许多不合格的教师转化为合格的甚至“高质量”的教师。那些没有接受过专业教育的教师，因为通过了教师考试，就摇身一变成为了“高质量教师”，其实他们是先天不足的。毋庸置疑的是，这部分教师更多的是被贫困地区的学校所聘用。这就揭露了“高质量教师”培养议程，它以平等的形式出现，但在某种程度上，却加剧了教育资源分配的不平等。换句话说，它以一种冠冕堂皇的理由将并不优秀的教师分配到贫困地区。布什政府教育系统的一位高官（他不愿透露姓名）的话发人

---

① Cochran-Smith M. Walking the Road: Race, Diversity, and Social Justice in Teacher Education. New York: Teacher College Press, 2004. p.160

② Cochran-Smith M. Reporting on Teacher Quality: the Politics of Politics. Journal of Teacher Education, 2002(11/12):pp. 379～383

③ U. S. Department of Education, Office of Postsecondary Education. Meeting the Highly Qualified Teachers Challenge: The Secretary's Annual Report on Teacher Quality. Washington D. C. 2002[R/OL]. [2007－10－20]http://www.ed.gov/about/reports/annual/teachprep/2002title-ii-report.pdf

深省，他说："为每一位孩子提供高质量的教师不是一个教育问题，而是一个经济和政治问题。一些孩子会拥有好的教师，而另一些孩子所拥有的教师将不会是那么好。"①对"豁免教师"所做的文字游戏，只能掩盖而无法改变对贫困者和有色人种儿童资源分配不公平的事实。

此外，柯兰-史密斯还进一步明确地指出《不让一个孩子掉队》背后的假设：平等就是使所有的学生达到同一个标准，而不考虑资源和学习机会；教师教育的目标是提供愿意从事教学工作的大学毕业生（由市场决定哪些学生能够得到"优秀"的教师，哪些学生能够得到"好"教师）；政策应当完全建立在能提供决定性的指导方针的经验性证据的基础之上，或基于效率而不是基于意识形态或价值，并且不需要考虑当地的背景；而且，显而易见的，教育的目标是培养工人，以保持美国在全球经济中的竞争力。而社会正义议程之下的假设则完全站在另一面：平等是对资源的重新分配，包括学习机会和充分培养的教师；教师教育培养的目标是为所有的学生提供充分培养的教师，而不考虑市场力量；经验性研究的结论是值得商榷的，因为不考虑价值观或意识形态的影响，不考虑当地责任背景的影响来进行政策开发是不可能的，所有这些方面必须加以严格审查；而且显而易见的，教育的目标是培养所有的人，为了有意义的工作，为了在一个民主社会中自由且平等的公民参与。②

美国的政策制定者们支持的是解制议程，而不是"社会正义"取向。面对这种种现实，美国教育学者陷入了深深的思考："作为教育者，我们能做些什么呢？我们无力改变目前学校中学生家庭的贫困状况（尽管我们应该通过对他们的教育，来改变这些家庭未来几代人的状况），我们无力改变这些家庭中可能存在的酗酒、吸毒的现实，如果这些问题存在的话。我们不能改变一些学生先天就有的艾滋病或吸毒的现实。对于许多学生，这些都是其生活中的现实场景。那么我们可以改变什么？我们唯一的资源是改变我们自己：改变我们已有的（有意识或无意识的）对学生贬低性的观念，还有，最

① Michelli N. M. The Politics of Teacher Education—Lessons from New York City. Journal of Teacher Education, 2005, 56(3): p. 236

② Cochran-Smith M. Walking the Road: Race, Diversity, and Social Justice in Teacher Education. New York: Teacher College Press, 2004. p. 161

重要的，如何将自己的学生培养成具有批判精神的公民。”①

正如批判教育学的代表人物吉鲁(H. A. Giroux)所言：学校是公共场所，学生可以在其中学习如何在真实的民主社会生活的必要知识及技能。不同于将学校视为工作场所的延伸，也不同于视其为激战或国际化的市场与国外竞争之前线机构，学校是民主的公共领域之基础，在于有尊严的且有意义的对话以及人类主体性之批判探究形式。② 教师应该成为知识分子，只有教师这个职业的首要职责才是培养具有批判精神的公民，而别的职业则不同，例如说医生这个职业，它的首要职责是治愈疾病。教育者所肩负的公共责任，很自然地就会把他们引领到为民主而斗争的行列中，这就使得教师这一职业成为独一无二的、强有力的公共资源。教育学院已经开始向这个观点靠拢，尽管步履缓慢。但随后吉鲁不无遗憾地指出，如今大多数进步主义的教育学院已经放弃了过去的立场，趋向保守。他们越来越喜欢以聘请经理的模式来聘用教职员工，结果就使得批判的声音越来越弱，几乎听不到了。针对这种现状，追求“社会正义”取向的教育者们提出：为了民主社会，为了所有孩子，教师教育要培养教师为了民主社会而教学的教育理想，并培养他们相应的教学能力，其中培养教师的多元文化意识在当今社会显得尤为迫切。

二、民主社会的教学及学会教学

培养未来教师学会教学，是教师教育的基本任务；如何更好地培养教师，是各种取向的支持者都不会忽视的问题。对于解制议程所提倡的教学及学会教学，“社会正义”提倡者是什么态度呢？他们所提倡的教学又是什么样的呢？

(一) 挑战教学的狭隘观点

在《不让一个孩子掉队》及时任教育部长的报告所支持的解制议程中，培养未来教师学会教学被建构为一种类似工厂和生产线的“输入—输出”模式，隐含着未来教师的学习和教学与中小学生的成绩之间是一种线性关系。

---

① Jennifer E. Obidah & Tyrone C. Howard. Preparing Teachers for “Monday Morning” in the Urban School Classroom—Reflecting on Our Pedagogies and Practices as Effective Teacher Educators. Journal of Teacher Education，2005,56(3):pp. 248～255

② [美]亨利·吉罗克斯著.庄明贞审阅.教师是知识分子.(台北)高等教育出版社. 2007,36 页

其基本观点是：高质量的教学就是指教师具有传递知识的语言能力，学生学习就是接受信息并能在标准化考试中表现出来，好的教育系统就是使上述方面有效并经济的一套结构化的安排。

对于上述观点，柯兰-史密斯从教学、学习、教师培养三方面进行了批驳。

1. 关于教学。解制议程是建立在关于教学和学习的狭隘观点之上的。多年的研究表明：教学所包括的不仅仅是传递信息，而学会教学所包括的不仅仅是累积学科信息，然后在工作中使用技术。与之相反，"社会正义议程"中的教学以及学会教学的观念包括：学会通过可通达的以及文化上回应的方式来呈现复杂的知识，学会提有价值的问题，采用多种评价方式来改进课程和教学，发展能够支持并维持学习的学生关系，和家长以及团体成员一起工作，为支持学生的学习而解释多种资料的来源，保证所有能力和背景的学生达到高学业标准，为了学生和教师的学习而参与课堂探究，以及为了教育平等和社会平等与其他人一起合作。

柯兰-史密斯认为，如果把教学界定为导致考试分数提高的教学实践的话，就可以运用一些累积的方法对教学进行测量(即对每一课或每一单元进行前测和后测，测量和统计每一个学生的学习收获)，但这将必然会导致对课程的窄化，导致将教学看做仅是传递知识，而将学习看做仅是增加一些知识。此外，还将必然会导致对那种"狭隘"的教学实践的强调，"狭隘"的教学实践是指教师在"教室墙壁的边界以内"做事，而不是一种扩展的观点：包括将教师的角色作为学校团体的成员、行动者、学校领导者以及实践的理论者。

2. 关于学习。解制议程将"学习"简化为简单的接收信息，对此，柯兰-史密斯指出，关于学习的科学研究已经显示：学习是一个发展可用的知识(不仅仅是孤立的事实信息)的过程，这个过程建立在以前的知识、经验和理解的基础之上，并在知识框架下组织信息，监控学习进展。从社会正义的视角来看，学生的学习还应包括发展批判思维的习惯，理解并达成多重愿景，通过发展市政参与的技能和倾向性，来参与民主社会的活动并为民主社会作出贡献。

3. 关于教师培养。解制议程是从教师培养就是一种培训(考试问题)这一视角出发来运作的。这种观点依赖于一套极具迷惑性，但又强有力而且相互依赖的假设：教学是一项技术活动，知识是静止的，好的实践是普适的，教师教育就是使教师懂得学科知识，学生的学习就等同于考试中的高分数。

与之相反，社会正义议程是从这样的视角来运作的：教师培养是一种学习问题，其假设是：教师教育是培养教师拥有扎实的学科知识，但也必须具有专业知识和教育学知识，并承担起挑战不平等和为社会改革而工作的任务。教学被认为是一项智力的活动，知识被认为是构建的和流动的，好的实践是对情境敏感的，而学生学习包括了学业成就和发展批判的思维习惯，以及为公民参与作准备。

从社会正义的视角看，教育不仅仅是学生的考试分数和金钱投资的体系，教育应该理解为——培养学生参与满意的工作，成为一个能够应对急剧变化的全球化社会的终身学习者，意识到存在于日常生活中的不平等，并与他人一起来挑战这些不平等。

简言之，学习不能简化为考试分数，教学不能简化为照稿宣读的课堂，教师教育不能简化为让聪明的人或其他领域中的失业人员来进行的工作。

（二）"协商的民主"教育理论对教师的要求①

所有的批判教育研究或许都认为，凡是真正的教育理论都应是关于民主的理论，同样，凡是关于民主的理论又都应是教育的理论。民主社会为了自身的存在，依赖于相信民主理想、愿意且能够参与国家公民生活的富有思想的公民。这个观点是由 20 世纪的许多哲学家和教育者提出的，包括约翰·杜威(John Dewey)、露西斯·普拉格·米切尔(Lucy Sprague Mitchell)、W. E. B. 杜布瓦(W. E. B. DuBois)、卡特·伍德森(Carter Woodson)等。这些有影响的思想家都认为，对于每个个体都能够自由并平等参与的民主社会来说，教育是最基本、最本质的。

为了回应日益多样化的现代社会中的窘境和问题，当代的民主教育理论已超越了早期的理论。例如，埃米·古特曼(Amy Gutmann)提出"协商的民主"(deliberative democracy)理论，这种"协商的民主"的关键是民主的教育，她说："协商的民主强调由公众支持的教育的重要性，这种教育发展所有儿童的协商能力，使他们成为将来的自由和平等的公民。"而杜威认为，一个民主社会应该坚持提供最好的教育，不是仅仅为了一些人，而是为了所有的儿童和整个社会。在这点上，古特曼和杜威的观念发生了分歧。古特曼认

① 参见 Cochran-Smith M. Walking the Road: Race, Diversity, and Social Justice in Teacher Education. New York: Teacher College Press, 2004. p. 21

为，一个社会不应该为了宣称自己是为“所有儿童”的教育，而强迫某些特定群体子女接受规定的教育。她指出，不同的团体为了他们自己的和其他人的孩子，可能需要不同的东西和不同的课程。然而，与此同时，她也指出，民主社会不能采取那些鼓励歧视和压迫的政策，这样的政策将会破坏并最终摧毁民主。她说：“教育民主理论承认给公民以制定教育政策的权力的重要性，也承认将他们的选择限制于合乎非压迫的和非歧视的原则的政策——非压迫的和非歧视的原则保持了民主商讨的智力基础和社会基础。如果一个社会，能够通过上述两个原则的限制，给公民以制定教育政策的权力，那么，这个社会就认识到了教育的民主理想。”①

古特曼的民主教育理论关注于将所有的人培养成参与商讨的、自由平等的公民，只要他们的选择不是被压迫的或受歧视的。她强调：所有的公民必须接受一种“充分的公民教育”，来发展协商的公民所必备的技能和素质，就共同关心的问题进行商讨；这些共同关心的问题，使得民主的公民不仅不同于那些只为自己的最大利益而考虑的利己主义公民，而且不同于那些不会思考而只是顺从权威的消极公民。

如果一个社会中所有自由平等的公民都能受益于民主教育，那么所有的教师就必须具有面向民主理想而教学的知识、技能和素质。特别是在如今这样一个飞速变化和日益多样化的社会，所有的教师都需要具有关于社会和文化背景的知识，以及关于文化和语言在间接学习中的角色的知识。

(三) 教学是一项政治活动

柯兰-史密斯说，作为教师教育者，我们不仅自己应该意识到，而且要帮助未来教师认识到：学校不是一个中立的场所，这里上演着权力的斗争。学校和学校教育中的各种结构性不公平助长了统治群体保持统治地位，而被压迫群体保持被压迫的状况；权力、特权、经济优势及劣势在学生的学校生活和家庭生活中起主要作用；种族歧视和性别歧视，以及“种族”和“性别”在学校和社会中构建的方式，都是非常重要的；课程和教学也不是中立的，课程和教学的有影响力的部分包括：呈现了什么？忽略了什么？谁的观点是

---

① Gutman A. Democratic Education (with a new preface and epilogue). Princeton, NJ: Princeton University Press, 1999. 转引自 Cochran-Smith, M. Walking the Road: Race, Diversity, and Social Justice in Teacher Education. New York: Teacher College Press, 2004. pp. 21～22

中心的？谁的观点是边缘的？谁的利益得到满足？谁的利益被破坏了？这些问题经常和如下术语、概念相联系，例如为了“民主社会”、“社会正义”、“社会改革”、“社会责任”的教学和教师教育，以及通过教学和教师教育“来改变这个世界”。

当然，认为教学和教师教育是一种政治活动，并不意味着教师教育者试图劝说职前教师站在某个特别政党的立场。这个观点只是有助于未来教师理解：不具政治性或价值取向的教学是不可能的。这可能对职前教师、有经验的教师以及教师教育者来说，都是一种微妙的区别，目的不是使教学政治化。正如布鲁纳(Bruner)所言：“它已经被政治化了，它的政治性的一面最终需要更明确地加以考虑，而不是简单地将它作为公众的抗议。”①把教学和教师教育看做一种政治问题，意味着，教育者以及行动者的角色应建立在力争减少生活中的不公平这种觉悟的基础之上，鼓励教师教育者在工作中将社会正义放在优先考虑的位置。

教师教育者从一开始就要帮助未来教师意识到：他们是更广泛的斗争中的一部分，他们有责任来进行改革，而不仅仅是复制标准的学校实践。柯兰-史密斯介绍了培养未来教师创造性地教学的两种方法——“批判”和“协作”。②

所谓“批判”，是指：在未来教师所学的教育教学知识与他们在学校接触到的并将继续学习的教学、教育的知识之间，创造“批判的不协调”(critical dissonance)，或“基于批判观点的不协调”。该观点针对的是传统教师教育“支持教学的功利主义观点，并最终使现有的实践永存”，目标是中断学校经验对未来教师的潜在的保守影响，使其能对学校政策和实践的含义提出质疑。其策略包括：强调替代性教学策略的方法课程、与学校教育的人种学研究相结合的实地经验、基于批判理论的课程研究、学生对其教学经历进行批判性反思的研讨会以及学校里的行动研究规划。指向于批判的教师教育是有改革能力的，是想帮助学生拓宽他们的视野，审视他们自己的观点，从而

---

① Bruner J. The Culture of Education. Cambridge, MA: Harvard University Press, 1996 转引自 Cochran-Smith, M. Walking the Road: Race, Diversity, and Social Justice in Teacher Education. New York: Teacher College Press, 2004. p. 18

② 参见 Cochran-Smith M. Walking the Road: Race, Diversity, and Social Justice in Teacher Education. New York: Teacher College Press, 2004. pp. 24～45

挑战和变革现状。

所谓“协作”，是指创造“协作的共鸣”(collaborative resonance)，即把未来教师从其大学经验中所学到的与学校实践中所学到的这两方面联系起来。该观点针对的是传统教师教育“不仅无法向未来教师提供批评标准化进程所需要的分析技能，而且无法提供教师在其教学生涯中作为教育改革者来行动所需的资源”，目标是延伸并加强大学经验和学校经验的影响。其策略与“批判的不协调”策略相类似，包括把未来教师安排到那些正在进行改革和重建的地方；由未来教师和有经验的教师联合进行的行动研究和教师研究项目；在大学和学校背景下所教授和接受批评的课程和方法；在学校会议和大学研讨会中的合作探究；以及由教师及教师教育者进行规划和评价的联合计划。协作的观念旨在利用教学文化的力量来改变学生的观点，鼓励未来教师共同创造支持学习的环境，积极参与改革、研究之中。

创造性地进行教学是具有挑战性的，并且在有些时候，是一项让人气馁的工作。因为，许多时候，有经验的教师或职前教师几乎没有机会参加思想性的探究，对他们的日常决定进行反思，或与其他人一起合作；在与学校和大学导师的大多数交流中，未来教师被鼓励来谈论教学的“相关的”或技术的方面，而不是谈论批判的或认识论的方面；最后，在他们接受的大多数教育经验中，教师教育者作为改革的代言人这一角色没有得到强调，而教师也缺乏进入学校改革和创新的途径。这样的现状，正是“社会正义”取向致力于改变的。

三、培养教师多元文化意识

现代社会被认为具有这样的根本特征——深刻的多样性和文化多元性，尤其在一些民族、种族、文化多样的西方国家，很多方面的主流制度有意无意地在照顾着强势群体的利益和身份。有人认为，如果国家制度是“漠视肤色差异”，那么就是正义的。但现在，人们越来越倾向于承认，漠视肤色的规则可能会不利于特殊群体，而多元文化主义是一致于正义并且被正义要求的立场，是对不公平劣势的弥补。①

① 参见[加]威尔·金里卡.当代政治哲学.刘莘译.上海三联书店.2004,652～658页

2001年美国学校招收的学生中,40%是有色人种学生。这个比例还在逐年提高。在美国的一些大城市,如芝加哥、洛杉矶、华盛顿、纽约、西雅图以及旧金山,半数甚至半数以上的学生是有色人种。在美国的学生中,语言和宗教的多样性也日益增加。美国拥有越来越多的第一语言非英语的学生,2000年,大约有20%的学龄人口在家使用另一种语言,而非英语(美国人口调查署,2000)。哈佛大学教授戴安娜·艾克(Diana L. Eck)称美国为"地球上宗教最多样化的国家"。如今,大多数教师在其职业生涯中均可能遇到来自多样的种族、民族、语言和宗教团体的学生。

可见,在全美中小学校中,学生群体越来越多元化,但相反的是,教师却呈现出日益一元化的趋势,中产阶级白人教师占了绝大多数,而且还在不断增长。在美国,大约88%的教师是白人;在有些地区,该数据飙升至99%。① 此外,教师教育者绝大多数也都是白人,尽管他们口头上声称致力于平等和多元化,但许多教师教育者从来没有认真地将这些决心付诸行动。

这就是教师教育的真实的政治背景,一方面,统计数字表明,学校中已出现了一个新的和多元的社会文化现实,无论从道德上还是从教学上教师都应当作出回应;另一方面,教师却仍然同质单一,使得这些教师更多地面对"其他阶层人的孩子"。针对这种状况,多元文化教育的一个重要目标就是帮助学生获得在参与跨文化交往以及社会活动时所需要的知识、态度及技能,加强文化间理解,改善种族关系,从而使社会变得更民主和公正。这对于住在郊区的中产阶级白人和住在城内的有色人种一样重要。

(一) 差异:缺陷、资源还是其他?②

有统计数据表明,在2001年,大约17%的美国儿童仍生活在贫困线以下。尽管非洲裔美国人的贫困比例有所降低,但较之于白人的孩子而言,非洲裔美国人和西班牙裔的孩子更多地生活在贫困中。隔离的、高度贫困的社区已经成为美国的一种生活方式。贫困学校的学生缺席和失败率更高。美国教育统计中心根据符合午餐补助标准的学生数量来划定公立学校的贫

① Ladson-Billing G. J. Is the Team All Right? —Diversty and Teacher Education. Journal of Teacher Education, 2005,56(3):p. 230

② Cochran-Smith M. Walking the Road: Race, Diversity, and Social Justice in Teacher Education. New York: Teacher College Press, 2004. pp. 140~155

困线，他们报告说，若学校有50%以上学生符合午餐补助标准，则该校数学平均成绩较低，辍学率较高，而且这些学生中只有7%将来有可能获得一个学士学位或更高学历。更重要的是，这篇报告指出："不论学生个体是否符合学校午餐补助的标准，学校层面的贫穷导致成就的差异是存在的。例如，对不符合学校午餐补助的学生个体而言，若处于有50%以上的学生符合该补助标准的学校，较之于只有1/4甚至更少的学生符合该补助标准的学校，其(数学)成绩也更低。"①

有色人种的孩子占了被勒令退学或开除学生的大部分。这些学生常常被称做问题学生，成为教师发怒的导火线，并被认为是整个城市教育失败的原因。少数种族的男性，尤其是非洲裔美国男性，在城市的教室中更多地被称做"问题行为者"。城市中公立学校对低收入和少数种族学生教育的失败已被称做国家的危机。

如何看待学校日益多样化的学生人口？如何看待差异？这是教学和教师教育面临的一种挑战或"问题"吗？这个问题令人满意的解决办法是什么？

对此，任何一个和多元文化问题相关的教师教育政策、项目或研究都或隐或显地给出了自己的回答。传统的教师教育把贫困学生、有色人种学生、第一语言非英语的学生看做一种教育缺陷，而不是作为一种可加以扩充和保存的有价值的资源。多元文化理论家对此极为不满，并对这种传统观点提出了质疑。早在1972年美国教师教育学院协会关于多元文化教育的第一次委员会议，就明确提出：教师教育应该把多样性作为一种有价值的资源来保存和扩充，而不是仅仅容忍或期望它"消失"(melt away)。

然而，"高质量教师"议程，尽管也使用了平等和高标准这些语言，但是却含蓄地对多样性问题作出了不同的回答。隐藏于这些政策之下的假设是：同化就是多样性问题的答案，将所有中小学生都培养成美国的劳动力就是培养高质量教师的最终目的。他们期待差异消失，而对于课程、教学以及评价的"普适"(one-size-fits-all)方法则假定是对所有人的平等。

① Jennifer E. Obidah & Tyrone C. Howard. Preparing Teachers for "Monday Morning" in the Urban School Classroom—Reflecting on Our Pedagogies and Practices as Effective Teacher Educators. Journal of Teacher Education, 2005, 56(3): pp. 248～255

对多样性问题的回答与社会正义有着密切的联系，并且必然地与信念、理想、价值等相关。教师教育者无法回避下列问题：学校教育的目的是什么？公共教育在民主社会中的角色是什么？学校教育在保持或改变社会的经济和社会结构方面扮演着什么样的角色？多元文化理论家和研究者们认为：在大多数传统的教师教育项目中交织着一种“无缝的意识形态的网”，认为“成功、征服是无懈可击、天衣无缝的，美国必然是一个伟大的国家”。这种意识形态之网将一些关键的（尽管是错误的）假设编织在一起了：美国的学校教育（以及社会）是精英阶层（meritocratic）的；种族主义和性别歧视（以及其他形式的压迫）是已被解决的老问题；学校教育的目的是帮助所有的学生同化进主流渠道，并因此成为劳动力，以便支持美国在全球经济中的位置；高标准考试和其他的标准化测量是价值中立和客观的评价手段。

20 世纪 70 年代末 80 年代初，由于受到美国教师教育学院协会和全美教师教育认证委员会等专业组织的要求和鼓励，美国许多教师教育项目开始在课程中涉及多元文化问题。对于许多机构，这意味着课程的增加（例如，增设了“多样化课程”或“多元文化课程”），但这些课程通常是选修课，相对核心课程来说是外围的。总的来说，大多数课程并没有改变，而且批评家们一直认为：教师仍然是从一种垄断文化的角度来培养的，这种垄断文化不承认种族、阶层、语言背景、文化、性别和能力对学校教育普遍深入的影响，反而强调课程、学习以及评价的普遍同一的观点。①

在一次有关种族和法律的重要讨论中，劳伦斯（Lawrence）说：“美国人有着一个共同的历史和文化遗产，其中种族主义曾发挥并仍然在发挥着主导性作用。由于这种共同的经历，我们同样不可避免地具有许多共同的观点、态度和信念，即认为一个人的种族很重要，并会对非白种人产生负面的思想和观念。从某种程度上说，这种文化信仰系统影响了我们所有人，我们都是种族主义者。同时，我们中的大多数人都没有意识到我们的种族主义思想。我们没有认识到文化经历影响着我们有关种族的信念、影响着我们的具体行动。换句话说，大量导致种族歧视的行为受到了这种无意识的种

① Cochran-Smith M. Walking the Road: Race, Diversity, and Social Justice in Teacher Education. New York: Teacher College Press, 2004. pp. 16～17

族动机的影响。”①

劳伦斯的这段话说明：源于一种共同历史和文化遗产的种族主义思想和行动，导致了一种无意识的白人优越性，同时也否定了对非白人的认同感。他还指出，种族主义是在一种无意识的层面上产生的，它是如此深刻地体现在美国人的心理中，即使是无意识的时候，种族主义也是存在的。正因如此，辨认出种族主义者的最初根源非常必要，这根源就是文化积淀，而不仅仅是人的个体行为，这种“疾病”影响着生活的各个方面。

在“社会正义取向”的支持者看来，正是这样的普适法则和逻辑以及无意识的白人优越性观念，把差异看做是缺陷，构建了强制性的、歧视性的、非正义的文化和社会，使有色人种处于不利地位，对上述有色人种学生的失败和危机负有不可推卸的责任；甚至“失败”、“问题学生”只不过是一些人用单一标准对多样性加以裁剪，进而一厢情愿地强加的标签。“社会正义”取向的教师教育对上述普适单一的文化观和白人优越性提出了挑战，把教师教育看做是对多元文化主义和社会正义负责的一项事业，它致力于培养未来教师在尊重和理解多元文化的前提下去构建课程、实施指导、和学生互动，并与同事及团体进行合作。而要做到这一点，首先要挑战关于种族、文化的根深蒂固的偏见，即使不把差异看做资源，至少要尊重和理解差异，向多样性开放。

（二）挑战潜意识中的偏见

社会正义取向的教师教育认为，与以往相比，如今，教师教育更需要培养能适应不同学生需要的教师。研究表明，大多数职前教师很少具备美国各种族的知识，他们很少知道美国不同族群的历史和文化，也不了解所见到的歧视和权利剥夺的原因。因此，在培养这些未来教师时，教师教育项目必须在课程中补充未来教师所不了解的这些知识。在培养过程中，要重视教师和学生之间的种族、社会经济和文化上的差异，在此，教师教育项目所起

① Lawrence C. R. The Id, the Ego and Equal Protection: Reckoning with Unconscious Racism//Crenshaw K. Gotanda N. Peller G. & Thomas K. (Eds.). Critical Race Theory: The Key Writings That Formed the Movement. New York: New Press, 1995 转引自 Jennifer E. Obidah & Tyrone C. Howard. Preparing Teachers for "Monday Morning" in the Urban School Classroom—Reflecting on Our Pedagogies and Practices as Effective Teacher Educators. Journal of Teacher Education, 2005,56(3):pp. 248～255

的作用相当重要。教师教育者在试图完成这项任务时,必须既正视学生的偏见,也要正视自己的偏见,因为这些偏见是潜意识中引发出来的。

1. 挑战未来教师的偏见

在教师教育实践中,教师教育者必须关注种族、阶层和文化等问题。教师教育者应当开发一些活动,帮助未来教师更好地意识到他们对将教的学生存在的偏见。作为教师教育者,必须意识到,这项工作实际做起来比口头上的言说难得多。其他学者的一些研究也证明了这点,即教师教育者组织其学生(未来教师)在大学课堂上讨论这些问题时面临着很大挑战,尤其是当未来教师抵制教师教育者的观点时。

教师教育专家奥比达(Jennifer E. Obidah)提出了一种观念,即学生的抵制是一种个人保护机制,由于"真理"与未来教师长期持有的个人观念在本质上极为不同,接受这些新的理念会导致他们个人经受社会和感情的痛苦。奥比达对教师教育的课堂进行了两年的研究,探讨了学生(未来教师)在大学课堂中信仰体系的变化:未来教师开始质疑他们的家庭和司空见惯的关系,这些质疑导致他们与其所爱的人之间产生冲突,威胁到他们早先曾从家庭得到的支持。对于未来教师来说,这种意料之外的"代价"可能太过昂贵。此外,对于没有亲眼看到低收入家庭和有色人种学生(主要指非洲裔和拉丁裔的学生)在学业上取得成功的未来教师来说,怎么能够相信这种成功是可能的呢?当一直以来所接受的是"有色人种学业失败"这种观点的时候,未来教师又怎么能有信心呢?

教育信托基金会主任凯蒂·海库克(Kati Haycock)在《选择影响更多》一文中,就给出了这样的例子。有一次,她与美国一所领先的教育学院的研究生进行交谈,当她向研究生展示了低收入家庭学生和有色人种学生所在的学校和学区表现很好的例子后,一名学生举手提问:"这是我们'第一次'看到证明贫穷和少数种族的孩子能够取得成就的证据,你能告诉我们为什么我们是'第一次'看到吗?我们大多数人都是至少二或三年级的研究生,我们很快将获得政策、多元文化教育及相关领域的硕士或博士学位。难道我们必须去华盛顿看这些资料吗?"①

① Haycock K. Choosing to Matter More. Journal of Teacher Education, 2005, 56(3): pp. 257～258

在这个例子中，海库克用不同于人们惯常认识的事实来挑战这些教育学院研究生的偏见，但同时也可见，这些未来教师潜意识中的偏见是多么根深蒂固！而整个社会的偏见又使得个人被偏见包围而无从觉察，因为人们很难接触到多样的信息，很难看到事情的多面性。

因此，要想使这些未来教师在将来的工作中，能建设性地、有效地帮助来自不同民族、种族和文化背景学生，教师教育者必须提供机会，使未来教师能够全面地探索并理解他们自己的文化和个人价值观、认同感和社会信仰。只是告诉未来教师他们的学生来自于不同种族和文化的情况，远不如给他们提供不同的视角、创造机会，去反思自己的文化和个人价值及偏见。

2. 挑战教师教育者的偏见

教师教育者同样要对自己的偏见提出挑战。也就是说，教师教育者必须将这些理念反映在大学课堂的教学实践中，并确定是否在践行着自己宣传的东西，即教师教育者是否为教师教育项目中的学生树立了榜样。

很多时候，教师教育者宣称其课堂表现出了更丰富的观点和复杂的多样性，但是正如克里斯汀·斯利特(Christine Sleeter)所指出的，教师教育者们是在“压倒性的白人出席”的情况下工作的。他们认为，未来教师将来应该能够成功应对多种族的学生，而他们自己在专业生活中却没有表现出这种能力。

格劳丽亚·J.莱德森·比琳(Gloria J. Ladson Billing)在《团队还好吗》一文中，描述了有色人种教师教育者在教育学院的生存窘境。作为一位黑人女性教师教育者，她说：“不幸的是，大多数分布在全国各地的有色人种同事们已经学会了在种族主义和教师教育的不平等中生存。有色人种的教师教育者常常被呼吁要对处理平等和多元化问题的教学课程担负领导责任或单独负起责任。很多时候我们对教授这些课程都感到很兴奋，我们会认为我们的工作是整个教师教育项目更大的平等和多元化项目的一部分。事实上，我们想错了，恰恰相反，我们成了其余白人同事们在他们课中不承担这类问题的借口，我们还成为了有色人种学生的主要支持体系和我们机构多元化的门面。这些多余的责任使有色人种的学者很难完成我们自己的学术目标。所有机构把有色人种学者称为多元化的专家，但对于该领域内真正发挥作用的技能——多元文化的研究和学术，我们却被告知这些工作不是特别的重要，这就形成了自相矛盾。为了多元化的原因招募进一些人进入教育学院,却不去努力推进创造多元化,这是一件非常错误的事情。"①

如果教师教育者面临的问题只是使教师和学生的文化、种族、语言和种族背景匹配,那么完全能够找到数学方法来解决学生学习和学校成就的问题,但情况并非如此。创造更多元化的教学力量的关键是保证所有的学生,包括白人学生,能够在多元文化和民主的社会中更好地生活。

海库克给出了这样一个例子:在一门课上,教授把所有的时间都用来评论资料,那些资料呈现了穷人和富人、少数种族和白人之间的巨大差异,并且最终教授作出结论,认为这种巨大差异是不可避免的。一名选课的非洲裔学生和另一名黑人学生很疑惑,因为她们深入当地两所学校,所得到的资料是黑人孩子做得远好过教授所呈现的情况。于是,她们把资料带给教授,然后询问是否可以在全班分享这些资料。可是根据这名学生的说法,她们的资料得到了当时教室里其他人的赞同,但教师拒斥她们的例子,认为是"异类"、"局外人"(outlier),不值得他或全班注意。②

对于教师教育者,奥比达提出了一个新概念——"不舒服"区域。这种"不舒服"区域是指:作为知识授予者的教师教育者,其信念受到挑战的区域。他向教师教育者提问,你会在以下情况中处于不舒服的区域吗?(1)如果你听到学生在谈论一个自己课堂中出现但未能解决的问题,可你并没有决心将这个问题拿到课堂来解决。(2)如果你蔑视与自己不同种族和文化背景的学生,而不是树立关心学生的榜样,这样你就无法教这些未来教师如何与他们未来的中小学生进行互动。(3)如果有色人种学生(未来教师)在课堂上提出了一个问题或列举了一个观点,却由于你不同意或不理解他的观点,并害怕这名学生继续深入这个话题而忽略这个问题。如此等等。

作为与学生处于相同(或不同)种族和阶层的教师教育者,必须经常用这些问题来追问自己,制造"不舒服区域",并面对和挑战"不舒服区域",这样才能更深刻地反省和挑战自己带有的偏见和期望,也才能更好地培养未来教师去教多样化的学生。

---

① Ladson-Billing G. J. Is the Team All Right? ——Diversity and Teacher Education. Journal of Teacher Education, 2005,56(3):pp. 231~233

② 参见 Haycock K. Choosing to Matter More. Journal of Teacher Education, 2005, 56(3):pp. 257~258

(三) 两个成功案例

在以学生多元化为特征的当代学校中，教师和教师教育者不仅要获得学科知识和教学技能，而且还要发展社会文化能力，为社会正义而教。下文列举了两个成功的案例，以求窥斑见豹之效——教师对学生进行的双语教学，教师教育者对未来教师多元文化敏感性的培养。

1. 教师：对学生进行双语教学①

如果某一现代社会具有某种“官方”语言——就该术语的完整意义而言，所谓“官方的”即是指由国家加以支持、培植和界定的，使经济与政治得以运转的语言与文化；那么，对于那些拥有这种语言和文化的人而言，这显然是一种巨大的优势，使用其他语言的人则处于相当的劣势。②

刘易斯·C. 摩尔(Luis C. Moll)和伊丽莎白·阿诺特-霍普弗(Elizabeth Arnot-Hopffer)成功地进行了一项儿童双种文化发展研究，该研究的对象是同一所学校中的20名学生，研究贯穿了他们的整个小学阶段。这组样例中的儿童在种族、社会阶层、入学时语言掌握程度等方面显著不同，只有极少数学生早在幼儿园便能熟练地运用西班牙语和英语。该研究表明，所有学生，无论是该样例中的，还是整个学校中的其他学生，无论他们的社会文化特征或最初的语言状况如何，经过培养，都变得可以熟练地使用两种语言。这样既保持了他们与自己母语和民族文化的密切关系，也避免了无法熟练运用官方语言的劣势。

该学校为什么能够成功地培养出双语学生呢？研究者重点强调其三个特征。第一个特征是拥有一支高质量的和多种族的教学团队，所有这些教师都是接受过认证的双语教师、大多数拥有硕士或者更高学位、曾经学习过西班牙语和英语的学术课程，并在双语项目中教学9年以上。这个高质量的团队不仅帮助学校确定学术中心和方向，而且促成了一个特定的学校环境，即，为所有学生双元文化的发展提供一个支持性的环境。在这个环境中，教师和其他人一起保护学生(以及他们自己)，免受倡导唯英语论者的恶意攻击。

---

① “双语教学”案例参见 Moll L. C. & Arnot-Hopffer E. Sociocultural Competence in Teacher Education. Journal of Teacher Education, 2004,55(4)

② [加]威尔·金里卡. 当代政治哲学. 刘莘译. 上海三联书店. 2004,623页

第二个特征是相互信任，指建立社会关系所必需的信任。事实上，相互信任是一条将多种社会网络连接在一起的线索。在该校，这个概念延伸至管理者、教师和学生之间的社会关系，它能够帮助建立特定的学校“文化”，这是一种信任的文化，尤其是管理者委托教师为学校制定教学规划和进行决策。这种信任使教师将自己界定为一种特殊类型的专业者，以必要的知识资本进行课程决策。

第三种特征是明确的意识形态。教师清楚地意识到，教育在极大程度上是一项政治活动，尤其是在他们通过保持目前的双语教学以捍卫学生的语言权之后。准确地说，管理者和教师时常警戒一些试图改变学校的双语议程或强加只有英语语言课程的企图。他们遇到这种情况时会毫不犹豫地启动学校的社会关系网，包括家长和其他同盟者，来保卫学校，捍卫双语教育的权利。

最终，该学校不仅成功地培养出了具备两种文化的学生，而且成功地顶住了州政府要求废除双语教育的巨大压力，这是美国学校很少取得的一项成就。

因此，摩尔和霍普弗呼吁，学校要通过教师的工作创造这种教育主权，用“教育主权”(educational sovereignty)这个概念来挑战统治权力组织的权威。通常，这个权威能够决定教育的方向和学校教育关系。

2. 教师教育者：培养未来教师的文化敏感性①

在教育学院内，对未来教师多元文化敏感性的培养还很欠缺，但是，也有一些充满希望的发展，仅举一例说明。

阿伦等人(2002 年)报道了一个名为“地方知识资源照片”(photographs of local knowledge sources，PHOLKS)的项目。在该项目中，教师为学生提供相机，让他们拍摄“家庭或邻居的重要事件”。在教师的帮助和家庭的允许下，学生们展示了他们的照片，包括家庭成员、特殊事件或喜爱的活动。然后对每张照片进行描述，而一名家庭成员也就此进行描述。该研究的目的就是设想学生在课堂之外、生活中与其他成人和孩子相处的情境。这样，

---

①“培养文化敏感性”案例参见 Moll L. C. & Arnot-Hopffer E. Sociocultural Competence in Teacher Education. Journal of Teacher Education, 2004,55(4)；相关话题在第五章还会有较系统的论述。

就使社会关系在学习和课堂中的中心地位逐渐变得明显了。

与此相关，阿伦和拉博(Labbo)描述过一种相似的方法论(采用照片和描述性写作的方法)，来帮助教师教育项目中的27名中产阶级白人本科生审视他们生活的细节。其目的是，通过撰写“文化回忆录”的方式进行反思，并研究这些见识将会怎样影响职前教师在工作中与不同背景的小学生进行互动。有趣的是，大多数教师觉得：文化是适用于他人生活的概念，而对自己则是不必要的。同样，很多人拒绝对自己的优越性进行审视。最初，正如阿伦和拉博所报道的那样，大多数的作品是肤浅的，对形成其生活和身份的生活细节缺乏批判性的钻研。渐渐地，随着他们试着把自己看做探究的对象，这些未来教师洞察到了相当多的东西，包括分析他们发展中的积极和消极影响。教师教育者，同样要理解有着不同价值观和文化背景的学生。要做到这一点，就必须和学生进行沟通，观察、倾听、关注学生的经验。

上述两例说明，对学生经验和文化的尊重和理解，是使教师真正成为高质量教师的起点，也是通向社会正义的出发点。

多元文化教师教育的支持者大都是学者，尽管在专业领域内他们影响很大，但与普通的公众和学校实践者一样，他们远没有提倡标准化的政治在职者的决策权力大。政治在职者拥有资源，在公共政策领域处于优势地位，他们包括立法者、政府官员、国会议员、总统以及他任命的内阁成员、慈善组织和商业领导。他们的位置和权力使没有类似资源的个体和组织很难以平等的政治影响力来反对他们的观点，教师教育者就处于这样的不利地位，因此教师教育以及更大的教育事业的“社会正义”之路任重而道远。

第二章

市场化：资源配置方式的变革

在一个竞争性的社会里，大多数事物都能以某种代价得到，虽然我们付出的往往是非常高的代价，这一事实的重要性是怎样估计也不会过高的。①

——哈耶克

20世纪70年代的经济滞胀暴露出凯恩斯经济理论的局限，也意味着罗斯福新政以来所建立的庞大的社会保障体系面临严峻挑战。以哈耶克为代表的自由市场经济理论开始兴盛，并对政策制定者产生了深刻影响。相对于20世纪60年代关注福利和补偿的"福利时代"而言，在当今西方的后福利时代，市场化模式重新被强调。所谓"市场化模式"主要指在市场经济中所鼓励的资源配置方式和经营理念，包括效率、竞争、选择等。②

在教育领域，20世纪60年代的高投入并没有产生预期的结果：标准化测试中较差的学生成绩、居高不下的教师流失率以及"师范生"与未接受过教师教育培养的教师相比并不明显的优势，使人们得出的共同结论是：教师教育的效率太低了！于是，社会变革冲击下的教师教育领域被迫引入了市

① [英]哈耶克. 通往奴役之路. 王明毅、冯兴元等译. 北京：中国社会科学出版社，1997. 95页

② 需要指出，由于教师教育受到政府的关注，市场化模式的启用本身在很大程度上是政府主动选择的结果。因此，教师教育领域的市场并非完全放任的市场，而是政府调控的市场，即政府主要通过拨款、认证、问责等手段来运用市场化模式，实行调控。由于西方国家的市场化模式主要以美国和英国为代表，西欧、日本等国大都紧步这两个国家的后尘，所以我们这里的论述以美、英为主。

场化模式，希望能由此激发活力。

从此，竞争、选择、效率、消费者等概念纷纷涌入，每个人都似乎被注入了一剂强心针，生存的压力驱使着所有人拼命向前赶。教师教育领域发生了翻天覆地的变化：教育学院的学生们不再唯唯诺诺地听从院长的教导，而是高声地喊出了自己的要求，渴望实现自己作为“消费者”的权利；教师教育项目①的毕业生们不得不开始硬着头皮去接受一次又一次的认证，以求自己能够卖个好价钱。

随之而来的是一系列留待解决的问题：教师培养所需要的资源会进行怎样的分流？市场化影响下的教育学院、教师地位发生了怎样的变化？线性的“目标—产品”的生产模式是否适合复杂的教师教育？具有公共服务属性的教师教育能否在优胜劣汰、适者生存的市场中谋得生机？市场淘汰的结果是否与公平的理念相悖？

第一节　市场化模式的启用

美国政府自认为对教师教育投入了大量的资源，但其效果却远远不能令公众满意。无论是中小学生的成绩、教师教育中学生的成绩还是教师的留任情况都只能用“糟糕”二字来形容。市场化模式的引入，既得益于其在商业中的成功运用，又得益于政府及专业团体报告的呼吁和倡导，当然，也受到了教师教育者态度的影响。启用市场化模式后的教师教育领域成为了卖场，教师教育项目承担了为学生提供服务和为中小学校提供教师的责任，但所得权利却极为有限。

一、效率低下的教师教育

虽然对教育学院的持续攻击至少可以上溯至詹姆斯·凯尔纳(James

① 在教育学院垄断教师培养的时代，可以说，教育学院是教师教育的代名词；随着越来越多的单位参与教师教育，教师教育机构成为教师培养的主体；而近二三十年来，教师培养的主体变得更为明确，更多地体现在具体的教师教育项目中。所以本书中更多地使用了“教师教育项目”这一称谓。

Koerner)1963年发表的《美国师范教育的失误》，但是近二十年来对教师教育的攻击达到如此强烈的程度却是从来没有过的。目前的美国政府及其保守主义智囊团中的支持者们，例如美国企业研究所和卡托研究所正在试图达成一个新的共识①，其要点包括：(1) 先发制人的外交政策——如果说伊拉克和阿富汗是该政策实施的例子的话，那么伊朗和朝鲜会成为下一个目标吗？(2) 一种对社会保障体系的攻击，这实质上是拆除福利国家的全面努力的一部分。在过去，公众认为所有人都应该能够维持一种体面的生活，这也是社会的一种道德责任。但这种曾为许多人所认可的观念遭到了削弱。(3) 攻击那些不遵守"中产阶级道德规范"的人，表现之一便是对同性恋者的攻击，无论他们是否想结婚或者仅仅赠送一张卡片。(4) 支持"学校选择"，意味着使用教育券和全面努力削弱公立教育。(5) 以一种几乎不可理解的残忍方式对教育学院进行不间断的攻击。从以上内容不难看出，对教育学院的批评已经与外交、社会制度、价值观念等重大问题并列，进入了公众视野。无论是师范生、学校教师，还是行政官员、政策制定者以及普通公众，都对教师教育效果表示不满。

对于教师教育所面临困境的原因，各方面人士都对其进行了分析。尽管也有人认为教师教育受到批评的原因是历史的偶然因素和较差的运气②，但是更多研究者所持的观点是，教师教育受到批评的根本原因在于其自身的效率太低——教师教育项目学术水平低劣、不能有效地培养出使学生学习产生明显进步的教师、教师流失率居高不下等。

(一) 教师教育没能满足现实需求

教师教育者普遍信奉的理念与现实需求不符。戴维·拉布里曾指出："作为教师教育者，我们还要认识到我们自身专业实践的复杂性质。"③教师教育把装备着进步主义华丽词藻、灌输过建构主义精神的教师送进课堂，但他们必须马上适应今天学校中教学的现实——一个以官僚体制、严格控制

---

① Fraser J. W. Notes toward a New Progressive Politics of Teacher Education. Journal of Teacher Education, 2005, 56(3): p. 279

② Labaree D. F. Life on the Margins. Journal of Teacher Education, 2005, 56(3): pp. 186~191

③ Labaree D. F. Life on the Margins. Journal of Teacher Education, 2005, 56(3): p. 190

的课程和标准化考试为特征的学校体系和一群在经济、社会和文化资本上有着根本差异的学生。在目前的教学实践中，进步主义只占很小的比例，而大量存在的仍然是传统主义。教师教育者把建构主义的思想体系传授给自己的学生，但同时为他们准备的是即将进入一个完全不是建构主义的学校结构。教师教育的不切实际在这里充分地显现出来了。

师范生没有得到较好的培养。詹姆斯·凯尔纳（1963 年）四十多年前对教师教育的批评，现在仍然适合：教师教育课程"通常是平庸的、重复的、无聊的和模糊不清的——没有讨论余地的。两个因素导致了这种情况——教育者的局限以及学科知识分块、分割和膨胀的限制且毫无改过之意、在需要的时候又扩充不够……知识贫乏仍然是该领域的一个主要特征。"①通过对第一年工作的教师的调查发现，其中有 40%左右认为他们并没有得到较好的培养，他们最不满意的三个方面是：技术、课程材料和课堂管理。在教学实践中，与非教师教育项目的毕业生相比，教师教育项目的毕业生并没有体现出明显的优势。

（二）教师缺乏有效性

教师教育最突出的问题往往是通过教师缺乏有效性体现出来的。教师有效性和教师质量是难以界定的概念，对它的定义常常需要对大量模糊的概念作价值判断。但是，在政策制定者和普通公众的眼中，"高质量"应该是一个可以测量和评估的概念，他们希望能够了解学校教学的质量状况究竟如何。他们认为，评价教师有效性的一个方面是关于实现预期目标的情况，看学生是否达到了特定课堂、年级或科目所期望达到的程度；另一方面指的则是教师所具备的素质，包括获得资格证书的情况、学科知识掌握情况、教学方法熟练运用程度等。如第一章所述，公众往往更看重前者，而专业工作者更看重后者。

在非专业工作者的眼中，学生在标准化测试中取得的成绩是体现教师"高质量"的最重要指标，而教师的任务就是想方设法协助学生达到这些目标。学生的学业成绩是评价教师有效性的主要体现。关于这一方面，《国家

---

① 转引自 Labaree D. F. The Lowly Status of Teacher Education in the United States: The Impact of Markets and the Implications for Reform. //Nobuo K. Shimahara & Ivan Z. Holowinsky ed. Teacher Education in Industrialized Nations. New York & London: Garland Publishing Inc., 1995. pp. 46～47

处在危险之中：教育改革势在必行》等报告作了充分的阐述，各种数据均显示出美国学生学业成就低下，教师对此负有不可推卸的责任。

至于教师的专业资格，也令人担忧。全美教学与美国未来委员会(NCTAF)在1997年11月发表的题为《做最重要的事：投资质量教学》(Doing What Matters Most：Investing in Quality Teaching)的报告①指出，尽管教师知识和技能对学生学习产生了很大影响，但是美国并没有一个真正的体系能够帮助教师获得这些知识，进而促进学生的成功。该报告指出，在1991年公立学校招聘的新教师中，1/4以上的教师没有资格证书；所有中学教师中有近1/4(23%)甚至没有在大学中辅修过自己现在所教的科目，其中27%的人在教数学，23%的人在教英语。在极度贫困地区、少数种族聚居区，这些不合格的教师会更多。事实上，在大多数以少数种族学生为主的学校，数学和科学教师中具备资格证书或相关专业学位的比例还不到50%。

(三) 教师流失率居高不下

较高的教师流失率一直是一些西方国家教师教育面临的一个很严峻的问题，美国尤其如此。每一名教师的流失都意味着教师教育多年的投入付之东流。从20世纪80年代中期以来，教师的大量流失导致了合格教师的短缺，于是学校只能招聘许多不合格的教师来填补空缺，这进一步导致了教育质量的下滑。据1986年对美国44个州的一项调查显示，近半数的州在数学、科学、外语和特殊教育等领域缺少教师，其中2/3的教育管理者表示，他们会提供应急或临时教师资格证书来填补这些教学岗位。许多学区的做法是：调用其他专业的教师来填补，增加教师负担或者扩大班级规模，有的甚至取消这门课程。② 全美教学与美国未来委员会(NCTAF)曾对教师的流失现象作了详细的统计③：1998年，全国所有非教师职业的流失率为11%，而

① NCTAF. Doing What Matters Most：Investing in Quality Teaching[R]. New York：National Commission on Teaching & America's Future，1996. p.2

② Darling-Hammond L. and Sclan E M. Who Teaches and Why：Dilemmas of Building a Profession for Twenty-First Century Schools. //John Sikula etc ed. Handbook of Research on Teacher Education. New York：Macmillan Library Reference，1996. p.80

③ NCTAF. Charts[EB/OL]. [2007－11－09]. http://www.nctaf.org/documents/charts.pdf

2000—2001 年教师的流失率为 15%；教师日益成为一个“旋转门”似的职业。各个地区都存在教师流失的问题，在贫困地区的公立学校中问题尤其突出，其中离开教师岗位者比换到其他学校工作的人数多；2001 年，美国共有 3451316 名教学人员，其中 30%一直处于流动之中；1999—2000 年间共有 534861 名新教师加入进来，但是 2000—2001 年间有 539778 名教师离开了这个职业；在 2000—2001 年间流失的教师中，特殊教育的教师最多，为 18.3%，其次是数学教师，为 16.1%。

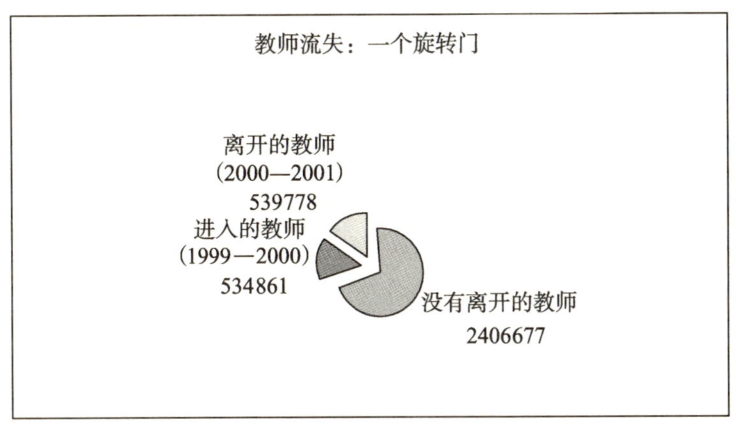

图 2-1 教师流失的旋转门①

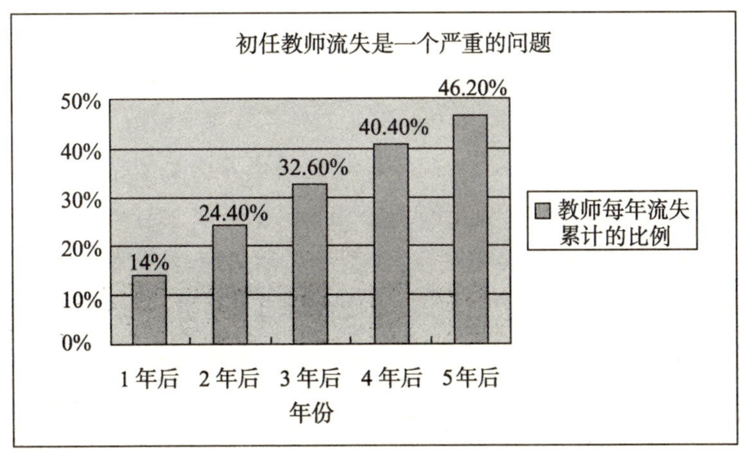

图 2-2 初任教师流失严重

① 图 2-1、2-2、2-3 均来源于 NCTAF. Charts[EB/OL]. [2007－11－09]. http://www.nctaf.org/documents/charts.pdf

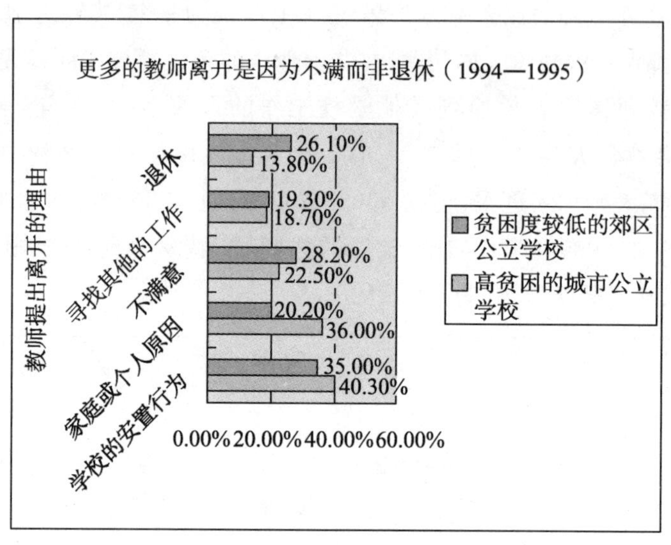

图 2-3　教师离职的理由

从这些统计表中我们还可以发现，退休并不是教师流失的最主要原因（仅排在第五位），而剩下的原因均是对现状的不满。当然，教师工资低是其中一个重要原因，但是初任教师的流失率远远高于有更多工作经验的教师，这一现实使人们不得不把这归咎于教师教育的培养不力。根据统计，新教师工作 1 年后的流失率是 14%，2 年后是 24.4%，3 年后是 32.6%，4 年后是 40.4%，5 年后则达到了 46.2%。初任教师的极高流失率说明他们无法应对作为教师所面临的诸多困难，而这恰恰是教师教育应该做的。

随着越来越多的证据显示，初任教师接受培养的类型与教师留任率有直接相关性，教师教育的处境变得雪上加霜。全美教学与美国未来委员会(NCTAF)2002 年 8 月发表报告《解决教师短缺问题：教师留任是关键》①，其中提到："多种研究方式表明，如果教师能够得到更好的培养，那么他们的留任率也会更高。例如，与通过替代性途径进入教学领域、仅仅在就任几周前接受过教师培养的人相比，完成五年或四年制教师教育项目的教师留任率要高出很多。这些差异是如此之大，以至于即使考虑进州、大学和学区在

① NCTAF. Unraveling the "Teacher Shortage" Problem: Teacher Retention is the Key [R]. Washington D. C.: The National Commission on Teaching and America's Future and NCATE State Partner, 2002. p. 11

培养、招聘教师等各方面的损耗,在一个更有力的项目中培养一名生涯教师的成本也比通过短期项目培养大量不大可能留下的教师成本要低。"①

二、抉择:用市场拉动教师教育

面对效率低下并备受指责的教师教育,持不同观点的人们从不同的角度进行分析、表达了自己的立场并提出了多种解决方案:有观点认为,教师教育是没有任何意义的,应该完全取消教师教育机构及其培训项目;也有人认为,应该大力发展教师培养,为未来的教师提供更多学术性的知识内容,采取更加灵活的方式使人们进入教学领域,进而清除许多不必要的障碍;有人主张改变认证制度,以使中小学校能有更大的自主权、更多的自由招聘到更好的教师;甚至还有人认为,教师教育本身是没有什么问题的,所有的批评均是政治或经济问题转嫁而来的结果,教师教育完全是无辜的,至多只需略加修改。

面对着争论不休的声音,政策制定者最终作出了自己的抉择:用市场拉动教师教育!② 为什么市场化模式会最终成为政策制定者的选择?怀着这个疑问,本书将探寻当时的背景以及不同团体和组织对于市场化模式的态度,进而找出政策制定者作出抉择的动因。

(一) 市场化模式的依据:商业中的成功运用

20 世纪 30 年代,面对严重的经济危机,美国政府开始采纳凯恩斯的经济主张,推行罗斯福新政。该政策试图加强政府在国家经济发展中的作用,拨款 33 亿美元成立了"公共工程署",并通过兴办大规模的公共工程来刺激经济的发展。二战后,面对千疮百孔的国民经济,欧洲各国也采取了类似的福利措施以促进经济恢复。

但是到了 20 世纪 70 年代,由于资本主义经济危机的再一次爆发,凯恩斯的理论遭到了激烈的批判。弗里德曼对当时状况的描述是:"目标都是崇高的,结果却令人失望。社会保险开支剧增,政府在财政上陷入了严重的困境。公共住房和城市复兴计划不但没有增加反而减少了提供给穷人的住

---

① 从另一方面看,政府推行替代性途径似乎只是权宜之计,并不能真正解决教师流失问题,反而会加剧这种情况。

② 当然,除此之外,教师教育领域还采取了提高标准、加强认证等措施,并得到了政府的支持,这部分内容我们将在下面章节里作详细介绍。

房。尽管就业人数不断增加,但接受公共补助的名单却越来越长。普遍一致的看法是,福利计划'一团糟',充满弊端和腐化。"①人们普遍认为,资本主义成功发展的基本条件是鼓励企业家的创业精神,而诱发这种精神就需要竞争、选择性和回报,但福利制的国家政策只会抑制这种精神,不能鼓励私人企业的信心。

在这种背景下,作为凯恩斯主义坚定的反对者,哈耶克强调的自由竞争的经济学说自然应运而起,他本人也于 1974 年获得了诺贝尔经济学奖。哈耶克极力提倡市场化和自由竞争,并认为竞争可以带来人们所需要的东西和社会的良性发展:"在一个竞争性的社会里,大多数事物都能以某种代价得到,虽然我们付出的往往是非常高的代价,这一事实的重要性是怎样估计也不会过高的。"②自由竞争理论在经济领域的盛行是其向教师教育领域渗透的背景。

除了理论基础之外,20 世纪中后期日本企业模式的成功为市场化模式在教师教育中的运用提供了实践基础。根据这种策略,企业所生产的产品完全可以是"零瑕疵"的,所有的担心和问题都可以通过管理和控制来解决。一方面,这种策略通过严格工人纪律、加强时间管理来规范生产过程;另一方面,它还注重促进工人的技能发展,树立起他们的责任意识和荣辱感,根据各方面的表现信息进行评价。政策制定者们由此得出假设,教师的生产也应采用这种模式。如果能够实现有效的领导和管理,不断评价教师所获得的能力,找到需要解决的问题并进行纠正,那么就能够培养出理想的教师。

(二) 政府及专业团体的报告:用竞争激发活力

对于美国政府而言,相关的咨询报告和专业团体的报告是制定决策的重要依据,这些报告极力推崇将市场化模式运用于整个教育领域,当然,也包括教师教育领域。在将市场化模式运用于教师教育领域之前,美国的教育领域事实上已经开展了市场化的改革。包括教育券(School Voucher)、教育税减免(Tuition Tax Credits)、特许学校(Charter School)等多项措施在内的教育改革,已经鲜明地体现出了美国教育领域的市场化进程。

---

① [美]米尔顿·弗里德曼,罗斯·弗里德曼. 自由选择一个人声明. 胡骑、席学媛、安强译. 北京:商务印书馆,1982. 98 页

② [英]哈耶克. 通往奴役之路. 王明毅、冯兴元等译. 北京:中国社会科学出版社,1997. 95 页

支持教育市场的主要论点包括：(1) 私立学校的业主有强烈的动机去取悦学生和家长(这里业主们相信这样做于人于己都有利)，所以学校也能更灵敏地反应市场需求；(2) 打破学校之间的界限，使学生和资源能从那些不受欢迎或反应能力不足的学校转移到热门和反应灵敏的学校；(3) 营造一种自然选择的机制，不受欢迎的学校将被迫关闭或改弦更张。①

《关于美国教育改革的报告》认为，市场化模式是一种值得尝试的方法。"在自由市场经济的机制里，那些生产高质量产品和提供良好服务的人对顾客负责到底，也很受顾客欢迎。如果商品的质量低劣，顾客就会去买别人的商品。然而在美国的公立教育中，情况并非如此。甚至在掌握了学校质量好坏的足够信息后，在我国的大多数地方，家长们也不能把其子女从一所差学校转到另一所好学校去学习。"②"如果所有家长都有权为其子女作出选择的话，那么，很可能使一些不可救药的坏学校暂时关门；但大多数差学校会改进其教学，好学校会更上一层楼。"③整个美国教育领域弥漫着推崇市场化模式的氛围，择校、选择权等词汇一度成为焦点话题，传统福利制模式下的教师教育体制也开始受到冲击。

许多专业团体的报告结果也都极力提倡将市场的方法运用于教师教育领域。《国家为培养21世纪的教师作准备》指出："市场方法也可以为提高教学成绩和效益产生激励作用。美国社会的各个领域，证明市场可以起到非常有效的资源分配和激励人民的功能。市场也可以使全体公立学校的学生平等地享用学校资源。"④这些极有影响力的报告的发表是促进市场化模式在教师教育领域运用的强大动力。

(三) 教师教育者：无奈之举

面对着来自外界的诸多批评，一部分教师教育者认为，与其受到指责和

---

① [美]斯蒂芬·J. 鲍尔. 教育改革—批判和后结构主义的视角. 侯定凯译. 上海：华东师范大学出版社，2002. 141 页

② [美]W. J. 贝内特. 关于美国教育改革的报告. 徐进，周满生译//吕达、周满生. 当代外国教育改革著名文献(美国卷·第一册). 北京：人民教育出版社，2004. 369 页

③ [美]W. J. 贝内特. 关于美国教育改革的报告. 徐进，周满生译//吕达、周满生. 当代外国教育改革著名文献(美国卷·第一册). 北京：人民教育出版社，2004. 370 页

④ [美]卡内基工作组. 国家为培养 21 世纪的教师作准备. 徐进，周满生译//吕达、周满生. 当代外国教育改革著名文献(美国卷·第一册). 北京：人民教育出版社，2004. 309 页

攻击，教师教育不如通过自己努力来改变现状，真正投入市场并在市场中放手一搏，这样还有可能为教师教育的发展赢得一线生机。田纳西大学的理查德·艾灵顿(Richard L. Allington)便是这种观点的代表。他在论文《忽视政策制定者以促进教师培养》中充分表述了这一观点。文章认为，政策制定者很少考虑教师教育者的观点，至多也只是使用这些观点来支持他们自己的想法或者用来拉选票。联邦的相关政策造成的结果只是削弱教师质量而不是提高它，在这样的政策指导下，最终培养出来的教师难以达到有思想、有自主性和有效率的目标。教师教育者一直处于极为被动的状态：别人制定标准、编制预算、管理结果，还指令应该做什么和不应该做什么。教师教育者一直试图满足州和联邦的要求，在这些政策制定者发展和制定的体系中唯唯诺诺地工作，最终却仍然要遭受毕业生没有培养好的批评。

他主张，教师教育应该摆脱与政府和认证之间的联系，投身市场竞争，主动承担风险，提供充分的证据证明自己所培养的教师是有效的，但前提是拥有更大的自主权，能够充分发挥自身的能动性。“实验是推动发展的引擎，我们发展教师教育的最佳选择是探索而非盲从命令。”①教师教育者应该更多地把自己看做专业人员，教师教育项目应该获取更多的资源并投入到研究中，以及分析教师教育者的责任和他们对未来教师的影响，最终由市场来判断这些机构或项目是否取得成功。

波士顿东北大学的詹姆斯·弗雷泽(James W. Fraser)也持类似的观点。② 他认为，仅仅捍卫以大学中教育学院为基础的项目和课程不是一种有效的抵抗方式，而且会使教师教育者们看起来仅仅是在保护自己的地盘。现在所要讨论的问题的重点既不在于应该给未来的教师开设何种课程，也不在于教师教育项目应该在大学之内还是大学之外，而在于所培养出来教师的能力和他未来教学实践的质量如何。教师教育者需要反思自己的项目是否足够灵活，并能够吸引和帮助未来的教师。虽然很多教师教育者都认为以大学为基础的项目代表着培养大多数教师的最好的方式，但是也应看到其他许多项目的毕业生也可以做得同样好。在目前教师教育受到强烈质

---

① Allington R. L. Ignoring the Policy Makers to Improve Teacher Preparation. Journal of Teacher Education, 2005,56(3):p. 201

② Fraser J. W. Notes toward a New Progressive Politics of Teacher Education. Journal of Teacher Education, 2005,56(3):pp. 279～284

疑的时候，教师教育者应该勇敢地面对这些批评声音，同时甘愿放弃自己的垄断地位和认证权，全心全意地投入到培养教师的过程中并证明自己。目前有关教师教育的争论“是建立一个教师培养的更好体系的基础，同时也是在这个国家形成一种更加民主的政治风气的基础”①。所以，教师教育应该通过竞争来体现自己的价值。

所有这些，都使政策制定者相信：如果能将市场运行机制和规则移植到教师教育中，使资源完全由市场供求和价格机制配置和调节，那么，教师教育就一定能够重新焕发活力！

三、教师教育成为卖场

市场化模式形成的基础是“消费者”和“服务提供者”之间角色关系的形成，而核心便是“消费者”观念的形成。当市场化模式在教师教育领域运用之后，该领域内各个主体的角色发生了巨大的变化：对于“师范生”(也称为“教师候选人”)来说，他们在接受培训时所扮演的是消费者的角色，但是毕业找工作时却转变成了产品的角色。对于学校来说，学校作为消费者来购买教师，同时又是教育的供应者，要满足学生和家长的需求。对于教师教育项目来说，作为服务供应方，它们需要承担为“师范生”和中小学校提供服务的任务；但作为“消费者”，它们也同时接受服务，对象便是为教师教育提供认证的机构。

(一) 为教师候选人提供服务

在市场化模式的影响下，教师教育的功能就是为了满足获得它的消费者的需要，即它的培养对象是“教师候选人”。教师教育项目的任务便在于为教师候选人提供一种特别的教育服务，把有用的技能传递给未来的教师。教师教育项目的目标发生了转变，提供服务成为了它存在的主旨，而不再是促进和发展教师的道德水平、社会化和人性发展等。从这个角度看，交换价值便成了衡量教师教育价值的主要尺度，它受到市场供需因素的影响并随之波动。根据市场理论，对于教师教育所培养的学生来说，他们之所以选择教师教育是因为能够把在这里所获得的知识和能力拿到人才市场上换个好

① Fraser J. W. (2005). Notes toward a New Progressive Politics of Teacher Education. Journal of Teacher Education, 2005,56(3):p. 282

价钱,找到一份好的工作。教师教育提供的服务所能置换来的工作和能力就是它的交换价值。

于是,教师教育项目所提供的这种服务应尽力满足教师候选人的各种需求。因为在市场化模式下,"消费者"就是上帝,教师教育项目的领导人如果要想使自己管理的机构发展或者生存,就必须完全按照商业模式来操作,以企业家的思维应对所面临的各种困难和问题。如果他们不能满足消费者的需求,就无法吸引教师候选人来就读;而与此同时,其他的教师教育项目都在致力于满足消费者的需求。于是,不能满足教师候选人需要的教师教育项目就会难以吸引到生源,继而出现一系列困难,甚至面临倒闭的风险。

(二) 为中小学校提供教师

市场对美国教师教育的第二个影响来自雇主,因为学区需要大量的教师而教育学院的一项重要职责便是要满足这种需求,即戴维·拉布里所谓的"社会效率"①。这要求教师教育机构发展的导向应该是社会对教师的需求。社会效率对教师教育的要求首先体现在数量上。例如,在 1993 年,美国中小学教师有 280 万人,由于辞职或退休等原因需要每年大学毕业生中的 20%来填补。教师教育承受着满足这种需求的压力。近二十年来解制取向(即在聘用教师时绕过教师教育)的重新提出进一步加剧了这种压力。而且,这种需求的满足还应是以效率为保障的,因为如果某一个教师教育项目成本过高,那么很快就会被其他效率较高的项目或机构淘汰。

除了数量之外,教师教育项目同样要满足中小学校对教师质量的要求,因为美国社会存在着一种需求"高质量教师"的巨大压力。"结果问题"成为教育领域,尤其是教师教育领域中的新问题。柯兰-史密斯指出,在 20 世纪 90 年代中期以前,教师教育所强调的还不是结果,而且很少有人注意到教师教育的结果,或者教师教育的多种组成成分对教师表现、教师留任、学生学习以及其他教育结果的影响。正是这些问题现在成为了有关教师教育政策

---

① Labaree D. F. The Lowly Status of Teacher Education in the United States: The Impact of Markets and the Implications for Reform. //Nobuo K. Shimahara& Ivan Z. Holowinsky ed. Teacher Education in Industrialized Nations. New York&London: Garland Publishing Inc., 1995. p. 56

和实践争论最重要的问题。① 市场的调节机制会促使"好"的教师流向待遇更好、发展空间更大的学校，而相对较差的教师只能去贫困的学区。在历史上，学校对教师的选择往往是根据其所在培训机构以往的信誉来进行的，但是市场化的机制会促使人们获得更多关于教师培养状况的信息，进而作出选择，所以教师教育会对自己培养出来教师的质量更加敏感。

市场的压力对作为整体的教育学院的生存也构成了挑战。市场化模式所倡导的是更多的选择机会和权利，只有如此才能促进竞争，有利于消费者，并最终促进社会的整体发展。所以，任何一种途径的垄断都是与市场化模式格格不入的。教育学院作为唯一通向教学的途径存在了上百年，但是近二十年来大量的州立法者都已提出或酝酿提出"替代性认证"的计划，即以工作经验或学术专业为基础认证教师而不是只通过接受传统教师教育一种途径。随着学校自由选择教师的权利增大，以及教师候选人选择余地的增大，培养成本较高而效果不明显的教育学院面临严峻的挑战。

（三）教师教育项目的消费权

正如前文所述，在市场化模式影响下，教师教育成为了卖场。作为服务的供应方，教师教育项目一方面要开始相互竞争，努力为作为"消费者"的教师候选人提供多样化和更好的服务，满足他们的需求；另一方面，教师教育项目还要向需要教师的中小学校提供服务，使自己的"产品"——教师能够卖得出去并卖个好价钱，进而使自己获得良好的声誉并吸引更好的生源，所以他们要尽力满足这些"消费者上帝"对教师的要求。

事实上，市场化模式运用在教师教育领域之后，相对于认证机构来说，教师教育学院和教师教育项目便成为了"消费者"，这样便出现了以下情况：一方面，认证的提供方应该尽力满足"消费者"对认证的多种需求，提供多样化的认证项目供消费者选择；另一方面，"消费者"为了获得认证服务以及相应而来的各种好处，应该支付相应的报酬或承担相应的义务。所以，仅仅凭全美教师教育认证委员会（NCATE）一个机构难以充分满足"消费者"的需求，市场化的机制要求出现更多认证机构来提供更丰富的"菜单"和更多样化的服务。

① Cochran-Smith M. Evidence, Efficiency and Effectiveness. Journal of Teacher Education, 2006,57(1):p.4

市场之所以有活力，关键在于其中存在充分的竞争，只有竞争才能充分调动每个人的积极性，推动社会良性发展。面对如此庞大的教师教育认证市场，如果仅仅由全美教师教育认证委员会(NCATE)一家独占显然不利于该领域的充分发展。所以，1997 年美国成立了教师教育认证委员会(TEAC)，并于 2001 年和 2003 年分别得到了高等教育认证委员会(CHEA)和美国教育部的承认。事实证明，在 TEAC 成立后不久，NCATE 就在 2000 年对自己的标准进行了修改，并且它的六条新标准与 TEAC 的质量原则和标准极为相似。尽管 NCATE 声称这次修改与 TEAC 所制定的规则无关，但是至少可以说：竞争带来了变化。

第二节　市场化模式对教师教育的影响

市场化模式的第一个原则是竞争，而且是自由的、有效的竞争。哈耶克指出，竞争是实现资源有效利用的最有效和唯一的办法。“自由主义的论点，是赞成尽可能地运用竞争力量作为协调人类各种努力的工具，而不是主张让事态放任自流。它是以这种信念为基础的：只要能创造出有效的竞争，这就是再好不过的指导个人努力的方法。……然而，经济自由主义反对以协调个人努力的低级方法去代替竞争，它将竞争视作优越的，这不仅因为它在大多数情况下都是人们所知的最有效的办法，而更因为它是使我们的活动在没有当局的强制和武断的干预时能相互协调的唯一方法。”①

自由有效竞争的目的，首先就是促使最适应环境者生存下来，使更多的资源流向他们，进而实现社会资源的最优化配置。在教师教育领域，市场所发挥的作用很大程度上便是能够实现资源的最合理和最充分的利用，这既体现在不同的教师培养主体间，也体现在教师教育的生产过程之中。同时，竞争所产生的差异实现了教师分层。

自由选择理念是市场化模式提倡的另一条重要原则。在市场化模式运

---

①［英］哈耶克. 通往奴役之路. 王明毅、冯兴元等译. 北京：中国社会科学出版社. 40～41 页

行的条件下,接受教师教育成为了学生的一种投资方式,而这种投资导向必然是利益的最大化。在拥有了更多的选择权之后,学生在向教师教育项目提出要求时有了更多的筹码。教育学院被迫放弃了自己多年的垄断地位,教师教育项目所开设的课程也随之发生相应的变化。教师的选择权使教师流动成为他们理所应当的权利,教师教育面临的压力更加凸显。

尽管还存在着一些争议,尽管并非是市场化模式一己之力,但根据美国教育部的相关报告和统计,似乎能够得出结论:市场化模式的运用暂时取得了预期的效果。因为,无论是完成教师教育的教师数量还是通过认证的教师数量都实现了增长。

一、竞争机制下资源的重新分配

随着市场化模式的引入,竞争机制开始发挥作用,并由此而带来了相关领域活动主体角色的变化,教师教育的资源也要据此进行重新分配。作为不同的培养教师的主体,教育学院和专业发展学校,以及其他的大学与中小学合作的教师教育项目处于相互竞争的状态,所以不同的教师教育项目要求分享教师教育的资源。

经过教师教育之后,所投入的资源事实上已经体现在了这些经过培养后的教师各方面的变化上。但是如果这些教师大量流失,那么也就意味着教师教育的资源被白白浪费了。所以关于资源的利用情况同样应关注到它延伸的这部分。

(一) 评价作为资源分配依据

对于企业而言,竞争机制的效果通过该企业的盈利或亏损来实现,这一方面取决于产品生产的效率,而另一方面则取决于这种产品是否受到市场的欢迎或接纳。在教师教育中,这主要通过评价过程来体现。评价贯穿在教师教育始终,在入口处可称做"认证",而在出口则表现为问责的形式。随着市场化模式的深入,评价的作用日益凸显,这既表现在政府的规定中,也在中小学校的要求上有所体现。

由于教师教育项目的资金在很大程度上受到政府的控制,所以只有满足政府的要求或标准才能获得更多的资源。于是,教师教育项目之间的竞争首先便体现在争取得到认证,达到联邦的问责要求。在英国,以前的教育学院或大学中的教育系拥有开设课程、认可其他机构课程的自由,但是现在，他们不仅不能继续采用这种方式并拒绝接受教师教育认证委员会(CATE)的监管，反倒应该尽力争取实现认证。因为如果不这样做，不仅这些课程得不到支持，他们的学生也不能被认可为“合格教师”，最后不可避免地会因为招不到学生而关门。美国的教师教育同样如此，获得认证、接受问责成为了教师教育项目的当然选择。

不同的教师教育项目之间的竞争还体现在其毕业生接受认证的情况、社会接纳情况方面。只有其毕业生得到的认证级别更高，更受中小学校和社会欢迎，教育学院或教师教育项目才能够赢得更好的声誉。美国现在有全美教学专业标准委员会（NBPTS）、州际新教师评价与支持协会(INTASC)等多个教师评价机构，各州也都有自己对教师入职和发展等方面专业标准的规定。根据教师教育项目毕业生的不同表现状况，各州和学区、学校有权决定是否聘用某个项目或机构所培养出的毕业生。毕业生今后的发展状况直接决定了教师教育机构或项目可能获得的声誉、生源和资源。关于问责和认证的详细论述可参见本书第三、四章。

（二）不同教师培养主体间的资源分配

作为不同的培养教师的主体，教育学院和专业发展学校，以及其他的大学与中小学合作的教师教育项目处于相互竞争的位置，所以不同的教师教育项目要求分享教师教育的资源。这样导致的情况就是：一方面，政府根据不同教师教育项目的表现分配资源，依据是学生成绩、教师教育认证机构的评判和他们的毕业生在各种认证中的表现；另一方面，教师教育项目通过竞争能够获得更好的声誉，进而吸引更好的生源，这同样可以看做是一种资源的分配。这两方面从本质上是一致的并得到了相互强化。

教师教育目前发展的一个重要趋势就是由大学为主体向大学与中小学合作发展。西方国家这两种类型的代表就是英国和美国：英国模式的校本培训基地在中小学，中小学校成为教师培训的主体；美国模式则是高等教育机构与中小学建立合作关系，但师资培训的中心仍然在高等教育机构，以大学为基地。① 但无论哪种模式，教师培养主体的转变必然带来资源的重新分配。

1861年，英国的政府组织纽卡斯尔委员会（The Newcastle Commission）根据调查得出结论：导生制或教生制的体系既导致了教师的失败，又导致了学

① 单中惠、杨捷．外国中小学教育问题史．济南：山东教育出版社，2005．475～476页

生的失败。该机构的建议是：大学应该参与教师教育。经过不断发展，到20世纪后半期，英国教师教育已经逐渐形成了大学毕业生从事教学的局面。但是随着教师教育受到的批评逐渐增多，政府开始采用两种途径改变这种状况：第一条途径是加强对大学中教师教育的控制，并于1984年成立了教师教育认证委员会(CATE)；第二条途径就是推行市场化模式，采用多种方式来培养教师，而不是仅仅将教师培养限制在大学内部。

20世纪90年代初，为了解决以大学为基地的教师教育中存在的理论与实践脱节问题，英国政府决意采用市场化模式，打破以大学为基地培养教师的垄断局面，开始明确提倡以中小学为基地培养教师。政府希望通过这种模式更好地满足"消费者"对教师教育的需求。1992年1月，当时的教育部部长肯尼斯·克拉克(Kenneth Clarke)在英格兰北部的教育年会上发表了一场演讲。在这次演讲中，他明确反对以大学为基地的教师教育，即使它处于教师教育认证委员会的督导之下。他列出计划，要将为期一年的第二阶段的教师教育项目转移到中小学校中，达到至少学生80%的时间是在中小学中接受培训的(每周4天)，这就要求"大量的资金"从大学和学院转移到中小学校中。其他的职前教师教育项目类型也将沿着这种以学校为基础的模式发展。①

另外，解制议程下，替代性途径增加，也会与传统教师教育机构和项目争夺拨款与生源等资源。对于进入替代性项目的一些学生来说，他们更希望得到的是服务、便利，而不想买任何他们用不着的东西。而替代性项目周期短、成本低，正好投其所好，仅仅为这些学生提供最低要求的课程，以继续维持他们的教学职位。

(三) 教师分层

为了调动生产积极性，市场化模式要求实现优质优价、优胜劣汰。在教师教育领域，不同能力和水平的教师自然应该享受不同的待遇，拥有不同数量的资源。教师分层的趋势便在这种情况下应运而生了，其途径包含两大方面：一是为教师发展提供阶梯，让达到不同标准的教师获得与标准相应的

---

① Gilroy P. The Threat to University-Based Teacher Education. //Graham J. ed. Teacher Professionalism and the Challenge of Chance. London: Trentham Books, 1999. p. 10

报酬，改变教师工资差距过小的状况。由美国大学教育学院领导人组成的霍姆斯小组，主张要承认不同教师在知识、技能和工作态度以及在所受教育、资格证书和工作方面存有差异，因而要区分出不同级别的教师。他们提出的三个级别是：教员、专业教师和终身专业教师。

这种分层思想得到了广泛应用，如罗切斯特学区的教学生涯项目（CIT，Career-In-Teaching Program）便把教师的专业发展分为四个阶段：实习教师、固定教师、专业教师和领导教师。在卡内基教育与经济论坛倡导下，于1987年成立的全美教学专业标准委员会发布了认可教师的标准，这在今天美国的教师教育及教师资格的认可方面正发挥着十分重要的作用。经其认可的教师称做“全国委员会资格教师”（National Board Certified Teachers，NBCTs），他们除上课外还从事教师培训工作，大部分还参与评估新教师的工作。成立于1994年的全美教学与美国未来委员会提出力争使全国每一所学校都有一位“全国委员会资格教师”。这些被认可的教师往往成为领导教师——具有坚实的知识基础、高智能、独特的教学能力、领导能力并渴望实现专业发展，他们在重新设计学校课程及帮助同事提高专业水平和教育质量方面显示出领导的作用，但他们不是行政人员。

二是招聘教学辅助人员来分担教师的工作。《国家为培养21世纪的教师作准备》提出，可以通过以下途径来招聘协助专任教师工作的教学辅助人员：(1) 各种领取薪金的助理人员、技术人员和助手。他们提供各种实务性和行政管理方面的服务。他们中的一些人，随着他们在工作中的提高，以后将进入专任教师的行列；(2) 从师范研究生院毕业生中抽调出来的实习教师和见习教师，以及未受过师范教育的大学毕业生充当辅助教师；(3) 来自协作关系的企事业单位、社区组织和大专院校的具有专业技能和知识的人员；(4) 做辅导员、家庭补习教师和教师助手的高中生和大专生。①

按照工作性质辅助教师大体可分为三类：第一类是实习教师（intern），他们在一名领导教师的指导下从事教学活动，一年后由领导教师决定是跨入专任教师行列还是结束教学生涯，或者延长实习期；第二类是从社会上招

① [美]卡内基工作组. 国家为培养21世纪的教师作准备. 徐进，周满生译. //吕达、周满生. 当代外国教育改革著名文献(美国卷·第一册). 北京：人民教育出版社，2004，290页

聘的志愿者，包括一部分家长等，他们属于“义工”性质，不接受报酬，只是帮助教师工作；还有一类是代课教师，他们的重要功能是维持日常教学的连续性，即当专职教师缺席的时候替他们担负课程，他们接受薪酬，但是也有较高的专业要求。

二、自由选择理念对教师教育的影响

除了竞争之外，市场化模式还给教师教育领域带来了观念上的强烈冲击：服务提供者应该尽力满足“消费者”的各种需求，消费者拥有最大的自由选择的权利。如此一来，作为投资对象的教师教育就不得不竭尽全力来吸引更多的学生。学生对未来职业的选择权利使教育学院开设更多的专业和课程，而他们在从事工作后选择职业的权利使他们能够在教师与非教师职业间自由流动。如何使教师能够更加适应工作岗位、不因所遇到的困难而流失这一问题变得更加严峻。

（一）教师教育价值受到重估

对于接受教师教育培养的教师候选人而言，在成为了教师教育项目的“消费者”之后，他们开始以市场化模式的眼光重新考虑教师教育项目对于自己的价值，估量自己是否能以最低的成本从教师教育项目中获取最大的收益。于是便出现了以下情况：首先，接受教师教育的学生要求教师教育的功能变得更为多样，更加适合于社会各种岗位的需求，而非仅仅培养教师。他们不愿意面临如果脱离教师岗位后所学知识便一无所用的境况，所以希望教师教育的服务能够交换到更多的利益。

其次，除了要求学校功能应该有更多的变化性以适应多种目的之外，教师候选人还对课程设置提出了最佳效益的要求。因为教师候选人把接受教师教育培训看做了一种投资，只有最少的投资和最大的收益才是最划算的。教师候选人希望学校能够尽可能高效地传授更多的有用技能，既要容易接受和学会，又要能够满足社会的需求，能够找到一份不错的工作。①

有研究表明，考虑到接受教师教育培养的成本以及因为同时不能参加

① Labaree D. F. The Lowly Status of Teacher Education in the United States: The Impact of Markets and the Implications for Reform. Nobuo K. Shimahara & Ivan Z. Holowinsky ed. Teacher Education in Industrialized Nations, 1998. pp. 60～61

工作而产生的隐性成本，国家又不为他们提供更多的资助，所以学生们期望尽快地结束培养以便参加工作，这样便使教师不能得到较好的培养。①戴维·拉布里(David F. Labaree)认为，由于商品价格由交换价值决定，所以学生便不会关心教师教育的课程内容和时间要求，这必然导致教师教育质量的下降。② 当然，也有观点认为，由于使用价值是由交换价值保证的道理(在市场经济条件下，没有足够的使用价值，一种商品无法维持较高的交换价值)，所以不必产生这种担心。

对于需要教师的中小学校来说，也要重新考虑教师教育对于自身的价值。由于较高的教师流失率，他们所要购买的商品并不耐用；同时由于教师的有效性太差，他们所要购买的商品使用性也不够强。所以，他们只愿意出低价购买，这个差价要能够弥补因为教师流失和使用性差所带来的损耗。"如果教师培训要大规模生产、如果产品通常用不了很久，那么生产每个单元的代价就必须要保持很低以维持这个体系的运作。在这种背景下，立法者和纳税人很难认为职业教育值得加强和延长。"③反过来考虑，如果教师教育所培养的对象具有很强的有效性并能保持较低的流失率，那么中小学校就能够节约招聘优秀教师的成本，进而提高教师价格，这便进入了一个良性循环的过程。因此，向更可能留在教学领域的教师候选人进行投资，便成为了教师教育需要研究的一项重要命题。

(二) 教师培养模式的多元化

教育学院曾经拥有通向教学岗位的垄断权，即所有想要做教师的人都要接受教育学院的培训。市场的理念认为，教育学院已经垄断了这个领域太长的时间，这完全是不合情理的，只有开发更多的"替代性途径"才能实现更为高效的竞争，促使多种教育培养模式的涌现。市场化模式的正常运行

① Darling-Hammond L. ed. Powerful Teacher Education. San Francisco: Jossy-Bass. 2006. p.280

② Labaree D. F. The Lowly Status of Teacher Education in the United States: The Impact of Markets and the Implications for Reform. Nobuo K. Shimahara& Ivan Z. Holowinsky ed, Teacher Education in Industrialized Nations, 1998. p.42

③ Labaree D. F. The Lowly Status of Teacher Education in the United States: The Impact of Markets and the Implications for Reform. Nobuo K. Shimahara& Ivan Z. Holowinsky ed, Teacher Education in Industrialized Nations, 1998. p.54

要求商品价格应根据市场竞争来自发形成。哈耶克指出："任何控制某些商品的价格或数量的企图，都会使竞争失去它有效的协调个人努力的力量，因为这时价格的变化不再显示客观条件的全部有关变化，也不再为个人的行动提供一个可靠的指南。"①

事实上，在19世纪后半期美国师范学院扩张时期，师范学院曾经面对着两种选择：一、继续作为为少量有抱负的教师提供理想化的专业培养模式的精英机构而存在，但是不占据通向教学职业的主导地位；二、扩大自身以满足教师的需求，最终获得通向该职业的垄断权。如果说当时的师范学院选择了垄断权的话，那么今天的教师教育又不得不迫于市场的压力结束自己的垄断地位。

美国东北大学的教授詹姆斯·弗雷泽指出，虽然教师教育机构中的很多人相信以大学为基础的培训项目代表着培养大多数教师的最好的方式，但也应该看到，有研究表明，至少在有些情况下，"为美国而教"(Teach for America)②或者其他替代性教师教育项目的毕业生可以做得同样好。人们没有必要必须指出哪种项目代表着通向教学的最好的轨道，但可以相信有一些项目能够生产出一些优秀的教师，而并非仅仅教育学院才能够培养出高质量的教师。"在教师教育领域的我们至少应思考以下问题：现在是不是时候，即在大学中的我们放弃一直以来的垄断位置、并离开这个我们占据了半个世纪的角色，不再作为州政府的合作者开发唯一真正通向教师认证的途径？现在是不是时候，让我们不再关注为未来的教师提供可能最好的项目，而把这个任务留给其他人，各州和地方政府以及招聘教师的中小学校，以裁决谁的质量足以得到认证并被聘用？……我们没有一个人知道所有的答案，而且，更重要的是，没有一个项目能够适合所有有志成为教育者的人的需要。"③正是基于这种市场化模式中的自由选择理念，美国的教师培养模式逐步形成了多元化的格局。

(三) 教师流失压力增大

市场化模式使人们对教师流失有了新的认识。首先，在过去，人们对教师流失更多的认识在于其对学生学业的不利影响；而之后，这被更多地看做

① [英]哈耶克. 通往奴役之路. 王明毅、冯兴元等译. 北京：中国社会科学出版社. 41页

② 参见第一章。

③ Fraser J. W. Notes toward a New Progressive Politics of Teacher Education. Journal of Teacher Education, 2005, 56(3): p. 283

是教师教育资源的损耗。在市场化模式条件下，教师教育被看做是一个生产教师的工厂或者企业，所有投入的资源最终都在所培养的教师身上体现了出来。也可以说，“生产”出来的教师等于整个教师教育的显性成本和隐性成本。所以，教师的流失状况也应成为评判教师教育项目是否成功的重要因素之一。

其次，自由选择理念的引入要求允许并尊重教师选择职业的权利。因而，教师转变职业或者更换工作岗位变得更加容易。如果说，过去教师的离职可能会受到道德和良心的谴责的话，那么，市场化模式的引入则为教师解除了这套枷锁。从实现个人发展价值的角度来看，应该支持这种个人选择职业的权利。《学会生存》指出：“教育的目的在于使人成为他自己，‘变成他自己’。而这个教育的目的，就它同就业和经济进展的关系而言，不应培养青年人和成人从事一种特定的、终身不变的职业，而应培养他们有能力在各种专业中尽可能多地流动并永远刺激他们自我学习和培训自己的欲望。”①但是，这种理念的后果则是更为严峻的教师流失问题。

由于各项研究均表明，只有更好的教师培养，才能减少教师在工作中可能遇到的困难，进而减少教师流失问题，因此，教师教育必须更加关注培养教师质量的问题。全国教学与美国未来委员会的报告《解决教师短缺问题：教师留任是关键》指出：多种研究方式表明，得到更好培养的教师留任率也更高，而目前教师短缺问题的关键便在于教师流失而非教师不足。“在过去的十年中，教师培养有力地回应了对教师要求数量增长的需求。例如，1984至1998年间，培养教师的机构数量从1287所增加到1354所，其中每年获得硕士和学士学位的毕业生数量增加了50%，到1999—2000学年达到了230000名。很有可能，一些获得硕士学位的人已经在从事教学，但我们可以确信的是，新教师的供应在增加，而且足以满足一次性聘用的需求。”②该报告得出的结论是：“对教师的高需求并不是由进入该职业的教师不足所导致

① 联合国教科文组织国际教育发展委员会.学会生存——教育世界的今天和明天.华东师范大学比较教育研究所译.北京：教育科学出版社，1996.14页

② NCTAF. Unraveling the “Teacher Shortage” Problem: Teacher Retention is the Key[R]. Washington D. C.: The National Commission on Teaching and America’s Future and NCATE State Partner, 2002. p. 5

的,而是由教师流失所导致。”①

全国教学与美国未来委员会提出,仅仅靠增加教师供应来解决教师流失问题是不可能实现的,这样的代价也过于庞大。“我们应该在学区层面制作一个关于教师流失代价的价格标签。有证据表明,在这个旋转门职业中,每年替换我们教师中16%的成本几乎是天文数字。最新一项在得克萨斯州的调查表明,该州每年所有教师的流失率是15.5%,其中40%发生在工作的前三年中,而据保守的估计,每年在这方面耗费的成本是3.29亿美元。如果将组织中终止、替换、学习磨合损失和新培训的损失包含进来的话,这个价格标签能够高达21亿美元。”②

以最低的成本解决该问题的一条重要途径就是使教师得到更好的培养。根据这项报告,在第一年的新教师中,感觉自己在教学的关键任务上得到较好培养的教师与那些感觉培养较差的教师相比,他们进入课堂的计划有着明显的差异。例如,感觉自己在设计课程、使用多种教学方法、对学生进行评价等方面培养较好的教师中有近三分之二声称他们会尽可能长时间地从事教学职业;而感觉自己在这些方面培养得并不好的教师中只有三分之一略强的教师表示他们愿意留下来。③

三、整体效果:“生产能力”实现增长

在市场经济条件下,衡量一个国家或社会经济发展状况的标准在于其生产能力是否得到了增长。同样,市场化模式在教师教育中运用效果的最终展现应是其“生产能力”,也就是教师教育所要实现的目标,这既包含竞争条件下生产教师数量的增长,也包括教师质量的提升。表面上看,美国教师的数量似乎并不少,但是考虑到大量教师的流失和不合格教师以及临时教

① NCTAF. Unraveling the “Teacher Shortage” Problem: Teacher Retention is the Key[R]. Washington D. C.: The National Commission on Teaching and America's Future and NCATE State Partner, 2002. p.6

② NCTAF. Unraveling the “Teacher Shortage” Problem: Teacher Retention is the Key[R]. Washington D. C.: The National Commission on Teaching and America's Future and NCATE State Partner, 2002. p.11

③ NCTAF. Unraveling the “Teacher Shortage” Problem: Teacher Retention is the Key[R]. Washington D. C.: The National Commission on Teaching and America's Future and NCATE State Partner, 2002. p.12

师的填补，教师数量的问题仍然相当严重，因而它仍然作为一项衡量教师教育的重要指标而存在。教师质量是近二十年来几乎整个西方世界都在关注的一个命题，对市场化模式效果的评价自然不能忽视。根据美国教育部的年度报告，市场化模式的引入产生了良好的成效，教师数量和质量都实现了发展。

（一）教师数量增加

在美国，整个19世纪和20世纪早期，学校官员所面临的最大问题并不是课程或教学，而是为所有需要教育的学生提供足够的教室并在这些教室中填满足够的教师。美国内战前，席卷新英格兰和全国的免费公立学校运动(Common School Movement)的目的，就是让每一个社区建立一所公共资助的小学，为该社区所有的年轻人提供一些基本的教育经验。同时，为了避免人们怀疑州的权力过于庞大，这种扩展所要求的为新学校付费、聘用新教师的责任就主要落在了地方政府的肩上。到1870年，当联邦政府开始收集有关学校的资料时，美国的公立学校已经有了20万名教师，这个数字在1900年又翻了一番。此时，当小学的教师供应基本满足需求时，高中教师的迅速增长引发了另一场令人眩晕的教育扩充。到1930年，公立学校中的教师数量再次扩充了一倍，总数在那一年增加到了近85万。① 所以，在整个这一时期，教师的大量缺乏导致了人们并不真正关心教师质量如何，而仅仅是先要找来足够的教师。

到了20世纪下半期，尤其是近二三十年，对教师数量的要求已经没有以往那样迫切，但是仍然存在。根据美国教育聘用联合会(AAEE，1997年)的报告，美国西北部、落基山脉、东北和大西洋沿岸中部各州教师数量比较充足，而阿拉斯加、西部、南部各州的教师短缺问题则比较严重。通常，政策更支持教育和教学、提供较高的教师工资、拥有大量教师培养机构的州很少存在教师短缺的问题。在各州内部，有经济实力的地区教师数量也更充足，而贫困的学区只能提供较低的工资和不够吸引人的工作条件，因而也就难以

① Labaree D. F. The Lowly Status of Teacher Education in the United States: The Impact of Markets and the Implications for Reform. //Nobuo K. Shimahara& Ivan Z. Holowinsky ed. Teacher Education in Industrialized Nations. New York&London: Garland Publishing Inc., 1995. p. 50

吸引到好的教师。① 在这些贫困地区，由于教师短缺，只能降低标准以满足对教师数量的需求。此外，具有较高比例的淘汰性几乎是所有“高质量”职业的共性。教师职业目前的状况至多是勉强满足了数量的基本需求，但是远未实现较高的淘汰率或筛选性。

根据第一章表 1-1 提供的数据可以看出，从 2000 年到 2004 年，除了 2001—2002 学年略有下降之外，美国教师生产的总数实现了持续的攀升。当然，这并非仅仅是市场化模式的效果，各个专业团体的努力、社会各界的关注都起了一定作用。此外，目前教师教育所面临的问题更主要的方面还体现在教师质量上。

(二) 教师教育质量提升

教师教育质量是评判教师教育项目成功与否的最重要的指示器，而教师质量则是其中的核心概念。在过去，对教师质量的评价并不十分引人注目，因为一则是教师需求数量巨大，大家还没有精力来关注这个领域；二则是传统和习惯的巨大力量，中小学校仅仅是根据自己的传统或经验来招聘教师而非参照专业评价指标。弗雷泽曾提到：“几乎我认识的所有教师教育者们(非保守主义者)，都会说他们尊重与否的教育学院分别是哪所，他们希望看到自己孩子所在的教室中的教师是哪所学院毕业的而不是哪所学院毕业的。”②这里所反映的情况就是，教师教育的内部人士相互间根据自己的经验认识来作出判断。教师的质量同样如此。总之，反映教师和教师教育质量的指标是模糊的。

但是市场机制改变了这一状况。市场化模式对衡量教师和教师教育质量的要求是各个认证机构产生的重要动力。目前，教师教育项目的质量由全美教师教育认证委员会(NCATE)和教师教育认证委员会(TEAC)来做专门的鉴定；对于教师，则由全美教学专业标准委员会(NBPTS)、州际新教师评价与支持协会(INTASC)等机构来操作。作为一种价格指标，教师质量和教师教育质量能够直接从中体现出来。

---

① NCTAF. Unraveling the “Teacher Shortage” Problem: Teacher Retention is the Key[R]. Washington D. C.: The National Commission on Teaching and America’s Future and NCATE State Partner, 2002. p. 6

② Fraser J W. Notes toward a New Progressive Politics of Teacher Education. Journal of Teacher Education, 2005,56(3):p. 280

据2006年的统计①，在美国，教师总数和获得初级资格证书(initial certification)教师的总数均保持稳定：教师数目维持在320万名左右，初级资格证书的颁发数量超过30万；没有资格证书的教师数量减少了1/4，从2003—2004学年所有教师中的3.3%降到了2004—2005学年所有教师中的2.5%；高度贫困地区的教师流失数量减少了33%，其他地区的教师流失数量减少了31%。

当然，市场的力量也加剧了不同地区、不同学校间教师在知识和能力技能方面的差异。因为教师教育中的市场化模式所要形成的结果之一就是促使更优秀的教师流向待遇和条件更好的学校，它一方面旨在促进教师为更好的境遇而努力，而不是像以前那样教师之间没有太大的区别，难以调动起教师的积极性；另一方面这种机制也促使中小学校为了吸引更好的教师而努力，因为如果吸引不到好的教师就不会产生优质的教学，学校也会面临被淘汰的危险。从整体上看，许多进入了重新设计项目的新教师所受的培养比过去的教师好，但是其他人，特别是在少数民族学校较低收入家庭的儿童的教师很少甚至没有受过训练。②

第三节　不合教师教育逻辑的市场逻辑？

在西方世界里，市场化模式在教师教育中的运用并不是一帆风顺的，恰恰相反，它同时也受到了激烈的批评。批评首先针对的是市场环境下的生产逻辑能否适应包含诸多复杂因素的教师教育领域。批评者认为，教师教育是一项复杂的事业，简单地通过“确立目标—实现”的模式去追求，目的的

① U. S. Department of Education Office of Postsecondary Education. The Secretary's Fifth Annual Report on Teacher Quality：A Highly Qualified Teacher in Every Classroom. Washington D. C.：ED Pubs，Education Publications Center，U. S. Department of Education，2006. p. x. [R/OL]. [2007－10－20]http://www.ed.gov/about/reports/annual/teachprep/2006-title2report.pdf

② Darling-Hammond L. ed. Powerful Teacher Education. San Francisco：Jossy-Bass. 2006. p. 281

有限性和当地的特殊情况所导致的狭隘观念可能不利于学生、家长、学校或者经济的长远利益，教育的功能和特殊性决定了教育领域不能采用市场化模式。

其次，批评者还认为，市场以竞争、选择、输赢为导向的，它和公共服务的道德规范存在着矛盾之处，市场化模式在教师教育中的运用必然导致弱者受忽视而强者更强，这显然是不公平的。正如吉姆·格雷厄姆(Jim Graham)所言："由于社会排斥的结构问题和对学校表现的影响，很可能会打击那些在最困难学校中接触最难教的学生的教师。"①

当然，市场化模式的推行者也对自己所提倡的政策进行了辩解，其中包括政府所提供的详尽的数据以及诸多经济学家从学理上的辩驳。

一、特别的教师教育与特别的市场

市场化模式的批评者认为，该模式对教师质量的假设和界定本身就是错误的：教师质量是一个极为复杂的概念，它涉及到阶层、种族、性别、残障等多种不同的方面，而不仅仅是指智力因素，更不是标准化测试所能评价出来的。教师的培养与工厂生产产品是完全不同的。斯通指出："根据政策制定的市场化模式，政策问题的定义被错误地认为是'观察和计算'的一个简单又直接的事情——清楚并确定目标以及评估现状和目标间的差距。而事实恰好相反，目标和所处位置从来不是固定的，对问题的定义也不是一道算术题那样简单。"②此外，经济理性主义的重视供应方而忽视需求方、忽视教师教育的公共事业属性、不关注教师教育的人文价值等均是其致命的弱点。史密斯指出："当今对教学最大的威胁可能是政策制定者无视教师的经验。

① 社会排斥理论强调的观点是：贫困者不仅缺乏收入，而且还缺乏收入以外的许多内容，如社会参与、社会权利和义务以及社会道德秩序等。同时，它也强调了作为穷人，其社会地位、生活、受教育和其他方面不仅是短缺的，而且是被排斥的。这种排斥是在社会结构制约下的一种长期的"隔离"。Graham J. From Welfare to the Knowledge Based Economy—the New Labour of Teaching. //Graham J. ed. Teacher Professionalism and the Challenge of Chance. London：Trentham Books，1999. p. 98

② Stone D. The Policy Paradox：The Art of Political Decision Making. New York：Norton. 1997. p. 133 转引自 Cochran-Smith M. Editorial：The Politics of Teacher Education and the Curse of Complexity. Journal of Teacher Education，2005，56(3)：p. 181

与其他形式的劳动相似，教学被化约为劳动力市场中的商品，政策制定者对教学本身意味着什么不感兴趣，对教学改革会如何影响教师或学生的生活质量也缺乏关心。"①

(一) 教师质量的复杂性与教师教育的复杂性

市场化的机制强调"成本—收益"，强调用考试成绩来衡量教育结果，而"教师教育的未来部分取决于我们是否能够终结在本质上仍然是线性的、以学生测试成绩为终点的模式"②。因为，教师质量和教师教育具有鲜明的复杂性。

伯利纳认为，教师质量包含的维度太过复杂，因而目前政府所运用的纸笔测验的评价模式几乎不可能测出教师质量。③"好的教学"指的是教学内容要依据足够的和完整的体系标准，所使用的方法要适合于儿童的年龄、不违反道德，并怀着提高学习者在有关教学内容方面竞争力的想法。

纸笔测验无法测出道德层面的问题，教师和学生的诚实、勇气、宽容、同情、尊重、正直等品质需要观察者许多天或长期地对课堂作细致的观察、辨别；教师质量心理维度的测量也同样困难，教师是否典型地表现出了关心、激发、鼓励、奖赏、惩罚、计划、评价等方面，需要有鉴别力的观察者在真实课堂环境中长时间的判断；教师的逻辑维度要求对教师经验在定义、展示、举例、解释、纠正等方面进行测评，这些都必须依赖于课堂场景。总之，课堂环境的复杂性和纸笔测验所强调正确答案的单一性决定了它不可能评估教师的真实情况。

柯兰-史密斯对教师教育的复杂性作了阐述。她在结束《教师教育杂志》主编职务时总结了教师教育领域当前四种极有前途的趋势：(1) 认识到教师在影响学生成败方面所发挥的决定性作用，并关注教师质量和教师培养；(2) 人们对整个教师教育事业复杂性及其相关研究的认同；(3) 政策制定过程更加强调对研究和证据的关注；(4) 教师教育者在教师教育体系中工作，

---

① Smith D. Trying to Teach in A Season of Great Untruth：Globalization，Empire and the Crises of Pedagogy. Rotterdam/Taipei：Sense Publishers，2006. p. 25

② Marilyn Cochran-Smith. Thirty Editorials Later—Signing off as Editor. Journal of Teacher Education，2005，57(2)：p. 98

③ Berliner D C. The Near Impossibility of Testing for Teacher Quality. Journal of Teacher Education，2005，56(3)：pp. 205～213

同时又反思该体系，以扩大我们思考社会中教师教育目的的方式。①

在谈到第一种趋势时她指出，目前强调教师作为决定学生成功的决定因素，却忽视了其他复杂和令人困惑的可变因素，例如资源、领导能力和教师专业发展，以及家庭结构、贫穷、住房、健康和职业等。在谈到第二种趋势时，她认为，今天，更加丰富的数据资源、更加强有力的分析技术以及日益增加的更有经验的研究者使我们更有可能在该领域中发展对教师教育项目和途径更为复杂的理解。而且，有大量的例子能够证明这一点，教师教育杂志中的很多文章都提出了复杂的问题、使用多种方法、结合不同领域学者的努力、并试图阐明教师招聘、表现和留任等问题。

现在很多研究者都意识到了教师教育的复杂性，他们有许多文章都是为了澄清一个事实，即“将教师教育的有效性概念化并进行经验性的调查其复杂性是难以想象的。强调这种复杂性要求以精密和注意细微差别的方式来提出研究问题，这些问题还要有坚实的理论基础、有想象力和审慎的复杂的研究设计、对各种结果的多元和复合的测试（包括但不局限于考试成绩）、还有以深思的和捍卫性的方式联合多种测试形式来形成有意义的分析和解释。”②

（二）市场化模式与教师教育的矛盾

市场化模式的批评者认为，教师质量和教师教育的复杂性与市场化模式所要求的评价模式的统一化是相互矛盾的。

首先是长远利益与短期利益的矛盾。格雷厄姆认为，市场化模式运用的是对象管理模式，这种模式是建立在泰勒研究的基础上的。它假定，有可能筛选出每个人的不同业绩状况，并首先准确地评判这些业绩以确定目标。这可能在程序化的生产、使用机器的过程中行得通，但却并不适合于复杂的人类互动和问题解决。在效果上，对象管理模式可能将学校的复杂性减少到几种绩效指示器，让理性组织中的群体不惜代价地去追求，而不顾其破坏性。他得出的结论是：“由有限的目的和特定的地区性定义所导致的狭隘观

① Marilyn Cochran-Smith. Thirty Editorials Later—Signing off as Editor. Journal of Teacher Education，2005，57(2)：pp. 98～99

② Cochran-Smith M. Evidence，Efficiency and Effectiveness. Journal of Teacher Education，2006，57(1)：p. 4. 这里对教师教育复杂性的论述侧重宏观层面和结果层面；第五章则侧重从教学本身的复杂性来揭示教师教育的内在复杂性。

念可能不利于学生、家长或学校——或者经济的长远利益。"①

其次,差异性与同质性的矛盾。市场化模式没有将阶层、种族、性别和残障等多种不同的复杂性注入学校过程中,提倡将学校视为一种中性的生产模式,所有的学校都是同质的,其中的教师主要扮演的是功能器的作用,而没有关注"个体怎样学习、知识怎样生产和主体地位如何建立等问题",也不能很好地处理差异性、复杂性、包含性和边缘性等相关问题。②

第三,灵活性与严格监控的矛盾。纳兹·拉苏尔(Naz Rassool)认为,要求在教师教育领域推进市场化模式,使之和经济现实相适应,一方面,它要求教师能够对变化持积极态度,工作和技能具有灵活性,有工作的动力、有能力迅速适应变化并且合理进行自我管理;但同时却又强调从企业中借鉴来的严格控制和监视,试图以整齐划一的模式来推广少数学校的"好实践(good practice)",而忽视了学校和企业生产的不同,没有关注到教师教育的特殊性。③

第四,标准的清晰性与模糊性的矛盾。艾灵顿(Richard L. Allington)表示担心:"也许我们应满足于由市场来决定在该模式下我们谁是成功的,也就是看聘用我们候选人的学区对他们的表现是否满意。但缺乏研究的支持可能会使介入市场化模式与以前没有什么两样。学校会继续聘用那些很知名的能够可靠地培养出有效教师的机构的毕业生。"④在这种情况下,一则难以形成所需产品的模式,没有特定的标准会导致生产目标的不确定,生产也就无以为继了;二则产品价格在市场中便不能发挥出应有的功能,起不到指示器或调节的作用。

① Graham J. From Welfare to the Knowledge Based Economy—the New Labour of Teaching.//Graham J. ed. Teacher Professionalism and the Challenge of Chance. London: Trentham Books, 1999. p.96

② Rassool N. Regulating the Chaos—The Irrationalities of Technical Control in Teacher Education.//Graham J. ed. Teacher Professionalism and the Challenge of Chance. London: Trentham Books, 1999. pp.79～88

③ Rassool N. Regulating the Chaos—The Irrationalities of Technical Control in Teacher Education.//Graham J. ed. Teacher Professionalism and the Challenge of Chance. London: Trentham Books, 1999. pp.79～88

④ Allington R. L. Ignoring the Policy Makers to Improve Teacher Education. Journal of Teacher Education, 2005,56(3):p.201

（三）经济理性主义的理论误区

吉姆·格雷厄姆以英国的政策为例，对市场化模式的理论基础，即经济理性主义进行了批判。① 首先，经济理性主义的职业观太片面，因为它过于强调供应方而忽视了对需求方的培养。在市场化模式推行之后，教师教育与市场之间形成了相互交易的关系，教师教育的主要功能就是培养劳动力。商业和工业一直没有承认一件事实，即受过教育的消费者之于经济的作用和受过教育的劳动力之于经济的作用是同样重要的。在知识经济时代，教育系统必须同样通过将一群能够追寻不同需求模式的人们社会化来发挥为文化产品创造一个合适的市场的功能。新的消费者能够作出生活方式的选择，通过消费更多的媒体产品支持文化产业，并愿意在日常的购买中支付附加的设计费用。这样才能够不断更新时尚产品，淘汰过时的技术，形成真正的市场体系。大量知识产品不仅应为它们的生产者所掌握和了解，普通的劳动者也应该懂得相关的知识。对教师教育的消费者而言，使其理解教师教育的复杂性至关重要②。

其次，经济理性主义的教育目的观有着明显和严重的缺陷。英国保守党政府在20世纪80年代和90年代开始着手解除战后的福利协议，新工党的"第三条路线"继续推进这些改革。但是这些市场改革未必适用于教师教育，这导致教师教育陷入了一个由国家控制的半市场的矛盾中，既没有追逐商业市场中利润和回报的自由，也得不到公共事业福利特质的保证。在工党自己的政策中存在着一些明显相互矛盾的观点。例如，政策多次提到，追求学校的优异是为了创造一个公平的社会，并在公共事业广泛合作的基础上再造一种群体感。但是经济理性主义所倡导的是追求个人利益而非公共福祉，两者之间的冲突可能会导致形成一个效率低下的不公平社会。

第三，反对物质主义动机、支持更多人文价值的哲学观点也反对经济理性主义。一个学习者不仅仅是一名工人或一个消费者；社会不仅仅是一个市场或商业的基础设施。从这个立场来看，教育为它自身的考虑是值得的；教育可能被视为公共的善和一个文明社会中的人权；教育是参与民主社会

---

① Graham J. From Welfare to the Knowledge Based Economy—the New Labour of Teaching. //Graham J. ed. Teacher Professionalism and the Challenge of Chance. London: Trentham Books, 1999. pp. 90～91

② 相关内容详见第五章。

所必需的；教育是维持这个星球的未来的基础。

与此相联系，有观点认为，教师之所以从事该职业，更重要的是缘于其“教育心”而非经济利益的考虑，试图通过经济手段来调节和激励教师是不适合的。索尼亚·涅托(Sonia Nieto)就指出，许多优秀教师留下来从事教学并不是因为这些职业所带来的物质条件或者对新技术的获取和利用。① 在他的《什么使教师前进》(What Keeps Teachers Going)一书中提出了许多值得注意的观点，其中一个中心思想是：优秀城镇教师选择留下来的一个重要原因是他们热爱、相信和尊重他们的学生，并且想到的是他们的发展可能性而不是他们所生活的恶劣环境，尽管在涅托的团体中的教师也承认社会的不公平性，也因为城镇教育的官僚机构而受挫，有时还会为怀疑自己的选择而感到困扰，但是他们都相信教育和教师会使学生的生活变得不同，他们坚持不懈地寻求这样的观念，同教师委员会的成员和其他那些将教学看做一种生存方式的人进行接触、讨论、合作等，而不是放弃学生和他们的梦想。

二、谁是牺牲品？

市场化模式的导向是促进强者更强，而忽视弱者和处于不利地位者，更加侧重效率而忽视公平，很少考虑到道德等方面的因素。正如迈克尔·阿普尔指出的那样：“市场通过生产以个人竞争主义为基础的等级分化，提供了一个‘轻薄道德’的主要范例。而且，在这种竞争中，赢家与输家的轮廓已经被勾勒出来了。”②

斯蒂芬·鲍尔的观点是：市场不是中立的，它的运行和结果只对某些社会阶层或群体有利，而对其他人则不利。③ 市场所认可的仅仅是人们可能具有的技能、素质、文化资本等，进而对其作出选择。但是由于人们的起点有很大差异，所以人们所具有的选择和鉴别能力是完全不同的。这样的结果必然是强化和衍生了中产阶级和上层阶级在国家教育中的相对优势。

---

① Cochran-Smith M. Stayer, Leavers, Lovers and Dreamers: Insights about Teacher Retention. Journal of Teacher Education, 2004,55(5):pp.387～392

② [美]迈克尔·阿普尔.市场、标准与不平等.刘丽玲译.教育研究,2004(7):76

③ [美]斯蒂芬·J·鲍尔.教育改革——批判和后结构主义的视角.侯定凯译.上海:华东师范大学出版社,2002.156页

(一) 考虑培养学生成本和收益的学校

市场化的批评者认为，竞争的一个前提条件是竞争者处于平等的地位，但是学校之间的差异是如此之大以至于它的影响极为有限，难以弥补社会和环境因素的不足。文化资本中社会阶层的差异是影响学校成功水平的主导因素，由于社会和地理流动性较强的家庭聚集在"明星"学校中，因而贫穷和没有权利的家庭只能聚集在被抛弃的"沉没"学校中。由于家长在市场中的选择，这种情况所产生的两极分化就更加严重了。①

阿普尔认为，由于竞争压力的驱动，学校会越来越急于寻觅合适的方式以吸引那些本身具有很强文化资本和学习能力的学生。② 这样一来，学校就可以加强自己在当地竞争体系中的相对位置，这也导致学校在治校重点上有了一个细微且关键的转变：从强调学生需要到强调学生成绩，从强调学校应该为学生做些什么、到强调学生应该为学校做些什么。于是，学校更加强调对学生的选拔，因为在这种机制下，"最好的学校不是那些能最大限度地提高学生学习成绩的学校，而是那些能最充分地筛选和选择学生的学校"③。

伴随这个转变发生的还有一个转变，即资源配置开始远离有特殊需要或学习困难的学生，转而投入到市场和公共关系中。在学校看来，培养"有特殊需要的"学生不仅成本昂贵，而且还会在所有重要的考试排名中影响学校的成绩。所以，一方面，学校会为了维护自身形象而牺牲一部分成绩较差的学生；另一方面，由于学校之间日益扩大的差异，一部分学校不仅难以维持公共印象，而且也很难吸引到优秀的教师。

此外，这些批评者还认为，市场化还会带来其他一些负面影响：当市场化模式所形成的"自治性"学校越来越多地出现在许多国家的时候，学校负责人的角色有了根本转变。更多的时间和能量被用于维护和加强"好学校"的公共形象上，而用在教育与课程材料上的时间与精力反而少了。学校之间开始变得更为相似，更坚持标准而又传统的讲座式的教学方法和标准的

---

① Graham J. From Welfare to the Knowledge Based Economy—the New Labour of Teaching. //Graham J. ed. Teacher Professionalism and the Challenge of Chance. London: Trentham Books, 1999. p. 95

② [美]迈克尔·阿普尔. 市场、标准与不平等. 刘丽玲译. 教育研究，2004(7)：72

③ [美]斯蒂芬·J. 鲍尔. 教育改革—批判和后结构主义的视角. 侯定凯译. 上海：华东师范大学出版社，2002. 150 页

传统(时常是单一文化)课程。①

(二) 专业性与形象遭受损害的教师

在市场化模式的批评者看来,它给教师带来的负面影响就更多了,不仅不能增加教师的自主权,提升教师的专业精神,而且会增强教师的紧张心理。首先,判断一种职业的专业性,一个很重要的方面就在于其成员是否具有更大的自主空间,教师职业发展更大的可能是由于其自治权的增加所取得的而不是相反,但是市场化模式中的产品生产模式限制了教师的能动性。他们借用世界经济合作发展组织(OECD)的成果来证明自己观点的合理性:"一个专业活动越复杂,政策干预就越需要将实践者的观点考虑在内,并为适应具体情况留下空间。该假设是建立在特定理解基础上的,即在复杂的现代社会中,许多地方的实践问题不能通过根据中央制定的规范而建立的体系得以解决。与之相反,这些制度和为其工作的个人的问题解决能力必须得到提升……在复杂情境中的改革不能被克隆……该原则暗示,任何实质性的改革都必须被教师以一个非常个人化的感觉所'获得'。这意味着他们必须能够转化它。"②"教师正在经历一个失去自主权和压力增加的过程;教学的社会性正在减少;教师存在接受更多传统教学方式的压力,它更关注产出而不是过程,尤其关注高成就的学生群体。"③

其次,由于教师的表现与其报酬的直接相关性,必然会牺牲一部分教师,而导致部分教师"表现较差"的原因并不在于他们自身,而是不可抗拒的客观因素。更多的教师可能仅仅是因为所教学生基础较差而在竞争中处于劣势,即使取得更大的成就也难以在结果上体现出来。这样势必打击这些教师的积极性,使贫困地区的学生离优质教师更加遥远。

还有种可能就是教师形象的损害。格雷厄姆指出:"由于各个政府的政客在寻找软目标和容易抨击的对象时经常公开点名、指责并羞辱'失败的'

---

① [美]迈克尔·阿普尔. 市场、标准与不平等. 刘丽玲译. 教育研究,2004(7):73

② Graham J. From Welfare to the Knowledge Based Economy—the New Labour of Teaching. //Graham J. ed. Teacher Professionalism and the Challenge of Chance. London: Trentham Books, 1999. p. 97

③ Graham J. From Welfare to the Knowledge Based Economy—the New Labour of Teaching. //Graham J. ed. Teacher Professionalism and the Challenge of Chance. London: Trentham Books, 1999, p. 95

学校和'竞争力较差'的教师，于是便导致了教师形象受损和招聘人数的减少。这些政策的一个直接结果便是教师供应危机和教师工资受到干预。"①这对于教师教育可谓雪上加霜。

(三) 作为"知识工厂"的教师教育

在市场的压力下，大学变成了"知识工厂"——知识这种商品的生产者和零售商。买家包括寻求文凭以保证未来安全的学生，寻求技能和产品研究的工厂，要求特殊服务的政府。大学往往向买方提供大杂烩式的课程，失去了自由教育所向往的整合性。

拉布里认为，市场化模式下，教育和教师教育要服务于社会效率和社会流动两大目的。② 从社会效率的角度说，学校的目的是用尽可能低的成本，把学生训练成为职业结构中的未来工人，社会也因此更高效地运转。社会流动作为教育目标，则反映了父母期望学校能够帮助其后代通过获得必要的文凭来获得或维持所期望的社会经济地位。其共同影响就是破坏教师教育的质量、学制、严格性。

追求社会效率的结果是：以最低成本、最短时间，培养最多的公众可容忍的最低水平的教师。特别是当教育规模扩张、教师短缺时更是如此。追求社会流动的结果是：教育学院成了人民大学，人们关注的是通过教育学院，用尽可能低的成本获取文凭，谋得更高的职位。为了降低成本，教师教育变得日益浅表化(在学科和教育学两方面都只提供肤浅的知识)、短期化、无门槛(几乎人人都可进入教师教育项目)、易通过。

市场化模式的批评者认为，这些市场化改革是和公共服务的道德规范相矛盾的，由于其自身所具有的公共服务的属性，教师教育领域不适合实行完全的市场化，所以在这个领域盲目推行市场化的结果只能是失败。教学是一个因为无私奉献而牺牲了高报酬的职业。这个职业本身所包含的奉献精神支撑着教师与学生间的互动。职业的满意度源于公众眼中该职业对公众财富和社会未来的贡献程度。但是后福利制的影响已经将学校转变为了

① Graham J. From Welfare to the Knowledge Based Economy—the New Labour of Teaching. //Graham J. ed. Teacher Professionalism and the Challenge of Chance. London: Trentham Books, 1999, p. 95

② 转引自 Christopher J. Lucas. Teacher Education in America—Reform Agendas for the Twenty-First Century. New York: St. Martin's Press, 1997. p. 114, 97, 98

一个小型的商业，将集权控制强加到课程上，并且要求建立针对具体目标业绩的专业问责制。①

例如，在英国，一方面，经济理性主义是工党教育改革背后的推动力，并且这个动力远大于政府对地方决策中社会公平和民主的空间的承诺。历任的教育部长试图重新将该职业设计为一个后福利制的专业，使教学现代化并把它塞进市场。而另一方面，在教师培训局（TTA）招聘新教师的过程中，他们却企图将旧有的公共服务的伦理观资本化，强调在和年轻人工作时的满意度，采用了"没有人会忘记一位好老师"的宣传口号。这种明显的自相矛盾其实并非政策的疏忽所致，而是市场化模式与教师教育不相适应这一基本矛盾的反映。作为"知识工厂"的教师教育不可避免地陷入矛盾、低效之中。

三、为市场化模式辩解

对市场效果的评价也并非仅仅是负面的。乔治·布什便认为："证据是充分而令人惊奇的。几乎无一例外的，凡是尝试选择的地方——不管它是明尼苏达、东哈雷姆、旧金山、洛杉矶还是其他许许多多的地方——选择获得了成功……差的学校得到了改善，好的学校则更上一层楼。选择政策的实施恢复了公众对整个学校系统的信心。对私立学校不满的家庭转移到了公立学校里。学校改革能取得如此成功，让我们的关注、重视和努力得到了回报。"②2004年，在众议院教育和劳工委员会（the House Education and the Workforce Committee，Hearing on NCLB，2004）的证词中，共和党主席约翰·贝纳（John Boehner）宣称，全国范围内的考试成绩在提升而且成就差距在缩小。最近来自美国各州教育协会（the Education Commission of the States，ESC，2004）的报告则在某种程度上较为温和，该报告得出的结论是

① Graham J. From Welfare to the Knowledge Based Economy—the New Labour of Teaching. //Graham J. ed. Teacher Professionalism and the Challenge of Chance. London: Trentham Books, 1999. p. 94

② 转引自［美］斯蒂芬·J. 鲍尔. 教育改革——批判和后结构主义的视角. 侯定凯译. 上海：华东师范大学出版社，2002. 141页

“整个景象是令人鼓舞的”①。面对运用于教师教育领域的市场化模式所遭受的批评，该模式的提倡者也有针对性地进行了辩解，包括复杂性问题、公平问题等，并坚持认为这种路径是唯一合理和有发展前途的趋势。

(一) 与复杂性一致的市场化模式

支持市场化模式者认为，市场化模式与复杂性是一致的。哈耶克指出：“使竞争成为适当的实现这种调节的唯一方法的，正是现代条件下劳动分工的这种复杂性，而绝不是竞争只适用于比较简单的条件。如果条件是如此简单，以致只要一个人或一个机关就足以有效地观察到所有有关事实的话，那么要实行有效的控制或计划就根本不会有什么困难。只有在必须考虑的因素如此复杂，以致不可能对此得到一个概括的印象的时候，才使分散的权力成为不可避免。”②也就是说，复杂性决定了竞争实现的可能。由于工作的复杂，所以没有一个人或者机构能够有意识地权衡考虑到所有必须顾及的因素。这些因素关系到如此众多的个人决定，因此分权成为必要。政府或公共的调节机制就是让各个企业单位调节他们自己的活动去适应只有他们才知道的事实，进而促成他们各自计划的相互调整。这种调节的任务仅仅是向每个企业单位传播它必须获悉的消息，以便使它能够有效地调整自己的决定以适应其他人的决定，而不是进行控制。

教师质量、教师教育是一个复杂的概念，但这并不意味着它是完全无法评价的，或让教师教育者陷入无所作为的境地。没有人曾声称市场化模式的评判标准能够准确地评判出教师、教师教育质量的所有方面，甚至没有任何一种评价标准能够实现这个目标。任何一种评价措施都不可避免地带有某种价值倾向，但是这并不能否定其可取之处。市场化条件下所设定的质量标准其有效性便在于评价公众所认为的具有价值的几个方面。例如，2007 年卡潘·盖洛普对公立学校的民意调查中发现，在决定应发给教师多少薪水时，公众心目中“非常重要”或“比较重要”的影响因素包括“获得这一学科专任教师的难度”(91%的公众表示认同)、“学校获得教师的难度”(89%表示认同)、“教师所获的大学毕业证书或学位”(87%表示认同)、“所

① 转引自 Cochran-Smith M. No Child Left Behind—3 Years and Counting. Journal of Teacher Education, 2005,56(2):p. 99

② [英]哈耶克. 通往奴役之路. 王明毅、冯兴元等译. 北京:中国社会科学出版社，1997. 52 页

教学生在州考试中的成绩”(81%表示认同)、“教师资历,如从教时间”(73%表示认同)等。①

(二) 为了更多收益的公平

哈耶克认为,虽然许多知识分子和诉诸民意的政党非常愿意使用“社会公正”这个字眼,但是由此便会带来一个问题:既然“社会”不可能成为分配的主体,那么“社会公正”由谁说了算?也就是说,公正或不公正的标准由谁来制定?在民主制度下,以“社会公正”的名义实行“公正分配”,往往不过是一些一时把持了权力的利益集团,由于他们代表多数(既不是“社会”,更不是“人民”),因此他们倾向于越过公正行为的法律准则,制定一些非常专断的分配政策。哈耶克认为,一般所谓基于社会公正的分配政策,仔细分析起来,本质上都是一部分人对另一部分人的剥夺,基于政治或社会原因,这种剥夺也许有必要,但绝对不能称之为“社会公正”。因为奠基于公正规则之上的秩序,只会造成个人努力被市场所承认后得到的千差万别的回报,却绝对不会产生“社会公正”。凡是以“社会公正”为名进行的分配,其直接可见的后果不但是对市场过程的扭曲,而且还有福利国家政策下培养出来的一大批丧失了个人责任感的公民。这样的后果,即使仅仅从道德上说,对一个自由社会也是非常不利的。在哈耶克看来,唯一能够担当“公正”一词的,只有法律面前的平等。②

市场化的推行者坚持认为,把平等放在自由之上,其结果只能是既得不到平等,也得不到自由。③ 一个制度,如果目标是让所有的学生掌握共同语言,具有相同的价值观念,享有同等的教育机会,那么它的实际结果只能是加剧社会的分化,而且造成了极不平等的受教育机会。市场化的模式表面上看是牺牲了一部分,但最终却使更多的人享受到了更大的利益,这种代价是值得付出的。

此外,市场化模式并非完全否认了政府及管理机构调解的作用。提倡

① Lowell C. Rose & Alex M. Gallup. The 39th annual Phi Delta Kappa/Gallup Poll of the Public's Attitudes toward the Public Schools. Phi Delta Kappa, Sep. 2007:p.44。

② [英]哈耶克.经济、科学与政治——哈耶克思想精粹.冯克利译.南京:江苏人民出版社,2000.前言5页

③ [美]米尔顿·弗里德曼、罗斯·弗里德曼.自由选择——个人声明.胡骑、席学媛、安强译.北京:商务印书馆,1982.152页

市场化模式者认为,实行市场化并不意味着市场中的资源交易就是达到繁荣和自由的充足条件。“正如没有一个社会能够完全按照指挥原则运行的那样,也没有一个社会能够完全通过资源的合作来运行。”①问题的关键在于这两者如何相互合作,由哪一方发挥主导作用。以市场为主导并不意味着这个领域或社会就能够达到繁荣或自由,市场化推行者的观点在于,市场化为主导的这种机制是实现繁荣或自由发展的必要条件。

(三) 市场化模式的效用和有限性

对于市场理论本身来说,以上所提到的观点均是具有代表性的市场观,但并非所有市场化模式推行者的观点都是一致的。例如,对于政府的干预,有些市场理论家认为,政府的干预是完全不合适的,这样只会妨碍形成真正的市场,使市场的优势不能得以充分发挥;但另一些人则认为,由于市场本身存在一些自己克服不了的问题,所以必须要发挥政府规范、引导市场的功能,以保障公民的权益。但他们共同的观点在于希望能够在教师教育领域推行市场化模式,利用其本身所具有的诸多长处,调动参与者的积极性,以一种自然调配的方式实现资源的合理配置。

首先,应该看到,市场化模式是西方发达国家工业化过程中的产物,而我国目前事实上也在经历着一个工业化的过程。这个历史发展阶段的共性为我国借鉴西方的经验提供了基础。本书并不提倡西方模式的简单套用,因为西方国家所发生的状况并不完全等同于我国所发生的状况。但是由于我们正在经历着一个规模化培养教师的过程,社会对教师,尤其是教师质量有着强烈要求,这种状况与西方世界的发展过程有一些极为相似的地方,因而引入具有激发活力意义的市场化模式具有重要意义。

其次,市场是有限的,不可以将市场理想化。有些领域的问题是仅凭市场力量无法解决的,例如,一些极为贫困地区的学校和教师教育机构。这些机构可能在培养学生和教师,包括普及文化教育方面发挥着重要的作用,但是因条件所限无力在竞争中取得优势。这便是政府的作为之处。有观点认为,教育应属于非营利、非政府性的组织机构,即所谓的“第三部门”,构建该部门相关理论的内容有助于解决这一领域中市场与政府权限的矛盾。这种

① [美]米尔顿·弗里德曼、罗斯·弗里德曼.自由选择——个人声明.胡骑、席学媛、安强译.北京:商务印书馆,1982.16页

理论指出，政府管理和市场化模式都是有局限的，而“第三部门”的领域具有一些独特的特征，这些特征使它们有可能在某些领域里发挥市场组织和政府组织无从发挥的作用。这些特征包括：非营利性、享受税收优惠、提供服务的多样性、参与人员的自愿性、责任和权利划分不平等。根据1948年开始采用的联合国国际标准产业分类体系（the U. N. International Standard Induction Classification System，简称ISIC体系），所有组织可归为17大类、60小类，各小类又划分成了几个分项。非营利组织是ISIC体系的一大类，它进而被划分成3小类：教育、医疗和社会工作、其他社区社会和个人服务。教育类中的分项还包括：小学教育、中学教育、大学教育、成人教育及其他。①这种构建独特领域、使教育超脱于其他部门的想法似乎为我们带来了一线希望，使我们能够暂时摆脱政府与市场关系的纠缠，但是在中国这样一个缺乏公民意识和社会组织的社会，要真正培育并发展第三部门仍需假以时日。

① 王绍光. 多元与统一——第三部门国际比较研究. 杭州：浙江人民出版社，1999. 12页

第三章

问责：教师教育的结果监控

为了营造充满成就感的文化氛围，我们必须向民众公布地方、州及联邦政府的绩效统计情况。因为重视绩效才是教育系统的真正特色，所以教育部将与合作者一起对执行的绩效负责。同时，由于要与《不让一个孩子掉队》相一致，各州也将严格要求地方各级学校对执行结果负责。

——美国教育部 2002—2007 年战略计划

与 20 世纪 60 年代强调通过增加投入来改进教育不同，20 世纪 70 年代以来，结果、责任、绩效受到了空前的关注。无论解制还是专业化取向的教师教育，在重视结果、强调问责（accountability）上是一致的，所不同的是发起问责的主体、问责所依据的标准、信奉的证据等。①

第一节 教育问责的兴起

1970 年，美国总统尼克松在向国会的教育通报中指出，“我们得出一个新的概念：问责。所有的教育者和管理者都应当为他们的工作实绩接受问责，这是为了学生也是为了他们自己”。此后，教育问责制在 20 世纪 70 年代

① “accountability”一词有多种译法，如责任、考责、绩效责任等，由于现在比较常用的译法是问责，故本章中均译为问责。

成为一种潮流。政府、家长纷纷要求对学校就儿童的学业成绩等进行问责，对于无法完成预定目标的学校进行责任追究。① 20 世纪 80 年代以后，教育问责成为西方各国教育改革的主要内容，教师教育作为整个教育系统的一部分也深受影响。

一、教育问责的一般含义

人们对问责的理解随学科不同、领域不同、立场不同而存在很大差异。这里仅从一般意义上进行探讨，更细致的讨论将在后文展开。胡森主编的《国际教育百科全书》(1985)中将问责定义为："一种涉及个人和机构的职责制度，这些个人和组织分别定期向权力机关提交所完成任务的报告，随后这个权力机关通过使用惩罚或者奖励来调节这些个人和组织的职责。"②简言之，问责就是一方采取措施使另一方负起责任来，这些措施通常包括应答性说明和强制性奖惩。一般而言，问责总是处于两个以上的个人或者团体之间，一方是问责的寻求者，有获得说明和实施奖惩的权力；另一方则是问责的对象，有责任就相关情况作出说明和解释，并提供证据。在教师教育中，问责的对象一般包括教育学院、教师教育项目、教师教育者等。

奥维斯坦(C. Orustein)和莱文・丹尼尔(U. Levine Daniel)认为，问责源于管理学概念，用于教育界时，意指某些人员(教师、行政人员)、某些机构(各级教育行政机关)或者某些组织(专业或私人的组织)依据协定的条件履行完成工作的责任。③ 而教育问责制存在的前提与假设，就是莱森格在其《每个儿童都是赢家：教育问责制》(Every Kid a Winner：Accountability in Education)一书引言中所阐述的教育过程中隐含的三种权利：(1) 每个儿童都有权被教授基本的知识技能以成为社会中有生产效能的成员；(2) 纳税人有权知晓教育花费所产生的结果；(3) 学校人事部门有权从社区选拔人才。④

---

① Peter Sheldrake & R. Linke. Accountability in Higher Education. Sydney：Allen and Unwin，1979. pp. 120～141 转引自李树峰. 教育问责制：美国的经验及启示. 外国教育研究，2006(4)：67～71

② [瑞典]胡森，[德]波斯尔维特. 国际教育百科全书. 丁延森等译. 贵阳：贵州教育出版社，1990. 21 页

③ 转引自：黄振球. 绩优学校与绩效责任. 中等教育，1999(6)：14

④ 李树峰. 教育问责制：美国的经验及启示. 外国教育研究，2006(4)：67～71

在教师教育领域，有些学者将专业认证、教师教育者的自我研究与评价、同行评议等旨在评价和改进教师教育有效性的活动都包含在问责当中，包括相关数据收集、录入、整理、检查等过程，以及以此为基础对教师教育作出的改进。①

而对于政府官员，问责的关键则在于行使行政权力，监控教师教育质量，并采取相应的奖惩措施。正如英国教育训练署的首席执行官米利特所说(Millett, 1997)："保持质量与资助之间的联系非常重要。这是提高质量的有效杠杆，使得我们能够奖励高质量者，并向其他人展示他们需要改进。"具体点说，假设一个教育标准办公室(Office for Standards in Education, OFSTED)的视察者某一天进入一位教师教育者的教室(这是监控质量的一个环节)，并评价其为"不满意"，这就很可能影响整个机构的资助，并引起一系列连锁反应。②

二、以问责为中心的教育改革运动

问责对于教育者来说不是什么新概念，但是近来它越来越紧密地与认证机构、立法机构以及政府规定的标准、课程和评估联系起来。在美国，强调以问责为中心的教育改革运动，从 1958 年颁布的《国防教育法》已经发端；1965 年《初中等教育法》正式写入有关教育问责的条款。从历史上看，问责的表现形式多种多样，如根据是否达到州的法定要求进行衡量，对所接受的公共财政支持作出说明，对是否保证了所有适龄儿童都能接受适当的教育进行陈述等等。20 世纪 70 年代，问责更多地被理解为完成既定的目标，各州立法机构从不同角度对此进行了阐述。

例如，1976 年明尼苏达综合教育法强调各学区要清晰地表述明确的计

① Everhart, B. and Vaughn, M. "A Program Accountability Process That Enhances Teacher Education Quality and Strengthens Ties With Content Coordinators Involved With the NCATE Process" Paper presented at the annual meeting of the American Association of Colleges for Teacher Education Online. 2006. [EB/OL]. [2008-09-28] http://www.allacademic.com/meta/p35957_index.html

② Newby M. Standards and Professionalism: Peace Talks? T. Townsend and R. Bates (eds.), Handbook of Teacher Education. Netherlands: Springer. 2007. pp. 113～126.

划和达成目标的条件:地方委员会有责任评估本地教育项目,确保各教育项目能够持续评估和改进课程设计,为本州所有公立学校儿童提供更好的教育;本州各学区的学校委员会应该以书面的教育政策的形式陈述本学区的教育目标、取得这些目标的过程、评估的过程,并报告向目标迈进的情况。①

20 世纪 80 年代以后,随着《国家处在危险之中》(1983)等报告的发表,在 1989 年全美州长教育高峰会议的影响下,这种倾向进一步加强。2000 年出台的《全体儿童优质教育法》中,专列第十一章陈述《教育问责法》(Education Accountability Act)。根据 1998 年修订的美国《高等教育法》第二款的授权,美国建立了教师教育的问责报告制度。2002 年的《不让一个孩子掉队》法案,重新定义了美国联邦政府在幼儿园及中小学(K～12)教育中的角色,以及减少低下阶层、少数民族学生在学业成就上的差距,并再一次强调结果取向的问责系统。随后的《美国教育部 2002—2007 年战略规划》指出,《不让一个孩子掉队》"要求以成绩作为投资回报,要求在整个教育体系中建立绩效评价体系,但是为了在全国教育系统中创建一种业绩文化,我们首先应在教育部内部创建一种问责文化"②。另外,《教育周刊》也于 2001 年发表了第 15 次全美教育现况的特刊,在对当时 50 个州的问责措施进行调查后,指出当时 50 个州中有 45 个州要求对学校问责结果进行报告,其中 27 个州更进一步地要求对所有学校进行排序或者指出表现较差的学校。

在其他一些西方国家,教育改革也在强调问责。在加拿大,联邦政府层级设置的省教育厅长会议(Council of Ministers of Education,CMEC)中,自 1989 年起提供了两个问责方案:学校成就指标方案(School Achievement Indicators Program, SAIP)以及全加拿大教育指标方案(Pan-Canadian Education Indicators Program)。其中前者指在 1991 年 12 月对 13～16 岁学生进行阅读、写作及数学的成就测量,并于 1993 年 9 月增加了科学一科,同年 12 月发表了第一份数学成就测验报告。后者指 CMEC 于 1993 年 9 月

① Kimpston R. D. Accountability as Opportunity in Teacher Education. Journal of Teacher Education, 1979, p. 41

② 美国教育部 2002—2007 年战略规划. 2002//吕达,周满生. 当代外国教育改革著名文献. 美国卷·第四册 北京:教育科学出版社,2004. 217 页

在加拿大教育统计中加入对教育问责的测量方案。①

英国的教育问责始于1976年工党领袖詹姆斯·卡勒肯在牛津大学拉斯金学院发表的一篇讲话。随后,《1988年教育法》反映了英国公共领域中的政治背景,即英国政府从过去的公共服务供应者转型为政策决定者、标准制定者以及一些特定服务的供应者。这个法案的通过所产生的地方管理学校②、制定的国家课程和实施的全国性测验,削弱了地方教育当局的权力,相对增加了学校董事会(school governing body)的权力,这种教育权力的转移激发了对学校问责的动力。另外,1991年通过的《家长宪章》(Parents' Charter)规定了家长获得完整的子女教育信息的途径,加强了家长对学校绩效问责的权力,而1992年成立的教育标准局(Office for Standards in Education, OFSTED)更体现了英国教育问责的制度化趋势。

三、教育问责兴起的原因

责任是人类社会古老的话题,而作为日益制度化的教育问责体系的建立,则主要是受到工商管理理论的启发。一切经济组织皆是以赢利为目的,因此工商管理中的问责是基于业绩或者绩效的问责,主要用以跟踪业务目标的实现情况。工商管理的思路影响了诸多领域,体现了工业化时代的普遍特征。然而,教育问责的兴起还有特殊的背景。

(一) 问责兴起的主因——公众信任的破坏

一般来说,相互信任是人们愿意依靠他人履行必要责任的前提。如果公众充分信任教育者有能力并且也能够负责任地进行教育工作,那么当教学人员宣称已极大地提高了学生的学习水平时,公众很容易便会认可这种说法,在评论学校工作时也不会十分挑剔并且愿意接受教学人员的保证。相反,一旦公众对教育者的信任水平下降,那么他们就不再会轻易地接受泛泛的口头保证,而会坚持要求教育者拿出关于教学成果的证据,并且要求迅

① 吴政达. 政策分析:概念、方法与应用. 台北:高等教育文化事{73}公司,2002. 230页

② 地方管理学校主要是指学生被要求攻读国家命令的课程,而学校每日的决定与运作权通过地方教育当局的方式由社区保留,这些群体的权利和义务内容广泛。地方教育当局有责任管理学校以及确保管理者的行为正确。

速纠正不符合标准的做法，这种信任的破坏是形成教育问责立法的主因。① 当政府对教育的结果感到不满时，就会试图加强对课程的控制、对教师质量的监控以及对学校的问责。②

在美国，战后教育的主导思想沿袭了战前美国教育的主流，即旨在使学生适应生活的进步主义的一套做法。由于进步主义在战前就受到要素主义、永恒主义等教育思潮的批评和攻击，当"冷战"时代来到以后，对美国教育的批评再度激烈起来，主要集中于教育的软弱和无目的性。③ 1957 年苏联人造地球卫星上天，使得美国朝野震动。对于美国人来说，这是一个危险的信号，意味着美国在空间科学技术方面已落后于苏联。究其原因，他们普遍认为，低劣的教育水平是最根本的原因，于是教育成为众矢之的，教育改革到了刻不容缓的地步，1958 年《国防教育法》应运而生，从而促使教育问责的产生。

1966 年发表的科尔曼报告《教育机会均等研究》，运用教育生产函数测算了美国 645000 名中小学生各方面的学术能力。结果表明：学校的质量与学生的成就水平很少甚至没有必然的联系，而学生的社会经济背景与学术成就之间存在着稳定的相关性。这个结论同时被另一个更激进的关于不平等的研究报告《对美国家庭和学校教育的效果的重估》所佐证。在这个报告中，研究者杰克斯提出，教育产出更多地依赖于遗传以及学生固有的素质。④ 这进一步为质疑美国学校教育的作用提供了依据。另外，学校开支和税收的不断加剧、家长对学校教育责任的怀疑、教师罢教、中学毕业生文盲的报告和在学习能力测验中学生成绩的下降，也逐渐破坏了公众对教育的信任。这样便产生了这些问责要求：必须对教育成果进行评估，并且将评估结果公布于众；以学生学业成就为基础改进学校教育，并且要求教育者必须承担更

① [瑞典]胡森，[德]波斯尔维特．国际教育百科全书．丁延森等译．贵阳：贵州教育出版社，1990 年．21 页

② Poppleton P. Leading from Behind: A Comparative View of the Proposed View of the Proposed Reform of Teacher Training. Jounal of Education for Teaching, 1999(3), p. 235

③ 陆有铨．躁动的百年——20 世纪的教育历程．济南：山东教育出版社，1997．329 页

④ [美]安东尼·罗尔．关于教育生产效率研究的思考．刘亚荣译．教育研究，2007(3)：51～59

大的责任。众所周知的1983年《国家处在危险之中》的发表，更是掀起了质疑教育质量、追求优异的改革巨浪。

（二）问责兴起的内因——教育自身价值的证明

公众的不信任可以看做是引发教育问责的外部诱因，其实在教育内部同样存在着施行教育问责的需求。随着初等、中等教育转变为大众性机构，美国公众已经接受了用税收来支持学校教育的办学观念和原则，以神圣的使命感来支持国家的公立学校。教育的支持基础是地方政府、州政府和联邦政府及其相应的税收机制，从而使得学校的运营经费来源于更为广泛的纳税人及其代表，超出了直接接受教育服务的家庭范围。但是问题在于，尽管学校纳税人的范围大量增加，纳税人却并没有与他们所支持的学校签订直接的合同，因此，教育需要与其他税金用户进行竞争，这就要求教育机构提供足够的证据，证明它们妥善地使用了公众的钱。① 一方面，学校教育机构需要确保对公众负责，表明公众的税收或政府拨款没有被挪用而是被恰当地用于学生、教职员工、学校建筑和教学设备等方面；另一方面，它还要对学校或者学校教育系统的绩效进行监控，以证明学校能够凭借所得的税款和收入提供令人满意的教育质量和办学效益。科尔曼报告揭示了教育投入与产出之间缺乏高度相关性的事实以后，20世纪70年代中期，大量的纳税人在高通货膨胀的压力下开始抗议。他们的理由是：如果不断上涨的学校投入不能够改善学校的教育质量，那么就应该降低他们的财产税（地方公共教育经费的主要来源），迫使现有资源得到有效的使用。这进一步刺激了学校教育机构，使它们必须通过一定的途径和方式证明自己的价值。

由于20世纪六七十年代教育领域关注的重心仍然偏向于教育公平，更确切地说是教育结果的平等，关注通过加大投入来弥补学生背后的经济、文化和社会差异，而教育问责的主要目的则是提高教育效率，因此，这一时期，虽然教育问责得以产生，但是并未受到太多重视。然而，20世纪80年代以后，追求优质教育成为中心目标，教育问责的趋势明显加强。

（三）教育问责兴起的新背景——对绩效的关注

20世纪80年代以后，教育问责成为西方各国教育改革的共同趋势，这

① [美]莫琳·T.哈里楠.教育社会学手册.傅松涛、孙岳等译.上海：华东师范大学出版社，2004.702页

是因为以下几点。

首先，从教育外部来看，西方先进国家政府部门尝试回应技术上的变革、全球化以及国际竞争上的挑战，推行了大规模的改革计划，在公共行政领域中呈现出范式转移的现象，其特征是通过管理(management)取代行政(administration)，借由市场(markets)、契约(contracts)代替官僚体制(bureaucracy)，从而"新公共管理"的理念日益受到重视。这种理念较之传统理念，对结果的完成以及管理者的绩效给予了更多的关注①，同属公共领域的教育部门也受到了该范式变迁的影响。

其次，从教育内部来看，一方面各国逐渐意识到教育的重要性，同时也产生了对本国教育质量的强烈不满，纷纷要求进行教育改革。例如，在美国，里根总统在致美国国家科学院 1982 年 5 月召开会议的信件中说："公众这一觉醒——我希望继之以公众的行动——早就应该有了。……美国是建立在美国人尊重教育的基础上的。……我们目前面临的挑战是去创造一个环境，使得那种代表我们国家的历史的对教育的渴望再度崛起。"②而对于教育的现状，教育研究员保罗·赫尔德(Paul Hurd)在对全国学生的成绩进行彻底调查以后说，在当代科学革命的条件下，"我们正在培养一代科学和技术文盲的美国人"③。另一方面，对科学管理和效率的追求，要求对教育体制进行改革。美国《2000 年教育战略》中指出，"作为一个国家，我们现在对教育的投资多于对国防的投资。但是结果并没有改善，我们还没有竭尽我们的潜力，没有得到我们需要的东西。"④因此，"没有人说教育是可以免费的，但是独具匠心、承担义务和责任感比金钱更起作用"⑤。总之，这一时期的改

① 吴政达. 政策分析：概念、方法与应用. 台北：高等教育文化事业公司，2002. 228 页

② 美国高质量教育委员会. 国家处在危险之中：教育改革势在必行，1983. 徐进，周满生译//吕达，周满生. 当代外国教育改革著名文献(美国卷·第一册). 北京：人民教育出版社，2004. 9 页

③ 美国高质量教育委员会. 国家处在危险之中：教育改革势在必行，1983. 徐进，周满生译//吕达，周满生. 当代外国教育改革著名文献(美国卷·第一册). 北京：人民教育出版社，2004. 4 页

④ [美]乔治·布什. 美国 2000 年教育战略. 李复新译//吕达，周满生. 当代外国教育改革著名文献. 美国卷·第三册 北京：教育科学出版社，2004. 211 页

⑤ [美]乔治·布什. 美国 2000 年教育战略. 李复新译//吕达，周满生. 当代外国教育改革著名文献. 美国卷·第三册 北京：教育科学出版社，2004. 223 页

革，力主增加社会全体共同肩负的责任，改进公立学校教育，并责成联邦、州、地方等各级政府共同承担。加之在教育的国际竞争比较中所知觉出来的自身的缺失，引发了几乎波及整个西方世界的以问责为中心的教育改革运动。

而面对种种教育问题，教师和教师教育者正被建构成为最大的希望和最大的罪人。① 公众和政府要求学校清晰地说明社会投资通过学校的运作所取得的效益。教师教育也面临同样的压力。在公立学校和教师教育领域，问责成了口号："要求问责就是维护权利——要求特定个体或机构承担责任并通过一定的形式加以证明。"②

第二节 教师教育问责的主体

从当前社会发展的过程来看，"质量"与"责任"之间的关系是非常密切的。任何事业或者工作如果要取得高的质量，基本要件就是组织中的成员都负起应尽的责任，为自己的行为后果负责。因此，以"追求卓越、提升质量"为己任的教育问责的首要特征就是对"责任"的强调，即明确个人或者团体的教育职责。然而，这些教育职责由谁来确定，则是问责制启动的首要问题，即首先应该明确问责的主体，然后才能够确定谁该负责、应该负责什么以及如何负责等问题。

一、官僚问责和专业问责及其争论

不同的组织或机构由于所处的立场和角度不同，对教育问责制度的界定也有所不同。

早在 20 世纪 70 年代初，教育问责刚刚兴起的时候，就有学者探讨了教师教育问责中的冲突。"工业领域在评价其产品和过程方面远比教育领域超前。无论出售的商品还是服务都依赖于其完成的功能或者在一段时间内

① Cochran-Smith M. The Outcomes Question in Teacher Education, Teaching & Teacher Education, 2001,17(5), p. 540.

② Smith M. L. and Fey P. Validity and Accountability in High-stakes Testing, Journal of Teacher Education, 2000(5), p. 335

所体现的价值。我们教师教育领域也有产品——教师。多年来,我们都假设四年的大学教育会使教师成为有价值的产品。现在这种观念受到了多方面的挑战:家长、学生、政策制定者等等,他们让我们看到我们的产品没什么价值!但是,我们的'产品'是人,不是硬件,这使得我们的产品难以评估,而且对于什么是好的教学还缺乏共识。我们教师教育者永远不可能、也不想采取一种严格的工业化方式对待我们的'产品'。我们与人打交道,而这些人将与更多的人打交道。……我们不能像评估汽车一样来评估教师。"①

(一) 不同的问责立场

美国各州教育委员会认为:"教育问责制度是确定组织的成就目标,并且对有关人员赋予达成目标的责任,要求每一个人对达成目标负责。在此种制度下,决策者必须清楚地陈述目标、责任与权力,然后公平合理地对其绩效成果实施奖惩,至于负有责任者,需要了解他们的责任与义务,相信组织目标是可以达成的,而且拥有足够的资源和接受相应的训练,以有效执行其工作。"②

达琳-海蒙和阿斯切(Ascher)则认为:"教育问责制度为承诺、政策和实务的组合,设计用来提高学生在支持性的学习环境中接受良好的教育的可能性,减少采用有害学习之教学活动的可能性,以及提供系统作内部自我矫正,透过辨认、诊断并针对有害和无效的课程之行为进行改变。"③

事实上,这两种定义恰恰体现了达琳-海蒙在 2006 年教师教育会议上区分的两种问责形式:官僚问责(bureaucratic accountability)和专业问责(professional accountability)。第一种定义可以看做是官僚问责的形式,在这种问责体系中,政府或者其他的官方机构制定教师行为规范和教师标准,其目的是确保教师对公众负责,主要是为了满足公众和政府的需要,相对忽视专业的需要和教师的专业发展。④ 它体现了一种自上而下的管理模式,往往表现出明显的解制取向。第二种定义则体现了专业问责的形式,在这种

① Solon E. Haynes and Charles E. Coyne. Accountability in Teacher Education NASSP Bulletin 1971; 69[J/OL].[2009-02-28] http://bul. sagepub. com/cgi/content/abstract/55/359/69

② 吴政达.政策分析:概念、方法与应用.台北:高等教育文化事业公司,2002.231 页

③ 吴政达.政策分析:概念、方法与应用.台北:高等教育文化事业公司,2002.231 页

④ 2006AICCU Teacher Education Conference. Loyola Marymount University. Los Angeles. California. 2006.2.23,p.6

体系中问责标准由专业机构自身设立，它与官僚问责的差异在于，将问责的焦点从简单的外部监督转向内在的自我提高。正如卡蒂诺(Cardinal)指出的，专业机构的舆论(consensus)要求其所有成员达到专业机构对他们的期望标准。专业问责赋予他们一种伦理义务，进而提升他们的专业知识基础和专业技能。长期以来，教学的专业性问题一直备受争议，各种教育专业团体的地位和影响力也远没有像医学、法律等领域专业团体的影响力大，因而作为一项公共事业的教育领域主要接受政府部门的官僚问责。20 世纪 80 年代以后，在美国，随着教师专业化运动的开展，教育领域中专业团体的影响日益加大，教育(包括教师教育)专业问责也随之增强，两大主体间的争论也随之展开。事实上，在承认问责的重要性和价值方面，两类主体并没有多大分歧，也就是说，很少有教育者会反对问责本身的重要性和价值，教育者也期望证明自身所承担的责任。其争论的核心关涉如何陈述和理解问责目标——教师质量，如何评价教师质量，设计问责程序以及如何确保获得高质量教师等。

(二) 不同的问责指标

如前所述，“高质量教师”是各界共同的追求，教师教育问责的根本目的就是确保教师教育能够培养出“高质量教师”。但何谓“高质量教师”，不同问责主体的理解却大相径庭。官僚问责倾向于用简洁明了的指标——学生的考试成绩来衡量教师质量；专业问责则主张用更细致的专业成就和标准来衡量教师质量。

《不让一个孩子掉队》法案明确规定：“州、学区和学校必须负责保证所有学生包括处境不利学生达到较高的学业标准。各州必须建立一套奖罚制度以使学区和学校在提高学业成绩方面承担起责任”、“唯一的要求是对学生成绩进行逐年比较。”①各州政府和联邦政府都在关注学生成绩，并将其与资助挂钩。早在 1983 年发表的《国家处在危险之中》就强调把成绩(分数)作为学习成就的指示器。时任教育部长的贝内特在《关于美国教育改革的报告》中汇报了 1983—1988 年以来美国教育改革所取得的成就，其中提到：“学术能力

① [美]G. W. 布什. 不让一个孩子掉队. 董建红等译//吕达，周满生. 当代外国教育改革著名文献(美国卷·第四册). 北京：教育科学出版社，2004，194，197 页

测验(SAT)和美国大学入学考试(ACT)①的考核成绩反映了学生的基本学术技能水平。但是,确切地说,上述两种测验手段并不是评定学的好坏的最佳标准。它们反映不出刚开始进行的教育改革的效果,因为只有大专院校的学生才能进行这两种考试。但 SAT 和 ACT 成绩仍是目前测量学生成绩的最好尺度,而且是按常规标准检查学生学习成绩的有效手段。"②从这些文件中可见,政府极为重视学生的成绩,并因此将学生成绩作为衡量教师质量的标准。

正如经济学家埃里克·汗什克(Eric Hanushek)对"好教师"的界定:"最简单地说,如果目的是提高学生的成绩,学生的成绩就应该成为政策的中心。我喜欢用教师质量的一个简单定义:好教师是那些使他们班级的学生取得较大成就的人;而坏老师则恰恰相反。"③

威尔考克斯(Wilcox D.)和切斯特·芬恩·富翰(Chester Finn Fordham)对专业问责提出批评,并阐述了自己的观点:如果教师所教的学生在考试中表现出最大的进步,那么这个教师就是应该奖赏的;而不是去奖赏那些国家委员会认为合格的教师,因为没有证据证明他们的学生在学业上做得更好。④ 富翰姆基金会的研究指挥者和曼哈顿学院的研究成员卡斯特罗姆指出:"试图通过专业发展对现在的教师进行改造,这本身就是重视教师质量问题的一种不合适的策略。关注教育学院对职前教师的职前培训也是一种不合适的策略……在国会设法保证每一个美国儿童都能拥有杰出教师的过程中,什么原则可能指导国会?从关注至关重要的结果——学生成绩开始。要相信,你为教师做的每一件事在学生的学习上都会得到偿还,并

---

①"学术能力测验"SAT(Scholastic Aptitude Test)和"美国大学入学考试"ACT(American College Test)是美国重要的两个大学入学考试。美国大学入学会根据多种条件来判定学生是否适合在其学校学习,但是,这两个考试已经成为美国各大学招收本科学生时重要的评判标准。一般来讲,美国大学对于 SAT 和 ACT 成绩没有太多的区别。美国几乎所有的大学同时都认可 SAT 或 ACT 成绩,只有极个别的学校只承认 SAT 或者 ACT 成绩。

②[美]W. J. 贝内特. 关于美国教育改革的报告. 徐进,周满生译//吕达,周满生. 当代外国教育改革著名文献(美国卷·第一册). 北京:人民教育出版社,2004,334 页

③ Cochran-Smith M. Editorial: The Politics of Teacher Education and the Curse of Complexity. Journal of Teacher Education, 2005,56(3):pp. 183～184

④ Wilcox D. & Finn C. Education: Board Games; Business Backs a Losing Education Strategy. National Review, 1999(9):p. 181,188

坚信,州的教师质量政策的关注点也在于此……要坚信,由联邦资金支持的每一件事,都有证据证明能产出更高的学生成绩。”①

而专业问责支持者完全反对把考试分数作为衡量教师质量的唯一标准。他们认为以学生成绩、学科知识界定教师质量是片面的。② 柯兰-史密斯认为,官僚问责建立在一个非常狭隘的关于教学、学习和教育的概念化的基础之上,并且依赖于三个假设:优质教学是拥有较高的口语表达能力、受过大学教育的人传递知识的过程;学习是学生顺从地接受信息,并且在标准化测验中对它进行证明的过程;教育是一个降低成本、提高效益的过程。

柯兰-史密斯指出,虽然确实存在一些证据,证明教师的学科知识和口语表达能力会影响学生的学业成就,但是关于教学的多年研究证实,首先这是对教学概念过分简单化的一种方式。实际上,教学包括比传递信息更多的东西,它还包括以可以理解的方式展现复杂的知识、提出好的问题、处理好与学生和家长的关系、与其他的专业者进行合作、解释多种数据资源、满足不同能力和背景的学生需要、提出和解决实践问题等方面。学习也并不仅仅是接受信息,学习科学显示,学习是:一个以先前的知识和经验为基础,开发可用的知识(不仅仅是孤立的事实)的过程;在一个概念框架内,理解和组织信息的过程;监测指向学习目标的进步的过程。同样,教育也不应该仅仅关注测试分数和金钱投资,教育必须培养公民能够在一个民主的社会中生活,从事于令人满意的工作,并且作为终身学习者,能够应对快速变化的全球化社会所带来的挑战。③

专业问责把“教师质量”界定为教师的专业成就,包括将课程标准与学生状况衔接的教学实践能力、对学生学习产生积极影响的能力以及教师反

① Kanstoroom M. Boosting Teacher Quality: A Common Sense Proposal//Testimony Prepared for Delivery to the Subcommittee on Postsecondary Education of the Committee on Education and the Workforce. U. S. House of Representatives, Washington D. C.: Thomas B. Fordham Foundation, 1999. pp. 1～2 转引自 Cochran-Smith M. Walking the Road: Race, Diversity, and Social Justice in Teacher Education. New York: Teacher College Press, 2004. p. 129

② 皮拥军.新世纪美国教师培养与认证制度的改革指南.比较教育研究,2007(9):88～92

③ Cochran-Smith Marilyn. Reporting on Teacher Quality: the Politics of Politics. Journal of Teacher Education, 2002(11/12):pp. 379～383

思自己的工作并从中学习的能力等。塞克斯(Sykes)在《教学作为学习专业：政策和实践手册》的前言中这样表述：美国教育的进步主要依靠高质量教师的发展，这些高质量的教师具备充分的知识、技能以及鼓励全国学生学习的优异素质。①

全美教学与美国未来委员会的第二次报告《做最重要的事》(Doing What Matters Most，1997)指出："直到最近，该专业才制定出一套标准来指导教育、该领域的准入以及正在进行的实践。它们依靠对教师知识和技能的基于成就的评价。这种评价着眼于真实教学环境中的教学能力的证据。"②

显而易见，双方的目标都是要获得"高质量教师"，但事实上他们对"高质量教师"内涵的理解并不相同，所依据的问责指标也就不同。

(三) 不同的思维方式及相互影响

官僚问责崇尚简单明了的线性思维方式，而专业问责则更珍视教学的复杂性、多维性。对此，柯兰-史密斯在其著作《在路上》中有清晰的表述，她说，对结果的测量应当使教学对教师候选人而言，变得更困难更复杂(而不是更简单更直接)，要让教师认识到其必然的复杂性和不确定性，并承认这样一个事实：在教师每时每刻必须作出的决定中，经常存在着与正义产生冲突的要求。"那些仅用加法和减法来测量教学结果的人，也不可能认识到问号、同心圆以及箭头的价值。"因此，教师教育问责的线性模式是不够的，那种仅想追求明晰和确定性结果的方法也是不够的。③

专业化取向者重视杜威的警示：目的与手段不能分离。二者一旦分离，目的脱离了手段，远离了人类的生存境遇，也就失去了激发行动和想象的能

---

① Darling-Hammond L. & Sykes G. (Eds). Teaching as the Learning Profession: Handbook of Policy and Practice. San Francisco: Jossey-Bass，1999 转引自 Cochran-Smith，M. Walking the Road: Race，Diversity，and Social Justice in Teacher Education. New York: Teacher College Press，2004. p. 128

② National Commission on Teaching and America's Future. Doing What Matters Most: Investing in Quality Teaching. New York: Author，1997 p. 63. 转引自 Cochran-Smith，M. Walking the Road: Race，Diversity，and Social Justice in Teacher Education. New York: Teacher College Press，2004. pp. 130～131

③ Cochran-Smith M. Walking the Road: Race，Diversity，and Social Justice in Teacher Education. New York: Teacher College Press，2004. p. 115

力。一方面，当手段异化为目的，前进的道路就会变得乏味而无意义。就像问责，它原本是促进教育质量改进的手段，而在官僚问责中往往被人们当做目的去追寻，被问责的专业领域就好像被切去了生长点的植物一样，无法很好发展。另一方面，官僚问责关注结果和目的，却不那么关心获得结果的手段，不关心教师教育项目、教师教育者的成长，不承认所期望的结果根植于教师教育者的愿望和努力，只满足于表面的服从。官僚问责的核心在于通过追踪教师教育的效果找出不合标准的项目，并限期改进，但对于如何改进以及改进所需要的资源和支持等却缺乏关注。

官僚问责希望寻找快速、永久、廉价的解决难题的方法。而专业取向者则批评官僚问责：过分关注结果测量，对学校内部文化运作缺乏基本的了解；所运用的工具过于单一，无法充分发挥出问责在识别具体问题和促进发展方面的功能；用既定的单一标准来规制教师，削弱了教师的专业自主权；表现出对教师的不信任，以及通过强制达到既定目标的工具性兴趣；外部控制、强迫成为其突出特征，而不是邀请、激励、支持教育者进行变革与发展等等。① 专业问责更强调建立在教师专业知识基础之上的对教师教育的监控，重视在教育现场对教育者的表现进行观察与评估，重视多种评价资源的综合运用，强调建构发展性的问责系统，强调对问题的诊断以及相应的支持过程。

两大问责主体在论争中也在相互建构。这表现为专业工作者在强调复杂教育过程的同时，也开始关注如何让政策制定者承认自己的工作，其认证标准也日益强调表现、结果；而政策制定者也在一定程度上吸纳了专业工作者的意见。例如，美国南部地区教育委员会（South Region Education board，SREB）2006 年底的报告中，强调改进问责体系是各州改进教师教育的重要环节，除了坚持官僚问责中传统的一些做法，还扩展了问责的视角。其传统做法主要是要求各州把教师教育项目与学生成绩紧密联系起来；主张加强对各项目改进自身的压力，提高项目评估标准；鼓励类似阿拉巴马州的把低水平项目改进的时间从 3 年缩短为 2 年的举措；针对传统的正规的教师教育方式无法提供充足的教师、替代性项目从 2001 到 2006 年的 5 年间增

① Powell L. A. Realising the Value of Self-assessment：the Influence of the Business Excellence Model on Teacher Professionalism，European Journal of Teacher Education，2000，23(1)，p. 41

长了近一倍的实际情况，特别强调对替代性项目要加强问责等。而扩展的视角体现在：鼓励各州向路易斯安那州学习，展开毕业生和辅导教师满意度调查；主张整个大学而不是仅仅教育学院都应该为教师培养而接受问责；强调在各州的问责系统中，对毕业生达不到州标准的项目所采取的措施处于核心地位。要求所有SREB各州对不合格或低水平的项目都要提供某种形式的帮助，在帮助后仍无提高的情况下再进行惩罚。各州领导人都要过问那些被认定为低水平的教师教育项目，了解它们获得了哪些帮助，这些帮助是否有助于项目的改进。① 尽管这样的变化其深度和广度都未必能令专业工作者满意，但至少体现了一点进步。

从广义上讲，问责的主体并不限于政府部门或者其他的官方机构和专业团体，还有许多其他的主体。例如，随着各国市场化教育改革的进行，消费者逐渐成为一个很重要的问责主体。但是由于消费者这个概念比较宽泛，并且其问责最终基本上还是通过一些官方机构和专业团体来实现的，因此，本节主要就官僚问责和专业问责进行论述，其他问责主体虽然不单独列出，但是也将会有所体现。

下面以美国为例，通过对20世纪80年代以来美国教师教育政策的简要回顾，探讨美国教师教育政策中问责主体的变化。

二、美国教师教育政策中问责主体的变化

美国作为一个分权制国家，其国家层面和州层面在教育上的权限有它自己的特点。美国宪法规定教育公民的责任属于各州，因此，公共教育和教师培养对各州的教育法律负责，教师教育、教师许可计划、学校课程以及对它们的改革也都在各州的权限之内。正如乔丹(Jordan，1988)所指出的："美国宪法的基本原则是，提供和改革初等和中等公共教育的责任和权力属于各州，这一原则的延伸是各州在教师许可过程中发挥着积极的作用。各州关于教育者许可计划的基本原则具有双面性：第一，义务教育要求家长把孩子送到学校，并且家长有权利认为，(1) 当把孩子交给学校照料时，学校有一套充分的照料标准；(2) 教育者拥有相关的教学知识和技能。第二，教育者

① SREB. Increasing Accountability for Teacher Preparation Programs. Challenge to Lead. 2006. [EB/OL]. [2009－02－28]. http://www.sreb.org

因持有许可证而受到保护，学校或者相关单位不能随意断定他们缺乏相关的教学知识和技能而解聘他们。”①

就国家层面来说，美国宪法中“‘……规定……基本利益……’的措辞是国家参与教育的基础，赋予国家层面的政策制定者制定教育政策和分配资金援助所需要的权力”。② 但是当意识到教育危机时，国家层面的政策制定者常常采用诱惑（entice）、补充（金钱等）、支持（leverage）或者命令（mandate）等方式，要求各州强调学生的成绩和教师的质量。这种干预在1958 年《国防教育法》、1965 年《初等和中等教育法》和随后一些全国性的教育法律中均有所体现。

由于教师教育政策制定的前提假设是教师质量与学生成就密切相关，并且一些权力机构应该为确保教师质量达到一定水平而负责，因此其核心是对教师质量的定义。在美国历史上，各州通常是自主地制定教师教育政策，并且各州教师教育相关政策中关于教师“质量”特征的界定存在着分歧。于是在一个州获得许可证的教师到另一个州教学时，原来的教师许可证经常不被承认，甚至需要重新获得鉴定。随着各州之间教师流动的加强，这种情况进一步加剧，引起了形成关于教师质量的全国性统一定义的需求，20 世纪 80 年代以后，州层面和国家层面对教师教育政策控制权的转变强烈地体现了这种诉求。

（一）政策制定控制权的转移——由州层面到国家层面

1. 20 世纪 80 年代，州层面的绝对控制

众所周知，像美国这样的分权制国家，教育方面的政策制定权一直由各州把持。

20 世纪 80 年代，国家层面的政策制定者采取的基本策略是提供大量关

① Earley P. M. Federal Attention to Teacher Certification and Licensure: Two Policy Case Studies. Unpublished Doctoral Dissertation. Virginia Polytechnic Institute and State University. Blacksburg, VA. 1994 转引自 Barbara L. Bales. Teacher Education Policies in the United States: The Accountability Shift since 1980. Teaching and Teacher Education, 2006,22:pp. 395～407

② Royster P. M. Chemay G. J. Teacher Education: The Impact of Federal Policy. Springfield. VA: Banister Press, 1981 转引自 Barbara L. Bales. Teacher Education Policies in the United States: The Accountability Shift since 1980. Teaching and Teacher Education, 2006,22:pp. 395～407

于如何最好地重建教育系统的数据和信息。比较著名的例子包括《国家处在危险之中:教育改革势在必行》、《重要教育报告的概要》(A Summary of Major Reports on Education,1983)以及许多专门利益小组发起的关注教师培养的第二个报告浪潮,包括《为国家作准备:21 世纪的教师》(1986)和《教师教育改革的呼吁》(A Call for Change in Teacher Education,1985)等,这些报告的影响至今仍然很明显。

国家层面的政策制定者还修订了《高等教育法》,其政策目标是"加强学院和综合性大学的教育资源,为在中学后(postsecondary)教育和高等教育中的学生提供资金援助"。同时,为教育学院或者大学提供资助(grants),以支持各种教师教育项目(特别是培养科学和数学教师的项目)的发展。另外,附加条款包括为选择教师职业的学生提供奖学金,并且为在职教师的专业发展提供研究基金。国家基金以分批授予(block grants)的形式拨给各州,通过每个州的教育行政部门予以管理。这些资金通过现有的管理机构,授予各州来维持对教师聘用、教师教育项目批准、教师资格认可和专业发展的政策制定的控制。①

为了回应《国家处在危险之中》等报告,州层面政策制定者创立了教育"政策包(policy packages)",把对中小学教育的改革(如课程、教学方式等)与在职教师和职前教师教育政策的改革结合起来。尽管各州的教师教育项目变得更不一致,但是正如浩雷(Hawley)指出的:"实际上,各州都在通过一种或者多种教师教育改革政策来改进它们的学校教育。"例如,有些州通过提供奖学金和贷款减息(loan forgiveness programme)的方式,招募教师和师范生进入师资短缺的领域。还有些州通过建立新的教师教育项目批准法令,或者建立与全美教师教育认证委员会(NCATE)的立法合作关系,采用 NCATE 的标准,把注意力投向教师培养的质量上,同时提高师范生学业成绩平均积分点(grade point average,GPA)②,并且根据前专业技能测试设立具体的分数线。此外,许多州加强了教师许可证更新要求。

---

① Barbara L. Bales. Teacher Education Policies in the United States: The Accountability Shift since 1980. Teaching and Teacher Education, 2006,22:pp. 395～407

② 美国的 GPA 满分是 4 分,即 A=4,B=3,C=2,D=1,GPA 的精确度往往达到小数点后 1 到 2 位,如 3.0、3.45。GPA 的计算一般将每门课程的学分乘以学时,加起来以后除以总的学时,得出平均分。

总之，20 世纪 80 年代期间，州层面明显地拥有对教师教育政策制定的控制权。尽管国家层面发表了一系列的报告，但主要局限于提供各种建议和援助。而州层面则通过各自的教师教育项目批准法令，强制推行它们所期望的教师教育改革，并且把保障教师质量的责任从州层面转移到地方的教师教育机构中，这种转变满足了对教师教育改革、标准以及问责的要求，并且这样做不需要额外的资金投入。

但是，在各州自主实行各自的教师教育改革策略的过程中，出现了两个很明显的问题：教师教育政策的实施以及 50 个州之间缺乏关于教师教育政策的内聚性的问题。一方面，对于政策制定者来说，改革可能仅仅是为了显示一种政策姿态，给人们一种变革的错觉，但是没有对现存问题进行彻底改进的决心。另一方面，50 个州并不是作为一个整体而行动的，每个州都有自己的教师聘任、项目批准、许可政策和在职教师专业发展政策。由于各州的教师教育项目批准和教师许可政策各不相同，以至于无法进行各州之间的教师质量比较，而且这种互惠性（reciprocity）的缺乏，阻碍了教师的州际流动。由于缺乏严格的措施使各州对本州的教师质量负起责任，以及各州各自为政所带来的诸多问题，联邦政府逐步意识到有必要建立全国性的教师教育项目批准和教师许可政策体系。于是，20 世纪 90 年代以后，在教师教育政策制定中，国家层面的控制加强。

2. 20 世纪 90 年代以后，国家层面控制的加强

美国的教师教育改革方案往往是由松散结合的多个管理机构制定出来的。在这种结构中，改革政策可以吸收多种资源，因而涉及的范围较广。但是当不同的管理机构在同一个时间内宣布不同的政策时，由于采用其中任何一个都会对教师教育项目产生一些无法预期的影响，因此执行问题显得非常突出。在具体的执行过程中，各项教师教育改革方案经常会产生矛盾和冲突，从而阻碍了一些关于教师质量的即时问题的解决。于是，产生了通过国家层面的政策来疏解这种拥塞的局面，并且围绕着学生学习成就把美国的整个教育体系联合起来的需求。

自 20 世纪 90 年代以后，美国国家层面的权力机构运用了资金流（funding streams）和各种立法法案的修订，劝诱、推动并且强制各州实施教师教育的系统变革，以提高学生的学业成就水平。其中主要的立法包括 1992 年《高等教育法》（HEA）的修订，1994 年《2000 年目标：美国教育法》、

1994年和2001年《初等教育和中等教育法》(ESEA,后者又称《不让一个孩子掉队法》)的重新批准,通过有意识地调和(coordination)所有公立学校的教育改革要求,它们把关注点指向了教师教育。①

其中,1992年《高等教育法》的重新批准,改变了第二款教师质量提高准予计划(Title Ⅱ Teacher Quality Enhancement Grant programme)的方向,并且为各州提供了"教师聘用、培养、许可和支持"的资金,要求各州和教师培养机构,运用可测量的、标准化的单位(unit),系统地评估教师候选者的质量。国家层面将教师专业发展的资金指向具体的学生学习结果,但是没能引起各州教学和教育政策中所期望的改革。

《2000年目标:美国教育法》将"教师职前培养和专业发展作为(公立)学校改革的因素",提供资金以促进职前和在职教师精通各州所制定的新的学生学科内容标准,提高他们把这些知识成功地教授给学生时所需要的专业技能。达琳-海蒙 (1990年)总结了这个法案的基本简化体系:"如果政策制定者想要去改变教学,他们必须关注教师知识;如果他们关注教师知识,他们必须先看课程政策,然后再看控制着教师教育和教师资格证书的那些政策,以及正在进行的教师专业发展、指导和评价政策。"②

1994年,《初等教育和中等教育法》的重新授权对各州实施《2000年目标:美国教育法》系统改革政策作出了规定,要求州层面的政策作出三个方面的改革:(1) 各州的课程框架,需要展示对学生在每一个核心课程领域所需要了解的知识、程序和技能所进行的最好思考;(2) 教材(instructional materials)和教育质量评价必须与这些框架相结合;(3) 职前教师教育项目关注的重心,将从强调完成项目所需要的学分,转向强调成功地教授学生满足新课程标准的要求所需要的知识和技能;同时将为在职教学人员提供专业发展机会,发展和精炼这些专门知识和技能。为了确保执行,2001年《初等教育和中等教育法》的重新批准,将各州对这些改革的执行与一系列公共

---

① Barbara L. Bales. Teacher Education Policies in the United States: The Accountability Shift since 1980. Teaching and Teacher Education, 2006,22:pp. 395~407

② Darling-Hammond L. Instructional Policy into Practice: The Power of the Bottom over the Top. Education Evaluation and Policy Analysis, 1990,12(3):p. 346 转引自 Barbara L. Bales. Teacher Education Policies in the United States: The Accountability Shift since 1980. Teaching and Teacher Education, 2006,22:pp. 395~407

报告体系以及基本的公共和高等教育投资联系起来。

通过以上措施，20 世纪 90 年代以后，美国国家层面明显地展示出力图对教师聘用、认证、许可和专业发展政策制定进行控制的决心。州层面对上述国家政策的反应，揭示了在教师教育项目问责上的转变。大多数州的教育政策中都有基于标准的教师教育项目认证和许可，而且大多数州的认证政策将对教师候选者的学术知识的评价与公立学校学生的学习成就联系起来。另外，50 个州中有 48 个与全美教师教育认证委员会(NCATE)建立了立法合作关系，这种关系被列入各州的教师教育项目批准政策中，使得州不再单独承担评价教师教育机构的责任。

通过各州的教师教育项目批准过程，规定教师教育机构采用国家层面的改革议程和创新行动，把教师教育认证、许可和生涯发展与学生学科标准和评价联系起来，在很大程度上，降低了州与州之间教师教育政策的不一致性，并且进一步加强了教师教育与学生成就之间的联系，国家层面的政策制定者获得了对教师教育政策制定的控制权。根据指令性的《高等教育法》报告体系以及《初等教育和中等教育法》资金流，各州所批准的教师教育机构通过基于成就的教师教育项目(这些项目与学生的学科内容标准和评价相联系)，对美国教育部负责。

(二) 专业问责命运的转变——由重视到忽视

前面已经述及教师教育政策制定的核心之一是关于教师质量的定义，如果教师教育政策制定的控制权从州层面转移到国家层面的动因之一，在于调和关于教师质量的统一定义和多样化定义之间的矛盾，那么教师质量定义之间的差异，则导致了专业问责在教师教育政策中地位的变化。教师教育领域专业问责由重视到忽视的转变，与第一章所述教师教育基本取向从专业化到解制的转变是一致的。

1. 进入 21 世纪以前，专业问责备受重视

20 世纪 80 年代以后，美国教育改革的目标之一即是促进教学的专业化。1986 年，在卡内基小组发表的《为国家作准备：21 世纪的教师》以及霍姆斯小组发表的《明日的教师》等报告的影响下，教师专业化逐渐从谋求整个专业社会地位提升的工会主义(trade unionism)取向转向强调教师入职的高标准的专业主义(professionalism)取向。因此教师应该做什么、能够做什么，教师要成功地教授学生学习新的学科课程标准的内容，需要什么样的专

业知识和专业技能等问题，成为这一时期对教师质量进行定义的基础。为了回答这些问题，州层面和国家层面的政策制定者均求助于教育专业组织，专业问责在政策制定中备受重视。

全美教师教育认证委员会(NCATE)在教师教育政策制定中起到了积极的作用，并且为州层面和国家层面的政策制定者提供建议和支持。例如，20 世纪 80 年代末期，NCATE 对州层面的教育政策产生了广泛的影响，许多州与 NCATE 建立了关于教师教育项目批准的合作关系，同时其余的州也在模仿 NCATE 的标准来制定许可计划。甚至在许多地区，NCATE 认证等同于州的教师教育计划批准，NCATE 的议程成为政策制定的一部分。

另外，与中小学课程标准运动相联系，由达琳-海蒙和全美教学与美国未来委员会(NCTAF)发起，并通过 NCATE、NBPTS 以及 INTASC 的联合努力而推进的教师教育专业化运动，试图使全国性的教师教育改革建立在对教师进行培养、许可、认证的高标准的基础之上。这场运动的重要喉舌——全美教学和美国未来委员会，在它 1996 年发表的《什么最重要：为美国的未来而教》中号召："让我们提出一个宏大的目标，到 2006 年，美国将尊重每个学生的受教育权，让每个学生都能就读于良好的学校，受教于有爱心、有合格专业知识的教师。"①它呼吁建立一个全新的评估制度。在发出这些呼吁时，正逢国会在修订《高等教育法》，经过激烈的辩论，国会于 1998 年修订的美国《高等教育法》新增了"教师质量"一条，并给教育学院规定了严格的达标和汇报制度。于是在这些组织的共同努力下，专业问责占据了主导地位。

2. 进入 21 世纪以后，专业问责遭到冷遇

埃沃特森(Evertson)、浩雷(Hawley)和让特尼克(Zlotnik)指出，20 世纪 80 年代中期，"教师教育改革的大多数提议都缺乏足够的证据，证明通过这些改革所培养的学生，进入教学领域以后能够促进中小学学校教育质量的改善"。进入 21 世纪以后，随着对证据和结果的关注，对教师质量的界定也发生了变化。如第一章所述，解制取向受到政策制定者的青睐，相应地，专业问责遭到冷遇。专业问责在教师教育政策制定中由备受重视到遭到冷遇的转变，可以从下面两篇美国教育部不同时期关于教师质量的报告中显现出来。

---

① 参见袁振国. 中国教育政策评论 2002. 北京：教育科学出版社，2002. 208 页

1998年，在美国教育部发表的《有希望的实践：提高教师质量的新途径》中指出，要产生一个优质的教学队伍，需要一些新的问责要求：缺乏充分教学胜任能力的教师必须尽快接受所需要的培训、指导以及所有其他的有效援助方式；没有提高的教师以及被断定为不能够胜任的教师，无论什么原因（没有受到好的培训、疲惫不堪或者缺乏对专家地位的兴趣）必须建议让其离开教学专业或者解聘，以确保学生在学校里的成功。领导教师的培养和责任至关重要。① 很明显，当时的美国教育部比较倡导教师教育的专业问责，特别是对NBPTS教师认证给予了特别的关注。

然而，2002年关于教师质量的教育部长年度报告《迎接高质量教师的挑战》中则指出，合理的教师培养和招募模式应该具有以下特征：(1) 关于口语能力和学科知识的高标准。开发这些领域里富有挑战性的评估，并且确定较高的合格分数线，是各州确保高标准的教师的一个主要途径，更理想的情况是将这些评估与学生的学术学科标准联系起来。另外，要求教师候选者以所教学科为专业是另一种途径。(2) 精简的资格认证要求。在各州的资格认证要求中，学科知识和口语能力之外的其他的要求应该降至最低。首先，进入教育学院是可选择的，而不是强制性的；其次，如果基于教育学院的教师培训项目证明对教师和他们的雇主是有价值的，这一要求可以继续保持；最后，无报酬的教学实习将不再作为硬性要求（但可以是选择性的），其他官僚性的障碍应该消除。总之，明天的理想模式应该建立在今天最好的替代性项目的基础上。②

从这个文件中可以看出，政策制定者不再将教师教育的重点，放在设置严格的教师专业标准和促进教师的专业成长上，而是倡导将替代性途径作为最好的教师认证途径，将关注的重心转移到教师人才储备和提高学生学业成绩方面。另外，为了解决教师短缺的问题，美国优质教师证书委员会

---

① U. S. Department of Education. Promising Practices: New Ways to Improve Teacher Quality. 1998 (9)[EB/OL]. [2006－12－21]. http://www.ed.gov/inits/teachers/teach.html.

② U. S. Department of Education, Office of Postsecondary Education, Office of Policy Planning and Innovation. Meeting the Highly Qualified Teachers Challenge: The Secretary's Annual Report on Teacher Quality. Washington D. C. 2002[R/OL]. [2006－12－21]. http://www.ed.gov/about/reports/annual/teachprep/index.html

(American Board for Certification of Teacher Excellence, ABCTE)在美国教育部的鼎力资助下于2001年成立,与NBPTS等专业化机构分庭抗衡,它的目标一方面是要降低教师入职的门槛,规定凡是具备本科学历、没有不良记录的教师都可以申请认证。另一方面,又要让全国中小学的每一间教室都拥有"高质量"教师,并试图通过提供"快捷、便利、卓有成效"的高质量教学证书,帮助州、学区和社区达到联邦新规定的《不让一个孩子掉队——2001年行动计划》的各项要求①,这在很大程度上体现了联邦政府对教师专业问责的忽视甚至拒斥。

综上所述,20世纪80年代后,美国教师教育政策中的问责主体发生了很大转变。然而,不论是官僚问责系统中问责主体从州层面转移到国家层面,还是专业问责主体——专业组织对教师教育政策的推动,它们最终问责的对象都是教师教育机构和教师教育项目。它们对教师教育机构和项目提出了很多要求和期望,并且希望通过强制性的手段来实现。此外,还有大学、消费者、其他利益相关者也会对教师教育展开问责。这些问责主体立场不同、观点不同,对教师教育的诉求也不同,当这些未必合理又往往互相矛盾的诉求汇聚到具体的教师教育机构和项目中时,其所要承担的重负与撕扯就可想而知。

三、接受多重问责——教师教育者丧失自主权

大多数的教师教育者都会欢迎在一个"责任和问责"的范式内运作的机会,运用他们认为合适的权力做他们的工作,并且通过对其所培养的毕业生的评价来证明自己的价值。然而现实是,人们要求教师教育者承担培养足够数量、有胜任能力的教师队伍的责任,却没有给予他们完成这项任务的自主权。多种相关群体的问责也使得教师教育不堪重负。

官僚问责的非专业特征和强制性。官僚问责往往决定着教师教育机构和项目的盛衰存亡,具有较强的强制性。但是,许多官僚问责的要求是政策制定者为了应对紧急问题而迅速形成的,主要是为了政治的目的,而不是为了改进教师质量,具有非专业甚至反专业的特征。例如,在佛罗里达和马里

① 吴姗,洪明.美国教师认证制度的新近改革——"美国优质教师证书委员会(ABCTE)"的理念与实践.外国中小学教育,2007(1):52~55

兰，立法者可以通过法令自由地增加教师胜任能力要求。在佛罗里达，教师要负责识别吸毒或者虐待儿童的征兆；在马里兰，则要求教师在阅读教学中须获得12个学分。① 森德拉指出，虽然上面两项有其重要性，但是这种不考虑现有的教师资格要求，为了适应新的法令而不断增加资格条件的做法往往让教师和教师教育者不堪重负。另外，由于州层面各自为政，各州之间的认证要求往往差异巨大，这也在一定程度上给教师教育者带来困扰。

学院和大学对教师教育项目的限定。除了接受联邦和州层面的官僚问责，教师教育机构还不可避免地要接受学院和大学的问责。学院和大学的规章制度为教师教育项目可能实施的方式作出了限制。例如，在佛罗里达大学，研究生院录取的教师教育项目学生必须是教育学院的本科生，并且申请者必须达到研究生注册考试(GRE)中的最低通过分数。② 但是，实际上许多没有达到研究生入学考试分数的学生，在本科现场实习中却表现出能够胜任教学的极大潜力。因此，每一个学期，教师教育者经常不得不拒绝录取他们相信将能够胜任教师岗位的学生。即使在课程设置方面，教师教育者的自主权也极其有限。森德拉曾经写到，在课程修订过程中，他所在机构中的教师教育者，竟然没有权利要求取消与教师教育认证无关的课程，而那些课程本应该是由教育学院之外的其他部门开设的。

消费者问责对传统教师教育理念的冲击。教师教育的消费者是其最苛求的问责主体。在市场经济的背景下，学生开始把自己看做是消费者，并且把教师教育者看做是服务的供应者。这种消费者对供应者提出要求，并且期望供应者满足消费者要求的市场范式，背离了传统高等教育的价值观。在这种范式下，赋权的学生有权对教师教育的内容和评价方式提出要求，而他们所提出的要求很多情况下与教师教育的传统价值观是相背离的。③ 教师教育所传授的传统知识，经常受到批判和蔑视；替代性途径、远程学习和网络教师教育等方式也对传统教师教育提出了挑战。为了在这种新的竞争

---

① Sindelar P. T. Serving Too Many Masters. Journal of Teacher Education，2000(5)：p. 188

② Sindelar P. T. Serving Too Many Masters. Journal of Teacher Education，2000(5)：p. 188

③ Sindelar P. T. Serving Too Many Masters. Journal of Teacher Education，2000(5)：p. 188

性市场中争夺学生，保持注册率，传统教师教育项目被迫改变教学内容和方法，以适应市场的需要，而不是教师教育的专业要求。

总之，教师教育的问责主体是错综复杂的，官僚问责、大学的规制、消费者的责难使教师教育处于多重问责的境况之下，教师教育项目通常不得不作出违背专业意愿的改革，甚至逐渐丧失了自己的立场，陷入没有自主权而必须对外部的各种要求亦步亦趋的困境。英国学者伊凡・里德(Ivan Reid)在回顾了英格兰教师教育的历史之后说，很明显，在 20 世纪 80 年代教师教育就遭受了右翼势力的批评，并努力变革自己去迎接新千年的挑战。过去政府提出目标并提供支持，因此参与者有权力去寻求达成目标的途径；而现在，政府既要决定目标，也要决定途径，并用惩罚性方式来监控整个过程。① 教师教育被"分层地、持续地、切实地监督"，教师教育者"发现自己陷入一个动辄得咎的惩罚罗网中"，这几乎成为了福柯所描述的被全面监控的全景敞视(panoptican)中的囚徒。②

但是，疲于应付并不能从根本上解决问题，教师教育者必须积极地采取一定的措施，以脱离现有的实践困境。由于实践中的因素错综复杂，不是教师教育本身能够轻易改变的，而且教师教育机构无法绕开官僚问责，因此教师教育者需要主动地参与到政策制定中去，使自己的利益得到体现。正如教学和教师教育副会长克里斯汀・斯利特(Christine Sleeter)宣称的，"让我们自己不要在关于教学和教师教育的政策争论中被忽视……"③只有这样才能够从根本上提高教师教育的质量。当然，教师教育者应该积极思考这个领域所面临的、政策制定者和公众都关注的问题(例如，教师匮乏问题、文理科教师的合作问题等)，而不能只是拒斥官僚问责和公众问责的要求，闭门造车。

---

① Reid I. Accountability, Control and Freedom in Teacher Education in England: Towards a Panoptican. International Studies in Sociology of Education. 2000, p. 224

② [法]福柯著:《规训与惩罚》，刘北成、杨远婴译，三联书店 1999 年版，第 201，200 页。

③ Barbara L. Bales. Teacher Education Policies in the United States: The Accountability Shift since 1980. Teaching and Teacher Education, 2006, 22: pp. 395～407

第三节　教师教育问责中的证据

在工商管理中，问责的流程一般是这样的：制定公司发展战略；明确各自职责；选定考核的评价方法；制定绩效指标；签订绩效合同；实施绩效考核；予以绩效兑现。① 这套工商管理技术也深深地影响了教育领领域，因此，一个完整的教育问责系统基本上应该包含标准、评量、指标、公开报告及其奖惩与协助措施等因素，而这些因素都是围绕着绩效而得以运转的。要证明所取得的绩效，必须拿出充分的证据。因此，在整个问责体系中，证据成为炙手可热的字眼（关于标准问题将在下一章展开）。

1970 年 3 月，美国总统尼克松在《教育改革咨文》中，推许问责为教育改革之新钥匙，并宣称学校行政人员及教师必须为学生表现负起责任。标准化测验因此成为主要的问责工具，并在 20 世纪 70 年代的第一次全美教育进步测量（National Educational Progress Assessment，简称 NEPA）中正式登场。1983 年《国家处在危险之中》的发表，对各州利用测验来评价学生的读、写、算方面的能力起到了推动作用。由于学校改革者和政策制定者需要测量学校的各个方面，并且根据测量结果判断改革措施是否有效，因此需要引入更多的测验。随着政策制定者命令对高中毕业生和每一级的升级学生进行测验，学校中的测验在 20 世纪 80 年代迅速增加，并且测验的结果在学校与学校间、学区与学区间、各州之间甚至国际间进行通报，测验成为教育问责的主要方式。尽管联邦政府执行了反贫困计划（尤其是《不让一个孩子掉队》第一条款）以及残疾儿童教育法案（The Education for all Handicapped Children Act 1975），但事实上这些计划都是依靠测验来判断其有效性的。

进入 21 世纪以后，尽管测验仍然是一种主要的问责形式，但是“证据”却成了问责体系中备受关注的“新宠”。“证据”的含义比测验要丰富得多，它涉及被证明的新技术、师范生在教师教育中所学所会、申请认证的教师候选人资格等等诸多方面。当然，对于解制取向的赞同者而言，测验仍是最主要

① 王淑娟.对美国教育语境中问责涵义的考察.比较教育研究，2007(2)：54～59

的证据。埃伦·拉格曼(Ellen Lagemann)形象地指出,在20世纪教育有一种“对量化的迷恋”,这反映在它倾向于计算、测量、运算,以尽可能地模仿“硬科学”。进入21世纪以后,尽管教育无法停止它与量化的“恋情”,但是它现在的“情人”是证据,而且在教师教育中,这段“恋情”是热切和浓郁的。①

一、证据成为问责的焦点

无论是官僚问责,还是专业问责,都需要让证据说话,让证据来证明绩效。支持不同的教师教育方式的人,为了支持自己的立场,常常会引用一些经验性的证据,表明他们所提倡的教师培养方式与学校成就之间存在着正相关,并且驳斥对手的证据是不足信的或者错误的。埃伦·拉格曼(2000)指出,可以毫不夸张地说,证据或者至少是谈论证据目前在教师教育研究、政策和实践中随处可见,对于推动教师教育发展有极大的潜力。

(一) 官僚问责强调证据

在各级政府的教师教育规章中,很强调对该领域的经验性证据的收集。教师教育中对证据的关切可从《高等教育法》第二条款教师质量报告要求(The Title II: Teacher Quality Reporting Requirements, 1998)略见一斑。它要求所有的州每年向联邦政府提供关于教师教育质量的证据,这就需要每个教师教育机构向州汇报每位推荐认证的教师候选人资格(尤其是在州教师测试中的成绩)的证据。关于教师质量的第四个年度报告,宣称来自各州所收集的关于教师培养和认证的“客观资料”,有可能形成“第一个全国性的、系统的、全面的、关于教师培养的数据资源”,旨在确保能够保持国家“竞争力”的“世界一流的”教师。② 该报告明确了一点就是,所有教师必须知道如何使用多种类型的资料和证据在课堂中作出教学决定,必须知道如何教不同的学习者,必须精通以研究为基础的技术,并且能够在课堂上运用它们。“教师教育项目有责任保证其学生为了学科内容领域的教学,能够熟练

① Marilyn Cochran-Smith. Taking Stock in 2006—Evidence, Evidence everywhere. Journal of Teacher Education, 2006,57(1):pp. 6～12

② Marilyn Cochran-Smith. Taking Stock in 2006—Evidence, Evidence everywhere. Journal of Teacher Education, 2006,57(1):pp. 6～12

运用已被最新证明的技术。”①

美国教育部《2002—2007 年战略规划》中指出：“我们还应该改变教育体系的价值观念。例如，一些教育者继续认为理念比实证更重要。这种价值观使许多人忽视科研为基础的教育实践，而青睐一些根深蒂固的信念。我们应该学会注重科学方法而非个人的观念和习惯做法。”②

（二）专业人士推崇证据

为了回应各种教师教育相关人员对教师教育的问责，为了了解教师教育项目是否满足了教师教育者自身关于优秀教学的标准，许多学院和大学中的教师教育者，越来越致力于收集关于他们的实践和学生情况的证据。其中涉及职前教师在教师教育课程和现场实习经验中学到了什么以及学到了多少，他们的学生学到了什么和学到了多少。例如：新泽西州的蒙特克莱尔州立大学（Montclair State University）的资料库系统跟踪每一名师范生满足每一条全美教师教育认证委员会标准的情况；密歇根州立大学的系统资料，记载了师范生教育学知识和学科知识的增长情况。

国际上许多机构中的教师教育者，也在致力于对实践者的调查和自我研究：关注师范生从教师教育课程和实习经验中学到了什么；他们的知识、态度和信念是如何随时间而变化的；特定的教育学怎样提供了不同种类的学习机会；师范生如何理解和解释他们在培养项目中的经验。例如，美国教育研究协会（AERA）的特殊兴趣群体（Special interest group）——教师教育实践的自我研究（the Self-study of Teacher Education Practices）十年间吸引了大量的成员。这个机构的基本理念就是教师教育者应该致力于对他们自己的经历和教育假设，以及其工作对职前教师所产生的影响进行研究和批判性的反思。

由于不同的团体对于教师和教师候选人应该知道什么、能够做什么，中小学生应该知道什么、能够做什么，以及学校教育的最终目的应该是什么的假设不同，于是形成了不同的界定术语、选择和分析资料的方式以及阐述结论的不同解释性框架。但是，他们都试图运用证据来帮助各个层面的实践

---

① Marilyn Cochran-Smith. Taking Stock in 2006—Evidence, Evidence everywhere. Journal of Teacher Education, 2006, 57(1): pp. 6～12

② 美国教育部 2002—2007 年战略规划. 2002//吕达，周满生. 当代外国教育改革著名文献. 美国卷·第四册. 北京：教育科学出版社，2004. 217 页

者和政策制定者了解、把握、改进教师教育。

二、基于学生进步的证据

与以往关注学生原始分数的证据搜集方式不同，当今日益受到关注的是“基于学生进步的证据”。其中价值增值体系(value-added systems of accountability)成为主导的教育评价模式，其理念是：根据学生在标准化测验中所取得成绩的进步和变化来评价教师和学校，通常通过一个学生相邻两个学年的测验分数相比较来进行，学生分数上的进步被认为是教师或者学校增加的价值。① 也就是说，它的一个重要特征是利用学生的增长分数，而不是原始分数，来衡量教师的教学效果。近些年来，这种模式成为问责教师和教师教育的重要证据来源。

(一) 价值增值评价的典范——桑德尔斯价值增值模式

一方面，随着新保守主义或者要素主义者对教育政策的控制，学生学习成绩成为政策制定者关注的重心，学生在标准化测试中的成绩成为判断学生和教师表现的主要指标。如果不能清楚地表明教师教育对于提高学生成绩的效用，教师教育将处于危机之中。另一方面，由于关于教师有效性的争论一直没有达成一致意见，桑德尔斯希望通过提供一种量化的方法论，比较准确地测量教师质量，从而提供清晰的证据以改变关于教师质量的争论中莫衷一是的状况。

桑德尔斯和其同事开发的教育价值增值模式，利用来自于田纳西州标准化考试体系中历年对3～8年级学生的评价所得的数据，开展基于学生测试成绩的教师评价，极大地影响了关于教师质量的政策议程。政策制定者宣称它能够精确地测量教师、学校和学区对学生成就的影响，揭示教师个人对学生测试表现的效果。这项研究深刻地影响了各州的政策议程，几乎在所有商业团体(business-related group)所作的政策报告中，都大量引用了桑德尔斯的工作。②

---

① 2006 AICCU Teacher Education Conference. Loyola Marymount University, Los Angeles, California. 2006－02－23, p. 6

② David G. Imig. The Teacher Effectiveness Movement—How 80 Years of Essentialist Control have Shaped the Teacher Education Reform. Journal of teacher Education, 2006, 57(2): pp. 167～180

(二) 桑德尔斯价值增值模式的合理性

桑德尔斯价值增值模式之所以受到多方的认可和重视，主要有以下原因。首先，对于政策制定者来说，由于教师教育领域中一直缺乏关于哪些因素有助于形成高质量教学的坚实的研究证据，因此他们相信，像价值增值模型这样的技术，提供了一种判断谁是高质量教师的有效工具。特别是，政策制定者看到了超越用简单的学生"年终"成就分数，测量学校或班级完成目标、追踪学生成就，并且将结果与特定教师的成就联系起来的可能性，将那些提高了学生测试成绩的教师判断为高效教师。

其次，对于学校管理者和研究者来说，"通过审查一年到下一年的考试成绩，研究者和学校管理者可以更好地测定何种特征和状态能够导致有效教学"①。"如何知道有效教师做了什么？他们是怎样得到培养的？他们带进教学的哪些知识、技能和性情使教学变得有效？导致他们有效教学实践的条件有哪些？"桑德尔斯和同事们针对这些问题创建了一种鉴定课堂教学的工具，使得到课堂中去寻求答案成为可能。

(三) 对价值增值模式的批评

首先，关于价值增值评价的包容性和公平性方面。桑德尔斯模式和其他价值增值模式中，以多项选择为主的标准化测试作为评价教师成就的指标，受到了许多研究者的批评。戴维·伯利纳(David C. Berliner)认为："评价的一个重要目的，不仅是要确定人们知道什么(和知道多少)，还要评价他们是否使用这些知识，什么时候使用以及使用得怎样……对认知结构和推理过程的评价，通常要求能够展示有关思维模式、推理策略和随着时间增加的理解等方面信息的更为复杂的工作。"②而这种模式恰恰忽视了这些内容，不能够评价批判性反思技能，并且使学校包容民主或者社会正义的议程。另外，吉恩称这种评价方法是"一个有问题的革新"，他进而指出："这种评价方法认为，学生在学年初和学年末的标准化测验中成绩的变化是由教师的能力和努力一个方面的因素决定的，这种逻辑对于那些对教学、学习和成就

---

① David G. Imig. The Teacher Effectiveness Movement—How 80 Years of Essentialist Control have Shaped the Teacher Education Reform. Journal of Teacher Education, 2006, 57(2): pp. 167～180

② David C. Berliner. The Near Impossibility of Testing for Teacher Quality. Journal of Teacher Education, 2005, 56(3): pp. 205～213

测验的复杂性知之甚少的政客和普通民众很有吸引力。"但是"增值性评价的方法，试图根据学生在标准化测验中的成绩来评价教师，在评价信度上是有问题的，这已经招来了评价专家的严厉批评，并引起人们对评价的公平性的担忧"①。

其次，关于价值增值评价体系本身，一些学者认为这种体系还不够复杂，还有些学者却认为它过于复杂。前者认为，教育是一种如此复杂的现象，不可能用任何一种实证的、统计学的方法论来评价，否则经常会遗漏掉一些重要的变量。后者则认为，这种方法过于复杂，以至于它的使用者——教育者和政策制定者不能够理解它，并且没有证据证明价值增值评价有助于教师教育的发展。另外，价值增值评价体系的前提假设中有一个很大的漏洞，即仅仅将学生成绩的进步归因于学校制度、学校教育或课程、教师或者各种相关机构等外部因素，而低估了学生自主选择和自我激励的重要性。

最后，在价值增值模式的具体实施过程中，存在许多困境：许多州的基础设施不到位，以至于没有能力收集和精确评估反映学生成绩与教师表现之间联系的信息，因为这需要州中小学教育局、州高等教育局、大学和中小学学区的共同努力；学生在主修课领域所获成绩的不可靠性、不能充分控制贫穷和英语语言的因素、无法说清楚教师的努力与优等生成绩之间的联系；数据丢失、错误估算与不确定性和抽样错误等。因此，尽管价值增值模式宣称是对教师问责的突破，但作为一个试图估算教师影响的统计学模式，仍要面临许多相关的技术问题。

三、从一项研究来看搜集证据的可靠性和可行性②

基于证据的问责成为教师教育的中心议题，那么这种问责形式在教师教育实践中实施的结果如何？为了了解教师教育机构搜集证据的情况，美

① Gene V. Glass. Teacher Evaluation. Policy Brief[M]. ERIC Document Reproduction Service, 2004 转引自周成海等. 美国教师评价研究的三个主题. 外国教育研究，2007(1)：1～5

② 这项研究的全文详见 Mona S. Wineburg. Evidence in Teacher Preparation: Establishing a Framework for Accountability. Journal of Teacher Education, 2006, 57(1): pp. 51～64.

国州立学院和大学联合会(the American Association of State Colleges and Universities,AASCU)①实施了题为《可靠的和具有说服力的证据》的行动,对全美各州的学院和大学收集证据的情况进行了调查,并与政策制定者和相关领域的人员对什么是真正具有说服力的证据进行了讨论。

(一) 研究的背景

随着社会各界要求基于大学的教师教育项目证明其有效性的呼声不断高涨,2001 年 AASCU 重新实行了教师教育迈克奥里弗优异奖学金(Christa McAuliffe Excellence in Teacher Education Award)项目。这个奖项主要用来鉴别杰出的教师教育项目,强调的重心在于获奖机构为了有效地督促教师所进行的努力,其中获得此奖项的机构,必须证明其教师教育项目有效地提高了师范生和中小学生的知识水平。2002 年,3 个机构获得了此殊荣,2005 年 AASCU 评估了 130 个关于迈克奥里弗优异奖学金的申请表。

为了详述从迈克奥里弗优异奖学金申请表的评估中了解到了什么,AASCU 领导者开发了一个项目,揭示为了向中小学校、家长、政策制定者和公众提供可信的、有说服力的证据,证明其教师教育项目的有效性,所有的 AASCU 大学(和其他的大学)正在做些什么。这个项目有两个前提:第一,假设教师教育问责是重要的和合理的,公共机构有一种承担责任的公共使命;第二,有力的证据体系必须是适当的,能够促进教育结果的实现、指导教师教育项目改进、确保公众的利益和保护公众。

(二) 研究的过程——AASCU 调查

AASCU 调查旨在为大学找出一些充满希望的道路,以收集可靠的、有说服力的证据。他们有三个指导原则:首先,理解实践者的真实处境,包括教师教育者、州政府官员和其他对培养教师候选者有责任的人;第二,通过学者和致力于研究教师教育中的证据问题的理论工作者熟悉这一领域;第

---

① AASCU 对公共教育特别是教师培养有一个历史性的使命,许多 AASCU 机构开始是作为师范学校(大约从 19 世纪 40 年代到 20 世纪 30 年代)的,并且以他们对公共教育的持续不变的贡献而自豪。AASCU 代表了全美 400 多所公立学院、综合性大学和高等教育系统以及他们的地域(territories),并且其成员录取了三百多万名学生,占公立机构的录取数的 55%。在 2002—2003 学年,成员机构授予的学位数占全国拥有学士学位的 35%(1/3 还多),并且他们授予了在教育中的一半的本科学士学位(55105 个学士学位,58656 个硕士学位和 1354 个博士学位)。

三,从政策制定者和立法者那里了解到什么是他们所认同的、可信的、有说服力的证据。在回顾了关于教师教育与学生成就的研究以后,他们认同这样两个建议:一是使教育研究更多地对政策制定者、教师以及所涉及的所有相关人员的需要作出反应;二是尽可能清楚地与学生的学业成就联系起来。

在调查研究的过程中,AASCU 领导者要求各机构中的主要学术官员,帮助收集关于教师教育项目的信息,并邀请精通教师教育且能够完成调查的那些人参与。他们的兴趣在于了解实践中真正地发生着什么,不想让结论为了符合预设的内容而被修改。在这个调查中,调查问题是开放性的,允许描述性的回答,最后将分析数据、调查的问题和回答放到一个 Excel 数据库程序中。这个调查研究共收到了 240 个机构的回应,这些机构的分布基本上能够合理地代表所有的 AASCU 机构。

(三)主要的调查内容

在这个调查中主要涉及以下内容:教师教育机构如何对师范生的学科知识、课堂成就和其毕业生所教授的中小学生的学业成就进行评估;如何追踪其毕业生的留任状况;运用了什么样的程序来收集和分析数据;依靠哪些要求或者规定来确定所收集证据的内容和方式;存在哪些与调查数据有关的问题等。调查结果显示以下几个方面。

1. 所有被调查的机构都在以某种系统的方式,评估其师范生的学科知识。其主要方式是运用教育考试机构的实践(Praxis)测验,或者为新教师资格鉴定的目的而设计的州级测试。至于这样做的可靠性和合理性,仍然有待探讨,因为缺乏足够的证据显示,仅仅通过一种学科知识测验,就能够证明师范生已经具备了成功教学所需要的知识。

2. 尽管所采取的方式各不相同,但是大多数机构都在对其教师教育项目毕业生的课堂成就进行评价。它们所采取的方式包括档案袋(portfolios)、教师工作取样、调查、自我评价、专家的观察和叙事性信息等。其中,专家的观察是所有机构都运用的一种方式,其类型包括实习生指导教师或者教师教育者评论实习生课堂成就的录像带;教授提供的反馈性的微型教学;在教学实习时对实习生的观察或者对其实习经验的评价;各州开发的评价系统;国家级、州级等举行的测试;还有教师课程计划等。另外,调查显示,所有机构都在运用多种证据来源评价其毕业生的课堂成就,通常是上面所列类型的结合,但是缺乏整合这些数据以及证明这些数据的有效性的方式。而且，对于许多机构来说，收集教师教育项目毕业生课堂成就的证据是一种新的尝试，几乎完全没有涉及这种评价方式的有效性和可靠性的问题。

3. 利用中小学生的学业成就对其毕业生进行评价的机构很少。其中，收集关于1～12年级学生学业成就数据的大约占20%；运用某种中小学生测验成绩评价其毕业生有效性的机构仅有10%。关于这种方式的有效性和可靠性问题，大多数机构都没有给予关注。

4. 有一半的教师教育机构在追踪其毕业生在教学领域的留任和参与状况。但是大多数机构没有对教学"留任"与"参与"进行区分，在关于如何定义"参与"上也没有达成一致意见。例如：有的机构将"参与"定义为所有教学，包括其毕业生在所有学校所有年级的全日制、非全日制教学以及兼职教学；有的机构则定义为教师的聘用；还有的机构定义为在完成培养项目的两年之内，至少有1/2的时间在教学。这使得各个教师教育项目之间几乎无法进行比较。至于追踪教师教育项目毕业生教学情况的时间，各个机构也是不相同的，有的仅收集了一年的数据，有一个机构则收集了二十多年，其他的机构主要收集了其毕业生在毕业后的第一、三、五年的数据。研究发现，调查法几乎是所有机构用来收集关于留任数据的方法。另外，许多机构报道了由于寻找毕业生时存在的困难而导致回应率很低的问题。

5. 关于教师教育机构收集数据的相关要求、收集和分析数据的方法、获得数据的能力等问题。几乎90%的被调查者表示，他们有具体的立法、资格鉴定要求或者指令。其中使用最多的是美国教师教育认证委员会的具体要求。另外，大多数机构显示正在与中小学以及人文和科学系教师进行合作。其中，大约75%的机构显示在与中小学合作一起收集关于其毕业生成就的数据，80%的机构显示正在与人文和科学系的教师和中小学校合作者共享着他们所收集到的数据，而且几乎所有机构都报道正在运用所收集的数据来评价和改进教师教育项目。

概括而言，收集关于教师教育项目有效性的证据的方法主要有四种：(1) 由专业组织(像国际阅读协会、美国数学教师协会、国际儿童教育联合会)提供的关于教师能力发展的指标和教师教育项目标准所支持的调查体系；(2) 在教师教育项目和随后的数据搜集中，对中小学合作教师、学校校长和教师教育项目毕业生的调查；(3) 通过教育方法课程或学生实习而开发的师范生的工作样本/档案袋；(4) 州级教师资格考试，特别是实践性测试

(PraxisⅠ和Ⅱ)。教师教育机构收集证据的主要障碍在于:缺乏数据管理系统和有权使用的数据,并且缺乏收集和分析数据时所共同依赖的方法论。

总之,州立学院和综合性大学正在花费大量的精力和资源,评价其教师教育项目的毕业生,收集关于教师教育项目的数据,但是许多机构没有对确保其评价措施的可靠性和有效性投入足够的关注。而这一点却恰恰是最重要的,因为尽管收集数据的措施基本上是由个别机构内部设计的,但是如果要让别人信任,必须证明它们的可靠性和有效性。

(四) 研究结论

通过以上调查,AASCU 研究人员得出以下研究结论。

1. 狭隘的数据收集范围

AASCU 调查显示,全美的州立学院和综合性大学正在收集关于教师教育有效性的庞大数据,但是收集到的大多数是关于学生学业成就的数据,仅仅集中在关于教学结果的狭窄定义上,通常只关注学科知识和语言表达技能,缺少对各门学术学科中不能够通过标准化考试测量的一些数据的收集。按照《不让一个孩子掉队》的要求,每年要进行数学和阅读方面的测试,但是学生在这两方面的成绩,很难证明教师教育项目在其他学科领域内的有效性;而且除了学科内容,也缺乏对诸如合作技能、社会交往技能以及学习者的自我评价或者自信心等结果的测量。

数据共享的障碍在一定程度上也限制了数据收集的范围。在调查中,许多机构报道了共享既有数据时存在的困难。例如,在一些地区,机密性的协议和州隐私的法律,限制了对学生学业成就数据的使用。但是除了这些明显的限制,陈旧的计算机系统、不兼容的数据库或者不能与其他的系统联网等大量的技术问题,也使得一些数据的共享变得很困难。因此,除非大学与学校社区之间进行合作,否则将不可能收集到关于教师教育项目有效性的系统、全面的证据。另外,除了地方合作关系,必须在州层面开发能够共享的数据库。

2. 难以统一的数据类型

调查显示,不同的教师教育相关人员希望得到的数据类型不同、使用的方法各异,导致了数据的异质性,使得建立能够改进教师教育项目、改善教育质量、增强公众信任度的数据系统变得很困难。例如:教师认证机构希望获取更多关于教师知识的州级和国家级考试的数据;教师教育项目希望获取关于其教育方法论课程功效的具体数据；地方教育机构希望获取关于教师留任、校长满意度以及学生成就的数据；而立法者则希望获取关于学科知识教学和培养教师所用的成本的数据。因此，对一种相关人员有用和可靠的数据，可能对其他的人员是毫无价值的。另外，各大学所采用的方法差异巨大，一些机构运用了标准化测验，另一些机构则运用了现场观察和调查的方式。这使得数据缺乏可比性，也就妨碍了其作为证据的意义。

有效的数据组织方式必须能够对所收集到的证据进行概念化、设计、汇编、分析、解释和应用，然而要如此组织证据，教师教育机构需要所有相关人员的帮助和支持。在美国，各州教育行政人员正在创建一些相关的政策环境，并且与教师教育机构建立合作关系，开发问责系统，这对教师教育机构的证据收集是很必要的。他们不仅将开发允许数据共享的技术，而且正在创建和引导教师测试系统，评价教师教育项目的有效性。路易斯安那、维吉尼亚、俄亥俄州、南卡罗来纳州和加利福尼亚州立大学、纽约城市大学等都在进行这些工作。因此，一方面，教师教育机构需要先发制人地开发数据系统，指导教师教育项目的不断改进，提高师范生的质量，使公众确信其毕业生能够对中小学生的学习产生积极的影响。另一方面，教师教育机构需要所有相关人员的帮助和支持，特别是州层面的政策支持环境。

3. 建立以学生学习为中心的全国性框架

这个调查研究的领导者建议，需要鉴定各种相关人士所需要的数据类型，提供关于教师教育质量和教学改进的证据，并且与各州教育行政机构和专业执行委员会、联邦政府和国家资格认证机构、综合性大学的所有人员和管理者、中小学合作者以及政策制定者一起来达成这个任务：达成对关于什么类型的证据，在什么水平上，为了什么目的的一致意见。所有的相关人士，包括政策制定者，应该共同合作来开发一个全国性的框架，使立法者和公众达成广泛的一致，并且考虑到各个州现有的机构和政策环境，需要一个州一个州地实施。另外，成本应该是一个考虑因素但不应是一种障碍。

因此，需要一个以学生学习为中心的关于教师培养的明晰框架，使教师教育项目向所有的相关人员澄清它们的所作所为在中小学生学习中的重要作用，使它们在不用猜测公众和其他人员意愿的情况下，重新设计和规划它们的项目，并且将时间和精力集中在提高所培养教师的质量上，受它们所搜集到的证据的指导，而不是盲目地迎合政策制定者的要求。另外，这个框架需要考虑政策和教师执照颁发中的疏忽，提高对教师教育项目进行比较的能力，使公众确信大学正在培养高质量的教师，只有这样才能不断地提高高效能教师的数量，提高教师教育项目的专业化水平和公众的信任度。

四、对基于证据的问责的批评

证据似乎得到了所有利益相关者的青睐，成为问责的焦点，成为改进教师教育的基石，许多研究者和政策制定者都在努力使教师教育建立在证据的基础上。对证据的重视，体现了一种务实的态度，在一定程度上，有利于改变教师教育沿袭传统、盲从时尚或意识形态的状况。但是基于证据的问责形式也受到了一些质疑，主要体现在：

（一）以证据为基础的实践和政策的狭隘观点

柯兰-史密斯指出，对证据的关注在很多方面是有问题的，主要源于基于证据的实践和政策的狭隘观点。这种狭隘性在基于证据的政策联盟（the Coalition for Evidence-Based Policy，2002）向教育部的提议中得到了鲜明的体现："在教育这个领域中，历来都存在着大量与证据毫无关系的干预。结果，30 多年来，尽管对每名学生的公共支出增加了 90%……美国在提高中小学生成绩方面几乎没有进展……教育部应该集中并持续地努力以……建立教育干预的知识基础，并且通过随机控制的测试证明其有效性……通过接受联邦教育资金，为广泛使用这种得到证明的、可复制的干预提供有力激励。我们相信，在这种策略中，一定存在着扭转美国中小学教育停滞不前的答案，并第一次——为美国教育事业带来累积的、由证据驱动的进步。"①

实际上，美国基于证据的教育运动源自基于证据的医学，它的关注点是随机和临床实验。但是正如特林德（Trinder）指出的，由于医学应对的是个体，其要点通常是排除掉一些东西（疼痛、疾病、坏掉的骨头），有一个相对明确的目标；然而，与之相反，教师教育应对的是团体，其要点是注入或者提供

---

① Coalition for Evidence-Based Policy. Bringing Evidence-driven Progress to Education: A Recommended Strategy for the U. S. Department of Education. Washington D. C.; Council for Excellence in Government, 2002 转引自 Marilyn Cochran-Smith. Taking Stock in 2006—Evidence, Evidence everywher. Journal of Teacher Education, 2006,57(1): pp. 6～12

某些东西(知识、策略、问题解决技能等),这些都不是明确的目标。因此在教师教育领域以证据为基础的实践,不会像在医学里那样有效。当应用到教师教育领域的时候,实际上体现了一种狭隘的实践观点。其中,许多潜在的假设与教师教育的训练模式以及关于教学的过程—产品研究(20世纪六七十年代非常盛行)里的那些假设是非常相似的。它将教学看做是一种技术转移的活动,而教和学则被看做有或多或少的线性相关关系,即教学行为是起点而学生学习(主要体现在考试成绩上)是终点。通过使用多种实验性和相关性的研究设计,开发大量如何培养未来教师的有效行为的有力的经验研究,进而使教师教育项目和政策决定建立在经验而不是规范的基础上。

研究表明,在这种方式下,未来教师确实能够得到培养从而展现出所需要的教学行为,而且在产生这些行为的过程中,确实有一些技术比其他的技术更有效。但是这种培养模式在教师教育领域中衰退了,这至少部分是由于它没有说明教师知识和信念如何影响了教师在课堂中的作用,也没有说明教学和学习是体现在不确定的和动态的课堂、学校和社区背景之下的。尽管以证据为基础的教师教育新概念与过程—产品模式相比运用了新的术语,但是它们关于教学性质、教师培养目的和科学力量的潜在假设是非常相似的。用帕蒂·拉瑟(Patti Lather)的话来说:"……以证据为基础的实践,再造了理想的自然科学模式……由于以证据为基础的教育的非常狭隘的观点,新的范例其实就是旧的范例。"①

(二)经验证据本身不能决定在政策和实践中应该做什么

对政策和实践证据基础的强调是决策的理性模型的一种表现:存在一个问题,就提出一个在道德和教育上合理的政策去解决它,如果政策被经验证据所证实就采用它。毫无疑问,这种模型相当不完善,菲利普斯(Philips D. C.)从两个方面对这种理性模型提出了质疑:第一,证据的有效性不能决定政策,也不能使政策制定变成客观的过程。因为常常会出现存在多个有证据支持的候选政策可以解决特定问题的情况,这时决策制定者必须权衡每个候选政策,并根据自己的特定目的作出评价。柯兰-史密斯也引证了黛

① Marilyn Cochran-Smith. Taking Stock in 2006—Evidence, Evidence everywhere. Journal of Teacher Education, 2006, 57(1): pp. 6~12

伯拉·斯通(Deborah Stone,1997)和戴安娜·马塞尔(Diane Massell,2001)的相似观点,他们都质疑那种资料和证据可以为地方决策注入一种"超级理性"的观点,并指出一个问题的证据并不必然能够告诉我们应该做什么。教育部长罗德·佩吉的报告中,从威尔逊(Wilson)等评述的57项研究中只选了一项作为证据,就是个典型的例证。

第二,证据起到政治辩护的作用。一些政策往往是先制定了(也许为了自我服务如维护某个群体的利益或为了经济繁荣),然后才寻找研究证据来掩盖其不完善的地方,使其看起来不那么专断并可以得到更广泛的接纳。拉瑟提到了一个例子:当她参加一个美国政府官员召开的会议时,有官员说"需要政策研究来支持当前的行政举动",她感到非常吃惊,她说:"这种赤裸裸既不是策略也不是天真。"①

费耶阿本德(Feyerabend P K)认为,现代科学之所以会远远超过其他意识形态和生活形式,处于至高无上的地位,原因之一是由于国家和科学紧密结合在一起,形成了拒斥一切其他意识形态的科学沙文主义,这种科学的不民主束缚了人们的创造力和自由抉择。

正如柯兰-史密斯指出的,对证据的批评并不意味着不应该搜集好的证据。证据能够对21世纪教师教育的改革产生巨大的影响,但是它不能够告诉人们应该做什么。即使在所有证据都搜集齐备的一天,在很大程度上仍然需要根据价值、道德标准、优先次序、可利用的资源、种族和承诺来作出决定。以这种方式,随着教师教育领域(还有更大的教育范围)搜集到越来越多的证据,我们必须不能忘了追问:证据是什么类型的?它是为了什么目的?是由谁在何种环境下搜集来的?它是为了服务于谁的利益,而且(可能)会忽视或者使谁处于不利的地位?相同的东西在不同的背景下还可以看做证据吗?有哪些内容可以看做证据?由谁决定?对这些问题的追问与回答将弥补证据本身的不足。

① Phillips D. C. The Contested Nature of Empirical Educational Research (and Why Philosophy of Education Offers Little Help). Journal of Philosophy of Education, 2005, 39(4):p.582

第四章

标准和认证：教师教育的导向与资格鉴定

在提高教师地位的整体政策中，专业化反映了中长期的最有前途的策略。

——国际教育大会第45届会议的建议①

教师教育中的标准和认证是教师资格证书制度和教师教育认证制度的统称，标准和认证也常常被看做问责体系的一部分，旨在保证教师教育质量。只是狭义的问责关注的是对结果的审查，标准主要起导向作用，而认证则是运用标准对教师和教师教育机构或项目的资格加以确认，偏重入口把关的作用，最终都是为了保证教师教育的质量。专业化取向者更看重专业标准导向的认证，而解制取向者则推崇替代性途径。从时间的顺序看，按专业取向的要求，当事人首先要在经过认证的教师教育机构或者项目中接受教育，然后是申请教师资格，最终走上教学岗位成为教师；而按照解制取向的观点，当事人可以不接受教师教育，直接通过教师考试申请教师资格。本章在对教师教育认证总体把握的基础上，重点探讨专业化取向的标准与认证。

第一节　教师教育中的标准和认证概述

教师资格证书制度旨在按照一定的标准对每个教师进行资格确认，教

① 赵中建译.国际教育大会第45届会议的建议序言//教育部师范司.教师专业化的理论与实践.修订版.北京：人民教育出版社，2003.136页

师教育认证制度则致力于对教师教育机构或者项目实施以标准为基础的资格审查和确认。前者关注的是教师是否具备普遍认可的教师专业素质，后者关注的是作为一种质量保证的机构或者项目的存在是否符合某种既定的标准，以确保培养的每一位教师都能胜任教师岗位的要求。

美国自19世纪末就逐步形成了由专家、管理者和各州官员组成的一个松散的全国性的网络，试图建立一个标准化的组织。1890—1940年间，他们相继在各州层面上将认证规范化。到1937年，41个州已经建立起认证体系，所有教师都需要得到州的许可，绝大多数教师都要完成由学院或大学提供的培养项目。

一、教师资格证书和标准

当前国际上对资格证书的含义主要有两种理解：一是“执照(licensure)”，二是“证书(certification)”。杰森·米尔曼(Jason-Millman)在其主编的《新教师评估手册》中指出：“执照由政府控制，以公众的健康、安全、福利为名。执照是通过规范最低标准来保护公众利益的。证书是由特殊专业组织控制的，它意味着在实践领域中具有特殊或者高级能力。证书标准在健康领域已得到最高发展，如医生、按摩医师、护士、药剂师的鉴定都有严格的标准。”①因此，“执照”是一种法律文件，属于职业资格的范畴，具有强制性，主要是由政府根据相应的法律、法规，针对某一行业或领域而建立的准入资格认证制度，当某人具备某一行业或领域所要求的最低知识、技能与能力时，经过认证或考试，合格后由政府权责部门颁授证明方可执行服务。而“证书”则是指某人具备或通过某一行业或领域的专业组织所制定的一定要求时，由该专业所颁发的证明，它是一种非法律的文件，不具备强制性。

在教师教育领域，虽然有很多学者赞同将“执照”与“证书”区分开来，并且1987年建立的全美教学专业标准委员会(NBPTS)所发放的教师专业资格证书的出现，使作出这种区分成为可能，但是，正如齐默菲尔(Zimpher)在

① Jason Millman. The New Hand Book of Teacher Evaluation. Sage Publication, Inc, 1990. p. 62 转引自郭志明. 美国教师专业规范历史研究. 北京：中国社会科学出版社，2004. 194页

1985年版的《国际教育百科全书》中曾指出的，“证书”、“资格认定(credentialing)”、“执照”在教育领域经常被相互替换着使用。而且在具体的实施过程中，专业团体或者组织往往作为一个权力团体，参与政府管理部门对资格标准的制定和认证工作，更使二者在意义上相互融合，在名称上也经常相互替代。因此，本章中对这些词的运用有时也是可相互替代的。

二、教师教育的标准和认证

教师教育认证(teacher education accreditation)指一个机构或者组织对教师教育项目或者机构进行评估，并认定其是否符合某种既定的资格条件或者标准的过程。① 认证通常是一个高标准(high-stakes)程序，教师教育认证的主要目的是使公众相信和尊重某个教师教育项目及其毕业生。

认证可以是对某个机构的认证，也可以是对该机构内的某个项目的认证。但是正如拉森(Larson)指出的：“一个机构内的各个项目其质量不尽相同，质量差的项目可能由于其所在机构的良好声誉而从中获益。”因此，就像认可教师教育机构一样，认可教师教育项目也是必要的，尤其是当项目的毕业生可能影响到公众的健康、安全或者福祉时。

在美国，授权的项目(entitlement program)和认证的项目之间存在着区别。授权的项目是由州政府的不同机构所审查和批准的，其中包括州教育部门、自治团体，还有诸如州教师质量控制委员会(the State Teacher Quality Control Board，STQCB)等这样的组织。“授权”的意思是，只要从教师教育项目中毕业的学生便可以授予教师执照，而且只有这些被授权的项目具有这种权力。从非授权的项目毕业的学生也可以将其成绩单提交给州教育部门的相关办公室进行审查。当然这个过程要花费很长的时间，并且可能会被否决。认证的项目则不同，受联邦委托，中学后资格认证委员会(the Council on Postsecondary Accreditation，CPA)负责管理所有的资格认证机构，其职能是认可所有的认证机构。在教师教育中，CPA将全美教师教育认证委员会(NCATE)确定为唯一的代理机构，由其负责对教师教育学院

① Selden W. K. Accreditation and the Public Interest. Council on Postsecondary Accreditation. Washington D. C. 1976 转引自 Torsten Husén T. International Encyclopedia of Education(1). second edition. New York: Pergamon Press, 1994. p. 24

和大学及其他专业学校实施全国性认证。但是，获得全国性认证并不意味着一切。全国性认证确实能够给教师教育机构带来声誉，并且可以在其目录和招生宣传资料中注明已达到认可要求。但是，中小学校在招聘教师时对候选者所毕业的项目的认证身份很少给予关注。

综上所述，教师资格证书制度和教师教育认证制度二者的共同点就在于通过一种一经确立就保持相对稳定的外在标准，以指导培养与确认教师资格身份。在教师教育认证过程中，由于需要考查教师教育机构或者项目的培养方案、计划，就不得不涉及对该机构或者项目试图培养的教师应该具备什么样的专业素质，只是与教师资格证书对教师专业标准作出规定的出发点不同，主要是关注教师教育机构或者项目是否在培养什么样的教师上有自己独特的理念和可实现的目标。因此，教师教育认证制度与教师资格证书制度各有侧重，共同发挥作用并相得益彰，其核心都是确定一个人需要拥有什么样的资格条件，才能够成为一名合格教师或者优秀教师，培养教师的机构应该达到什么质量要求。本章中将它们统称为教师教育中的标准和认证。

三、影响教师教育标准的因素

教师教育标准的制定及作用的发挥受诸多因素影响。

首先，取决于不同国家和时代的需要。有的国家要求对中小学教师提供不同教育时间(例如，2 年、3 年或者 4 年)或者教育类型(例如，在教师培训机构或者大学)的教育，有些国家则要求所有的教师接受时间和类型基本相同的教育。同样的，一些国家要求未来的教师在获得执照或资格证书之前必须通过相应的考试，而在另一些国家却没有这种规定。另外，教师执照和资格证书的问题，在工业国家和发展中国家也大不相同。在许多发展中国家，关键问题是如何吸引未来的教师并教育其达到所需要的最低教师资格标准，正如阿尔特贝齐(Altbach)所指出的："在第三世界，人们关心的是有数量充足的教师，并且这些教师要受过适当的培训。"而在工业化国家，问题在于教师资格标准本身。这些国家主要面临着以下问题：应该确立什么样的教师许可和资格证书标准？应该由谁来制定这些标准？如何判断是否达到了这些标准？阿尔特贝齐指出："在世界范围内，人们普遍关注教学专业化的问题。许多国家已经意识到教师是教育过程的核心，没有好的教师，所有其他改革都注定将失败……在许多国家也存在着对于当前学校教育的不满，教师也受到相应的谴责。"①因此，随着对教师作用和责任的关注，教师资格证书或者执照标准也将越来越细致，越来越严格。

其次，教师执照和资格证书标准还取决于教师的供求关系。塔尔文和法拉杰(Tarvin，Faraj，1990)曾简明地表述过这种关系："当学生数量迅速增加时，雇用教师的资格标准也一度偏低。"他们以中国、尼泊尔、斯里兰卡和巴基斯坦的例子来说明这个结论。洛克希德和韦斯波尔(Lockheed，Verspoor)用数据来强调了该问题的严重性。调查表明，被确认为合格的小学教师在津巴布韦(Zimbabwe)占 54%，而在海地(Haiti)甚至不足 10%。在尼日利亚的卡诺州，获得正规教师执照的小学教师仅占 9%。另外，他们进一步指出："在教育迅速发展的国家，中小学校会聘用不合格的教师，以满足不断增长的教师需求；其结果进一步降低了公众对教师职业声望的认同。"②即使在美国，因教师短缺而不得不聘用不合格教师的情况也依然存在。

如本书第一、二章所述，美国超过 1/4 的新教师没有许可证或者只拥有其所教学科领域内的不合格的(如，豁免、临时的)证书。而在少数民族学生比例较高的贫困城镇学校里，大多数是没有经验的新教师、拥有短期替代性证书以及没有证书的教师，其中持有正式许可证的数学和科学教师不足 50%。③ 那些没有正式许可证的教师，在追求利润的市场中通常会选择通过

① Altach P. G. Teaching：International Concerns. Teach. Coll. Rec，1987，88(3)：p. 326 转引自 Torsten Husén T. International Encyclopedia of Education(8). second edition. New York：Pergamon Press，1994. p. 5926

② Tarvin. The Quest for Qualified Teachers in Developing Countries of South and Southest Asia. Int. Rev. Edu. 1990，36(1)：pp. 89～101 转引自 Torsten Husén T. International Encyclopedia of Education(8). second edition. New York：Pergamon Press，1994. p. 5925

③ Sindelar P. T. Serving Too Many Masters. Journal of Teacher Education，2000(5)：p. 188

极短的培训(例如暑期培训班)来达到最低限度的许可要求。①

因教师匮乏而产生的大量替代性和应急教师资格证书,经常受到州教育部门的认可,特别是解制取向受到政府青睐的时候。

第三,教育政策及背景对教师执照和资格证书标准及认证具有导向作用。20 世纪 80 年代以后,英美等国都进行了一场基于标准的教育改革运动。改革遵循了这个论断:如果清晰地定义课程,并且通过外部的评价来设立和监控高水平的成就标准,那么教学实践将会改变并随之产生所期望的高水平的学生成就。② 在美国,1983 年《国家处在危险之中》的发表,引发了对美国学校落后于大多数发达国家的恐惧和担忧,最终导致了 20 世纪 80 年代后期出现的空前的标准制定运动。全国数学教师委员会率先于 1989 年制定了中小学数学教学标准,随后,国会和全国科学基金会等投入了大笔经费,鼓励各州和全国性专业学术团体重新制定各类标准。1994 年一年就出台了历史、地理、英语等十多项全国性学科课程标准。教育法和课程标准颁布后,如何衡量教师达标状况成了全社会关注的问题,教师专业标准受到了极大的关注。由关于教师质量的大学校长峰会演化而来的报道《有希望的实践:提高教师质量的新途径》中声称:"教学是基本的职业,它使所有其他的职业成为可能……相应的,教师知道什么和能够做什么对于这个国家至关重要,因为这是培养和支持教师知识和技能的终身职业发展的工作。"③

不过,同样强调标准的政策导向,其具体取向却可能完全不同。例如,

---

① 特别是从学生的角度来看,这样将会造成很严重的后果。例如,桑德尔斯(Sanders)和他的同事们对学生长期接受低劣教学的各种影响进行了研究,发现能力和最初成就水平相当的学生群体,由于授课教师不同的缘故,在学术成就上存在着很大差异。而且,低劣的、表现不佳的教师的有害影响是不断累加的,也是很难消除的(很少有证据显示,这些影响可能在稍后的年级里通过更有效的教师而消除)。

② Ginette Delandshere. Representations of Teaching and Standards-based Reform: Are We Closing the Debate about Teacher Education? Teaching and Teacher Education, 2001,17:p. 549

③ Nancy P. Kraft. Standards in Teacher Education: A Critical Analysis of NCATE, INTASC, and NBPTS. American educational research association annual meeting. Seattle,WA, 2001(4)[C/OL]. [2006-12-18]. http://eric.ed.gov/ERICDocs/data/ericdocs2/content_storage_01/0000000b/80/0d/c8/08.pdf

克林顿政府更支持专业化取向的教师教育，而小布什政府则更推崇解制取向的认证途径。随着各国政府对教育和教师质量的关注和介入程度的提高，标准和认证问题及不同取向间的论争日益凸显。本节最后简要阐述解制取向认证改革取得的效果，第二、三节则重点探讨专业化取向教师教育的认证改革和体系。

四、解制取向认证改革的效果

正如第一章已经阐述的，解制取向在进入新千年以来备受美国联邦政府推崇，其基本举措是强调替代性途径，重视教师的学科知识而降低甚至取消对教育专业训练的要求。按照美国教育部的报告，这取得了显著效果：一方面是教师认证人数上升，有助于缓解教师短缺的状况（详见第一章）；另一方面是教师口语表达能力和学科知识的标准提高。具体表现在以下方面：

首先，各州教师资格证书中对学科主修的要求增加。到 2002 年，38 个州的教师资格证要求未来的教师必须拥有一个学术学科领域的主修或者副修的学士学位（通常是针对中学或者高中教师的）。美国教育统计中心数据显示，新任教师（拥有 3 年或者不到 3 年教学经验的教师）中有一半拥有学术主修，而老教师中拥有学术主修的比例只有 32%～41%。另外一些州，例如宾夕法尼亚州，则极大地提高了教师标准：要求教师候选人在有资格进入培训项目之前，必须在大学文理课程中至少获得 3.0（即平均分数为良）的成绩，其中不包括教育类课程，而且必须像学科主修者一样在其学术学科领域修习相同的课程，并且学业成绩平均积分点（GPA）达到 3.0 才能够毕业。

其次，为教师认证提供的测试数量增加。《迎接高质量教师的挑战》中曾指出，大多数州提供了从幼儿园到 12 年级的 50 多种不同形式的资格证书测试，这些测试集中在基本教学技能、专业知识和学科内容等领域。一些州，例如阿拉巴马州已经改进了考试系统，其他的州提供了许多不同的资格证测试，佛罗里达提供了 71 种不同的测试；俄勒冈州、马里兰和其他的州提供了 51 种;爱荷华州提供了 43 种。① 然而,提高标准最重要的不是测试的数量而是测试的严格程度,其中测试的内容和通过率是两个主要的方面。

再次,教师认证中的测试内容发生了变化。《使每一间教室都有一名高质量教师》中指出,与学科内容相联系的测试在教师测试中占很大比例,接近 60%。一方面,对于传统本科项目的毕业生,各州正在强调他们对所要教授的学科内容和基本教学技能的掌握。2000—2004 年间的每一年,在传统途径的教师教育项目中,学科内容和教学基本技能测试的报考数量都位于其他种类测试内容的前列,这与《不让一个孩子掉队》对学科内容的掌握和基本教学技能的强调相呼应。②

另一方面,对于替代性项目的学生,在进入教师教育项目之前,一般已经掌握了学科内容知识,各州正在强调这些未来的教师对专业教育知识和基本教学技能的理解,与替代性项目的毕业生数量的增长相一致,参加专业知识测试的人数也急剧上升。

最后,教师在各种测验中的通过率保持相对稳定。一方面,从传统途径教师的通过率来看,参加教师资格证测试的传统途径项目毕业生的数量在 2000—2004 年里每年都在增加,在 2003—2004 年达到 161832 人,即比 2000—2001 增加了 14%。然而,虽然参加测试的人数提高了,教师评估中的通过率却仍保持稳定,并且总计的通过率是 95%,比 2000—2001 年提高了 2%,不过,高通过率背后却是较低的分数线。事实上,大多数州的分数线设在国家平均分数以下,因此运用教师测试的通过率评价教师教育项目质量的价值是有限的。另一方面,从替代性途径教师的通过率来看,2003—2004 年,替代性项目毕业生的数量上升到 34686,比 2001—2001 年提高了 70%。然而,和传统项目途径一样,替代性项目毕业生的通过率大体上保持稳定。

---

① U. S. Department of Education, Office of Postsecondary Education, Office of Policy Planning and Innovation. Meeting the Highly Qualified Teachers Challenge: The Secretary's Annual Report on Teacher Quality. Washington D. C. 2002[R/OL]. [2006－12－18]. www. ed. gov/about/reports/annual/teachprep/index. html

② U. S. Department of Education, Office of Postsecondary Education. The Secretary's Fifth Annual Report on Teacher Quality: A Highly Qualified Teacher in Every Classroom. Washington D. C. 2006[R/OL]. [2006－12－18]. http://www. ed. gov/about/reports/annual/teachprep/2006-title2report. pdf.

由于大多数替代性途径的评估所设置的分数线低于国家平均分数，于是也限制了运用通过率来评定替代性项目质量的价值。

总之，由于联邦政府对替代性途径的推崇，近年来通过替代性认证的教师数量急剧上升，但他们在各州教师评估中的通过率仍然很高，并且全美几乎没有提高各州教师执照测试分数线的行动。因此，以低分数线获得的高通过率，可能有助于缓解教师短缺问题，但在教师质量提高方面的价值却极其有限。另外，解制取向对教学专业性的否定倾向，对教师教育的发展具有极大的破坏作用。也就是说，解制取向并不能很好地解决教师教育质量问题。事实上，解制路线所推崇的替代性认证在教师教育中只能起到补充作用。提高教师教育质量的根本途径还在于专业化，尽管这不是一条坦途。

第二节　专业化影响下的标准和认证改革

"一个专业既是一种高度复杂和熟练的工作，又是一种根植于知识的专业行为。而这些知识是在学院、大学、实验室和图书馆里产生、测试、丰富、被否定、转化并重建起来的。把某些事情称为专业，即表示这些事情有一个在学府里被广泛运用的知识基础。"①教师教育要成为一门专业，需要一个有价值的知识基础，用来指导教师培养、教师入职和新任教师的继续发展，而且实际上它也存在这种知识库，但是一直以来都没有对其作出合适的界定。因此需要一种专业标准，对其所拥有和需要的知识基础进行明确的界定，从而使教师教育项目的实施更有依据和计划性。教育部门的领导者也认识到："教师和教师教育者必须掌握自己的命运。有效的途径是明确标准……专业人员必须确立高标准。"②

① 曲铁华，冯茁，陈瑞武. 教师专业发展与高等师范院校课程改革. 教育研究，2007(9)：71～76

② 转引自郭志明. 美国教师专业规范历史研究. 北京：中国社会科学出版社，2004. 192页

一、改革的历史背景和动因

早在19世纪末20世纪初，美国的教育专家、管理者和各州官员就组成了一个松散的全国性网络，试图对当时无序、松散的教师培养进行标准化。1890—1940年间，这些专业化者成功地使州层面的教师教育认证规范化，同时加强了教师执照与已经获得"认证"的教师教育项目之间的联系，这些培养项目是由著名的专业化者和相关部门(人员)所提供的。到1937年，41个州已经建立起教师认证体系，要求所有教师都需要得到各州的认证，而且绝大多数教师都要完成由学院或大学提供的教师教育项目。① 二战后，全美教育协会(NEA)成立了一个全美教师教育和专业标准委员会(National Commission on Teacher Education and Professional Standards，NCTEPS)，来提升并制定教师教育机构的专业标准。1952年，NCTEPS联合美国教师教育学院协会(American Association of Colleges for Teacher Education，AACTE)和全美各州师资培育与证书负责人委员会等专业组织的代表共同开会，决定成立全美教师教育认证委员会(NCATE)以鉴定(accredit)教师教育项目，并且于1954年正式成立，从此教师教育有了专门的专业认证机构。

20世纪80年代，《国家处在危险之中》的发表，激起了人们对教师培养质量的关注，使关于如何吸引和留住优秀教师这个本已争论激烈的话题更趋白热化。面对这种挑战，一种较为合理的应对方式是使新的教师教育指导原则更加专业化，使当时的教师认证和培养体系更加严格。其中最著名的例子是卡内基工作组和霍姆斯小组的建议，要求更多的培训、更多的资金、更高的教师工资、更多相关科目的训练、更高的标准与职业阶梯相挂钩，全美教学和美国未来委员会整合了这些建议，发起和引领了教师教育的专业化改革。

从教师教育内部来看，美国大学教育学院自成立以来至今就一直饱受指责。这些来自外部和教育学院内部的批评对教育学院的教授、学生和课程等等进行了激烈的抨击。这些批评声中轻蔑的语气给教育学院带来了莫大的打击，致使"教育学院地位低下"或"教师教育地位低下"这一"阴影"一

① Frederick M Hess. The Predictable, but Unpredictably Personal, Politics of Teacher Licensure. Journal of teacher Education, 2005(3):pp. 192～198

直笼罩在教育学院的上空。专业化被许多教师教育者和研究者们看做是拯救教师教育的根本途径。

(一) 教师教育地位低下质量堪忧

第一，教师地位低下。一方面，教师的待遇低下。美国高质量教育委员会发现："教龄达 12 年的教师平均工资每年只有 17000 美元，很多教师还需要兼职工作或者夏季工作以弥补收入不足。此外，教师个人在决定关键业务问题上没有什么权力，例如挑选教科书。"①另一方面，教师缺乏发展机会。霍姆斯小组在 1986 年于《明日的教师》中指出："从本世纪初开始，社会对教师在智力方面的要求正在以惊人的速度不断增长的时候，教师工作的性质与构成却与十九世纪中期的情况相差不大。""……他们整天忙于上课，几乎或根本没有时间来准备、分析、评估自己的工作……"②教师职业确实是毁誉并存的，既被誉为"富有献身精神的事业"，又被调侃为"轻松安逸的活儿"，实际给予这些从事教学工作的人的尊重从未与公开宣称的敬意相称过。

第二，有意于报考教学专业的学生，学术能力明显地低于有意于报考其他专业的学生。1973—1981 年间，国家教育统计中心对大学候选人③中有意于报考教育专业的学生进行了研究，发现他们在口语和数学学术能力测验(SAT)中的平均分数，远远低于所有大学候选人的总体平均分数：1973 年低于国家口语平均分数线 27 分，低于数学平均分数线 32 分；1976 年低于国家口语平均分数线 34 分，低于数学平均分数线 43 分。大学入学考试委员会数据显示，到 1981 年，这种差距进一步加大。例如，那些有意于报考教育专业的学生的数学平均分数降低了 31 分，而同时期所有大学候选人的数学平均分数仅降低了 15 分；在学术性能力测试中，有意于报考教育专业的学生口语平均分数降低了 27 分，而所有大学候选人的平均分数仅降低了 21 分。④

---

① 美国高质量教育委员会.国家处在危险之中：教育改革势在必行，1983.徐进，周满生译//吕达，周满生.当代外国教育改革著名文献.美国卷·第一册 北京：教育科学出版社，2004.13 页

② 北京师大教科所师范教育研究室.霍姆斯协会报告：明天的教师(1986)(上).范宁编译.外国教育资料，1988(5)：1～35

③ 大学候选人主要指那些决定进入大学学习或者已经被一些大学录取的高三学生。

④ Christopher J. Lucas. Teacher Education in America—Reform Agendas for the Twenty-First Century. New York: St. Martin's Press, 1997. p. 106

卡内基工作组1986年发表的《国家为培养21世纪的教师作准备》提到："尽管近两年选择主修教育的高中毕业生的'学习能力测验'分数有所提高，但是这微小的提高也不能挽回近十多年来师范院校的分数低于普通大学学生分数的局面，师范院校的学生与其他一般大学的学生相比，存在一个很大的差距。师范院校录取的大学生中，几乎近半数的人仅学过非文理科的高中课程，也就是说，他们接受过的仅是那些并非为以后上大学作准备的普通高中和职业学校的教育。"①

第三，教师教育的录取标准较低。20世纪80年代早期，由北部中心组织(North Central Association，NCA)对全美教师教育认证委员会(NCATE)所授权的学院和大学的录取程序进行了研究。结果显示，尽管整个标准条款很冗长，但是大多数机构的录取淘汰率不到10%。事实上，那个时期所有机构都规定了进入教师教育项目的最低分数线，但是这些分数线都设得很低。例如，1983年引证的一个调查研究显示，与美国教育学院联合会(AACTE)有联系的所有高等教育机构中，就学术能力测验(SAT)来看，几乎50%的机构的录取标准不高于或者低于2.0(以4.0的基准)，1/3要求平均分数在2.01到2.25之间；录取标准在2.26至2.5之间的机构不到14%。②

第四，教师教育的课程设置不合理。一方面，教育专业课程的比例太重。1983年美国高质量教育委员会发现，"教师培训过程中，一些'教育法'课的分量太重，从而挤掉了将来任教的主修课程的学时。对1350所培训教师的学院的调查，其结果说明，初等学校候补教师的41%的时间用于有关教育的一些课程，因而减少了用于主修课的时间。"③另一方面，学术课程安排混乱，难度和深度较低。霍姆斯小组在1986年《明日的教师》中指出，詹姆斯·科南特对师范教育的里程碑式的研究，仍然适用于今天的状况，"每年都有

① 卡内基工作组.国家为培养21世纪的教师作准备.徐进，周满生译//吕达、周满生.当代外国教育改革著名文献(美国卷·第一册).北京：人民教育出版社，2004，269页

② Christopher J. Lucas. Teacher Education in America—Reform Agendas for the Twenty-First Century. New York: St. Martin's Press, 1997. p.107

③ 美国高质量教育委员会.国家处在危险之中：教育改革势在必行，1983.徐进，周满生译//吕达，周满生.当代外国教育改革著名文献.美国卷·第一册 北京：教育科学出版社，2004.13页

成千上万的学生徘徊在那些最肤浅的学科知识的概览式的课程之中"；"谁也不能肯定，在美国大学里获得学士学位的人，对一门公认的学科完成了必要的、深入的、或者连贯一致的探求"。① 1984 年亚利桑那州州立大学对教育学院毕业生的研究显示，教师在培训中所获得的 95%的科学、数学、英语学分，是通过选修大学一年级水平的引入性课程完成的。②

总之，教师教育与教学职业的状况密切相关、荣辱与共。正如《明日的教师》报告中指出的："师范教育长期以来智力上十分薄弱，它使许多未受良好训练的人进入教育专业领域，这就进一步损害了这一本来就不受人尊重的专业的名声。反过来，教学长期以来一直是低薪而又繁重的职业，这就使大学难以找到好学生来接受师范教育，学生也难以像对待其他专业教育那样，严肃地对待师范教育。"③因此，吸引优秀人才进入教学领域成为教师教育改革的关键。

(二) 各州教师证书标准缺乏专业品质和一致性

在美国，由于长期分权制的管理，州教育行政部门制定的教师资格证书制度和教师教育认证制度，对教师的质量保障起着重要的作用，一直扮演着看门人的角色。正如第三章所提到的，20 世纪 80 年代以后，联邦政府和专业团体这两股力量越来越多地介入到教师教育的改革中来，并且产生了重要的影响。但是，它们的影响最终仍然是通过州层面教师教育的标准和认证改革起作用。

从 20 世纪开始，美国的教师教育资格审查形成这样的程序：凡毕业于政府认可的教师教育机构的学生就可以申请教师资格证，这种做法一直持续到 20 世纪六七十年代。州教育行政和立法部门作为教师资格审查的主要权力部门，侧重于对师范生所完成的教师教育项目的课时、学分等外部条件进行审核，并没有考虑到他们完成这些要求的效果和质量。另外，在教师短缺时仍然有不少州向没有接受过培训的人员颁发应急证书。随着社会对教师

---

① 转引自北京师大教科所师范教育研究室. 霍姆斯协会报告：明天的教师(1986)(上). 范宁编译. 外国教育资料，1988(5)：1～35

② Christopher J. Lucas. Teacher Education in America—Reform Agendas for the Twenty-First Century. New York: St. Martin's Press, 1997. p. 218

③ 北京师大教科所师范教育研究室. 霍姆斯协会报告：明天的教师(1986)(上). 范宁编译. 外国教育资料，1988(5)：1～35

职业要求的提高，教师准入标准低下和缺乏专业性的问题越发突出。

美国的教师证书制度可以说自产生之日起，就在努力建立统一的证书标准。20世纪六七十年代，教师证书标准在各州内部的统一已基本实现，但各州之间的差异仍然明显。① 因此，随着对教师要求的不断提高和州际教师流动的加强，建立全国统一的、高标准的教师执照和资格证书成为教师证书制度改革的重要趋势。

虽然自1954年全美教师教育认证委员会成立以来，各州对教师教育机构的要求开始趋于统一，然而全美教师教育认证委员会作为一种自愿的认证制度和非行政部门，它的认证是以州教育行政部门的资格审查为基础的，所以其影响力和对教师职业的规范作用还是非常有限的。因此，教育专业组织要扩大对教师教育标准和认证的影响力，就必须获得政府部门的支持和援助。

许多学者如古得莱得、豪威(K. R. Howey)等人对如何提高教师教育的专业地位进行了研究，许多学术团体如霍姆斯小组等纷纷提出提高教师教育地位的建议。弗雷德里克·赫斯(Frederick M. Hess)认为，除了使用价值，教师教育专业化取向在政治上证明有助于教师培养，它提供了一个使管理者、大学教授和教育学院主任都能够广泛接受的、统一的、专业认同的平台，并且能够为教师培养引进更多的资源，进而提高教师职业的声望。②

(三) 教学作为一门专业运动

为了吸引优秀人才进入教学领域，1980年6月6日美国《时代周刊》一篇题为《危急！教师不会教》的文章，引起了公众对教师质量的担忧，拉开了以提高教师素质、促进教师专业发展为核心的教育改革的序幕③，随后兴起了两大改革浪潮。

第一个浪潮，以《国家处在危险之中：教育改革势在必行》(1983)为起点，是自上而下推行的。其目标是追求教育的"卓越性"，实施教师"职能测

---

① 郭志明. 美国教师专业规范历史研究. 北京：中国社会科学出版社，2004. 138页

② Frederick M. Hess. The Predictable, but Unpredictably Personal, Politics of Teacher Licensure. Journal of Teacher Education, 2005(3): pp. 192～198

③ 教育部师范司. 教师专业化的理论与实践. 修订版. 北京：人民教育出版社，2003. 23页

验”，根据学生的成绩支付相应的工资，由教育行政部门实施职务升迁制度。① 古得莱得曾经指出：“仅仅让教师为改进学生的学习负责，却不解决这些条件问题，是不可能改善教师的职业生活质量和他们所任教的学校的质量的。”因此，为了上述目标，他们主要采用了减轻教师负担、增加工资、物质激励和进修机会等手段，改进培养师资的工作或把教学变为更值得从事的和更受人尊敬的职业。其中，《国家处在危险之中》建议：“减少教师的行政负担和这方面所占用的教师在校的时间，从而增加教学的时间。”“教书这一行的工资应该增加，并且应是待遇优厚的竞争性职业、对供求敏感（对稀缺人才提高待遇）并且以工作成绩为依据……”“名教师应该参加制定教师培训计划，并监督实习期间的教师。”②

第二个浪潮，以《准备就绪的国家：21 世纪的教师》（1986）为起点，是自下而上推行的。其目标是追求教师的“专业化”，以教师的自律性为基础从学校内部推进有创意的改革。他们认为实现这个目标需要确立教学的专业地位，建立起与这一专业性质相对应的衡量标准，使教师教育培养出训练有素的达到专业化标准的教师，以教师的专业化来实现教学的专业化，赢得较高的社会地位。《准备就绪的国家：21 世纪的教师》中建议，创立全国教师专业标准委员会，高标准地确定教师应该懂得什么，应该会做什么。霍姆斯小组在《明日的教师》中也提出，要通过提高标准、改革专业教育、进行专业分工等方法来提高教学工作的专业地位，认为要改变教师专业地位的现状，提高教学专业水平和声望，必须对教师胜任工作的能力进行区分，这种区分可为教师专业的改进和发展创造机会，并且将激励建设性的专业活动。

综上所述，20 世纪 80 年代以来的一系列报告都非常强调教师职业的专业化以及教师的专业发展，提出教师不仅是学术专家、教学者，还应该成为交往者、决策者；专业化不仅包括学术和教学实践的学习，还包括对教学进行的批判性思维并发展这种思维，并且通过提高教师的专业资格标准来提高教师的专业素质，进而提高教师的专业社会地位，因此关于教师知识和技能的专业标准凸显出来。

---

① 袁振国. 中国教育政策评论 2002. 北京：教育科学出版社，2002. 140 页

② 美国高质量教育委员会. 国家处在危险之中：教育改革势在必行，1983. 徐进，周满生译//吕达，周满生. 当代外国教育改革著名文献 美国卷·第一册. 北京：教育科学出版社，2004. 18 页

总之，由于受到各州和联邦政府的重视，专业组织的参与对州层面的标准和认证的改革产生了重要的影响，对教师教育的专业化发展起到了重要的推动作用。

二、改革的内容

由于各种教育改革报道的出台以及教师专业化发展的需要，20 世纪 80 年代以后，美国各州教师教育中的标准和认证规章都进行了不同程度的改革，这些改革举措吸纳了专业化的一些要求。尽管各州之间的规章无论在组织方式还是具体条款方面都彼此不同，但是，从整体上来看，在专业化改革背景下，州层面教师教育中的标准和认证改革主要体现在六个方面：提高教师教育的标准、延长教师教育修业年限、加强通识教育课程、教育专业课程与学科课程的融合、增加指导性的教学实习、教师资格证进一步层级化以及永久教师资格证的终结。

(一) 提高教师教育的标准

首先，各州相继引入各种形式的测验，加强对教师候选者的鉴定。一项研究表明：到 1989 年，已有 45 个州颁布了针对教师候选者的某种形式的单项测试，包括主题知识测试、一般知识测试、专业知识和技能测试等。到 20 世纪 90 年代，随着教育国家化的改革，各州由多样化的测试转向于采用全国统一标准的测试。到 20 世纪 90 年代后期，越来越多的大学和学院开始提出教师候选者需要通过一项与全国教育标准水平挂钩的测试，并且美国现在有 32 个州的教育专业学生毕业时要参加全国教师考试。近年来，教育测验服务社重新修订了教师测验，并且增加了新的测验形式与方式。所增订的教师资格鉴定，重新命名为“普瑞西斯实践系列”(Praxis Series)，该系列适用于初任教师的专业测量。目前，全美共有 40 个州规定要求实施教师资格鉴定，而且采用全部或者部分“普瑞西斯系列”的有 34 个州(占 85%)。① 另外，在认识到纸笔测试的局限性之后，各州、教师教育机构以及地方学校也开始采用观察法、问卷调查法等方式评价教师的有效性。档案袋的发展和使用，可能是 20 世纪 80 年代最具有深刻意义的进步。教师教育项目依靠档

---

① 教育部师范司. 教师专业化的理论与实践. 修订版. 北京：人民教育出版社，2003. 148 页

案袋，可以检验未来的教师进入教师教育项目的情况，展示整个项目的完成情况，确定是否完成了项目目标和州的认证标准。①

其次，对于进入教师教育项目的学生，要求的平均积分点有明显提高的趋势。在大多数本科院校，只有学业优异的大二下学期学生才有资格转入教育专业，或者拥有获得教师资格证的候选资格。从1999—2000年起，要求教育专业申请者至少要修完三个学期本科水平的文理课程，平均积分达到"B"（即平均成绩为良）才能录取。如果没有达到这个标准仍想攻读教育学专业的学生，则必须补修一学期或者更长时间的课程来达到合格水平。②

（二）延长教师教育修业年限

延长教师教育修业年限的建议可以追溯到20世纪初。20世纪早期，为了产生与大学中的其他学术部门完全一致的培训机构，师范教育改革者要求建立教师学院，并且提出为教育领导者设立作为精品课的研究生教育。职前教师教育项目应该延伸到研究生阶段的观点也被提出来了。一些人认为，只有完成了学士学位，师范生才有资格进入教师培训项目，以获得初级教师资格证书。

自20世纪上半期起，就不时听到这样的声音：在四年本科项目内，提供满意的教师培养是不可能的，职前培训应该延长至少一年或者两年。而且倡导完整的五年或者六年教师教育培养项目的那些人，普遍同意授予完成了整个项目的学生某种形式的毕业文凭。特别是二战后，在福特基金会赞助下的（Ford Foundation Sponsorship）教学硕士（Master of Arts in Teaching，M. A. T.）计划的出现和实施，激发了对延长的（五年和第五年）教师教育项目的兴趣。尽管20世纪五六十年代，真正提供延长的教师教育项目的教师职前培训机构数量很少，但是当时的一些调查者预言，培养中学教师的五年教师教育项目一定会变得普及。20世纪70年代，对几个不同类型的延长的教师教育项目的兴趣开始加强，从那以后到20世纪80年代的教育

① David G. Imig. The Teacher Effectiveness Movement—How 80 Years of Essentialist Control have Shaped the Teacher Education Reform. Journal of Teacher Education, 2006, 57(2): pp. 167～180

② 教育部师范司. 教师专业化的理论与实践. 修订版. 北京：人民教育出版社，2003. 100页

改革报告中，越来越多的改革者接受了这种观点：延长教师教育项目的持续时间能够提高教师教育的质量。例如，卡内基和霍姆斯小组的报告中，都倡导延长修业年限，以提高教师教育的质量。

20 世纪 80 年代后期的一些研究表明，延长教师教育修业年限的项目正在吸引高质量的学生，并且其毕业生对所接受培训的满意度也很高。1990 年的一个研究显示，在新汉普郡(New Hampshire)大学，五年教师教育项目的毕业生与四年项目的相比，更有可能继续进修并且留任率更高。斯坎内尔 1997 年的研究指出："四年教师教育项目的改革对开发教师教育的全部潜能是不充分的，它没能力培养出能够指导学生达到社会所期望的水平的教师。因此，需要更充分、更全面的教育课程。"①

延长的教师教育项目主要有两种形式：五年综合计划和第五年研究生计划。其中，五年综合计划是将本科教育计划、专业学习和教学实习结合在一起，它强调实地见习要贯穿在整个教师教育项目中，认为这样能够有效加强教育理论和实践的结合，增加与学术专家和教育学教授的对话。第五年计划主要体现在霍姆斯小组的建议和卡内基小组的报告中，其中前者建议教师教育机构应取消教育主修专业，建立教学硕士学位，所有的未来教师都要以将来的任教学科作为主修专业。所有取得文学和理学学士学位者，必须获得教育专业的硕士学位，才能申请教师证书。后者主张取消教育专业的学士学位，把教师教育的修业年限延长至六年，最后两年为教育专业课程的学习，专业学习包括教育理论和实践，学习应以现场教育实习为主。

(三) 加强通识教育课程

通识教育旨在解放精神与思想，使人摆脱"无知、偏见与狭隘"的束缚，避免狭隘的专业化，而不仅仅是为职业作准备。科南特在《自由社会的通识教育》导言中指出："通识教育的核心问题是使自由和人道的传统持续不断，单单获得知识，发展专门技能与专门能力，并不能为理解奠定宽广的基础，而理解恰恰是维护我们的文明的基本要素。""甚至即使学生在数学、物理学、化学、生物学等方面有扎实的基础，而且能够读写几种语言仍然没有为自由社会的公民提供足够的教育背景，因为这样的课程和人类个人的情感

---

① Christopher J. Lucas. Teacher Education in America—Reform Agendas for the Twenty-First Century. New York: St. Martin's Press, 1997. pp. 144～145

经验与人类群体的实践经验缺乏联系。”①

然而，一些研究者指出，在美国高等教育中真正的通识教育经常被扭曲或者被忽视。罗伯特·保罗·沃尔夫(Robert Paul Wolff)在《大学的理想》(The Ideal of the University)中、布兰德·布兰沙德(Brand Blanshard)在《自由主义教育的功能》(The Uses of a Liberal Education)中和克里斯托弗·詹克斯(Christopher Jencks)与戴维·赖斯曼(David Reisman)在《学术革命》(The Academic Revolution)中都提出了相同的论断：高等教育机构变得自满，越来越少地反思它们自己的实践，丧失了引导智力的洞察力，在以就业为目的的教育的强大文化压力下，大多数学院和大学都只满足于提供给学生一些预备好的、大杂烩式的课程。由于放弃了课程的整体性而追随市场的变迁和潮流，它们似乎已经丧失了在其所提供的课程中坚持智力的一致性或者整体性的意愿。或者说，特别是大学已变成“知识工厂”，使知识成为可以买卖的商品，而它们则成为这种商品的主要制造者和销售者。② 另外，在具体的课程设置中，1987 年卡内基教学促进基金会主席博耶在《学院：美国本科生教育的经验》一书中指出：“我们最大的敌人是‘割裂’；在社会中我们失去了文化的内聚力和共性，在大学内部是系科制、严重的职业主义和知识的分裂。”③

以上所述情况，在教师教育机构中也普遍存在，严重影响了教师教育的质量。自 20 世纪 70 年代末以来，加强大学基础课程改革的呼声日益高涨。1985 年全国优异教师教育委员会声明：“通识教育(为所有本科生，不仅仅是教育专业的学生)应该是一个连贯的、一致的、有计划的课程设置，而不应该仅仅是散布在许多部门的课程的积累。”④因此，博耶等人提出的“综合核心

① 北京师联教育研究所编译. 教育改革思想与教育论著选读——今日美国中学、美国师范教育. 中国环境科学出版社，学苑音像出版社，2006. 8 页

② Christopher J. Lucas. Teacher Education in America—Reform Agendas for the Twenty-First Century. New York: St. Martin's Press, 1997. p. 114

③ 王英杰. 美国高等教育的发展与改革. 北京：人民教育出版社，1993. 99 页，转引自郭志明. 美国教师专业规范历史研究. 北京：中国社会科学出版社，2004. 217 页

④ Christopher J. Lucas. Teacher Education in America—Reform Agendas for the Twenty-First Century. New York: St. Martin's Press, 1997. p. 147

课程”①引起了教育界的广泛关注。在教师教育改革中,卡内基和霍姆斯小组报告都建议把文理科学士学位作为学习教学专业的前提条件,到20世纪90年代后期,已经有半数以上的学生在本科阶段的第二年或者第三年才开始学习专业知识,在此之前主要学习文理基础课程。

(四) 教育专业课程与学科课程的融合

首先,任教学科出现教育学化的改革趋势。在理论方面,1985年,舒尔曼在美国教育研究协会中提出了“学科教学知识”(pedagogical content knowledge)的概念,包括学科内容和它的可教性方面的知识,是特定的学科内容知识和教育学知识的混合物,是学科知识在教学中的独特体现。这一概念突破了学术学科与教育学科知识通过教学法课程简单相加的方式,强调学科知识与教育学知识在更深层次和更广范围上的结合。这一概念提出以后,很快引起了普遍的关注,英语、数学、科学等专门领域都开始了对该学科的教学方面的知识的研究。

在改革的实践方面,1986年霍姆斯小组在《明日的教师》报告中主张,加强学术科目的教育,建立学术课程标准,使本科生能够掌握有关本学科的范围和智力结构,并且把工作的重点放在专门学科的教与学上,用对专门学科的教与学的研究代替本科的一般“教学法”课程,并且这项工作应基于对各专门学科的优秀的教与学的认真研究(包括学术探讨和现场经验)的基础上。② 霍姆斯小组的报告发表以后,很快就有一百多所教师教育机构根据报告的建议,制定了提高主修学科课程标准和加强这些学科与教育学科融合的改革措施。

其次,削减教育学科课程。一方面,卡内基和霍姆斯小组报告都声称取消本科阶段的教育主修,废除教育学士学位。在具体的做法中表现为:削减教育学科,或者因为评价专业教育学科课业时有分数膨胀现象而不把教育学科成绩记入师范生的平均积分。例如,宾州提出的教育专业学生至少要

① 这类课程旨在解决分科教学中文理基础课程的零散性、狭隘性等问题,划分了七个课程领域,使学生的学习与人类的共同经验领域相联系:语言——最基本的联系工具;艺术——美学素养;渊源——生活的历史;制度——社会结构;自然——行星生态;工作——职业价值;认同——发现自身的存在及其意义。

② 北京师大教科所师范教育研究室.霍姆斯协会报告:明天的教师(1986)(上).范宁编译.外国教育资料,1988(5):1～35

达到平均积分 B 的录取标准和学业标准中，都不将教育学科的成绩计算在内。①

总之，20 世纪 80 年代以后，美国教师教育课程改革反映了长期以来在教师教育课程领域中学术课程和教育学课程对峙的新特征。1985 年，舒尔曼最初提出"学科教学知识"概念时，强调学科知识转化为可以进行教与学的知识。20 世纪 90 年代以后，"学科教学知识"则转而强调教育学或者教育专业知识。在这一知识体系中，又出现了普通教育学知识与特定的学科领域中的教育学知识(subject-specific pedagogy)的对峙，这种对峙已不是简单的学科知识和教育专业知识所代表的两个领域的对立，而是在两者融合的基础上出现的新的矛盾，它超越了任何一类知识更有价值的讨论，代表着学科知识与专业知识如何融合，如何开展这两方面的课程教学工作，如何帮助学生掌握这些知识等新的发展方向。②

(五) 增加有指导的教学实习

教学实习的新理念与新方法为学科教学和专业教学的融合提供了新的途径，主要的改革体现在增加了实习前的实地见习和在教学实习中的指导两个方面。

相当一部分院校在教学实习之前安排了见习活动，并把它作为教学实习的准备。20 世纪 90 年代以来，至少有 1/4 的教师教育项目在第一年就为学生提供了见习机会，98.7%的教师教育项目在学生实习前安排了见习。③与传统的教学实习不同的是，见习和教学法或基础课程的联系越来越密切，学生一般是在选修一门或者几门教学法或者基础课程的同时，在中小学的课堂中观察和体验理论课程中的概念和技巧。例如，威斯康星大学麦迪逊分校的初等教师教育项目中，要求有两次与特定的教学法课程相联系的教学实习。

"教师培训应该成为真正的、学术性的教师教育者和有经验的课堂实践者之间联合与合作的事业。前者应该主要负责理论(didactic)教育，后者应

① 教育部师范司. 教师专业化的理论与实践. 修订版. 北京：人民教育出版社，2003. 100 页

② 郭志明. 美国教师专业规范历史研究. 北京：中国社会科学出版社，2004. 222 页

③ 郭志明. 美国教师专业规范历史研究. 北京：中国社会科学出版社，2004. 226 页

该成为帮助新手教师发展实际的教学和管理技能的领导者。”①因此,教学实习中的指导主要表现在两个方面——大学里的教师教育者的指导和中小学里的领导教师的指导。这在教师专业发展学校中得到了较好的实践,这种学校类似于医学院的教学医院,由教育学院和学区共同建立,设在中小学,目的是为职前教师提供实习课堂、提高中小学教师的教学能力、提高学生的学习质量、辅助中小学教师的进修和加强教育学院和学区的联系。教师专业发展学校在1986—1996年10年间发展迅速,受到大中小学的欢迎和全国性组织机构的肯定与支持。1994—1995学年间建立了125所,2001年共有600所,其中166所在全国教师教育认证委员会认可的学院中。为了积极鼓励教育学院和学区共建“教师发展学校”,2001年全国教师教育认证委员会颁布了教育学院和学区共建“教师发展学校”的标准,要求它认可的525所主要的教育学院全部要与学区建立合格的“教师发展学校”。②

(六)教师资格证的层级化以及永久教师资格证的终结

20世纪80年代后期以来,专业团体越来越多地参与到教师的资格审查中,各州也开始建立专业标准委员会,从而打破了政府部门垄断教师证书的传统,体现了从行政管理转向专业管理的趋势。其中一个突出的表现是将教学资格证的水平和类型,与其所规定的教学的不同水平和可更新时间的长短联系起来。在南卡罗来纳州,资格证根据三种不同的类型和主题可分为“专业1、2、3级”(如,Class Ⅲ-Professional)、“专门专业一级”、“高级专业一级”(Class Ⅰ-Specialist Professional、Class Ⅰ-Advance Professional)。宾夕法尼亚州提供了“内部证书”、临时的“一级教学证书”和“二级教学证书”(“Instructional Certificate Ⅰ”和“Instructional Certificate Ⅱ”)。新汉普郡州提供了“新手教育者证书”和“有经验的教育者证书”。内布拉斯加州的体系包括初始的证书、标准教学证书和专业证书。犹他州分为“基本”证书和“标准”(standard)证书。新墨西哥州规定了不可更新的水平1的初级执照、可更新的水平2的“继续”执照和水平3-A的“教育领导者”证书。马里兰的证

① Christopher J. Lucas. Teacher Education in America—Reform Agendas for the Twenty-First Century. New York: St. Martin's Press, 1997. p. 270

② National Center for Education Statistics. Standards for Professional Development Schools. 2000[EB/OL]. [2001-11-28]. http//www. ncate. org 转引自袁振国主编. 中国教育政策评论2002. 教育科学出版社. 2002年版,213页

书包括“标准专业”身份和“高级专业”身份等等。①

永久的、终生的教师执照开始被终止，在大多数州甚至“高级”教师资格证书也要求定期更新。鉴于各州对教师的不同要求体现在不同水平的教师资格证书中，大多数州宣布的具体资格条件，取决于未来的教师有意于在哪个阶段工作，包括幼儿园、小学、初中或高中。同样对中学阶段的各学科的要求也不同，取决于具体的科目。另外，在所有的州，与特殊教育教师、学校的咨询者、阅读专家、课程协调者等的资格证书一样，诸如学校的图书管理员或者“媒介服务专家”的资格证书也有其自己特定的要求。

三、改革所受到的质疑

尽管上述许多改革举措产生了积极的影响，但是对它的批评也一直没有停息过，具体的争议和批评主要有以下几个方面。

（一）质疑改革的目的和影响

许多批评者认为，州层面教师教育中的标准和认证改革尽管吸纳了一些专业化取向的举措，但是其目的不是为了提高教育教学的质量而是为了展示一种公共形象。维吉尼亚大学的戴维·克拉克（David L. Clark）等认为，提高进入教师教育项目和教学职业的要求、加强通识教育课程、进行胜任能力测试等措施都有良好的意图，但是由于缺乏证据证明达成这些目标的合理性，就使得这些举措在改善教育质量方面的意图打了折扣，而更多地体现了一种关于教师质量保证的公共形象。例如，在教师许可项目中倡导大量运用标准化的多项选择测试，然而事实是教师在标准化测试中的分数与教师的教学有效性之间的相关性很低，并且有证据显示，教师测试很少能够准确预测一名教师工作的优劣程度。② 这就使得对教师测试的强调在很大程度上成为一种作秀，而非真正提高教师质量。

在吸引优秀人才进入教学领域方面，上述举措并未取得预期的效果。2002 年美国教育部的年度报告《迎接高质量教师的挑战》引用国家教育统计

① Christopher J. Lucas. Teacher Education in America—Reform Agendas for the Twenty-First Century. New York: St. Martin's Press, 1997. p. 192

② Christopher J. Lucas. Teacher education in America—Reform Agendas for the Twenty-First Century. New York: St. Martin's Press, 1997. p. 193～194

中心的研究显示，教育学院没有招收到最好的学生。例如，在主修教育的大学毕业生中，成绩在SAT或者ACT前五分位数上的人数占14%，而主修社会科学的占26%，主修数学、计算机科学或者自然科学的占37%。① 报告援引相关的研究认为，由于培养项目的僵化、较高的机会成本和自身课程及教学效果的问题，教育学院既不能吸引最好的学生，也难以培养出高质量的教师。大多数教育学院的毕业生认为，传统的教师教育项目没有使他们得到很好的培养，以迎接真实课堂的挑战。据全国教育统计中心的数据显示，感觉到在实施新的课程和学科成就标准方面受到良好培养的新教师不足36%，感觉到在将技术整合到教学中方面受到培训的不足30%，感觉到在满足多元化的学生或者英语能力有限的那些学生的需要方面受到培训的不足20%。②

州层面教师教育中的标准和认证规章的改革，对具体的教育教学产生的影响很小。全美教师教育认证委员会的阿瑟·怀斯(Arthur Wise)指出，在实际的教育教学中没有随州层面教师资格证书政策变化而发生许多变化。他认为，有一些创新反映了新型教师资格证书政策的期望，但从整体上来看，所看到的收获是微不足道的。

(二) 质疑延长修业年限的合理性

1984年，俄亥俄州州立大学的弗雷德里克·R.辛赫特(Frederick R. Cyphert)等指出，还没有充分的证据表明延长的教师教育项目是合理的。在对俄亥俄州进行的一个调查中他们发现，如果让学生对希望进入什么样的教师培养模式作出选择，那么有90%的被调查者选择四年而不是五年教师教育项目；大约40%的被调查者表示，如果需要完成一个超出本科水平的职前培养项目，他们将不会选择做教师。其中，所需要花费的额外时间和费用

① U. S. Department of Education, Office of Postsecondary Education, Office of Policy Planning and Innovation. Meeting the Highly Qualified Teachers Challenge: The Secretary's Annual Report on Teacher Quality. Washington D. C, 2002[R/OL]. [2006-12-18]. www. ed. gov/about/reports/annual/teachprep/index. html

② U. S. Department of Education, Office of Postsecondary Education, Office of Policy Planning and Innovation. Meeting the Highly Qualified Teachers Challenge: The Secretary's Annual Report on Teacher Quality. Washington D. C. 2002[R/OL]. [2006-12-18]. www. ed. gov/about/reports/annual/teachprep/index. html

是许多人关注的一个重要方面。①

一些分析家也指出，公众对教学的尊重，很少与教师所受的研究生教育或者所持有的高级文凭的数量有关。浩雷用这个假设来说明问题，即提高职前培训的时间或者数量，将为任何特定职业带来更高的地位，它经常被调用来维护研究生阶段培养项目的合理性。但是他指出，像工程师、新闻记者和商人这些行业已经获得了较高的职业声望，但是进入这些行业时并不要求拥有比本科文凭更多的东西。事实上，职业声望不在于职前培训的长度，而在于工作本身的性质。另外，浩雷对教师教育项目中研究生课程的质量提出质疑，他认为研究生课程在学术上未必高于本科课程。他指出，现在的教师劳动力市场已经显示，在当前教学作为一门职业所获得的报酬与所培养的教师的规模和质量之间基本存在着一种平衡。提高进入该职业的成本和要求，导致的结果可能正好与人们期望的相反，即当成本提高而相应的收益不提高时，进入教学领域的那些人的质量可能会下降。②

大学教师（或者机构）更倾向于使教师教育项目维持原状，因而延长修业年限的项目仍缺乏广泛的支持。1993 年的一个报道显示，同时拥有本科和研究生教育项目的教育学院，只有当存在充分的证据证明延长的教师教育项目优于四年本科项目时，才缓慢地作出反应。事实上，大多数希望获得教师资格证的学生接受的都是四年制项目。根据美国教师教育学院委员会报道，实际上 1986—1991 年间，进入四年教师教育项目和延长的教师教育项目之间的学生比例基本上没有变化。纽约大学的克拉克（David L. Clark）等人评价道："20 世纪八九十年代的教育改革运动产生了令人失望的结果，大多数教师教育项目，仍然没有空间和时间进行集中于专业培训的研究生项目。并且，在拥有职前培训项目的 1300 个学院和大学中，许多几乎没有什么资源和精力分配给教师教育。"③

---

① Christopher J. Lucas. Teacher Education in America—Reform Agendas for the Twenty-First Century. New York: St. Martin's Press, 1997. p. 146

② Christopher J. Lucas. Teacher Education in America—Reform Agendas for the Twenty-First Century. New York: St. Martin's Press, 1997. pp. 144～145

③ Christopher J. Lucas. Teacher Education in America—Reform Agendas for the Twenty-First Century. New York: St. Martin's Press, 1997. p. 154

(三) 教师教育课程的改革缺乏经验基础

首先,加强学科课程要求的证据不足。1990 年版的《教师教育研究手册》中指出,要求未来的教师精通学科内容知识,获得所教授学科的完整、深入的知识。毫无疑问,这是一个所有人都会支持的、有价值的、优良的、可以理解的目标。但是相关研究显示,大量缩减教育课程后的不良影响,超出了增加学科课程的意义。这不是说学科内容知识不重要,而是超出某一最低限度,不能以在经验上被证明的方式证明它们影响了教师的教学有效性。① 另外,加强通识教育的要求是州层面教师标准改革的一个突出主题,但是,仍然缺乏充分的证据,证明加强对通识教育课程的学习将提高教师的教学有效性。

其次,支持指导性的实习和见习的优越性的研究非常有限。埃弗特森(Evertson)和她的同事指出:"现有的研究……提供了很少的证据证明指导性的实习经历是教师教育的有效方式。"浩雷也提出同样的观点,他发现:"可获得的研究显示,教学实习效果往往不明显,并且可能达不到预期的效果……也很少有证据来支持在教学实习中加大时间投资的合理性。"②

在实际的现场实习中也存在着许多困难。例如,当新手教师初次负责管理一个班级时,通常有种被情境所淹没和压迫的感觉,所采取的对策经常是抛弃所学过的教育原则和教学方法,而借助一些更原始的方式,例如树立权威、保持学生的注意、维持课堂的控制等。这时教师的整个关注点是狭窄的,抓住的主要是处理学生行为的策略而不是促进学生学习的策略。另外,在指导性教学实习过程中的合作问题也很突出:一方面,学生和实习学校之间经常存在着文化冲突。例如,学生在大学课堂中所学习的一些理论和方法,往往与实习学校指导教师的观念相冲突。另一方面,在当前大学注重科研的奖励机制下,大学教师非常不愿意投入很多的时间和精力,访问合作学校和指导教学实习。

① Christopher J. Lucas. Teacher Education in America—Reform Agendas for the Twenty-First Century. New York: St. Martin's Press, 1997. p. 111

② Christopher J. Lucas. Teacher Education in America—Reform Agendas for the Twenty-First Century. New York: St. Martin's Press, 1997. p. 129

第三节 专业认证中的"三腿凳子机制"

在美国，依其传统，专业认证，特别是对高等教育领域的认证，是非政府性的、由专业工作者志愿发起的，强调自我研究、同行评议，充分体现了学术自由的精神。政府对于高等教育认证系统的角色不是控制者而是使用者。教师教育领域的认证兴起较晚，但仍然延续了上述传统。有人认为这种自我监控的过程也是一种问责，但也有人认为，这种自我监控过于软弱，算不上问责。随着政府对教育的重视和控制权的增强，把专业认证从自我监控转向州强制监控成为一种普遍的趋势，而认证标准也更强调结果和表现。世界许多国家的认证体系都或多或少地参照了美国，但几乎都属于政府组织。①

20 世纪 80 年代以后，随着对教师质量的关注和教学作为一门专业教育改革运动的开展，专业团体对教师教育的影响越来越大，逐渐形成了一套特有的专业化取向的教师质量保障机制。与高等教育认证体系一致，这种质量保障机制基于一种自愿的、专业化的质量鉴定，主要由全美教师教育认证委员会(NCATE)的认证、州际新教师评价与支持协会(INTASC)的执照颁发以及全美教学专业标准委员会(NBPTS)的教师资格证书和高级资格证书的颁发三个程序构成。NCATE 的鉴定对象是教师教育机构，旨在通过保证教师培养机构的质量从而保证教师质量。INTASC 和 NBPTS 的认证对象是教师，分别侧重于新教师和有经验教师的资格标准。其标准彼此衔接，在标准系统和评价方法上双方达成一致，为教师的专业发展提供了通道。同时，NCATE 对教师教育机构的认证标准，也在很多方面参考了 INTASC 为初任教师制定的教师证书标准和 NBPTS 为经验教师制定的专业标准。总

---

① Townsend T. & Bates R. Teacher Education in a New Millennium: Pressures and Possibilities. Townsend T. and Bates R. (eds.), Handbook of Teacher Education. Netherlands: Springer. 2007. p. 4; Brittingham B. Accreditation in the United States: How Did We Get to Where We Are? New Directions for Higher Education, Wiley Periodicals, Inc. No. 145, Spring 2009. p. 7; Mori R. Accreditation Systems in Japan and the United States: A Comparative Perspective on Governmental Involvement. New Directions for Higher Education, Wiley Periodicals, Inc. No. 145, Spring 2009. p. 70 (www. interscience. wiley. com)

之，NCATE、INTASC和NBPTS的三套标准组成了“教师培养和发展的连续统一体”的质量保证系统，成为教师质量保证的三大支柱①，被称为教师质量保证的“三腿凳子机制”(three-legged stool of teacher quality)。

一、全美教学专业标准委员会(NBPTS)②

(一) 为优质教学树立标杆

根据卡内基专业教学工作小组的建议，全美教学专业标准委员会(The National Board for Professional Teaching Standards，NBPTS)于1987年成立。由63人组成的委员会管理，其中大多是一线教师，另外还有学校管理人员、学校董事会领导、州长及州立法人员、高等教育负责人、各种教育组织的代表、商界和社区领导等。作为一个非赢利的、无党派的民间组织，NBPTS旨在“促进教师的专业发展、提高教学的专业地位和美国教育的质量”。它有两个主要的目的：(1) 建立一个评估、认证系统，认证学校中的优秀教师，并且授予高级资格证书；(2) 建立一个教学标准制定委员会，为36个单独的教学领域设立优秀教学的标准。

正如它最初的施政方针——《迈向专业教学的高标准》中所指出的，NBPTS的使命是为教师应该知道什么和能够做什么制定高标准，对达到这些标准的教师予以认可，并推进其他教育改革来促进学生学习。另外，这个施政方针还描述了NBPTS的三个主要的工作领域：制定关于优秀教学的标准、设计优秀教师认证系统以及为鉴定优秀教学的评估系统制定指南。同时，NBPTS还支持与认证、评估相关的研究，主要通过两项举措实施：一是建立评估—开发(assessment-development)实验室；二是资助各认证领域的调查研究。其评估系统运用了许多方法，包括档案袋、现场成就评估和核心实践(center exercise)评估；涉及在各个发展阶段的教师，所有教师都有机会

① The National Commission on Teaching & America's Future (NCTAF). (1996). What Matters Most: Teaching for America's Future. New York: The National Commission on Teaching & America's Future. p. 29，转引自朱旭东，周钧. 美国教师质量管理及其保障的机制、管理和价值分析. 比较教育研究，2006(5)：70～75

② 参见 Serafini F. Possibilities and Challenges: the National Board for Professional Teaching Standards. Journal of Teacher Education，2002. 53(4)：316～327

参与①；这些评估方法还需要符合效度（validity）、效率（efficiency）和影响（impact）的要求。其中，效度指评价程序标准化，实施过程合理可信；效率是节省经费和时间等成本，兼顾评价质量；影响是指评价结果要对教学产生积极效应。② 另外，申请 NBPTS 教师资格证的前提条件是，必须已获得学士学位、持有州授予的教师资格证书、有三年或三年以上的教学经验，对教师资格的评审认定和资格证书的颁发都由 NBPTS 下属的有关机构办理。

NBPTS 认证系统由三个部分组成：(1) 标准和核心概念；(2) 评估/认证过程；(3) 专业发展。在强调其独有特征的同时，每个认证领域的标准都遵循委员会的政策声明《教师应该知道和能够做什么》中提出的五个核心原则（NBPTS 1987）：(1) 教师对学生以及学习负责；(2) 教师熟悉所教科目，并知道如何将其传授给学生；(3) 教师负责管理和组织学生的学习；(4) 教师要对他们的实践进行系统思考并从经验中学习；(5) 教师是学习化社会的成员。③

(二) 政府和相关教育组织的宠儿

虽然是一个民间组织，NBPTS 却赢得了政府的支持以及许多教育组织的信赖。NBPTS 所制定的标准涉及中小学 33 个学术和专业领域，并在逐步健全和完善。虽然现在 NBPTS 的教师专业教学标准和教师资格证书，没有取代州的标准和证书，并且主要面向在职教师，同时受到有些教育学者的质疑，但是由于上至联邦政府、下至各州学区和全美两大教师组织的支持和拥护，势必对统一各州的初任教师资格标准以及有关证书的颁发发挥重要影响。就美国联邦政府而言，1997 年，克林顿总统亲自在白宫主持了 NBPTS 成立十周年纪念大会，并在国情咨文中宣布，联邦政府要资助 10 万名教师按 NBPTS 有关标准获得其资格证书。1999 年教育部长赖利在题为《美国教育现状》的讲话中指出：如果我们不把教学变为第一流的专业，就别

---

① Serafini F. Possibilities and Challenges: the National Board for Professional Teaching Standards, Journal of Teacher Education, 2002. 53(4):316～327

② National Board for Professional Teaching Standards(2003)[EB/OL]. http://www.nbpts.org. 转引自袁锐锷、易铁. 试析 NBPTS 优秀教师认定的标准与程序. 比较教育研究，2004(12)：71～75

③ 教育部师范司. 教师专业化的理论与实践. 修订版. 北京：人民教育出版社，2003. 145 页

想改善公立教育，而实现这个目标的关键，就是 NBPTS 的教师资格标准制定和证书颁发的一系列工作。而 NBPTS 本身在 1987—1999 年，已从联邦政府得到 7000 万美元的资助来开展工作①，并且随着 NBPTS 全国优秀教师资格证书的颁发，在一定程度上改变了公众对教师职业的偏见：教师是半专业人员；教师是天生的、不需要培养的；教学是没有知识基础的。

（三）关于 NBPTS 的争论

理念与现实之间总是存在或多或少的差距，对于 NBPTS 来说同样如此。尽管 NBPTS 在成立之初曾努力尝试实现一套科学、完善的认证体系，但在复杂的现实中也遇到了很多困难或者两难境地，面临着许多研究者和教育相关人员的质疑。

1. 单一的教学标准与复杂的教学情境

NBPTS 的成立是为了回应这些观点："教学专业不能像医学、建筑或者会计专业那样，对其领域优秀实践的知识、技能和性向（disposition）作出系统化的规定"；"一些关于优秀教学由什么构成的误解将继续存在"等。NBPTS 希望通过建立教师资格认证系统，对优秀的教学实践进行认证和鉴定，并开发一种全国性的、统一的标准，从而为教师专业发展确立风向标，引导教师朝这一方向努力。它声称自己建立了体现优秀教学内涵的"第一个彻底的研究标准"。这个标准的开发过程被看做是开发优质教学的法定知识的创新模式，将消除有关优质教学标准的纷争。

但是，在复杂的现实教学情境中，这种形成单一的教学标准的愿望受到许多教育研究者的批评。他们认为 NBPTS 教师资格证书计划试图建立一个特定的教学概念，作为优秀教学的官方的、法定的观点，但是这样做可能导致教条化，否定教学过程中的不确定性，无视具体的场景，最终带来危害。金（King）认为，创立全国教学标准的工作必须受到质疑，"标准拒绝不确定性，NBPTS 的教学观点掩盖了这样一个事实，即教学是一种不可预知的实践，是与学生的反应交织在一起的"。马歇尔（Marshall，1996）也认为，虽然 NBPTS 的教学标准有其积极的、值得肯定的一面，"但是很明显它们代表着一种特殊的意识形态立场，把教师是什么和应该做什么作为预先确定的内容，

① 教育部师范司. 教师专业化的理论与实践. 修订版. 北京：人民教育出版社，2003. 104 页

并且想象了一个乌托邦,而这个乌托邦不是大多数教师都能够实现的"①。

另外,一些教育者认为NBPTS建立的关于熟练教学的观点没有关注到少数种族,特别是非洲裔和西班牙裔美国人对熟练教学的理解。据统计,全美教师申请者获得教师资格证书的比例是45%,而非洲裔美国人获得教师资格证的比例则约为11%。埃尔文等(Irvine,1998)把这看成是一个严重的问题,认为这是由一种狭隘的、标准化的教学观点导致的,而和少数种族教师的能力无关。他们写道,"所推行的旨在提高教师质量和责任的教学专业标准,忽视了非洲裔美国教师带到课堂教学中的文化、教学风格以及教育信念",声称"如果NBPTS变成关于什么是优秀教学的仲裁者……并且如果它的鉴定继续使非洲裔美国教师感到挫败,那么当前缺乏非洲裔美国教师的问题必将变得更糟"。②

2. 等级差距与公平

在NBPTS的声明中,教师资格证被誉为"专业化优质教学的象征"和"教师专业发展的北极星"(Buday&Kelly,1996),一个"你自己专业成长的催化剂"(NBPTS,1989)和"成为杰出的、富有经验的教育者,挑战你自己和尽力做得更好的一个机会"(Rose,1999)。1999年发表在NBPTS网站(www.nbpts.org)上的一则新闻中,教师资格证则被描述为"教学专业中所授予的最佳荣誉"③。

约翰逊(Johnson,2001)指出,NBPTS资格证可能会创建一个"教师职称等级"(teacher career ladder),这样能够促进教师不断提高自身的专业能力,向更高一级发展。他相信教师职称等级对于"吸引和保留优秀教师、发展教育学、加强教育计划以及创建反应敏锐的学校非常重要"。另外,被NBPTS鉴定的教师将获得一些经济激励、领导教师的地位、在地方委员会中的职位以及其他在各种教育机构进修的机会,这不仅能够提高他们的专业认同,而且能够提高他们的专业地位和威望。

---

① Serafini F. Possibilities and Challenges: the National Board for Professional Teaching Standards, Journal of Teacher Education, 2002. 53(4):316~327

② Serafini F. Possibilities and Challenges: the National Board for Professional Teaching Standards, Journal of Teacher Education, 2002. 53(4):316~327

③ Serafini F. Possibilities and Challenges: the National Board for Professional Teaching Standards, Journal of Teacher Education, 2002. 53(4):316~327

但是，在现实中，教师资格证在为一部分人提供特权的同时，也牺牲了另一部分教师。金(King)写道："NBPTS 教师资格证将表现为一种新的商品、一个象征性的物品，拥有一群特殊的消费者。"由于获得它的费用很高，还需要一些其他资源和支持，并不是所有优秀教师都有条件获得这种证书。她认为 NBPTS 教师资格证会成为一种"文化商品"，这种商品的特征之一就是它会导致社会差别的产生，而这种差别可能会给教师带来消极影响，特别是那些缺乏资源来获得它的教师。

3. 简化的评价受到质疑

NBPTS 在最初的政策声明中，列举了选择评价方法论的四个标准：有效性、公平、效率和效果，并且阐明了这样的观点：对熟练教学实践的有效评价，必须综合考虑不同的实践形式，必须从多种认识教学的方式中取样，必须在适当的场景中考虑教学知识和技能(NBPTS，1989)。这种观点在派特洛斯基(Petresky)和其同事的尝试中有所体现。派特洛斯基是 NBPTS 最初的评价开发实验室的主任，这个实验室设在匹兹堡大学。他和他的同事预想的评价体系的程序分为两个部分，一个是学校现场的档案袋，主要用来考查教师在特定情境下的具体实践；另一个是评价的核心活动(center exercises)，主要用来考查教师候选人的学科内容知识。他们认为这些评价是能够把握优秀教学的复杂性的尝试，并且能够在认证过程中为教师提供必要的反馈。

但是，后来 NBPTS 与教育测验中心签订了合同，修订并简化了评价体系。其原因正如派特洛斯基(1994)所声明的："NBPTS 人员判定我们的体系将非常复杂、昂贵、费时。在他们的技术分析团体的建议下，他们想要更换为这样的评分系统，评分者仅受到三至四天的培训，将他们的主要重点放在为不同的评价活动分派分数上，并且为资格证申请的候选者提供关于每个评价分数的'一稿数用'的反馈。"①因此，有人批评在 NBPTS 认证过程中，对教师的挑选和分类似乎优先于对教师教学情况的评价，评价分数似乎已经成为评判是否授予资格证的关键因素，但是问题是这些分数未必能够反映 NBPTS 的两个最重要的目标：教学成就的改善和熟练实践的认证。

① Serafini F. Possibilities and Challenges: the National Board for Professional Teaching Standards, Journal of Teacher Education, 2002. 53(4):316～327

4. 对教师创造性的扼杀

NBPTS的四个核心建议规定“教师需要系统地反思他们的实践并从经验中学习”，而且还对教师作为“反思性参与者”的观点作出了如下描述：教学需要一种批判反思的能力，不能够一次性获得。因而教师有专业义务成为他们技艺的终身学生，寻求扩展他们的全部技能，加深他们的知识和技能，并且在作出判断时变得更加明智。①

NBPTS发表的文献指出，教师是一种非常有价值的资源，能够相互引导、相互学习、相互评价；倡导教师成为认证过程每一阶段的参与者、NBPTS的成员，起草并参与制定教师专业标准，参与对教师候选人的评价。在NBPTS的决策过程中有教师的声音，这被认为是优秀教师认证的重要特征。

但是，在现实中，NBPTS要求教师候选人采用NBPTS关于熟练教学的观点，要求把他们的实践与这种熟练教学的观点相联系，并且通过NBPTS评价体系提供的评价手段来验证这种联系。因而，有教育者认为，这种做法事实上是要求教师套用一种固定的模式，不利于教师的反思和积极参与。NBPTS的教学标准本质上是技术理性主义的一种方式，要求教师搬用现成的模式诊断学生的问题并且按照指令性的术语表述这些问题。但是，正如斯泰西总结的，人类的创造过程注定是纷繁凌乱的：其间包括差异、冲突、幻想和冲动，另一方面，它还会引起恼怒、嫉妒、消沉和其他情感体验。一味要求人们遵循共同的规则或者观点，有可能意味着舍弃了许多包含在凌乱现象中的原始创造因素。② 因此，这种标准化的方式，在一定程度上泯灭了教师的创造性，忽视了许多创新的教师实践智慧，使教师成了教学标准的阐释者。

此外，标准内容繁多、评估费用过高、认证时间过长、个人语言文字的表达能力影响过大等也是NBPTS认证受到批评的一些方面。2001年成立的美国优质教师证书委员会（American Board for Certification of Teacher Excellence，ABCTE）也在挑战着NBPTS。虽然当前它的影响还无法与NBPTS抗衡，但由于它顺应了当前的“解制”趋势，而且迎合了公众对认证

---

① National Board for Professional Teaching Standards. Toward High and Rigorous Standards for the Teaching Profession. Detroit, MI: Author. 1989

② Stacey R. Complexity and Creativity in Organizations, San Francisco, Berrett-Koehler. 1996. p. 15，转引自[加]迈克尔·富兰，变革的力量续集，中央教育科学研究所、加拿大多伦多国际学院译，北京：教育科学出版社，2004年版，31页

简单化的需求，所以仍然有很大的发展空间。

总之，在具体的实践过程中，NBPTS 面临着各种各样的争议、两难和挑战，但无论如何它已经对美国的教师专业化发展产生了重要影响，对其他国家的相关领域也有很重要的借鉴意义。

二、美国州际新教师评价与支持协会(INTASC)

全美教学专业标准委员会成立以后，对全美优秀教师进行评估和颁发资格证书，极大地促进了在职教师的专业发展。与此同时，在同一年里为了促进新教师课堂教学和入职培训的发展，在州教育负责人协会(Council of Chief State School Officers，CCSSO)的发动下，由 17 个州的教育组织和教师组织成立了“州际新教师评价与支持协会”(Interstate New Teacher Assessment and Support Consortium，INTASC)。

(一) INTASC 的发展历程

该委员会成立的目的是为评价新教师制定标准，并且辅导新教师的课堂教学。INTASC 认为，教师认证标准就是所有教师必须知道和能够做到的内容，只有达到了这个标准，教师才能有效地帮助所有的学生学习。教师认证标准是一个州教师认证体系得以构成和实施的依据，因此，一个州所批准的教师教育项目应该能够保证与教师认证标准一致，让教师候选人达到这些标准。州的教师认证评价系统应该保证教师候选人具备认证标准中所列的知识和技能。事实上，INTASC 对新教师的要求既和对在职教师的要求(NBPTS 的标准)密切相关，也和对教师培养机构的要求(NCATE 的要求)密切相关，它们是一个互相补充、互相支撑的一套保证美国教师整体素质的体系。

INTASC 的成立，为各成员州在以下方面相互学习和合作提供了一个交流平台：在各州间开发有关教学的兼容教育政策；对新教师教育方案开发新的问责要求；开发新技术，以认证与评价新教师；研究教师专业发展的新计划等。

(二) 新教师标准草案①

1992 年，州际新教师评价与支持协会特别工作小组发表了关于新教师

---

① INTASC. Model Standards for Beginning Teacher Licensing, Assessment and Development: A Resource for State Dialogue. Washington: Interstate New Teacher Assessment & Support Consortium. 1992.

标准的草案——《新教师许可、评估和发展的模范标准：州对话的一种资源》(Model Standards for Beginning Teacher Licensing, Assessment and Development: A Resource for State Dialogue)。由于这个草案中的标准，不仅对新教师的资格认证具有重要的意义，而且对其他领域的教师资格认证也具有重要的借鉴作用，因此下面对这个草案进行比较详细的说明。

1. 州际新教师评价与支持协会特别工作小组的成立

在州教育负责人协会的发动下，1991 年 INTASC 建立了一个特别工作组，判断在许可标准中需要作出怎样的调整，以和 NBPTS 制定的优质教师标准相结合，既体现新教师的特点，同时为将来得到 NBPTS 的认证奠定基础。这个工作小组由达琳-海蒙主持，由 17 个州、6 个教育组织和 1 个州网络委员会组成。其目标是产生"全美教学专业标准委员会(NBPTS)兼容"的教师许可的典型标准，能够为专业组织和政府机构在制定相关标准时提供参考。随后，特别工作组收集、开发和评估与这些标准相关的教师候选者的知识和表现的具体评价指标，并设法使其标准和指标体系被各州采纳。

2. 草案的起点：建立教学知识的共同核心

INTASC 特别工作小组决定，他们的工作首先应该清晰地为所有新教师应该掌握的教学知识和技能的共同核心制定标准，然后制定各个学科领域和学校教育阶段的具体标准。像所有其他专业的许可评估的第一个等级一样，这个"共同核心"意欲概括贯穿专门领域里的共同原则和实践基础。这些专门领域包括：学生学习和发展的知识、课程与教学、能够产生一系列专业理解和能力的背景和目的，以及所有教师应该承担的使命。

以建立教学知识的共同核心为起点，主要是因为，这是一种得到共同认可的基本知识，提供了把一个专业的成员联合在一起的凝聚力，使专业工作者能够形成共同的话语、理解和信念。正如儿科医师和肿瘤专家，共享着一种人类生理学的知识，因而他们能够在进一步的专门研究之后进行合作，数学和社会学科的教师也必须共享一种对儿童发展和学习的理解，允许他们以共同的观点一起计划和评估学生的需要。

这个草案的发表，体现了这个小组开发关于教学知识的共同核心的标准的第一个努力。他们承认，这些共同的理解，必须在具体的情境中被证明，这些情境因学生、学科、学校教育阶段以及其他的情况而有所不同。他们强调"共同核心"的标准并不类似于"一般的"或者无情境的教学行为，而是认为具体的教学决定和行为评估必须发生在不同的情境中，因此相应地需要多种反应。在一些情况下，具体科目的教育和教学决定需要在具体学科标准的背景下被评价。在另一些情况下，情境性的考虑必须成为评估框架和反应的可能性的一部分，这都是工作小组以后的工作。

3. 基于表现和NBPTS兼容的标准

特别工作小组建议的标准和以后将开发的那些标准的一个重要特征是它们是基于表现的，即描述了教师应该知道什么和能够做什么，而不是列举教师为了得到资格证书而应该修的课程。基于表现的标准设定，与全美教学专业标准委员会(NBPTS)的标准开发方式是一致的，并且与许多州正在推进的变革相一致。这种方式阐明了评价和许可的标准是什么，把更多的重点放在教师需要发展的能力上，而不是他们上课所花费的时间上；它要求各州主要评估教师教育项目的结果，而不是它们的投入或者过程，允许在教师教育项目的实施上有更大的创新。

开发这个标准是为了回应前面指导NBPTS的标准设定和评价工作的五个假设。特别工作小组以NBPTS的能力要求为评判依据，探究新教师为了拥有这些能力，应该知道什么和能够做什么。此外，他们还借鉴了许多州的教学工作，包括加利福尼亚州、明尼苏达州、纽约和得克萨斯州等；他们参考了一些教师教育行动的做法，包括霍姆斯小组关于教学知识概念的思考，以及阿维诺(Alverno)学院教师教育的基于表现的组织方式。他们最终形成了10个原则：(1) 教师理解自己所教科目的中心概念、探究的工具和结构，并且能够使学科内容的这些方面对学生产生有意义的学习经验。(2) 教师理解学生是如何学习和发展的，并且能够提供支持他们的智力的、社会性的和个人发展的学习机会。(3) 教师理解学生具有不同的学习方式，并且创造适合于多样化学习者的教学机会。(4) 教师理解和运用多种教学策略，促进学生批判性的思考、问题解决和执行技能(performance skills)的发展。(5) 教师运用对个体和群体动机和行为的理解，创造一种学习环境，鼓励学生积极地进行社会交往，积极地参与学习和自我激励。(6) 教师运用有效的口头语言、非口头语言和媒体交流技术的知识，培养学生在课堂中主动探究、合作和支持性互动的能力。(7) 教师在学科内容、学生、社区以及课程目标的基础上设计教学。(8) 教师理解和运用正式的和非正式的评价策略，评价和确保学习者智力、社会性和身体的持续发展。(9) 教师是一个反思型实践者，持续地反思评价自身与他人（学生、家长和在学习共同体中的其他专业者）互动中的决策和表现，并且主动寻求专业发展的机会。(10) 教师关注与学校同事、家长和社区机构的合作以实现学生的福祉。

这 10 条标准对新教师的培训和评估具有重要的意义，并且也对其他类型的标准有借鉴作用。例如美国《2000 年目标》中就参用了这 10 条原则。该标准体系对许多州的教师证书制度产生了影响。

三、全美教师教育认证委员会（NCATE）

除了对教师的资格进行鉴定之外，美国对教师教育机构和项目的鉴定也有一套较为完善的机制。目前美国有两个全国教师教育认证机构——全美教师教育认证委员会（National Council for Accreditation of Teacher Education，NCATE）和教师教育认证委员会（TEAC），有权对美国教师教育机构进行全国性认证。2008 年 6 月，在美国教师教育学院协会（AACTE）的倡导下，NCATE 和 TEAC 两个机构的执行委员会一致决定共同合作，努力建立一个有多种认证途径的教师教育认证体系。比较而言，由于 NCATE 已经存在了半个世纪，其影响力远胜于 TEAC，认证机制也更为完善，所以在此以 NCATE 的认证框架为例，对美国教师教育认证体系进行分析。

（一）NCATE 发展历程

NCATE 是第一个为美国教育部和美国高等教育认证委员会（CHEA）所承认的，有权对全国教师教育机构的办学水平进行认证的独立认证机构。NCATE 成立于 1954 年，由州教育负责人协会（CCSSO）、全国教育协会（NEA，National Education Association）、全国学校董事会协会（NSBA，National School Boards Association）、美国教师教育学院协会（AACTE，American Association of College for Teacher Education）、全美各州教师教育与证书主管负责人协会（NASDTEC，National Association of State Directors of Teacher Education and Certification）等五个机构共同发起，以后又有 28 个全国性组织加盟成为其会员。

从 20 世纪 70 年代开始，美国教育部把 NCATE 确定为专业认证机构。直到 90 年代后期，美国教师教育认证的中心目的一直是确保教师教育机构具有清晰的目标和充足的资源来提供教师教育项目，使每位参与学习的未来教师都能学到学科知识和教育学知识，并拥有实习经验，从而真正学会教学。也就是说，教师教育的投入深受关注。而进入新千年，证明结果成为关注的中心。①

NCATE的目的在于促进教师教育的专业化发展，它不仅对教师教育机构的品质进行专业判断，而且还通过认可标准和实地考察评价工作，鼓励教师教育机构不断改进品质。NCATE在2000年5月正式公布的《2000年标准》体现了一些"具有深远意义的变革"，将其认可标准转向对教师教育结果的评价，即教师教育机构培养出来的学生是否具备教师所需要的知识和技能，怎样评价这些知识和技能，以及教师教育机构能否证明自己的教育质量。其认证过程首先提供了一个认证框架，即"所有教师培养机构共享的愿景"。它"为课程、方案、教学、学生绩效、学术研究、服务及机构有效性提供了方向"，应是"知识为本的、精心设计的、相互分享的、有机联系的以及与本机构的愿景相一致的"②。

2001年，NCATE开始执行以表现为基础的认证体系，将问责与教师培养机构的改进相结合，强调对证据的关注。2004年，NCATE开始和各州共同对教育学院进行鉴定。与州政府之间的密切合作使NCATE的标准逐渐成为教师培养的规范。据统计，从1999年到2004年，接受过NCATE认证的机构数量从492所增加到了588所。③

(二) 新进展——2008年标准④

NCATE每8年左右修订一次其认证标准，最近一次修订的《2008年标准》于2008年2月正式公布。

从2002年起，NCATE的标准由过去的20类小项目，改为六个标准项目，主要包括：教师候选人的知识、技能和品性；测评体系；教学实习和现场

---

① Bullough R. V., Clark C. & Patterson R. S. Getting in Step: Accountability, Accreditation and the Standardization of Teacher Education in the United States. Journal of Education for Teaching, 2003,29(1), p. 39

② 洪成文. 质量认证框架下的美国教师教育质量保证研究. 比较教育研究，2004(10)：21～26

③ NCATE. NCATE at 50: Continuous Growth, Renewal, and Reform. Washington: National Council for Accreditation of Teacher Education, 2004, p. 3

④ NCATE. Professional Standards for the Accreditation of Teacher Preparation Institutions. Washington: National Council for Accreditation of Teacher Education, 2008, p. 3

实践;多样性;教师的资格、表现和专业发展;机构管理与资源等。2008年的标准延续了2002年的六个项目,但具体的内容作了一些变动以适应时代的需求,这些变化在很大程度上也体现了当代美国教师教育认证发展的一些趋势。①

首先,在教师候选人的知识、技能和品性方面,NCATE要求教师教育机构所培养的教师候选人学会并表现出自己的学科知识、学科教学知识和技能、教学与专业知识和技能,以及帮助所有学生学习的必要的专业知识和技能,特别强调教师在多样化的课堂里将教学内容与教授它们的方式整合起来的能力。评价需要表明他们达到了专业标准、州标准和机构标准。NCATE将教师候选人分为两类,一类是即将从事学校教学的教师,一类是学校其他的工作人员,两类人员的要求既有相同之处,也存在一些差异。在2008年的标准中,NCATE将对两者的要求分别列出,而且将对专业教师的要求放在最前面,然后是其他工作人员,最后是对两者都适用的内容。在表述上,对于后者的称呼,过去是"专职学校工作人员",现在则改为了"其他学校专业人员",这体现了学校全体教职工专业化的趋势;另外,教师拿到许可证之后接受的培训项目,过去称为"继续培训项目",现在则改为"高级培训项目"。这种表述的变化事实上体现了之后所接受培训水平层次的提升,不再是过去的重复,而是在一个新的起点上的进一步发展。

提高要求和具体化操作是新标准的一个显著特点,如对初任教师的专业知识和教育学知识提出了更多的要求,对教师候选人学习的期望以及评价过程在认证中的角色都有了进一步的澄清。此外,在教师候选人的专业性方面,还增加了"公正和相信所有学生都能学习"这一条,反映出新标准对公平维度的重视。

其次,教师教育机构必须有一个测评体系,这个体系应该能够收集和分析教师候选人和毕业生的表现,并能够评价和改进教师候选人、毕业生的表现以及机构课程和办学水平等。在新标准中,测评体系的功能指向不再是预测候选人是否能取得成功,而是评价他们是否达到了一定的标准。评价应表明教师候选人能够展现并熟练运用与专业相关的知识。同时,强调了

① NCATE. NCATE Unit Standards Revision. Washington: National Council for Accreditation of Teacher Education, 2008, pp. 1～3

测评体系的公正、准确和一致性。另外，对于测评数据的使用也有了新的要求：数据除了供教师教育机构自身使用之外，还要能够用于校外、远程学习等其他的项目；全体教职工应该都能够获得教师候选人相关的测评信息，以便有利于开展教学活动。

第三，在教学实习和现场实践方面，教师教育机构及其合作学校要设计、实施并评价教学实习和现场实践，使教师候选人及其他未来的学校工作人员形成并展现能够帮助学生学习的必要知识、技能和专业性。由于在对教师候选人的要求中提出了"高级培训项目"的要求，所以教学实习和现场实践方面也增加了对"高级培训项目"的实践要求，同时还增加了"常规学习项目和远程学习项目"的要求。

第四，在多样性方面，教师教育机构应为教师候选人提供和多样化学生相处的机会。新标准对多样性的要求主要体现在具体化方面，如在表述中增加了语言多样性，而且根据美国对多样性的分类重新对种族多样性加以界定。新标准明确指出："教师教育机构应该帮助教师候选人了解种族、阶层、性别、残障、性取向和语言等方面的歧视可能对学生及其学习带来危害。"

第五，在教师教育者的资格、表现与专业发展领域，NCATE 要求教师教育机构应该具备合格的教师队伍，并在学术、服务和教学方面树立典范，包括评价自身的有效性。他们还应和各个学科的教师以及中小学合作。教师教育机构应该能够系统地评价教师队伍的表现并促进专业发展。在这部分，新标准最大的变化表现在明确了所指的对象，即具体要求哪部分教师符合哪些具体标准。

第六，在机构管理与资源方面，教师教育机构应该具备领导力、权威、预算、人事、设施、资源(包括信息技术资源)等，以保证所培养的教师候选人能够达到专业、州和机构的标准。新标准在预算中增加了"实习部分"，强调重视实习过程的经费分配；在提到教职工工作量和实习督导时，增加了"每学期或相当时间段"的时间限制；另外，还在远程学习部分增加了技术设施的开支。

总之，无论对于自身的定位还是在具体的要求上，NCATE2008 新标准都比过去有了更明确的认识，鲜明地体现了与时俱进的精神。尽管可能还存在或多或少的缺陷，但不断修订标准的制度规范保证了它能够不断保持生机和活力。

四、对专业化改革路线的质疑

教师教育专业化取向旨在加强教师的专业知识和技能，提高教学的专业地位，对教师专业化发展和教师教育的改进有重要的推动作用，但是也受到了一些质疑。

（一）专业标准是否可靠

一些批评者认为教师教育专业标准具有模糊性和抽象性，不会对教育实践产生实质性的影响。他们指出，专业标准中充满了教育行话，主要停留在词藻华丽的表面层次上。例如，NCATE 关于教师需要与家长保持有效的交流以促进学校教育的规定似乎是理所当然的，甚至是悦人心意的，但是有批评者认为，几乎不能够以任何有意义的方式来制定这个标准，使它成为能够判断教师教育项目充分性的一个真正的准则。同样，大多数其他核心标准，看似说了一些具体的、明确的规则，但是一旦经过更细致的推敲，它们的模糊性和抽象性使得在其基础上作出真实的、有意义的判断变得几乎不可能。因此，这些标准事实上是“空的”，被表述为成就或者能力，但是这些成就和能力如此广泛以至于无所不包；或者它们是模棱两可的，几乎允许无限的解释，有着无限的应用范围，却与它们应该控制的教师教育项目的可鉴定性没有关系。

（二）教学职业是否有坚实的知识基础

NBPTS 和 INTASC 建立统一的教学专业标准的努力，以及 NCATE 创立一个共同的全国性认证体系的尝试都有一个前提假设，即如果要使教学成为一门专业，那么就应该对教学和教师教育的知识基础作出合适的界定。坚实的知识基础是上述认证体系的权威性和合法性建立的前提，然而这种假设引发了许多争议。

批评者认为，这三个委员会不仅仅假定某种知识基础存在，而且进一步将它作为已经被认识，能够运用到教育实践，表现于实践结果中，具有共识性、合法性的知识集合。对于事实上教学领域是否拥有坚实的知识基础，以及基于那个基础之上的标准、准则、成就和程序的合理性提出质疑。例如，盖吉(Gage)指出：“现在我们在谈论的是教师接受的教学而不是教师进行的教学。根源性的问题是有效教学是否能够教授和学习。”而芬斯特马赫

(Gary D. Fenstermacher)则着重重述了由威廉·詹姆斯、约翰·杜威等人在一个世纪以前提出的告诫，即教育实践从来都不是直接地从它们自身或者关于它们的科学发现中推断或者诱导出来的。在人类的生长、发展或者教育中，类似规律性的系统观察不能以某种线性的、直接的方式产生符合它们自身的具体运用。在抽象的一般理论、公理或者特定的经验事实与特定的课堂实践之间，需要一个协调、转换和理解的复杂过程。虽然在许多情况下，也要求重要的、标准化的判断，但是芬斯特马赫指出："我们太快地去接受一个植根于传统认识论的研究，它体现了决定论和实证论的思想……"①

批评者强调教学实践不是仅仅在一种认识论支配下的机械操作，而是人以全部信念、情感、认识、智慧和力量投入的具有丰富创造性的行动，认识只是其中的一部分。把实践领域的问题仅仅作为一个认识问题去解决，往往会因为认识结论的抽象而失去其原始的丰富内涵，因为认识结论的固定而失去其新鲜和活力，在教学活动中更是如此。

（三）教学是否是中立的事业

有批评者指出，尽管在上述标准中随处可见规范性指令和论断，但是这些标准制定者却把教学假定为中立、无价值取向的事业。而事实上，教学总是一项关涉价值、政治、伦理和道德的事业。芬斯特马赫指出："问题不是知识基础不重要，而是没有道德根基的知识基础不能提供与任何良好发展的教育理论相符合的教学观念。"拉布里等人得出了相似的结论，教学作为程序化的、纯技术的观点，使人们的关注点从教育内容、由这些内容提供的教育目的以及教学得以发生的政治背景中偏移出来。② 然而，事实上，在实践中任何教育事业都被灌输了或者承担着某种程度的政治意义。"专业化的一个潜在的危险是把技术性的问题推到了最显著的位置，而把政治问题放在最不显著的位置上，因为专业化的方式只有两个结果，或者是非科学的、或者是不容置疑的。"柯兰-史密斯指出："教育（和教师教育）是提出道德、种族、社会、哲学和意识形态问题的社会机构。把这些问题视为价值中立的、

① Christopher J. Lucas. Teacher Education in America—Reform Agendas for the Twenty-First Century. New York: St. Martin's Press, 1997. p. 207

② Christopher J. Lucas. Teacher Education in America—Reform Agendas for the Twenty-First Century. New York: St. Martin's Press, 1997. p. 208

与意识形态无关的观点，是一种错误的导向，也是很危险的。”①

另外，有批评者指出，教学不是一门纯粹的技术，它要涉及到具体的课堂情境和教师的个人经历等因素，通常是唯一的、独特的并且不可避免地存在于特定生活情境的细节中，是一种艺术的创造和直觉，是一个个人自我显现的活动。正如亚利桑那州立大学的沃尔特·多伊尔(Walter Doyle)和凯西·卡特(Kathy Carter)指出的，个人的叙述和生活经历，而不是教育学(教学法)技能，应该被置于教学实践和教师教育过程的中心；教师教育应该关注教师对他们教学的理解；成为一名教师，包括实现教师身份认同的基本问题和完成构建个人形象的复杂工作。阿尔伯特·爱因斯坦也曾说过，仅仅有教育专业知识是不够的，通过这个只能将人变成有用的机器，而没有和谐发展的人性。学生获得关于价值的理解和鲜活的感受是根本性的，同时必须获得美感和道德感，否则，仅有专业知识的学生，比起和谐发展的人，则更类似训练有素的狗。为了获得个别人与共同体之间的适当关系，必须学会理解人类的动机、假象和苦难。

(四) 专业化是否有助于民主理想

许多批评者将统一的教师资格证标准、评价等，视为对民主理想的一个重大威胁。拉布里指出，在专门化了的技术专长方面，教师专业化是反民主的，因为它倾向于把学校教师从学生、家长或者社区中孤立出来。他指出，如果只有教师被认为是教育事业中唯一应该受到鉴定的专家，很容易将其他人员的民主参与视为是外行人对教育的无根据干涉。因为专业化的建议者喜欢在教师和内科医师之间画平行线，专业化期望的结果是，外行人本应该和决定一个医师如何做一个手术一样，在教师对班级的管理中也无话可说。② 然而，事实上在任何情况下，通过一个特定的专业自主的概念，阻碍公众对课堂教学的影响，对在公共服务职能之上的民主观念产生了挑战。

许多研究者指出，应该警惕用一个狭窄的专业霸权的形式，取代有宽泛基础的教育民主参与的危险。同时，他们坚持严格的教师标准必须是纯粹自愿的，在明智的公共政策中必须避免用州政府部门的权力和权威支持某

① Frederick M. Hess. The Predictable, but Unpredictably Personal, Politics of Teacher Licensure. Journal of Teacher Education, 2005(3): pp. 192～198.

② Christopher J. Lucas. Teacher education in America—Reform Agendas for the Twenty-First Century. New York: St. Martin's Press, 1997. p. 209

一特定的、关于好的教学的界定,“强迫它的公民接受一些关于最好的理论或者最好的实践的观点,不是民主政府应该做的事情,不管它是地方、州还是联邦政府”。芬斯特马赫评论道,当教学的知识基础还处于被争论的状态,并且教育的道德和政治基础刚开始受到不断的学术审查时,州层面不应该认可任何一种特定的认识论思想和道德思想。他认为,州政府采用上述专业化的标准是“不合理的并且是有害的政策导向”①。

另外,一些批评者认为渗透到整个美国教育体系中的基于标准的政策环境,表现了一种单一的“定位”,“专业化议程”事实上只不过是对当时基于标准的教师培养和认证体系的胡乱修补。② 虽然 NCATE 的专业化声音在政策制定中有所体现,但是没有提供关于教师聘用、培养或者认证的结构性的可供选择的多种方式(structural alternatives)。这是因为 NCATE(包括它的姐妹组织 INTASC 和 NBPTS)的教师教育标准的前提假设是:在农村的印第安纳州的“最好的实践”与在南加利福尼亚州的“最好的实践”是相似的。

综上所述,教师教育的专业化取向作出了许多努力,以提升教师教育的质量和专业地位,也产生了一定的积极影响。但是,近年来更被联邦政府青睐的却是解制取向,显然反映了专业化取向并未很好地达成联邦期望的目标,这一方面促使专业化取向进一步反思自身;另一方面要看到,政治力量对教师教育的巨大影响。教师教育专业化绝非一蹴而就,也不是确立了标准了事。扎扎实实的实践,培养出优秀的教师,并不断反思自身的认识论、价值论假设和具体举措,以此来确立和改进教师教育的专业地位,尤其重要。

① Christopher J. Lucas. Teacher education in America—Reform Agendas for the Twenty-First Century. New York: St. Martin's Press, 1997. p. 210

② Barbara L. Bales. Teacher Education Policies in the United States: The Accountability Shift since 1980//Teaching and Teacher Education, 2006,22:pp. 395～407

第五章

适应性专家：教师培养方式的变革

在某一特定领域具有专业知识的人不能保证他就能教别人学习。事实上，专业知识有时对教学是有害的，因为许多专家忘却了学生学习的难易。①

——《人是如何学习的》

设想一个非专业的音乐爱好者正在欣赏一场美妙的音乐会，他可能会不假思索地认为，在这个世界上，没有比乐队指挥更容易的工作了。因为，乐队指挥只需要站在那里，挥舞手臂，管弦乐队就会随即演奏出优美的曲子，一切看起来是那样和谐自然。然而，正所谓“台上一分钟，台下十年功”，要指挥一场和谐优美的音乐会，乐队指挥需要多方面的能力，诸如对所有乐队成员的组织、协调、激励、沟通和现场控制等等。为此，乐队指挥要对几乎所有乐器的性能都了如指掌，并同时会演奏其中的几种，而这正是观众们(尤其是音乐初学者)有所不知的。

达琳-海蒙在2005年出版的《为变革的世界培养教师：教师应该学习的和能够做到的》的第一页，列举了这样一个看似与教学毫无关系的例子，但事实上每个深入教学的人都会领会到其中的意味。因为，从公众的角度(尤其是师范生)看，教师似乎就是类似于乐队指挥的角色，他站在学生们面前说话、提问、布置作业、分发试卷，这些行为就与指挥在乐队面前挥舞手臂一样，让人觉得没有比这更简单的工作了。但是，这看似非常简单、人人胜任的工作其效果却远远没有达到公众的期望！这难道还不够匪夷所思吗？难

① [美]D. 布兰斯福特等编著，程可拉等译. 人是如何学习的. 华东师范大学出版社，2002.45页

道教学并非像人们想象得那样容易？看似简单的教学行为的背后隐藏着什么？要实施有效的教学行为，教师需要知道什么？什么样的培养能帮助教师明确自己在课堂上要做些什么？如果教学并非一项轻而易举的工作，那么教师教育又该是如何的辛苦？不尽如人意的传统教师培养模式又究竟存在着怎样的问题？①

正如前几章所述，针对教师教育的质疑与批评往往成为解制路线的理由。西方教师教育实践者和学者认为，也许解决问题的关键不在于绕开教育学院，而在于更新教师教育本身。本章就将视线聚焦于西方教师教育内部，审视教师教育本身存在的问题和可能的作为。

第一节　僵化低效的传统教师教育

教师教育常常面临这样的批评：设计零散、内容薄弱、方法无效、与中小学教学脱节、与教师在职培养脱节等。用古得莱得的话来说，教师教育“这列火车并没有行驶在轨道上，而且，不仅它的引擎没有与车厢相连，即使车厢之间也没有连在一起。即便它位于轨道上，它的引擎、车厢之间也都相互连接，但火车驾驶员们却表现得无所适从，对前进方向一无所知”。②

一、传统教师教育的结果

西方众多学者与教师教育工作者都对传统教师教育项目进行了反思与批判，认为传统教师教育项目的培养模式，无法使教师为复杂的教学环境和充满差异的教学对象作好准备，无力承担起“学科的教授者、个体学习的促进者、评估者、诊断者、咨询者、社会工作者以及社区资源管理者”等多种角色。达琳-海蒙将传统的教师教育培养模式比喻为“饼干造形器”(cookie-cutter)，它的典型特征就是“塑模成型、条块分割”，忽略学习者、教学情境及

① Darling-Hammond L. John Bransford. Preparing Teachers for a Changing World: What Teachers Should Learn and Be Able to Do. San Francisco: Jossey-Bass, 2005. p. 5

② Goodlad J. Teachers for Our Nation's School. San Francisco: Jossey-Bass. 1990. p. 270

教师本身的多样性和复杂性，灌输刻板的教学理念与标准化的教学课程，往往将学科知识与教育学知识相割裂，亦不顾及理论学习与教学实践的结合。传统教师教育项目与成功教师教育项目的区别在于：前者将教师设想为已经完成教学学习的人，只需要“切片成型”，安排到岗；而后者将教师设想成一直在学习教学的人。“成功的教师教育项目致力于培养教师对学习本质与教学效果的敏锐性，以及质疑与反思能力。这是教师教育真正要生产和教授的知识，它致力于让教师拥有对复杂教学情境的强理解力，而不是受制于简单又俗套的标准化、公式化教学。”①

(一) 教师学科知识和教学技能薄弱

20 世纪 80 年代，美国的教师教育展开了一场关于教师资源短缺问题的争论。争论所关注的焦点是教师所拥有的知识与技能，是否能够满足中小学课堂的需要。许多研究资料和数据表明，课堂中缺少具有完备教学知识和技能的合格教师，教师的学科知识和教学技能薄弱。

美国国家科学基金会(NFS)1987 年的调查发现，45%的中小学校长认为合格的数理化教师存在短缺。② 全美州立行政主管委员会(CCSSO)1990 年的报告显示，美国至少有 11 个州正面临化学、物理教师的短缺问题。③ 同时，在以英语作为第二语言和双语教学的中小学校中，37%缺少合格教师④。合格教师短缺的问题已经直接影响到全美中小学的教学质量，也引来了众多针对国家资格证书标准的质疑和对教师教育项目的不满，类似“政策制定者总是通过降低雇佣标准来解决教师短缺的问题，还声称任何人都能从事

① Darling-Hammond L. How Teacher Education Matters. Journal of Teacher Education, 2000,51(3):p.170

② Weiss I. R. Report of the 1985—1986 national survey of science and mathematics education. 转引自 John Sikula, Thomas Buttery, Edith Guyton. ed. Handbook of Research on Teacher Education. 2nd ed. Newyork: Macmillan Library Reference, 1996. p.81

③ Blank R. K. & Gruebel D. State indicators of science and mathematics education 1993. 转引自 John Sikula, Thomas Buttery, Edith Guyton. ed. Handbook of Research on Teacher Education. 2nd ed. Newyork: Macmillan Library Reference, 1996. p.81

④ Choy S. P. Henke R. R. Alt M. N. Medrich E. A. & Bobbitt S. A. Schools and staffing in the United States: A statistical profile, 1990—1991. 转引自 John Sikula, Thomas Buttery, Edith Guyton. ed. Handbook of Research on Teacher Education. 2nd ed. Newyork: Macmillan Library Reference, 1996. p.81

教学”①。在多数教师教育者看来，这种做法不仅无法平衡分配内陆和农村地区的师资，而且有超过100项调查显示，拥有充分教学培训及教师资格证的教师，比起没有充分培训的教师，拥有更高更好的教学质量。

达琳-海蒙指出，教职人员的大量流失，引起了公众对教师需求和供应问题的关注，但是几乎所有的注意力都仅仅集中在增加教师数量上，却忽略了对教师质量与教师教育项目质量的关注。她认为事实上，传统教师教育项目无法让师范生通过四年的大学学习，很好掌握学科知识、儿童发展、学习理论、有效教学策略等等。学科知识与教育学技能知识割裂的培养模式，致使一些教师缺乏教育学技能方面的知识，而另一些则在学科知识上非常薄弱。

（二）理论与实践严重脱节

针对传统教师教育的另一大批评是众多培养项目存在理论和实践的严重脱节。大多数的教育学院“无法应对提高学生学习成绩的压力”②。达琳-海蒙指出：一些教育学院的讲师自身缺乏教学实践的经验，却还在给师范生授课。同时，学院在课程设置上也存在问题。首先，理论课程之间缺乏关联。师范生的指导教师通常是一些缺乏实践经验的大学教授，他们的课程仅以学科内容为主题，教授的内容不仅不关联教学方法课程，也不涉及任何教学基础课程与教育心理课程方面的内容。其次，教学实践过于形式化。通常情况下，教师教育项目的教学实习安排在第三学年的年末（大部分的教师教育项目是基于本科学位的培养，学制通常为4年），即师范生完成毕业论文之后，长度一般是8～12周。因此，就教学实习的时间安排来看，并没有与理论课程的安排形成衔接与互动，仅仅作为入职前对教学实践的简短尝试。同时，由于教学实习安排在毕业论文完成以后，因此，其实践内容与毕业论文也难以形成关联。③ 这种理论与实践明显脱节的职前培养使教师在入职后，往往无法将自己所学到的理论知识运用到课堂教学中去。

---

① John Sikula, Thomas Buttery, Edith Guyton. ed. Handbook of Research on Teacher Education. 2nd ed. Newyork: Macmillan Library Reference, 1996. p.83

② The Education Schools Project. Educating School Teacher[R/OL]. [2006－12－21]. http://www.edschools.org/teacher_report_release.htm

③ Daling-Hammond L. et al. Powerful Teacher Education. San Francisco: Jossey-Bass, 2006. p.152

一篇题为《坍塌的象牙塔——研究发现教育学院情况糟糕》(Breaking Down The Ivory Tower—Study Finds Ed Schools in Poor Shape)的文章,发表在2006年10月30日的美国《华盛顿邮报》上,文章指出:"当前本该是美国教育学院的大好时光,因为这个国家从来没有像现在这样高度关注教学质量的提高。但培养教师的机构得到的批评之多,也同样是史无前例的。"①文章引用了前美国哥伦比亚大学教师学院院长、伍德罗·威尔逊国家基金会主席阿瑟·莱文(Arthur Levin)关于当前美国教师教育的研究报告。阿瑟·莱文对全美1200多所教育学院,经历了为期4年的翔实研究,撰写了题为《培养中小学教师》(Educating School Teachers)的报告。作为美国"教育学院项目"②的一项重要研究成果,该报告于2006年9月公布③。

根据"莱文报告"统计,美国目前共有1200多所教育学院和教育系。它们所颁发的本科文凭占全美国的1/12、硕士文凭占1/4、博士文凭占15%,数量之多,还没有哪个学科能与之相比。然而报告发现:61%的毕业生反映他们通过教育学院的学习,并没有作好应对课堂教学的充分准备;超过70%的中小学校长认为教育学院没有培养出能充分满足残障学生、多元文化学生以及英语能力有限学生需求的毕业生;不足50%的中小学校长认为教育学院的毕业生能很好或较好地使用教育技术,运用各种学生成绩评估方法以及贯彻课程标准。

(三) 无法有力促进中小学教学

建立"大学—中小学"的合作关系被认为是改善理论与实践脱节问题的有力手段。在美国,"专业发展学校"(Professional Development School)早已不再是一个时髦的新名词,为了顺应教育改革的需要,解决教师教育中理论与实践严重脱节的问题,专业发展学校迅速普及并发展起来,如今已经拥有了相当的数量。全美1994年就有将近100所专业发展学校。根据最近的

---

① Washington Post. Breaking Down The Ivory Tower—Study Finds Ed Schools in Poor Shape. [EB/OL]. [2006-12-21]. http://www.washingtonpost.com/wp-dyn/content/article/2006/10/30/AR2006103000988.html

② 美国的"教育学院项目"旨在寻找培养教师、教育行政人员以及教育研究者的最佳途径,之前曾发布《中小学领导的教育》报告。

③ The Education Schools Project. Educating School Teacher[EB/OL]. [2006-12-21]. http://www.edschools.org/teacher_report_release.htm

数据估测,美国 47 个州已经拥有超过 1000 所专业发展学校①。

但是,当前众多针对专业发展学校的调查研究发现,“大学—中小学”合作关系存在许多问题,并且有些合作关系并没有从实质上促进中小学教学,其原因是多方面的。

首先,大学对教育学院和教师教育的忽视。莱文报告指出:“关于教学是一门专业,还是一门艺术的争论也没完没了,这使教育学院迷失了自己的方向,不知道自己应该成为职业学院,还是继续身处于更具学术性的艺术与科学界。”②这种尴尬的处境,使得许多美国大学往往把教育学院当做“摇钱树”,而教育学院自身对教师教育也缺乏足够的反思,这都无疑使教师教育的质量大受影响。

其次,许多大学教师对中小学的教师与学校文化氛围并不认同。古得莱得指出:“深入参与培养国家中小学教育者的学院和大学教授,他们横跨两种文化:高等教育和中小学教育系统……当今的学院和大学文化,大大超出了中小学文化,为教师教育者带来强制性的影响……并深刻地改变了他们的职业期待和现实境遇。”③在一些传统的专业发展学校中,大学教师和中小学教师之间常常存在缺乏交流,相互怀疑、不信任,甚至不愿合作的情况。

然而,也有研究对如何改善这种合作关系提出了建议,例如利用各种渠道补充和稳定专业发展学校的资金来源;将专业发展学校的结构正式化,利用更多的时间来形成共同的教学视野和目标等等。同时,一些超越传统专业发展学校的“大学—中小学”合作也已经建立并发展起来了。在如何处理并协调大学教师和中小学教师的合作关系上,也取得了明显的进步,在第三节中会进一步介绍和说明。

众多的批评和非议反映出传统教师教育项目培养出的教师,无论在知识基础,还是在教学实践能力上,都已经难以满足现代中小学课堂的需求,教师教育亟须摆脱并超越传统对教学的机械化、模式化的理解。

---

① Abdal-Haqq, I. Professional Development Schools: Weighing the Evidence. Journal of Teacher Education, 2002,53(1):p. 55

② The Education Schools Project. Educating School Teacher[R/OL]. [2006－12－21]. http://www.edschools.org/teacher_report_release.htm

③ John I. Goodlad. Teachers for Our Nation's Schools. San Francisco: Jossey-Bass, 1990. pp. 154～155

二、对教学的机械化理解

达琳-海蒙在她 2006 年的著作《有力的教师教育》中指出："几乎所有从事专业人员培养的学者，都关注如何帮助专业人员学会专业的思考和行动，然后把诊断和分析能力转化为具体情境中的行动，而不是机械的惯例。这对所有的专业活动构成挑战，但是教学比法律、医学或建筑学更为复杂。"① 教学专业最基本、最实质的问题在于：教师同一时间不只服务于一个对象，他们可能同时与数十个学生打交道，并且每个学生都有独特的需求和倾向。教师必须平衡所有这些变量，协调各种课程内容的目标，以及个体与群体之间的不同需求。然而，传统的教师培养对教师教学的理解是机械的，或者是将教育理论与教学实践分割，或者是将教师知识与教师技能分割，没有真正认识到教学情境中的多维性、复杂性。

（一）靠模仿就能教学

在西方社会大部分公众眼中，从事教学是相对容易的工作。因为，几乎所有入校学习过的人，都曾看到过教师教学，并且他们认为教师的工作只是站在讲台上说话、提问、布置作业、分发试卷这样大多数人靠模仿就能学会的简单工作。但是，许多师范生在真正从事教学工作之后发现教学并非看上去那样的轻而易举。

美国斯坦福大学的教育史学家戴维·拉布里，总结了师范生产生教学误解（认为教学依靠模仿就可以学会）的原因②：师范生在进入教师教育培养之前，往往已经有了长期观看教学工作的经验。社会学家丹·洛尔蒂也认为"任何人都能教学"的普遍观念，来源于人们观看教师工作的时间远远高出观看其他群体工作的时间。洛尔蒂把这个过程称为"学徒观察"（apprenticeship of observation）。他的案例研究发现③，从进入小学到高中毕业，一个美国人平均与教师直接接触的时间为 13000 个小时。而对其他职

① Daling-Hammond L. et al. Powerful Teacher Education. San Francisco: Jossey-Bass, 2006. p. 34

② David F. Labaree. The Trouble with Ed Schools. New Haven and London: Yale University Press, 2004. p. 57

③ Lortie D C. Schoolteacher: A Sociologival Study. Chicago: University of Chicago, 1975. pp. 61～62 转引自 David F. Labaree. The Trouble with Ed Schools. New Haven and London: Yale University Press, 2004. p. 57

业，例如医生、律师，或者建筑师，人们很少有观察的时间和产生假想的机会。因此，相对于其他更充满“神秘感”的专业而言，教学工作就为人们提供了更多产生教学假想的可能性。

由实习观察所产生的教学假想往往是错误的。因为，大量的实习观察并没有分析教师行为产生的原因，没有思考教师行为的目的和意图，而只是简单地观看教师行为的呈现过程。事实上，教师教育真正应该教会师范生的，正是如何观察教师行为背后的东西，如教师的实践知识。但是在实际教学中，许多传统的教师教育项目没有很好地认识、应对并处理师范生的“教学假想”问题。这种让师范生凭直觉和模仿来学习教学的培养模式，其理论基础是行为主义。

(二) 教师作为技术操作人员

有研究者认为，桑代克(Thorndike)的行为主义心理学对美国教学实践的影响在于：努力寻求并形成一种能让教师遵从的简单不变的“教学行为处方”①。整个20世纪一直延续至今的美国教师教育历程中，行为主义理论对教学实践的实际影响力比杜威思想更为深入。用美国历史学家伊琳·拉格曼(Elen Lageman)说过的一句话：20世纪美国教育史最好的解释是“桑代克赢了，约翰·杜威输了”②。

20世纪早期，在行为主义学习理论和官僚管理理论的共同影响下，教师的自主性和教学水平，受到标准化教学模式的控制。当时，为了能使教师“忠诚”完成“科学”课程，对教师实行有限的教学训练，许多师范学校(以及后来大学本位的培养项目)让教师接受既定课程教育，即用一定的知识基础来控制教师的行为，而不是让教师学习如何产生教学决策的知识。教师只需要具备基础通识和串联通识的讲解能力，完全被当做“自上而下的信息传递者和课程内容的执行者”③和“技术操作人员”来培养。其结果是，所培养的教师缺乏自主决策能力，无法自如应对真实教学的流动性和复杂性。

---

① Daling-Hammond L. et al. Powerful Teacher Education. San Francisco: Jossey-Bass, 2006. p.79

② Daling-Hammond L. et al. Powerful Teacher Education. San Francisco: Jossey-Bass, 2006. p.77

③ Daling-Hammond L. et al. Powerful Teacher Education. San Francisco: Jossey-Bass, 2006. p.78

拉布里认为，渗透社会市场观点的教师教育模式，在美国整整20年的保守性教育改革中，将教师作为技术操作工的模式发挥到了极致。社会市场的取向将专业学习的结果看做是可以量化的行为性产品。由此，师范生学习的重点不是内容知识或者教学能力，而是一种能够导致学生产生有效行为的技能经验。于是，教师的专业学习转化为了行为训练，而不是教育。

英国教育应用研究中心的教育学教授、英格兰大学教育学院院长约翰·埃里奥特(John Elliot)，从理论基础上对"教师成为技术操作人员"这一现象进行分析，他指出：作为支持当前教师教育实践的理论基础之一，社会市场取向的教师培养模式在原则上拥有其一定的一致性和连续性。从社会市场的观点看，教师教育的初级阶段就是入职教育阶段，师范生不需要很长时间，就能够学会少数基本的教学行为技能，用以确保自身的顺利入职。入职之后的继续教育阶段，则关注教师进一步发展更高水平的技能，但这种专业发展不是教师自主的，而是根据中小学校自身发展的需要，自行决定并控制教师的培养。①

社会市场取向的基本原则是行为主义的，要求教师掌握的重要知识纯粹是技术性和工具性的。这种取向对教学的复杂性绕道而行，旨在提高教师最终的教学成果，即学生的学习效果和成绩。在这样的培养过程中，教师的自主权受制于学校的管理，复杂的教学情境成为了一个存在但无人过问的黑箱。它的合理性和谬误同样的明显：在行动中思考行动，从而促使理想学习行为结果的产生，但是也导致了人们过分关注作为学习结果的成绩，而非学习过程的价值，使教师的能力(知识、理解力、技能)沦为一种具有社会实用性的商品。② 而事实是，这样急功近利的结果却适得其反。

三、对教师教育的简单化理解

除了需要努力改变并纠正公众对教学的误解，尤其是师范生的错误假

① John Elliot. Three Perspectives on Coherence and Continuity in Teacher Education// John Elliot. ed. Reconstructing Teacher Education: Teacher Development. London: The Falmer Press, 1993. p.17

② John Elliot. The Assault on Rationalism and the Emergence of the Social Market Perspectives//John Elliot. ed. Reconstructing Teacher Education: Teacher Development. London: The Falmer Press, 1993. p.22

想，教师教育者也要正视并克服一些对教师教育本身的观念，因为一些教师教育者对教学仍然存在简单化的理解，或者没有明确认识到自身是教师的教师，应该让师范生学会有效教学，而不只是传授学科知识。

(一) 教师教育者角色错位

教师教育的目的在于使未来教师具有有效教学的能力，但是很多的教师教育者并没有真正认识到这个实质。许多教师教育者，例如大学英语系或者数学系的教授，并没有把自己看做是“教师教育者”，而自认为是语言学家、数学家，或者社会学、心理学家等等。他们像培养一般大学生一样教授教师，却没有意识到自己有义务将专业知识、学科知识及教育研究相整合。

教师教育者首先要明确的是，教学和学习教学显然不是一回事。教师的专业知识不是课程的内容，而是教授他人如何学习内容的能力。① 所以，教师教育者不仅要意识到自身是教师，而且更是教师的教师，他们所教授的学生是未来的教师，这是在教师教育中应该得到明确的基本认识，也是教师教育者基本的角色定位。但是许多教师教育者对这一基本观念缺乏明确认识，产生了角色错位。

(二) 对教学专业知识的肤浅理解

究竟怎样才算真正有效的教师？有效的教师又必须拥有哪些技能、知识、背景和经验？关于有效教师的问题，戴维·G. 艾米克(David G. Imig)指出，“这至少在过去的 80 年中是一个不断重复探寻的问题”，英美众多教师教育者们一直都试图对此作出回答，但即使是“在教学和教师教育方面最优秀的学者和教育研究者，在教师教育有效性方面仍然很难达成一致”②。

具体到教师教育培养的实践中，关于“学科知识”和“教育学知识”哪个对教师教学更有价值，如前所述，美国教育部的 2002 年度的报告声称：“严格

---

① David F. Labaree. The Trouble with Ed Schools. New Haven and London: Yale University Press, 2004. p. 59

② David G. Imig. The Teacher Effectiveness Movement—How 80 Years of Essentialist Control have Shaped the Teacher Education Reform. Journal of teacher Education, 2006, 57(2): pp. 167～180

的研究显示：语言能力和学科知识对于高质量教师来说最重要。”①但是，研究虽然指出教师的语言能力和学科知识对学生成绩的重要性，但没有说明这些知识为何“最重要”。达琳-海蒙指出：“把语言能力作为评估教师有效性的决定因素是不恰当的。有涉及其他教学知识（包括内容知识和教育学知识）的研究发现，教育学知识对教学有效性具有重要影响。”②事实上，学科知识和教育学知识共同决定了教师的有效性，偏重任何一方都是对教学知识的片面化理解。伯恩（Byrne）在 1983 年对 30 项涉及学生成绩和教师知识之间（知识测验或学科领域修课数量）关系的研究进行了综述，其研究中 17 项显示出两者存在显著相关。此外，伯恩认为，产生积极效果的原因是教师运用了合理的教学策略。③ 因为，只有当教师理解如何将学科知识传达给不同的学习者时，教学才能有效进行。

近年来，在教师培养的实践中，越来越重视学科知识与教育学知识的整合与并重，同时也关注到教师知识的更多层面。在 20 世纪 90 年代早期，全美教学专业标准委员会（NBPTS）制定了“教学专业知识概念化”的标准和评估。④ 美国国家科学院（NAS）《让每间教室都有好教师》⑤中，指出了教师应该具有的知识、技能和品性（disposition）：(1) 学习者以及其在社会情境中学习和发展的知识；(2) 课程内容和目标的概念；(3) 学习者对教学的理解、评

① U. S. Department of Education, Office of Postsecondary Education. Meeting the Highly Qualified Teachers Challenge: The Secretary's Annual Report on Teacher Quality. Washington D. C. 2002[R/OL]. [2007－10－20]http://www.ed.gov/about/reports/annual/teachprep/2002title-ii-report.pdf

② Daling-Hammond L. et al. Powerful Teacher Education. San Francisco: Jossey-Bass, 2006. p. 29

③ Byrne C. J. "Teacher Knowledge and Teacher Effectiveness: A Literature Review, Theoretical Analysis, and Discussion of Research Strategy." Paper presented at meeting of Northwestern Fducational Research Association, Ellenville, N. Y. 转引自 Daling-Hammond L. et al. Powerful Teacher Education. San Francisco: Jossey-Bass, 2006. p. 31

④ 该标准被学科协会，如美国英语和数学教师委员会整合进学生学习标准，被有 30 多个州参加的州际新教师评价与支持协会（Interstate New Teacher Assessment and Support Consortium，INTASC）的新教师许可证采纳。

⑤ National Academy of Education. A Good Teacher in Every Classroom: Preparing the Highly Qualified Teachers Our Children Deserve 转引自 Daling-Hammond, L. et al. Powerful Teacher Education. San Francisco: Jossey-Bass, 2006. p. 11

估，以及管理课堂的能力。这个强调理解、决策和整合的“教学专业知识概念化”，包括了三大方面的知识：学习者、教学内容、课程。这有利于改变既往对教学专业知识的片面、肤浅的理解。

1. 学习者和学习的知识

教师在作出合理教学决策的过程中，占据中心地位的是对学习者和学习多样性的理解。正如医生只有理解人类机体如何运作，才能恰当运用医疗技术。教师要掌握关于学习的知识，才能评估教学，创造学习机会，作出正确的教学决策。教师对学生学习的理解，源于深入理解人类发展、社会历史背景，以及人发展与学习的多样性。

教师要首先学会“像学生一样思考”，而不是仅仅完成教材的教授，要通过换位思考来更好地组织自身的教学。其次，教师只有真正地学会学习，才能理解学生是多维度(认知、社会、情绪、道德、生理)成长和发展的学习者，从而发现不同学生的各种需求，把有效的教学活动建立在学生的兴趣和经验之上。

2. 教学内容和教育学知识

舒尔曼最早清晰地阐述了“学科教学知识”(pedagogical content knowledge)的概念①：学科教学知识始于教师理解学习的内容及教授它的方式。舒尔曼指出，教师的任务是将教学内容和众多不同学习者的学习经验相联系，要形成这种联系的根本是要深化学科内容的知识，而这种“深化”则需要教师形成思考的能力。这样一来，面对学生的多样性，教师才能形成灵活和多维度的理解。除了对学科知识的灵活理解外，保尔(Ball)和科恩(Cohen)在1999年提出“专门的教育法”的概念。他们指出，教师内容知识的主要观念和探究模式，应当与日常生活、专门的学科教育法相互整合，使学习内容成为教学的基础，形成教师学习教学的背景，从而保证师范生在理解学科的核心概念和探究模式的同时，发展学科教学法的知识，以确保所有学习者能掌握教师所教授和呈现的知识。

3. 关于背景和课程的知识

教师的教学依赖于学生的学习，并植根于学习过程中特有的语言、文化背景。因此，帮助教师形成关于背景和课程的知识也是非常重要的。达琳-

① Shulman L. S. Knowledge and Teaching: Foundations of the New Reform, Havard Educational Review, 1987, 57(1), pp. 1～22. Daling-Hammond L. et al. Powerful Teacher Education. San Francisco: Jossey-Bass, 2006. p. 11

海蒙指出，在教师学习教育目的和背景以及课程设计的过程中，教师首先要对教学内容和教学策略具有清晰的意识和目的性；其次教师要理解如何扩展特定教学内容，同时要能根据学科目标和学生需要制定计划和调整课程设计；第三，课程设计的关键是要把学习者、学科内容和课程放入社会文化的背景中看，因为社会文化背景影响着价值判断和学习的发生。发展对于真实教学情境的理解，需要教师学会根据所教内容、学习者经验（家庭、社区、语言、文化背景）、社会的教育目的、地方社区以及家庭等情况，来理解和调整具体教学策略。

（三）将教师教育等同于理论训练

事实上，对于"教师知识"的关注和争论，不仅是20世纪80年代之后出现的事，这个问题是整个西方教师教育历史中始终关注的话题。西方教师教育有着根深蒂固的理性主义取向传统，正如古特克（Gutek）一针见血地指出的："尽管在《不让一个孩子掉队法案》中，要求教育所有孩子的口号是进步主义或者说是自由主义的理念，但是引导课堂行动和教学实践方向的仍然是要素主义的观点。"①而在英国的高等教育制度中，从20世纪50年代至80年代，理性主义的教师教育培养模式风行了整整30年。

理性主义取向的教师培养，目的在于将教师培养成为储存丰富理论知识的"容器"。约翰·埃里奥特指出，理性主义取向的教师教育模式，是植根于大学本位的传统培养模式，它强调教师是理性自主的专业人员，主张实践来源于对教育价值和原则的理解，而"好的实践"就是由对理论的理解和运用组成的。这个模式的重点是让教师在初级阶段充分发展对理论的理解能力，由于教师被培养成高度个人化的理性主体，他/她在初级阶段得到发展之后，就会自主地引导以后的专业化学习。教师之后的入职和在职阶段的实践，就是展示他们将理论转化为实践的自发过程。

然而，理性主义教师培养模式遭受到许多批评。相对于社会市场取向对教师自主权的控制，以及忽视教学情境复杂性的"黑箱操作"，理性主义取向的教师教育模式，给予了教师很大的自主权，但其模式本身忽视教师入职和继续教育，局限了教师继续学习和发展的可能和机会，对于教学的具体情

① David G. Imig. The Teacher Effectiveness Movement—How 80 Years of Essentialist Control have Shaped the Teacher Education Reform. Journal of Teacher Education, 2006, 57(2): pp. 167～180

境更是忽略不见。只关注理论知识的传达,可以说是众多对于教学实践简单理解的观点和取向的理论根源。

总之,“饼干造型器”只需要按照既定模版和程序工作就能很好地完成任务,在有些人眼中教师教育也不过如此,但是教师教育却远不是如此容易的活儿,特别是在当今这个充满变数和竞争的时代。

第二节　有效教师培养的蓝图:为所有孩子而教的“适应性专家”

教师所需知识,取决于教师扮演的角色。在英美教师教育关于教师和教学质量的历史纷争中,教师被不断给予角色、赋予形象。教师应该是学科知识内容的“熟手”、专业人士、儿童的养育者和支持者、变化中介和道德楷模、反思探究的实践者……美国国家研究委员会(NRC)的研究认为,有效教师多重身份的核心不是机械的技术工,也不是简单知识传递者,而是一个为所有孩子而教的“适应性专家”①。因为在实际的教学中,教师要面对来自不同文化和社会背景的学习者,事实上,教学本身并不是一个简单的工作。

一、教学的复杂性与不确定性

那些认为教学是一项简单工作的人们,事实上并非真正了解教学的处境、对象和目的。人们也许难以想象,一位能将学生的学习过程始终保持良好状态的教师,在他的教学过程中,常常要遭遇来自学生、教学本身,甚至教学环境以外的各种问题与压力,并且这些问题与压力往往是不断地、连续地或者重叠地出现,能够不露声色地运用各种策略来解决它们是一件近乎艺术的复杂工程。对教学的复杂性,麦克唐纳(McDonald)进行了更形象的解释:“真正的教学发生在一个复杂的三角关系之中——教师、学生、科目——

---

① National Research Council. How People Learn: Brain, Mind, Experience, and School (Expanded ed.) Washington D. C.: National Academies Press. 2000. 转引自 Darling-Hammond L. John Bransford. Preparing Teachers for a Changing World: What Teachers Should Learn and Be Able to Do. San Francisco: Jossey-Bass, 2005. p. 49

并且这个三角的顶点不断地变换。作为教师的我，此时此刻该教什么？该如何把握科目，以便让学生也能掌握它？学生们在思考什么、感受什么？我应该走到多近？保持多远的距离？应该控制多少？应该闲谈多少？”①

杰克森(Jackson)认为，帮助师范生学会反思教学的多维性和同时性，无疑是重要的，但这不是容易的工作。②

(一) 复杂的当事人

拉布里指出：“教师无法在一个稳定的位置上清晰地确定当事人的身份。”这里的“当事人”包括学生、学生的父母和整个社会，而他们对成功教学和成功学习的定义，存在着冲突和分歧，这便使得教学在满足三类当事人的不同要求上充满了困难。

1. 学生的不同意愿和需要

古得莱得阐述教学与教师教育工作的特殊性时说：“公立学校中的教学不只是一个教学特例，它还是众多职业和专业中的特例。造成这个特例的原因在于：师生关系不是既定的，而总是处在形成的过程之中。”③

学生作为教师最直接面对的当事人，他们在课堂中都是独特的个体，来自不同种族、性别、家庭和文化背景，有着不同的性格、能力、兴趣和学习意愿。相对医生、律师在一个时刻只面对一个个体而言，教师必须找到与学生群体互动的方法。因此，教师所面对的核心困难就是要让拥有不同意愿和多样背景的学生，参与并投入学习过程，最后获得成功。教师必须要应对学生的语言、学习方式、性别、社会阶层、残障等各个方面的多元化背景。

教师的成功不仅是教师个人努力产生的结果，它还依赖于学生是否有学习的愿望。但事实上，如果可以选择，学生可能会选择他们更愿意做的事

---

① McDonald J. P. Teaching: Making Sense of An Uncertain Craft. New York: Teachers College Press. 1992. 转引自 Darling-Hammond L. John Bransford. Preparing Teachers for a Changing World: What Teachers Should Learn and Be Able to Do. San Francisco: Jossey-Bass, 2005. p.375

② Jackson P. W. Life in Classrooms. New York: Holt, Rinehart and Winston. 1974. 转引自 Darling-Hammond L. John Bransford. Preparing Teachers for a Changing World: What Teachers Should Learn and Be Able to Do. San Francisco: Jossey-Bass, 2005. p.378

③ Goodlad J. I. Teachers for Our Nation's School. San Francisco: Jossey-Bass Inc, 1990. pp.47～48

情，而不一定是在课堂里上课。也就是说，成为教师的教授对象并非是所有学生的意愿。同时，"学生也没有和教师签订任何服务性质的合同"①。于是，在这样的情况下，教师就很难得到学生的配合与顺从，这使教学的成功变得更加困难。当教师不得不每天面对许多非自愿的学生时，对他们来说，更重要和有用的是"如何更好地实现课堂管理，以及如何积极处理与学生之间的情感关系"②。"控制"的问题，一直处于师生关系的中心，并且这个问题不会随着时间和经验而消失。③ 目前最有效的控制似乎是"考试"，虽然这种控制削弱了一些学生对学习的反抗和冷漠，但它却使学习变成了一场讨价还价的"协议"④。

情感关系问题是教学复杂性的又一表现。这与管理大部分专业的规范形成了鲜明的对比，包括那些聚焦于人类发展的专业。在其他专业要求保持"专家—当事人"之间的"情感距离"时，教学要求教师对全体学生有全面的理解——情感生活、家庭状况、社会条件、文化资本、认知能力。因此，这种情感交流的意义不仅仅在于，通过培养师生之间的感情来达到实施成功教学的目的，更在于把学生作为一个具体的、需要理解和关怀的人来培养。显然，这种"广泛的理解"的教学方法是要面临许多困难的，但如果像其他大部分专业共同体那样，通过缩小或限定特定工作焦点来解决问题，那就很有可能有碍于学生的情绪和社会性发展。⑤

2. 家庭的要求和挑战

对于现今的学生家庭，教师必须有足够的认识。因为，与20世纪五六十

① David F. Labaree. The Trouble with Ed Schools. New Haven and London: Yale University Press, 2004. p.43

② Waller W. The Sociology of Teaching 转引自 David F. Labaree. The Trouble with Ed Schools. New Haven and London: Yale University Press, 2004. p.45

③ Cusick P. A. The Educational System: Its Nature and Logic. New York: McGraw-Hill 转引自 David F. Labaree. The Trouble with Ed Schools. New Haven and London: Yale University Press, 2004. p.43

④ Powell, Arthur, Eleanor Farrar, and David K. Cohen. The Shopping Mall High School: Winners and Losers in the Educational Marketplace. 转引自 David F. Labaree. The Trouble with Ed Schools. New Haven and London: Yale University Press, 2004. p.43

⑤ David F. Labaree. The Trouble with Ed Schools. New Haven and London: Yale University Press, 2004. p.45

年代相比，传统家庭在西方社会中已经越来越少，持续上升的离婚率已经造就了越来越多的混合家庭、单亲家庭或者养父母家庭。“我们不能够认定传统家庭一定是完美的……它可能是，也可能不是。对于儿童来讲什么是最好的家庭结构并没有明确的定义。”①因此，如果教师对当今的学生家庭没有足够的了解，那么，也许他将无法正确判断和理解，导致某些学生的心理问题的原因是由于家庭的不健全，还是由于对不健全家庭的偏见和歧视。②

其次，就是要面对家长对学校和教师的期待。在学生社会化的过程中，父母通常把自己看做是教师的合作者，要求学校和教师为学生提供符合他们愿望的专业教育服务。这“或多或少地是公开与学校和教师签订合同”，要求学校和教师“提供符合他们的教育愿望的专业教育服务”。如果家长的要求不合理，即期望值过高或过低，则会对教学产生消极的影响。③

3. 社会责任

在公立中小学中，社会又成为了教学的第三个“当事人”。首先，根据菲德塔·卡潘(Phidelta Kappan)和波琳·古夫(Pauline Gough)于 1997 年发表的美国社会健康状况的 16 项指标显示，从 1970 年以来已有 11 项指标显示健康状况大幅下滑，其中与教育有关的指标有④：(1) 青少年自杀；(2) 生活在贫困中的儿童；(3) 虐待儿童；(4) 缺乏健康关心的家庭。无疑，重视学校中的学生所处的复杂的社会状况，教师必须直接面对贫穷、权力、公平和社会正义等议题。此外，对全体公民负责的教育还有责任促进社会的流动性，给予个人需要的文化和证书优势，以便他们在社会上与别人的竞争中取得成功。要促进民主平等，又要保证和提高社会效率，是教学所要担负的双重社会责任。

兰姆佩特(Lampert)通过反思自己对 15 个年级学生的数学教学，对教学的复杂性进行了概括：教学的复杂在于它的多维性和同时性。教师必须处理的问题往往是同时发生的，而不是一个接一个发生的。并且，教师的行

① [美]费奥斯坦. 教师教育新概念——教师教育理论与实践. 王建平等译. 北京：中国轻工业出版社，2002. 59 页

② [美]费奥斯坦. 教师教育新概念——教师教育理论与实践. 王建平等译. 北京：中国轻工业出版社，2002. 60 页

③ [美]费奥斯坦. 教师教育新概念——教师教育理论与实践. 王建平等译. 北京：中国轻工业出版社，2002. 60 页

④ [美]费奥斯坦. 教师教育新概念——教师教育理论与实践. 王建平等译. 北京：中国轻工业出版社，2002. 65 页

动不是独立的，而是要与学生个体和群体进行交互作用。教学既可能要求教师在同一时间框架内，处理由不同观点和需要的学生引发的事件，也可能要求教师在不同时间框架内，保持不同观念水平（个体、小组、班级）的每堂课之间的和谐与连续。①

(二) 教学效果的不确定性

1986 年，美国教育部长威廉·J. 本内特出版了一本题为《什么起作用：关于教与学的研究》的小册子，它的结论是：有效教学精确性和确定性非常之小。报告中显示，一些调查的结果是“学生长时间积极参与学习能促使他们成功”，而另一些结果却是“父母的介入能帮助儿童学习的更多”，而大部分结果类似“有效的教学取决于成功的校长，创建一个有条有理的教学环境，并给予有效的政策指导和物质支持”。由于没有能够形成条文和指导性意见的实质性答案，所以，关于教学效果的答案还是模糊且不具有可行性的。教学效果的不确定因素具体包括：

1. 教学技术的不确定性

在教师这样一个专业领域中，教学的成功率可能是非常低的，因为他们的行动和当事人之间的联系非常薄弱，难以达到预期良好的教学效果。教师的成功取决于学生的学习意愿。面对不情愿投入学习环境中的学生，教师要得到合作的关键是与学生们建立良好的情感关系。然而在花费大量精力和努力之后，教师对结果仍然难以确定，因为他们不知道学生是否会选择拒绝——可能仅仅出于冷淡、习惯、原则、恶意、漫不经心或者一时的兴致。面对学生难以琢磨的学习意愿，教师缺少确定有效的教学技术或手段，这是当前教学中无法回避，且令人尴尬和忧虑的事实。不可控制的意志和情感因素成为了教学和学习过程的核心。

2. 教学环境的复杂性

教学环境的复杂性是另一个导致教学效果模糊的原因。教学总是随着发生于其间的大量变量而变化，这些变量影响着老师的行为和学生的反应。也就是说，教学效果要看影响教学的因素情况而定。这些影响因素包括科目、年级水平和社团，学生的地位、种族、性别和文化，教师的教学技能、学术知识、个性和情绪等等。由于影响教学的人和因素太多，拉布里分析道：“我

① Lampert M. Teaching Problems and the Problems of Teaching. Yale University Press, 2001, p. 2

们可以说某些特定的教学技术起了作用，但不能说是它独立导致了教学的成功。”①贝特森(Bateson)形象地将教学比喻成一种“要一边跳一边学步的舞蹈，即使没有把握会顺利地跳完舞蹈，但参加和反应很重要，即使是在不重要的方面，我们也要对自己的脚步负责”②。

3. 教学效果难以测量

事实上，对教师教学效果的科学测量中，最能精确测量的也是最不重要的。因为，排除教师与学生之间的相互影响，我们最希望培养出的是更多聪明的、高效的、有责任感的成年人。但是，在个体教师的教育影响力与学生成年后的能力之间，无法建立起一种精确的因果关系。③ 更何况，每一个课堂里的教学互动和动态发展之间是截然不同的，正如马托索夫(Matusov)所说：“教学的每一个环节都是在独特情境中发生的，它构成‘一个多层面的、不可预知的网络’，因此它所起到的作用是不能测量的，也不是线性发展的结果。”④

4. 双重社会目标

社会赋予教育事业所带来的双重目标：提高社会效率与促进民主平等，也造成了教学效果的不确定性。当社会作为更大的“家长”来要求教学对全体公民负责时，它强加给整个教育事业既复杂又时常相互矛盾的目的：公平与效率。⑤ 面对学生地位、身份、性别、语言、文化等等的差异，社会要求教学满足所有这些学生所需要的知识、技能和价值，同时社会也要求提高效率，给学生提供他们未来需要的有区别的技能和知识，以便作为工作者能在不同的职业角色中有效地发挥作用。社会——这个教学的当事人，要求教学担负促进民

---

① David F. Labaree. The Trouble with Ed Schools. New Haven and London: Yale University Press, 2004. p. 54

② Bateson M. C. Peripheral visions: Learning along the way. Newy York: Harper Collins, 1994. pp. 9～10

③ David F. Labaree. The Trouble with Ed Schools. New Haven and London: Yale University Press, 2004. p. 54

④ Matusov E. Pease-Alvarez L. Angelillo K. & chavajay P. Critical Dialoguing: Emerging Teacher/Learning Opportunities in a BU/UCSC-links After-school Project. 2002. 转引自 Greenman N. P. & Dieckmann J. A. Considering Criticality and Culture as Pivotal in Transformative Teacher Education. Journal of teacher Education, 2004,55(3): p. 250

⑤ David F. Labaree. The Trouble with Ed Schools. New Haven and London: Yale University Press, 2004. p. 55

主平等和提高社会效率的双重责任。但事实上，这两个责任常常是相悖的。

现今西方教学面临的责难和困境，说明了教学是一项极其困难的工作，用戴维·拉布里的话来说，教师是在"以取悦不可调和的事物的方式教授不可控制的事物，并且所有教师对他们的行为的目的或结果还了解得不太清楚"①。因此要使有效教师的培养成为可能，就要让师范生从容不迫地面对和处理教学的复杂性与不确定性。

二、为所有孩子教学

与第一章谈到的"多元文化教师教育"密切相关，学生的日益多样化成为教师和教师教育必须面对的事实。"为所有孩子教学"，就是要求教师能够满足课堂中各种学习者的学习需求。

（一）帮助所有孩子参与学习

帮助所有孩子参与学习与简单地给学生授课相比，两者之间的差别就在于，前者是一个专业教师，而后者只是一个盲目照本宣科的技术操作人员。教师如果缺少对儿童需要的理解与满足学习者需要的知识，就不可避免地只能勉强完成课程，而无法更好地让学生参与学习。把不同的学习者教好，不只是一个给学生贴上标签的技术工作，而且是能够识别并满足所有儿童的学习需要，指出他们处在学习中的位置，并且以诊断的方式回应他们的需要②。

如今在西方国家，中小学校越来越多地接受进入"特殊班级"(special class)③的学生，教师需要关于学习差异的知识(knowledge about learning differences)，以服务于这些少数学生。根据美国国家教育数据中心(NCES) 2002 年的数据显示，中小学校在 1999 年有 13%的学生参加特殊教育，而他们中的一半有超过 80%的学习时间是在一般教育环境中度过的，这个数字

---

① David F. Labaree. The Trouble with Ed Schools. New Haven and London：Yale University Press，2004. p. 56

② David F. Labaree. The Trouble with Ed Schools. New Haven and London：Yale University Press，2004. p. 258

③ "特殊班级"(special class)对应的是"特殊教育"(special education)，特殊教育的发展从最初设立特殊学校、特殊班级开始，逐渐形成目前融合特殊教育与普通教育的"全纳教育"(inclusive education)，即让主要是特殊智力儿童中的残疾儿童(包括轻度、中度障碍)回到普通学校，接受与正常儿童一样的教育。在实现"全纳教育"的过程中，西方国家的一些普通中小学会在设立普通班级的同时，设立一些特殊教育班级，逐步过渡。

比10年前有了极大的增长。鉴于这样的学生越来越多地参与正式教学班的学习，为了让他们的需要和其他学生一样得到满足，教师就需要更多的诊断途径，来评估学习者的需要，并用更高明的教学策略来满足这些需要。

实质上，这样的学生存在于所有的课堂，但是能够对这类学生实施有效教育的教师太少了。菲里奥(Figlio)和盖茨勒(Getzler)2002年的研究指出，10%～20%有学习障碍的学生不同程度地表达说，他们在通过一系列不断升级的标准化测试中有困难。就好像许多其他学生经历生命中的其他挑战一样，有特殊需要的学生们同样不同程度地经历了留级和不能毕业等学习困境。然而与此相对，能够有效教授这些特殊学生的教师却严重缺乏，不仅是常规教育的教师没有教授大范围学生的准备，而且许多学校为特殊教育班级分配的教师，也常是没有经验和未获许可的教师，甚至几乎没有训练或者教学的经历。

达琳-海蒙指出，如果目的是让所有的儿童达到高水准，那么至关重要的问题就是根据特定的需要来仔细选择不同的教学策略。她特别强调，在与儿童的互动中，要有态度和技巧，这包括了反思能力、分析和应用概念和理论的能力，以及认真听取儿童感受和思考的意愿。最重要的是最后一点，不要错误地认为儿童总是知道自己需要什么。相反，对儿童的仔细观察，是理解儿童经验、诊断他们如何学习和如何帮助他们进步的基础。这显然是对教师的挑战，教师需要具备更有包容性和适应性的教学知识和技能，必须在处理学生的多样性(不同的语言、文化、异常情况、学习风格、才能和智力等)方面，接受良好的训练，同时，具备丰富多样的教学策略。为增长教师教授有特殊需要学生的技巧，提供关键性的帮助，教师教育想要担负好为21世纪的学校培养教师的重任，尤其重要的一点是，建立一个知识基础，以培养真正能够满足当今学校和学生需求的教师。

(二) 拥有多元文化敏感意识

海纳兹(Hernandez)断言："由于文化渗入并充斥着整个教学和学习的过程，因此对于所有教师和学生而言，无论他们来自怎样的种族或者社会阶层，教学永远是一种跨越文化的实践。教师往往自然地将自己的文化价值、信念和理解带入教学工作中。同时，学生也会将自己的文化理解和领会方式带入他们对教师、知识、观念和其他人的经验中。"①

1. 看不见的行李

在西方国家,尤其是像美国这样的移民国家,学生所使用的语言种类已经达到150种之多②,这种"多样性"给教师带来新的挑战。而且,"多样性"已经不仅仅局限于"民族多样性"这一方面,事实上,"多样性"的学生每天携带着贴有"文化资本"标签的"看不见的行李"③来到学校,这些"看不见的行李"包括了语言、学习方式、学习障碍、社会背景等等。教师必须为应对这些文化差异作好充分的准备。

然而,实践工作中的真正困难还不仅仅在于学生"多元化"的文化与社会背景,让我们先看一个美国新教师的个案:

阿丽西亚(Alicia)毕业于教师教育专业,高加索人,中产阶级,女性。获得教师职业资格证后,她迫切地期望进入教学领域,在学期末前三个星期,她终于被聘为一所乡村小学的五年级教师。这个班共有24个学生,14个男生和10个女生。其中,有10个非洲裔美国籍学生、3个亚裔美国籍学生、2个美国当地学生以及4个高加索学生。表面上,阿丽西亚没有因为学生的混合而影响教学,但在教学的第一天,当学生排队走近教师时,她面带微笑与学生们问好,立刻注意到一些学生并没有作出回应。之后,她才知道2个亚洲学生英语有困难。同时,她还发现美国当地学生在班上与其他学生有隔阂。

这个个案所反映出的课堂组成,以及教师与学生之间的文化撞击是具有一定典型性的。它的典型性不仅在于阿丽西亚代表了现今北美和欧洲教师很多缺乏多元化背景教学经历,更重要的是现今的教师,和阿丽西亚一样,是来自白人中产阶级家庭的女性。实践的真正困难就是,和学生的"多元化"文化与社会背景相比,教师的背景相对单一。"在教学和教师教育中

---

① Hernandez H. Multicultural Education A Teacher's Guide to Content and Process 转引自 Darling-Hammond L. John Bransford. Preparing Teachers for a Changing World: What Teachers Should Learn and Be Able to Do. San Francisco: Jossey-Bass, 2005. p. 384

② [美]费奥斯坦. 教师教育新概念——教师教育理论与实践. 王建平等译. 北京:中国轻工业出版社,2002. 82页

③ [美]费奥斯坦. 教师教育新概念——教师教育理论与实践. 王建平等译. 北京:中国轻工业出版社,2002. 85页

占压倒多数的是白人"①，并且"许多教师教育项目缺乏对多元文化的关注，其主要目标是更好地培养一批主要是白人女性的师资"②。

2. 促进多元文化敏感意识的关键因素

在如何促进教师拥有多元文化敏感意识的问题上，美国西密歇根大学的教育心理学教授M·阿瑟·加蒙(M. Arthur Garmon)，在2004年第3期美国《教师教育杂志》上，发表了一篇题为《改变职前教师对多样性的态度/信念——什么是关键因素?》的文章。加蒙指出，为了给日益多样化的学生配备师资，美国的许多教师教育项目正在努力寻找更有效的方法，来激发职前教师的多元文化意识和敏感性。于是，差异性与多元文化教育课程，就成为了教师教育项目的一个普遍特色。他经过调查发现，众多多元文化课程所提出的特定论题有着各种不同的概念，一些课程将差异性定义得很宽泛，涉及的论题包括种族、阶级、性别、文化、少数民族、残障人群、性取向等等，而其他的关注范围则较为狭隘。然而，许多针对多元文化课程影响性的研究结果并不一致，一些研究认为教师通过多元文化课程增强了多元文化意识，而另一些研究则认为多元文化课程对教师的影响性不大。

通过对一名22岁白人女教师应征者的长期详尽的访谈式调查研究后，加蒙列举了可能与职前教师的多元文化意识和敏感性形成相关的6个关键因素：其中三个因素是意向性的，包括对多样性的开放性、自我意识/自我反思，及社会正义承诺；其他三个因素是经验性的，包括不同文化间的经验、对小组经验的支持以及教育经验。他指出，首先，有一些关键因素促进学生对于差异性的学习。其中，意向性和经验性的因素被确认为重要的，尤其意向性因素特别重要，因为这可能决定了职前教师是否有意愿从教育经验中有所习得。其次，多元文化的教师教育课程和实地经验，无疑是形成学生差异性的意识和敏感性的重要途径。最后，在选择和培养职前教师时，应该给予学生更多适当的机会去体验多元文化的经验，这对他们形成更好的多元文化意识和敏感性来说十分关键。

---

① Sleeter C. Preparing Teachers for Culturally Diverse Schools: Research and the Overwhelming Presence of Whiteness. Journal of Teacher Education, 2004,55(3):p. 215

② Garmon M. Arthur. Changing Preservice Teachers' Attitudes/Beliefs about Diversity—What are the Critical Factors? Journal of Teacher Education, 2004,55(3):p. 201

三、教师成为适应性专家

如何帮助存在广泛差异性的对象，特别是那些有特殊需要，以及拥有不同文化背景和观念的学生投入学习，甚至使其达到比以往更高的水平？又如何使教师学会完成这些高难度的工作？教师教育似乎是比教学更为困难的工作。显然，今天教师教育的目标不仅仅是培养教师传递课程或课本的能力和技巧，而是要为具有多种需求的学生而学习。要支持学生的学习，就必须首先学会像学生一样思考，了解学生学习的过程。卡特(Carter)注意到："一个人如何构建学会学习的问题，在很大程度上取决于一个人如何理解'什么是需要学的'以及'学习怎样才能发生'。"①

(一) 杜威思想与适应性教学

适应性教学受到杜威进步主义思想的影响，强调教师深入教学情境，以学生为中心，灵活运用教学决策，保证学生实现成功学习。适应性教学把教师当做知者和思者，更多地注重教师学科知识与技能以外的能力。

全美教师教育认证委员会(NCATE)的认证标准中，除了"学科知识"，还要求教师候选者必须能够对所教知识"提供多种解释和教学策略"，并且"以专业教育者所期望的方式来对待学生、家庭和社区"。这个专业标准，界定了教师所需技能、知识和品性(dispositional)，要求教师的课堂教学不是简单地将知识传递给学生，而是更多地"理解学生在学习方法上的区别，并创造适合于这些不同学习者的机会"，或者"理解学生是怎样学习和发展的，并且提供支持他们智力、社会和个人发展的学习经验"，从而帮助所有学生学习。②

学生的多样性、社会的流变性要求教师实行一种适应学生的，而非机械化、标准化的教学。美国进步主义的早期领导人约翰·杜威、埃拉·芙拉格·杨(Ella Flagg Young)等，把教师看做智者、教育革新者、课程开发者。心理

① Carter K. Teachers' Knowledge and Learning to Teach 转引自 Darling-Hammond, L. John Bransford. Preparing Teachers for a Changing World: What Teachers Should Learn and Be Able to Do. San Francisco: Jossey-Bass, 2005. p. 360

② NCATE. Professional Standards for the Accreditation of Teacher Preparation Institutions. Washington: National Council for Accreditation of Teacher Education, 2008, p. 3

学家罗伯特·格拉瑟(Robert Glaser)于1990年勾勒出的现代学习理论,也反映出了进步主义的观点。格拉瑟认为美国21世纪的学校必须从选择性模式转向适应性模式。所谓选择性模式,是以学习条件的最小变化或标准化为特征,其中教学的选择狭窄,它提供的成功路径也有限;适应性模式则要求教育环境为学生提供各种成功的机会,教学方式要适应个体的背景、天赋、兴趣和过去的经验。

与标准化教学相比,适应性教学强调使每位学生的学习最大化。这样的教学需要教师能更灵活且具有适应性地实现决策。教师被看做是学生成功学习的主导和保证,他们需要知道大量关于学习过程的知识,成为掌握大量工具的诊断者和计划者。于是,教师就要思考和了解,怎样的专业知识基础能形成符合学习者情况需要的教学决策。适应性教学正是让教师学习获得关于思考的知识,贯穿并整合对具体情境中学生学习与发展的理解力,以及对自身教学内容与课程设计的反思能力。

(二)解释学取向:教师成为反思性实践者

解释学取向所主张的教师成为反思性实践者与适应性教学旨趣相似。根据埃里奥特的观点,在社会市场模式发挥着强势作用的同时,解释学取向成为了英国过去20年来的教师教育改革中相当一部分实践改革的基础。这种取向将教师教育作为一门实践科学,它在在职领域采用基于课堂和学校的行动研究方法,强调"教师作为研究者"来分析并作用于复杂、模糊且不可预测的实际教学情境。同时,在初级培养阶段,这种观点倾向于通过采用将专业学习作为"反思性的实践",来让职前教师在真实的教学场景的实践经验中,为正式教学作准备。①

解释学观点为教师教育方式赋予的一致性和连续性在于:第一,情境理解(situational understanding)的原则,即实践是基于对特定情境的解释。这种解释不是客观的,它受制于一个人的前见,并以前见为情境理解的条件之一。从解释学的观点看,情境理解的改善,不是通过排除前见,而是通过修正前见实现的。在情境中开放与前见的联系,使人看到自己前见中存在的问题,从而修正前见中不合适的部分。第二,教学活动是一种"实践科学"。

① John Elliot. Three Perspectives on Coherence and Continuity in Teacher Education// John Elliot. ed. Reconstructing Teacher Education: Teacher Development. London: The Falmer Press, 1993. pp. 17~18

情境理解中的理论与实践的关系，既不像理性主义所认为的从理论中引出实践，也不是行为主义所揭示的将理论分解为实践。理论分析在情境理解中的重要性在于，它是试图实现整体情境理解的必不可少的环节，作为一种进行中的反思，它不可能先于情境出现。同时，行为对情境理解具有依赖性。在复杂而不可预测的教学活动中，良好的实践不是复制提前计划好的反应，而是在理解与行动的互动中，作出适时恰当的明智反应。约翰·埃里奥特认为，这种将教学实践视为在复杂、模糊和动态的教育情境中，作出一系列明智判断和决定的科学，对教师教育课程和专业学习的连续性和进步有深刻的意义。①

"反思性实践者"的思想广泛地影响了当今世界许多国家的教师教育。它的优势在于重视教学实践的复杂性和发展教师的自主性，让职前教师在学习和实习期间，就深入现实的教学场景，观察有经验的教师如何解决课堂中随时发生的问题，从而实现对教学的真实理解，运用反思和行动来实现理论与实践之间互动，实现持续的专业发展。

（三）适应性专家：学习的黄金标准

将教师培养成"反思性的实践者"，创造适应性教学，这种新的培养方式与旧的传递式教学的模式完全不同。教学的新使命首先要使学生成为"会思考、能解决问题、创造更多可能性的人"。学生面对新问题，必须通过自己的探究去发现、整合、分析、解释信息，而不是通过对知识的死记硬背来储存。同时，教师必须能够理解、引导学生，将知识建构的独特过程转化为思考的资本。现代学习理论告诉我们，教师必须是帮助学生掌握复杂信息和技能的诊断者、知识组织者、熟练的教练。学生理解学习的途径是不同的，这种认知差异的复杂性，使学习无法通过单一假想的标准途径获得。深度学习的目的，不仅是要求教师覆盖教学材料，更需要他们形成关于学生学习方式和内容的复杂判断，从中理解需要澄清的内容，进而帮助学生形成经验连接与改造的途径。

1. 人是如何学习的

美国国家科学院（National Academy of Sciences，NAS）概述的《人是如

---

① John Elliot. Three Perspectives on Coherence and Continuity in Teacher Education// John Elliot. ed. Reconstructing Teacher Education: Teacher Development. London: The Falmer Press, 1993. p. 19

何学习的》，是教师和教师教育对“人的学习”的认识基础。20世纪前半叶的学习理论，关于将学生当做“能被事实灌满的容器”，以及“通过技能训练使人受教育”的主导观点，已经被证明是无效的。随着学生分散程度的加大，对学生的期望提高，越是不考虑学生经验和需求的教学方法，教学效果就越差。几十年的研究已经清楚地表明：学习，特别是支持问题解决和把知识迁移到新情境的学习，不是简单灌输和训练的结果。《人是如何学习的》一书提出了三个对教学至关重要的基本原则①：

（1）如果要形成有效的教师教学，必须弄清学生带入课堂的先在知识。

（2）如果学生要在课堂之外应用知识的话，那么他们需要概念化地组织并运用知识。

（3）如果学生理解自身是如何学习以及如何管理学习的，那么他们会学得更有效。

在这三个原则中，教师的作用和意义在于②：第一，“理解”。由于学生来自不同的文化和语言背景，带有特殊经验、先在观念和知识基础，所以，为了实现真正的学习，教师必须理解学生的思维，理解如何与学生的先前知识取得联系，并将这些先前基础融入课程设计中。第二，“组织”。为了使知识在实践中得到应用和发展，成功的教师会根据每个学生的需求和进步，围绕核心观念组织材料，使学生理解事实和观念的构成。第三，“示范”。通过元认知的方法，教师的示范和指导能帮助学生看到学习策略是如何运用的，从而学会控制自身的学习。

2. 学习的黄金标准

有效教学不是简单的依赖直觉，或者用惯例模式化的标准行为就能达到的。教师想要成功地把学生已有的知识经验和新信息联结、指导学生通过各种活动去理解、纠正错误的假象、提供应用知识的机会、区别对待各种学生的学习要求、提供有效的反馈，在各种复杂因素的共同作用下，成功地

---

① National Research Council. Testing Teacher Candidates：The Role of Licensure Tests in Improving Teacher Quality 转引自 Darling-Hammond L. John Bransford. Preparing Teachers for a Changing World：What Teachers Should Learn and Be Able to Do. San Francisco：Jossey-Bass，2005. pp. 9～10

② Daling-Hammond L. et al. Powerful Teacher Education. San Francisco：Jossey-Bass，2006. pp. 9～10

完成教学任务，就需要理解并根据学生的需求和反应，不断变化自己的教学方式，以适应教学环境，达到教学目标。

正如杜威在《教育的科学资源》所说的："越有效的教师，他们越能在实践中根据学生的需要作出反应，而不是刻板的教学。教师掌握科学方法和系统的学科知识，就能看到新问题、设计新程序、制造多样性……从而使得教学更理智、更灵活、更有效地适应具体的教学。"①所以，如果教师要帮助起点和过程不同的学习者充分得到发展，就需要教师能参与学科试验，对复杂事件作出敏锐的诊断，以及用严格的反思来适应教学，也就意味着教师必须成为"适应性专家"(adaptable experts)。

"适应性专家"在《人是如何学习的》一书中被认为是"学习的黄金标准"②，它要求教师在惯例性操作的同时，根据不同情境中的不同教学需要，能有所革新。与之相对的是"惯例性专家"(routine experts)。虽然两者在其职业生涯中都不断学习，但惯例性专家是要求不断积累，发展出使教学变得越来越有效率的一系列核心能力。而"适应性专家"更倾向于改变他们的核心能力，并不断扩展其专长的宽度和深度。这种核心观点、信念、能力的重构，可能在短期内降低其效率，但是从长远看更具有灵活性和适应性。

3. *理想适应性走廊*

施瓦茨(Schwartz)、班茨福特(Bransford)和塞斯(Sears)描述了适应性专家的特点，适应性专家具有两重维度：效率和创新(图 5-1)。③

---

① Dewey J. The Sources of a Science of Education 转引自 Daling-Hammond L. et al. Powerful Teacher Education. San Francisco：Jossey-Bass，2006. p. 77

② Darling-Hammond L. John Bransford. Preparing Teachers for a Changing World：What Teachers Should Learn and Be Able to Do. San Francisco：Jossey-Bass，2005. p. 49

③ Schwartz D. L. and Bransford J. D. and Sears D. (in press). Efficiency and innovation in transfer 转引自 Darling-Hammond L. John Bransford. Preparing Teachers for a Changing World：What Teachers Should Learn and Be Able to Do. San Francisco：Jossey-Bass，2005. p. 49

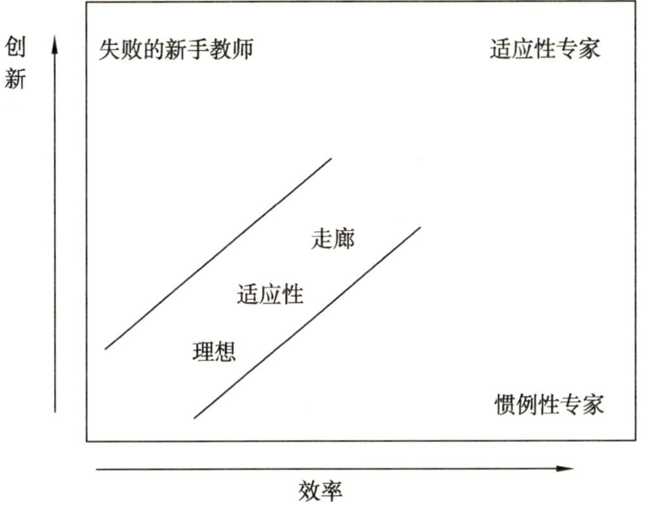

图 5-1 适应性专家的两重维度

施瓦茨等人认为该图的横坐标标志是“效率”，纵坐标标志是“创新”，有时这两个维度表现为一个连续统一体的两个相互排斥的端点。例如，惯例性专家的效率越高，创新就越低。然而，虽然它们是两个不同过程，但是并不是必然相互排斥的。例如，适应性专家在两个维度上都处于较高水平。

同时，施瓦茨等人也指出，以效率为定向的教学实践，常常是使用已经熟悉的方法来消除或者转换问题，将问题的目标状态和目前状态之间的距离消除或者缩小，而不是深入、持续地解决问题的实质，这样的教学有助于培养稳定的人。然而，富兰（Fullan）和瓦莉（Valli）认为，我们生活在变革的时代，所以变革是常态而不是例外。虽然由于时间有限，人们往往不得不注重效率，但是过分强调效率也有潜在的负面作用。例如，卢钦斯（Luchins）在1942年的研究，就已经证明对效率的迷恋会常常导致新情境中的“定势效应”。哈塔诺（Hatano）等人认为“惯例性专家”很擅长解决一系列特定问题，但是并不能终身学习。过分强调效率，特别是在面临变革的时候，会使人们把学习看做是一种对先前习得技能的应用，同时，也让学习的目的转化成为如何达到解决问题的高效率。革新是远离效率，至少是暂时远离效率的活动。革新常常要求悬置先前的惯例，也容忍再思考自己视角所带来的混乱，这与促进当前效率的策略是有很大不同的。

达琳-海蒙在教师专长研究中指出，以效率维度培养出的“惯例性”新手教师和专家教师面对以下情况，例如，在学生小组学习的时候，教师怎样管理课堂？当要保持每个学生的注意力时，教师怎样给予指导和分发材料？对于数学、历史、科学等学科的某一概念问题，教师怎样预测学生可能给出的答案的范围？专家教师按照惯例经验还能够注意到课堂活动的模式，而对于新手教师来说，似乎经常是一片失去组织的混乱。

在整体层面上，效率和革新的作用假定是互补的，尽管有时候在平面层面上，它们似乎是对抗的。当效率的适当层面给革新提供空间时，它们就是互补的。例如，假设一个学生在课堂中，对一道数学问题提出了一个答案，而这个答案对老师来说是新奇的，如果这个老师能够高效率预测并理解班级学生可能给出的答案的范围，那么，他就有可能对这个新奇的答案进行活跃的思考，并考虑学生何以想出这个答案。然而，随着经验和指导，对于大部分教师来说，问题的情境从新奇、非常规变为常规的了（也就是说，这类问题在以前解决过，或和以前解决过的问题相似）。因此，对自己学科领域内某一个主题的一般观念和学生经常出现的错误进行学习，有助于教师解决问题，并通过高效率的课前计划，使教师在课堂中能针对学生作出有效的回应。

适应性专家的重要特征正在于平衡这两个维度，使自己通过学习处于“理想适应性走廊”(optimal adaptability corridor)的位置，实现一种“平衡的教学”。例如，在数学方面只接受效率定向计算训练的儿童，在特定惯例性任务中会操作很快，但是这样的经验会限制他们解决新问题时的能力。平衡的教学包括学习理解和发展学生自己数学猜想的机会，以及高效计算的能力。平衡效率和创新的教学应该还包括实验观念，以及此过程中体验改变观念需要的机会。这些经验常常需要创造的过程，以及可供发现创新和效率相互作用的机会。

四、让教师学会教学

要帮助教师成为能够进行有效终身学习的适应性专家，并不是仅仅告知他们成为“适应性专家”这个事实就行了，而是要通过实践深化他们对这一概念的理解。正如西蒙(Simon)所说的：“知道事实和知道为什么，以及怎样做之间有着很大的差异。"①关于如何帮助教师学会学习的问题，在美国国家科学院(NAS)的报告中对此已经有所概述②：

(1) 师范生进入课堂时，就带着对于世界、教学和工作的观念。这些观念，在他们的"学徒观察期"中获得发展。如果新学习的内容与他们起初的理解难以建立联系，那么他们就可能难以抓住新的概念和信息，或者学习的目的也只是为了考试，然后，又重新回复到他们进入课堂之前的观念。

(2) 为了发展师范生的探究能力，首先必须，拥有深厚的事实和理论基础；其次，在一种概念框架中理解事实和观点；第三，以促进行动的方式来组织知识。

(3) 指导"元认知"(metacognitive)的方法，可以帮助师范生学会通过分析事件和情境，来控制自己的学习，从而学会理解并处理课堂中的复杂性。

围绕这三点以及在学会教学方面被广泛引用的诸多问题，达琳-海蒙总结了三个"关键的学习原则"。

(一) 认识学生成见的重要性

达琳-海蒙指出，虽然建构主义理论强调的"理解"，是使个人的学习变得成功，但是"学习教学"显然不能简单地仅仅建立在"人是如何学习"的基础上。因为，无论个人对新信息的理解和处理是否正确，都是基于个人的经验和先前的知识与信念，这种成见基础常常使人忽略那些与他们经验没有任何联系的观点。所以，教师教育者在职前教师培养阶段，首先要重视的是师范生的成见问题。学习教学需要师范生以不同于学生学习的经验来理解教学。

1. 师范生的成见

师范生对于教学最大的成见，即前文述及的"教学是简单的工作"，这主要是因为他们长期以学生的身份观察教学所导致的。洛尔蒂指出，学生通过学校学习时的"学徒观察"，往往只能了解和模仿教师的外显行为，因为他

① Simon H. A. Problem Solving and Education//Tuma D. T. and Reif R. (Eds.). Problem Solving and Education: Issues in Teaching and Research 转引自 Darling-Hammond L. John Bransford. Preparing Teachers for a Changing World: What Teachers Should Learn and Be Able to Do. San Francisco: Jossey-Bass, 2005. p.359

② National Research Council (in press). How Students Learn: History, Mathematics, and Science in the Classroom 转引自 Darling-Hammond L. John Bransford. Preparing Teachers for a Changing World: What Teachers Should Learn and Be Able to Do. San Francisco: Jossey-Bass, 2005. p.366

们无法了解并参与教学目标选择的事前准备，和教学过程的事后分析，所以仅仅通过“学徒观察”是无法得到专业的知识和能力的。① 穆恩比(Munby)、罗素(Russell)和马丁(Martin)认为，即使观察良好教学，甚至亲身经历它，一个人也不能轻易获得对教学复杂性的深入理解。因为支持良好教学的知识和经验是被教者看不见的，而且越是好的教学，教师的呈现就越自然，观察者越是难以看出背后的深意。② 因此，要让教师学会教学，首先就要让他们摆脱学生时代对教学的成见，从而以教师的身份重新认识教学。这好比是从台下走到台上，不是作为一名欣赏表演的观众，而是作为一名参与者去观看幕后所发生的一切。

当然，师范生对于教学的成见不仅限于此，随着学习的深入和经验的积累，他们在各个阶段都可能产生各种不同的成见。例如，维登(Wideen)、梅耶·史密斯(Mayer-Smith)和穆恩(Moon)在对相关文献进行的综述中指出：师范生关于教学的成见分布很广，他们在入职阶段，各自对于教、学以及教学工作中的其他观念也都有不同种类和程度的成见，而这无疑会影响他们的学习。③ 例如，对职前教师来说，他们对小组学习、小组评估和多样性问题已经非常熟悉，因为在预备课程中已经讨论过这些概念和观点，这就使得职前教师自认为已经拥有了清晰的概念。然而，在职前阶段的教学实习中，他们可能会碰到各种与先前的学习和讨论不同，甚至抵触的实际问题或状况，因此，如果他们没有足够的心理准备，也不具备必要的反思与探究精神，那么就难以顺利进行理论与实践相融合的学习。此外，许多职前教师可能将未经检验的个人观点带进课堂，包括：好教学主要依赖于个人因素(如关心)、对社会背景或学科知识或教育学知识的忽略等。如果这些成见没有得

① Lortie D. C. School Teacher：A Sociological Study. 转引自 Darling-Hammond L. John Bransford. Preparing Teachers for a Changing World：What Teachers Should Learn and Be Able to Do. San Francisco：Jossey-Bass，2005. p. 367

② Munby H. Russell T. and Martin A. Teachers' Knowledge and How it Develops// Richardson V. ed. Handbook of Research on Teaching. Washington D. C.：American Educational Research Association，2001，4th ed.，pp. 877～905

③ Wideen M. Mayer-Smith J. and Moon B. A Critical Analysis of the Research on Learning to Teach：Making the Case for an Ecological Perspective on Inquiry 转引自 Darling-Hammond L. John Bransford. Preparing Teachers for a Changing World：What Teachers Should Learn and Be Able to Do. San Francisco：Jossey-Bass，2005. p. 369

到澄清、检验或反思，而固着于职前教师的教学信念中，那么他们将可能难以学会吸收其他的知识，或者错失形成其他教学技能的机会。①

2. 如何对待成见

一些学者主张，要将教师培养成为“为所有孩子而教的适应性专家”，那么教师在学习教学的过程中，就要采取有别于他们在学生时期的学习方式。② 格鲁斯曼(Grossman)在她的《培养教师》(Making of a Teacher)中提出了如何克服“学徒观察”中成见的途径：(1) 形成自身对学科知识的理解，强调推理的意义与教学事件之间的联系；(2) 正确看待并理解学生已有的旧知识；(3) 了解塑造学生的文化、历史和社会力量的知识；(4) 掌握并具备学习和教学法的知识。她指出，在对师范生的培养中，要重视让其思考“教学意味着什么”，而对于教师教育者的挑战是正视并公正对待每个师范生的观念，在讨论、对话中帮助师范生认识并扭转自身关于教学的假想和成见。

加拿大学者克兰迪宁和康奈利对待“成见”的方式有所不同。他们更喜欢用“个人实践知识”这一术语，并将之界定为“在个人实践中表现出来的，通过经验(个人的、社会的和传统的)生成的，有意识或无意识的信条和意义集合体”③。他们把职前和在职教师的个人实践知识看做宝贵的资源和出发点，而不是“需要克服的成见”。与通常教师教育者的问题“我们想让教师们掌握哪些新知识”不同，克兰迪宁等的问题是“我们能够做什么来帮助你以自己独特的方式改进你的实践”。他们在思考教师教育问题时，不是仅仅从理论和政策出发，也从通过实践表达出来的、每位实践着的教师的知识出发。

这种方向的转换也代表教师教育中教/学过程的改变。不是鼓励教师去问：“我不知道什么知识，因而需要学习的知识有哪些?”而是鼓励教师去问：“关于我的实践和教与学，我知道什么知识，可以用来思考实践的改进，

---

① Richardson V. and Placier P. Teacher Change//Richardson V. ed. Handbook of Research on Teaching. Washington D. C. American Educational Research Association, 2001, 4th ed., pp. 905～947

② Borko H, Mayfield V. The Roles of the Cooperating Teacher and University Supervisor in Learning to Teach 转引自 Darling-Hammond L. John Bransford. Preparing Teachers for a Changing World: What Teachers Should Learn and Be Able to Do. San Francisco: Jossey-Bass, 2005. p. 369

③ Clandinin D. J. & Connelly F. M. Teachers' Professional Knowledge Landscapes. New York: Teachers College Press. 1995. p. 7

以便为孩子们创造更富有教育性的空间?”他们并不否认理论、知识和政策的重要作用。但是,与向教师灌输他们应该知道的东西不同,他们认为应该把这些知识作为教师在实践中运用和更新自身知识的资源。

(二) 学习行动和反思的重要性

对师范生来说,有效的学习经验不仅要拥有理论上的支持,也要同时伴随着有效的行动。

1. 教师教育中的行动问题

教师教育常常被抱怨太过理论化,没有让师范生掌握具体的教学工具,以应对教学实践中出现的各种问题。许多西方学者对如何培养师范生的有效教学行为作了特别的研究。例如,一些学者认为,培养有效教学行为是让师范生学习如何把知识应用于实践;而另一些人强调要把理论从实践中分离。对此,肖恩认为类似教学这样的职业,本身是理论根植于实践,且与实践不可分离。这对于学习教学的人来说是一大挑战,因为当知识植根于实践本身时,要学会如何思维和行动是困难的。同时,教学策略的作用也是在行动之中的,无法在行动之前完全知晓。①

玛丽·肯尼迪将这一挑战称之为“行动问题”②。教师教育者,不仅要帮助师范生学会像“教师一样思考”,而且要帮助他们学习“像教师一样行动”。如果说前者是困难的,那后者就更加复杂。将教学意图贯彻到行动中去,教师往往必须同时做许多不同的事情:不仅要理解学生是如何学习的、哪些教学策略能帮助他们,还必须学会清晰地呈现教学信息,组织讨论达成对信息的理解、组织学生参与小组学习、管理学生行为、对学生的行为和需要作出回应,同时根据课堂中的实际情境改变事先的计划。

2. 对教学行动的反思

学习如何专业地思考和行动,在教学生涯的开头是异乎寻常的难事。针对这个问题,全美研究委员会(National Research Council,NRC)要求师范

---

① Schon D. A. The Reflective Practitioner: How Professionals Think in Action 转引自 Darling-Hammond L. John Bransford. Preparing Teachers for a Changing World: What Teachers Should Learn and Be Able to Do. San Francisco: Jossey-Bass, 2005. p. 374

② Kenny M. The Role of Preservice Teacher Education//Darling-Hammond and Sykes. eds. Teaching as the Learning Profession: Handbook of Policy and Practice 转引自 Darling-Hammond L. John Bransford. Preparing Teachers for a Changing World: What Teachers Should Learn and Be Able to Do. San Francisco: Jossey-Bass, 2005. p. 370

生:(1) 拥有扎实的实践知识基础;(2) 在概念框架的背景中理解事实和观念;(3) 通过多种方式组织知识,以方便修补和行动。由此可见行动反思的重要性,它能帮助师范生形成多种有组织的理解和技能,从而开展有效的教学行动。但是,许多师范生在他们的培训过程中,并没有得到足够的行动指导。设想如果教师教育项目强调"书本学习",而不是给予师范生在管理课堂中实践和反思的机会,那么师范生毕业后的教学也将重复这种"书本授课"。为此,达琳-海蒙在总结了众多强调师范生的反思教学和实践机会的研究之后,指出了可行的具体措施:对于教师教育者来说,需要保证候选人在进入预备项目时,有实践和反思教学的机会。同时,在职前阶段和入职初期,初任新教师也需要有支持,来帮助他们解释实践经验和拓宽教学技能,从而促使他们能够继续学习。让初任教师和其他成员组成学习共同体是一种有效的方式。①

(三) 复杂性问题和元认知的原则

学习教学的第三个挑战是:教学有着难以置信的复杂性。正如本节在分析"教学的复杂性和不确定性"时所阐述的那样,教学的复杂性不仅存在于课堂中,而且课堂外也存在一系列复杂的因素,影响着教师的教学和学生的学习。为了要达到国家的教学标准,并同时满足学生的各种需求,教师必须学会在教学内容目标和一般课程目标,以及关照学生兴趣、能力、起点和途径的教学方式之间维持良好的张力。要学会这样的教学,教师就必须形成既能满足课程要求,又能满足学生需要的分析能力。

因此,教师教育的任务就是让教师学会应对复杂教学情境的能力,这显然是比教学更加复杂的工作。要帮助教师成为应对复杂教学情境的适应性专家,学习元认知的概念非常重要。约翰·弗拉维尔(John Flavell)描述了元认知的两个方面②:元认知的知识和元认知的规则。元认知的知识是个人理解自己的思考和发展计划的决策和分析,以获得更多的知识。元认知的

① Darling-Hammond L. John Bransford. Preparing Teachers for a Changing World: What Teachers Should Learn and Be Able to Do. San Francisco: Jossey-Bass, 2005. p. 375

② Flavell J. H. Metacognition and Cognitive Monitoring: A new Area of Cognitive-Development Inquiry. 转引自 Darling-Hammond L. John Bransford. Preparing Teachers for a Changing World: What Teachers Should Learn and Be Able to Do. San Francisco: Jossey-Bass, 2005. p. 376

规则则是确认学习目标并最终达成目标过程。

全美研究委员会(NRC)2001 年报告指出:元认知是适应性知识一个特别重要的成分。同时,报告应用研究文献论证表明,具有高水平元认知意识的人能形成一种"心灵的习性"(habits of mind)①,以促使对自身表现的持续性自我监督和自我评估,并根据需要来修正自己的假设和行动。因此,达琳-海蒙认为,有效教师的工作特别需要元认知。例如,初任教师应该更多地关注他们的教学实践,而不仅仅是学生的学习成绩。教师要能说出自己做了什么,学生又是如何回应的,又有什么是他们还不理解的。教师也要能应对决策制定范围内出现的问题,即解释课堂中发生了什么。此外,教师也要能分析教学的行为,以及这些行为的作用,通过对行为后果的反思,让他们的工作变得更有效。

可见,对元认知原则的把握,能促使教师适应复杂的教学情境,正如弗郎兹·罗森茨维克(Franz Rosenzweig)所说的:"教学始于学科问题,但不止于学科问题,它的目的在于变为内在生成的力量。"②

第三节　有效的教师教育项目:以达琳-海蒙的研究为例

虽然在教师角色、知识、培养等许多问题上,西方教师教育实践中还存在着争议,但是对于培养有效教师和设计有力教师教育项目的努力一直在继续,争议话题的答案也在实践工作中不断变得清晰。本节将通过展现一些成功的项目案例,证明一些共同要素、途径和工具对培养优秀教师是卓有成效的。

---

① National Research Council. Testing Teacher Candidates: The Role of Licensure Tests in Improving Teacher Quality 转引自 Darling-Hammond L. John Bransford. Preparing Teachers for a Changing World: What Teachers Should Learn and Be Able to Do. San Francisco: Jossey-Bass, 2005. p. 376

② Goodlad J I. Teachers for Our Nation's School. San Francisco: Jossey-Bass Inc, 1990. p. 196

一、寻找有效的教师教育项目

在研发有效教师教育项目的长期努力中，有几个系列的研究成果对勾勒有效教师教育的特征很有帮助。首先是20世纪六七十年代，美国密歇根州立大学的“教师教育与学习教学”(the Teacher Education and Learning to Teach, TELT)研究项目，此研究关注能够改变教学实践并影响学生学习结果的教师教育项目。其次，全美教学与美国未来委员会(NCTAF)的一系列对模范(exemplary)教师教育项目的案例研究，提供了关于职前教师学习体验的数据，以及毕业生和入职教师对项目的高度评价。在此基础上，20世纪90年代以来的项目设计与研究有了长足进展。例如，美国密歇根大学提供大样本研究数据，分析了改革背景下数理化教学的专业学习经验的性质和特征；美国俄亥俄州立大学的研究分析了美国城市教师教育项目的特征；美国宾夕法尼亚大学和威斯康星-麦迪逊大学的研究，针对教师如何学习实践的一般知识、如何在中小学校开展教师行动研究、如何在社会背景中发展教师共同体的学习等问题进行了探索。①

(一) 成功的证明

在众多研究并设计有效教师教育项目的西方学者中，达琳-海蒙是较著名的一个。她指出，尽管已经有许多关于教师教育项目结构的讨论，但是针对项目内部具体培养过程的讨论却很少，例如，如何让教师候选人通过实践经验积累一系列知识和技能，从而实现有效的教学等等。于是，她在2006年出版的《有力的教师教育》一书中，运用大量事实和证据，通过展示7个在美国非常成功的教师教育项目，集中讨论了成功教师教育项目在培养好教师方面的各种努力，并论述了各个项目在培养有效教师方面所具有的共同特点和途径。

达琳-海蒙等人的研究对教师教育项目的挑选，首先是基于全美范围内进行的“教师教育项目”声誉调查。调查对象包括教学领域的研究者、专家实践者、教师教育学者、教师教育项目设计者以及地方雇主(主要是各地区中小学校)。其次是师范生的实际培养与实践状况调查，调查所涉及的900

① Daling-Hammond L. et al. Powerful Teacher Education. San Francisco: Jossey-Bass, 2006. p.391

名师范生部分来自选定的项目，部分是全美范围内的随机抽样。因此，此书的研究是在广泛的证据评估基础上，选定了7个场所不同、设计不同且各具特色的教师教育项目。① 它们分别是密尔沃基的阿维诺学院（威斯康星州）(Alverno College in Milwaukee)、纽约州的班克街学院(Bank Street College in New York City)、圣安东尼奥的三一大学（得克萨斯州）(Trinity University in San Antonio)、加州大学伯克利分校(the University of California at Berkeley)、波特兰附近的南缅因州立大学(the University of Southern Maine near Portland)、夏洛茨维尔的弗吉尼亚大学(the University of Virginia in Charlottesville)、波士顿的维洛克学院（马萨诸塞州）(Wheelock College in Boston)。其中，阿维诺和维洛克是在传统四年制大学中完成的本科项目，旨在培养小学教师；三一和弗吉尼亚是五年制的项目，师范生毕业后会获得学科学士学位以及教育硕士学位；另外三个是研究生水平的项目，针对的是获得学士学位之后决定从事教学职业的人。

达琳-海蒙指出，这7个成功的项目无论是公立学校或者私立学校、规模大或者小、本科水平或者是研究生水平，都具有将"学习"和"学习者"放在教学中心的特点，这超越了仅仅将教师培养成标准课程的教授者、安静班级的管理者、学生获取成绩的辅助者的目标，而是要求教师能够在激发学生学习热情、聚焦深度学习、反思自身教学、回应学生特殊需求等问题上发挥作用，从而实现为所有孩子和社会正义而教的目标。

（二）有效培养的一般要素和关键因素

1. 一般要素

在关于"有效的教师教育项目是如何具体培养教师学会教学"的这个问题上，达琳-海蒙基于大量项目研究的分析后指出：培养优秀教师不是千篇一律的工作。因为，面对来自不同背景且具有巨大差异的学生，以及特殊的教学任务，需要教师运用不同的教学体系去应对。所以，设计一个适合每种教学体系的标准教师培养计划，或者指导纲要，是不切实际的。尽管在项目培养的细节上不可能完全相同，但是，成功的培养计划会显示出许多的共同之处②：

---

① Daling-Hammond L. et al. Powerful Teacher Education. San Francisco: Jossey-Bass, 2006. p.16

② Daling-Hammond L. et al. Powerful Teacher Education. San Francisco: Jossey-Bass, 2006. p.41

(1) 将清晰、一致、良好的教学观(每个项目会有各自不同的表述)渗透(permeate)在所有课程和实践经验中。

(2) 指导并评价理论课程学习与实地学习,界定清晰的实践和执行标准。

(3) 在实践中教授课程,内容围绕儿童与青少年的发展、学习、社会背景与学科教学法(subject matter pedagogy)的知识。

(4) 在理论课程和实践经验之间建立密切的关联。

(5) 拥有帮助师范生的清晰策略:正视自身对于学习和学生的深层信念和假设;学习他人的经验。

(6) 促进中小学与大学教师团体之间的紧密合作与观念共享。

(7) 通过案例研究方法、教师研究、表现评估和档案袋评价,学会解决真实的实践问题。

正是这些特征帮助师范生在学会教学的过程中,建设性地处理了"学徒观察问题"、"行动问题"和"复杂性问题",帮助教师反思自身的教学成见,整合理论与实践,从而在复杂的教学背景中实现教学目标。

2. 关键因素

在这些促成有效教师培养的一般要素之中存在一个非常关键的影响因素,即一致性。浩雷和齐默菲尔(Zimpher)在1989年的研究报告中指出:有力教师教育项目拥有基于理论和实践的框架,即围绕关键功能性概念(例如:教师角色、教与学的本质、学校在民主社会中的使命等等)进行说明、论证和建构共识。这样的框架清楚地确立了项目的核心概念和优先性行为,并通过重复的结构化经验来保证与监督项目在这些概念和行为上的一致性。①

达琳-海蒙的研究也证明:成功的教师教育项目在培养教师学会教学的经验之间几乎是"无缝"的。首先,项目通过要求师范生将观察、描述和理论与来自实践领域的关于学生、教学和学习的证据不断结合,将良好教学的核心观念一以贯之并不断再现。其次,项目对师范生的关注往往是长期和延续性的。项目不仅在课程与课程之间、课程学习与现场学习之间取得连贯性,并且课程的设置顺序也是依据教学学习的理论周密安排的,同时课程与

① Howey K. R. and Zimpher N. L. Profils of Preservice Teacher Education: Inquiry into the Nature of Programs. Albany: State University of New York Press. 1989. p. 242 转引自 Daling-Hammond L. et al. Powerful Teacher Education. San Francisco: Jossey-Bass, 2006. p. 98

指导也和学生的学校工作之间紧密关联，其中学校工作主要包括课堂观察和教学实习；而课程往往具有这样一些特点：(1) 联系理论、实践和实地经验；(2) 符合专业教学标准；(3) 示范或展示教学实践；(4) 在社会背景下考虑学习和发展；(5) 反思、交流、说明教学技能；(6) 对候选教师的分析和成绩提供广泛的反馈、建议及改进的机会；(7) 为判断提供证据基础。①

在一致性因素中，有两点特别凸显，它们对师范生的实践能力的发展起着至关重要的作用，是解决教师教育中的"行动问题"、"复杂性问题"的关键：

(1) 通过课程学习与现场学习的持续交织，不断整合理论与实践。

(2) 在实践中运用"学会教学问题"的教育学，建构实践知识，解决实际问题，包括课堂观察、分析教与学、案例方法、表现性评估和档案袋评价。

接下来就结合达琳-海蒙的研究实例，展现这两个关键点是如何促成师范生的实际教学能力和专业发展能力的。

二、建构粘合理论与实践的现场经验

越来越多的证据表明，同时参与理论学习和实践工作的师范生，不仅会对理论课程的观念、概念、理论更具敏感性，并且能在实践工作中更好地应用所学，对实践的观察、理解和驾驭也更有效。②

(一) 搭建脚手架：现场指导

实现理论与实践的整合是教师教育中的一大难题，在许多传统教师教育项目中，理论与实践存在着明显的割裂。然而，在达琳-海蒙所研究的项目中，情况则完全相反。在配置合理的教师教育项目中，师范生在实地学习中将会得到有效的指导，从而促使他们将实地教学经验与课程学习挂钩。项目所安排的实地教学经验和人员配置都是精心设计并管理的。

首先，实地教学经验将贯穿师范生的整个培养周期。师范生自始至终都花费大量时间进行教学现场的观察，参与教学过程的实施(包括教学目标的设定)，并在实践中应用及考查他们在理论课程中学到的知识、概念和教学策略。其次，为实践教学安排合适的人员配置，包括经验丰富的教师和特

---

① Daling-Hammond L. et al. Powerful Teacher Education. San Francisco: Jossey-Bass, 2006. p.97

② Daling-Hammond L. et al. Powerful Teacher Education. San Francisco: Jossey-Bass, 2006. p.99

殊学生(发展水平多样、学习需求特殊)。师范生与经验教师(包括大学或者中小学教师,特别是同项目的先前毕业教师)一起工作,共同面对差异巨大的中小学生(包括低收入学生、移民或者有色人种的学生),发展富有理论且应用性强的教学实习。

因此,针对具体的教学任务,项目都会给予师范生不同程度与层次的指导,基本的指导步骤包括:第一步,分配任务。让师范生在完成指定任务的过程中,观察或者参与真实的课堂教学。第二步,通过各种途径对师范生的表现,进行指导性评估。第三步指导是由项目与实习指导教师(主要是中小学—大学合作的教师团体)共同完成的,即师范生在与实习指导教师的直接共事与互动中,明确教学角色的定位、教学策略的运用,协调并反思合作教学过程中的各种复杂问题。

这种基于校本经验的实践指导,事实上创造了一个与"理论课程"相对应的"实践课程",也就为师范生的教学学习搭建了一个实践的"脚手架"。①

(二)认知力地图:指导课堂观察

1. 指导性观察

有效的教师教育项目通过指导师范生的课堂观察,要求师范生针对课堂内的组织和管理、教师的行为与决策,以及课堂外的相关事件与教育功能,完成札记、日志等形式的指导性观察。这样的指导性观察,有助于师范生形成关于课堂和学校环境中关键因素的认识,可称之为"认知力地图"。可以说,形成"认知力地图"是师范生学会教学的重要方面,因为这涉及教师在学校所作所为的方方面面。②

在指导师范生如何进行课堂观察方面,阿维诺学院的师范生在每周札记(表 5-1)中记录了具体的观察任务要求③:

---

① Daling-Hammond L. et al. Powerful Teacher Education. San Francisco: Jossey-Bass, 2006. p.156

② Daling-Hammond L. et al. Powerful Teacher Education. San Francisco: Jossey-Bass, 2006. p.157

③ Daling-Hammond L. et al. Powerful Teacher Education. San Francisco: Jossey-Bass, 2006. p.158

表 5-1 阿维诺学院师范生课堂观察指导

√ 观察学生个体的多样性，并识别学校中文化的多样性。
√ 观察学校如何应对学生的特殊需求。
√ 观察课堂布局，以及学习者的空间使用情况。
√ 观察教师每日课程表，以及教师和学习者的课堂时间使用情况。
√ 观察课堂如何满足学生的发展性需求(与学习过程并存)。
√ 观察课堂中教学关系和学习动力状况及成因(联系其他观察问题回答)。
√ 观察教师如何使用口头和非口头的沟通策略及其产生的效果。
√ 观察如何基于有意义的学习经验、管理任务和物理空间的配置来管理课堂。

2. 反思性札记

除了指导性观察以外，师范生还要完成反思性札记(表 5-2)。这些札记要求师范生识别出课堂教学中的问题，并将问题所呈现的现象记录在案，从而反思问题产生的原因及解决问题的多种有效策略。下表是阿维诺学院的一篇札记提纲：

表 5-2 阿维诺学院反思性札记提纲

√ 观察课堂中学习积极性最低的学生。
√ 记录下他们的学习行为。
√ 反思阻碍学习积极性的原因。
√ 思考如何促使他们参与学习的多种有效策略。

3. 实地经验

在有效教师教育项目的课程安排中，实地经验课程与项目中的其他大学课程是相互协调的。例如，可以从阿维诺学院项目主要课程(表 5-3)看出，当师范生开始第一次实地经验的时候，他们也相应地上“教学指导设计原理”和“教育信息技术概论”这两门课程。

同时，所有实地经验课程的安排也与大学课程中的阅读和专题讨论挂钩。将文献阅读与实践挂钩的这种安排能引导师范生关注实践框架中的要素，特别是一些初学者难以把握的要素，从而加强理论与实践的互动，发展理论与实践双方面的知识。实地经验和研讨会相结合，通过让师范生参与不同的课堂观察，然后相互讨论对话(这种讨论包括师范生之间、师范生与大学、中小学教师之间)，一起分享与研究他们在课堂中的发现。

表 5-3　阿维诺学院小学教育项目主要课程

第一至第三学期	第四至第六学期	第七至第八学期
人文艺术 自然科学 数学 社会科学 普通心理学和发展心理学 小组互动 综合沟通 人类关系工作坊 教学指导设计原理 教育信息技术概论 实地经验 1	人文艺术 美国历史 语言理论和批判思维 综合阅读课程 1、2、3 方法(分科学、社会研究、艺术、数学四个单元) 实地经验 2、3、4 异常学习者	小学综合课程 教学实习与研讨会 教育哲学 主题研究

（三）成功的中小学—大学合作

中小学—大学合作是有效教师教育项目中的一个关键元素，与传统项目的中小学—大学合作不同，在有效教师教育项目的合作关系中，大学教师的角色从原先的“大学本位指导教师在大学教授课程，然后向外面输送学生”的模式，转变为“去向中小学教师学习技术”的模式。许多成功项目中的中小学—大学教师团体都是以合作指导大学课程的方式共同策划实施，一些师范课程由中小学—大学指导教师在中小学实习点教授，另一些则由大学教师团体在中小学实习点教授。大学教师团体与中小学教师团体以及管理人员们一起参与到中小学的学校改革工作之中。

通过大学与中小学合作，所有参与者在此过程中获得专业发展。首先是毕业生普遍感觉自己更了解实践，并且作好了充分的教学准备；中小学校长和项目督导人员普遍认为，这些毕业生比其他新教师有更好的入职预备。同时，中小学的指导教师也认为合作教学、行动研究和项目指导，促使他们在课堂和学校实践中取得了进步。此外，大学教师通过与中小学的合作，从中小学生的学习与成绩中获取第一手的研究数据与资料，进而深入研究课程和教学的理念。

这种中小学—大学合作关系模式主要分为三种：(1) 实验学校模式(the lab school model)——真正的教师教育项目产物；(2) 专业发展学校模式

(Professional development school model)——为新老教师提供分享学习经验的基地;(3) 专业发展学区模式(Professional development school district model)——学区合作网络,网络中学区和各个学校的教学都是围绕一致的指导性政策和实践。

20 世纪七八十年代,许多针对教育学院的批评是实验学校的培养预算锐减,私立学校仅服务于精英学生(大部分是大学教授的孩子),以及一些实验学校和教育学院之间没有密切联系。例如,芝加哥大学的实验学校,它在没有教育学院的情况下依然存在。加利福尼亚大学的实验学校则作为科研场所,几乎没有师范生在那儿学习。如今一些成功教师教育项目的情况则大不相同,例如著名的班克街儿童学校(详见附录 5-1)。作为一所传统的私立实验学校,班克街儿童学校是班克街学院的附属学校和教学实验场所,它主要进行以儿童为中心的实践及中小学教师的培养。此外,班克街实验学校也与几个公立中小学保持正式且密切的合作,并且实验学校的师资几乎都毕业于班克街的教师教育项目。可以说,班克街学院与实验学校联系非常紧密,几乎是一体的,创造了一个新型实验学校的模版。

专业发展学校是霍姆斯小组于 20 世纪 80 年代后期提议创立的,它被定义为"职前教师实现发展的学校、经验教师进行持续发展的学校、研究并发展教学专业的学校"①。霍姆斯小组的提议使许多教育学院都着手重新设计教师教育,关注"5 年培养项目"的设计(包括在 4 年学制的基础上加 1 年的实习期)。同时,专业发展学校的教师培养项目更多地贯穿了学者和专家的现场指导。在众多专业发展学校的中小学—大学教育者的合作关系中,南缅因州大学拓展型教师教育项目(Extended Teacher Education Program, ETEP,参见附录 5-2)具有重要的影响力。通过大学与中小学的紧密合作,达到资源整合、联结理论与实践的良好效果。

专业发展学区模式是在专业发展学校模式的基础上增加了一个元素,即当地一系列学区组织的合作关系。学区与学区间共享教学资源,并在教师培养、专业发展和学校改革上与大学进行合作。其中,与教师教育项目挂钩的每个专业发展学校,都来自于与项目有正式关系的学区。专业发展学

---

① Holmes Group. Tomorrow's Teachers: A Report of the Holmes Group 转引自 Daling-Hammond L. et al. Powerful Teacher Education. San Francisco: Jossey-Bass, 2006. p. 162

区的意图不仅是支持教师的学习，更旨在加强整个教学专业的合作与发展。专业发展学区模式试图成为新型教学实践的实验场所，并为教师、教师教育者和研究者提供合作的实践基础与具有实践针对性的研究机会。

要在实习场所中形成一种高质量教学的实践氛围，可能是构建师范生实践经验的众多困难之一。因为，如果要让师范生观察并模仿高质量的实践，那就不仅要有高质量的经验教师参与项目合作，同时也要发展中小学的实践质量。专业发展学区的目标就是在培养师范生的个体化实践的同时，重点发展中小学本身的实践质量。它为所有专业共同体与学校共同体的成员重新定义了教学和学习，并同时重建了教师教育项目和学校项目。① 三一大学专业发展学区模式就是一个成功的范例(见附录 5-3)。

三、建构"执行性理解"的教学评估

达琳-海蒙研究项目的一个关键方面是"执行性理解"②，各种课程的组织都是围绕这一概念展开的。"执行性理解"代表着教学知识与技能的核心，它要求师范生运用自身的知识生成教学行动，并对此进行评估与分析。

近期有关教师学习的研究显示：当教师学习、反思自身工作与理论研究三者相结合时，课堂经验不能轻易使教师顺利将所学知识应用于实践，更好的方法是促使教师学会识别需要改进的地方，并思考解决实际问题的教学策略。③ 达琳-海蒙所研究的项目正是运用了许多教育策略与方法来促进教师学习教学的过程，例如：案例法、分析教与学法、表现性评估法与档案袋评价法等等。这些方法在理论与实践之间建立起有力的桥梁，使师范生将理论原则应用于具体情境问题，很好地解决了"学会教学的 3 个问题"——"学徒观察问题"、"行动问题"和"复杂性问题"。

(一) 执行性理解

认知心理学家戴维·帕金斯(David Perkins)1998 年首次提出了"执行

① Daling-Hammond L. et al. Powerful Teacher Education. San Francisco: Jossey-Bass, 2006. p. 163

② Daling-Hammond L. et al. Powerful Teacher Education. San Francisco: Jossey-Bass. 2006. p. 113

③ Freese A. R. The Role of Reflection on Preservice Teachers' Development in the Context of a Professional Development School. 1999. 转引自 Daling-Hammond L. et al. Powerful Teacher Education. San Francisco: Jossey-Bass. p. 103.

性理解”这个概念，即尽管知识可能被看做是“产生出来的信息”，但是理解是一种灵活的执行能力，一种“用已经知道的东西思考并灵活行动的能力”①。这里的“执行”意味着个体在完成一些需要思考和判断的事情时运用的知识和技能。帕金斯进一步指出：“执行性理解”能要求一个人通过执行具体的事，把理解体现在执行的过程中，从而通过测量执行过程来测量理解。② 这样的测量不仅为测量者提供了一个观看被测量者当前能力和理解深度的依据，同时能促使被测量者创造进一步学习的情境，从而提高被测量者的理解力。

目前，越来越多的研究证据表明，表现性评估能帮助教师更加深入地理解影响教学工作有效与否的众多变量。例如，在一些专家的调查研究中，撰写案例或准备档案袋的教师们反映，表现性评估的方法不仅丰富了他们对课堂生活复杂性的理解能力，同时也帮助他们更好地满足不同学生的需要。③

1. 关注执行

传统的标准化测试以及通过学生成绩来判断教师有效性的评估方式，事实上是一种对教师知识的狭隘测量方式。因为，教与学的多维性、同时性、不可预测性，要求教师能从教学的背景中、教与学的理论中，系统地学习学科知识。表现性评估则是一种针对教师在教与学的情境中所体现的知识、技能和品性(dispositions)的评估。它能帮助师范生理解人的成长、文化背景对学习的影响，从而促使师范生对课堂中发生的具体事件作出较好的判断与决策。

值得注意的是表现性评估与课堂实践观察不同，由于教学的许多方面无法直接通过课堂实践进行观察(例如，教学计划如何展现教学内容；如何调整课堂安排，以适应特定学习者的需求；如何处理与儿童、学生家庭、社区

---

① Perkins D. What Is Understanding? //Wiske M. S. ed. Teaching for Understanding. San Francisco: Jossey-Bass, 1998. 转引自 Daling-Hammond L. et al. Powerful Teacher Education. San Francisco: Jossey-Bass, 2006. p. 113

② Perkins D. What Is Understanding? //Wiske M. S. ed. Teaching for Understanding. San Francisco: Jossey-Bass, 1998. 转引自 Daling-Hammond, L. et al. Powerful Teacher Education. San Francisco: Jossey-Bass, 2006. p. 114

③ Athanases S. Z. Teachers' Reports of the Effects of Preparing Portfolios of Literacy Instruction, Elementary School Journal, 1994, 94(4): pp. 421～439. 转引自 Daling-Hammond L. et al. Powerful Teacher Education. San Francisco: Jossey-Bass, 2006. p. 114

之间的互动关系；如何与同事一起合作策划教学、解决问题等等），因此在这些情况下，访谈、教师反思与分析、教师反馈、他人反馈，这些反应实践执行情况的资料就比课堂观察更有助于了解教师真实的理解情况。

2. 多元测评

评估复杂的教学情境就需要同样复杂的评估工具。多元测评途径包括撰写分析、观察数据（例如，师范生从督导、合作教师或负责人的角度进行观察），以及执行性范例（例如，师范生课堂的录像带、与学生或家庭的沟通记录）。① 这样的评估方式不仅涉及师范生的学科知识及教学能力，也将他们所处的多种教学情境，以及具体实施的教和学过程考虑在评估范围之内，具体包括学科内容的性质、教学目标、个体经验、兴趣、对学习者和教师的理解、教与学发生的情境等。

多元测评不仅客观、真实地把师范生的教学情况反映出来，同时也有助于师范生关注具体教学中的学科问题、学生需求和决策背景，而不是仅以学生成绩的提高来判断教学质量。同时，师范生也通过不同的评估方式，学会区分并分析不同实践情境中的重要因素，学会根据场合判断教学决策，而不是简单地对经验教师的教学进行模仿，这就能很好地处理了"学徒观察"问题。多元测评与表现性评估所具备的灵活性和适应性的特点，是促进教师有效性至关重要的决定因素。

达琳-海蒙指出：每种评估工具都是在课程中或者在课程外对课程本身进行组织和指导的一种手段，但是没有一种评估工具能描述全部教学活动，因此就需要在实践中综合性、反思性地使用各种评估工具。②

3. 实践与反思的机会

要解决师范生的"行动问题"，关键在给予他们实践与反思的机会。富勒指出：初任教师在能够成功协调自身行为和课堂教学之前，也许并不能全面关注学生的需要。然而，如果能帮助他们意识到行动和决策对学生的影

① Daling-Hammond L. et al. Powerful Teacher Education. San Francisco: Jossey-Bass, 2006. p.117

② Daling-Hammond L. et al. Powerful Teacher Education. San Francisco: Jossey-Bass, 2006. p.118

响，那么他们可能很快就会将注意力从自身转向学生。①

成功项目的核心功能是通过持续的实践，增强师范生对教学的反思和学习能力。成功的教师教学不是一蹴而就的，而是在不断持续的过程中实现的。教学工作的评估也包括师范生通过实践反思获得的能力。正像维勒加斯(Villegas)所说的，由于教学必须是建立在学生已有的知识基础之上，所以行动能力强的教师会参照学生课堂之外的经验来选择并运用教学材料，或者以适应学生个体及其文化背景的方式来设计教学活动，或者运用学生日常生活中的实例或相似经验来引入或说明新概念，他们可以根据不同交往模式来管理课堂，并使用各种最能检测学生学习的评估策略。②

(二) 案例研究

一个案例代表一种教与学过程中的难题，案例主要呈现具体的证据或精确的数据，有时也会对特定条件下的教学决策结果进行描述。③ 因此，师范生就可以通过对案例的阅读和分析，了解教学事件发生的真实情境，并对其中的各种规则、原理、理论和问题进行探究，从而拓宽自己的经验和见识。

1. 多渠道研究

案例能给理论增添情境，从而将个人情境化知识和一般化原理融会贯通。师范生的案例研究主要有两种渠道，一是研读特定情境中的学生情况、教学事件、教与学的问题等案例叙事，同时在参照研究资料、理论或经验知识的基础上，对这些案例进行深入的分析和解释。此外，师范生也可以撰写个人的案例研究，这不仅能帮助他们理解教学事件、教育原理与其他实践问题之间的联系，同时也能为他人或后人提供有效的学习材料。

成功的项目往往将理论阅读和案例研究密切结合。例如，南缅因州大学在师范生的培养初期，会让他们进行一个针对学校共同体定位的案例研究。在研究过程中，项目会将师范生分成若干小组，分别调查学校共同体的

---

① Daling-Hammond L. et al. Powerful Teacher Education. San Francisco：Jossey-Bass，2006. p. 118

② Villegas A. Assessing Teacher Performance in a Diverse Society. In Goodwin L. ed. Assessment for Equality and Inclusion：Embracing All Our Children. New York：Routledge，1997. 转引自 Daling-Hammond L. et al. Powerful Teacher Education. San Francisco：Jossey-Bass，2006. p. 115

③ Daling-Hammond L. et al. Powerful Teacher Education. San Francisco：Jossey-Bass，2006. p. 119

各个方面，然后将大家的调查报告聚集起来进行案例的陈述说明，接着再开展阅读讨论专题会，讨论学校系统对自身发展的定位问题。当师范生能系统地分析并与他人分享案例经验时，他们就能通过彼此对案例研究的叙事，反思自己与他人在理论应用与具体实践情境中的得失。正如舒尔曼所说的，叙事的意义不仅仅在于个人，更在于团体。①

2. 多角度研究

首先，按照舒尔曼的观点，案例研究可以从教学内容出发，通过审视并分析学习经验的形成过程（以掌握特定概念或技能为目的），从而探究教师对课程和教学的理解。其次，罗丝尔（Roeser）指出，可以从学生的角度出发，通过审视教师如何评估学生各方面的发展（包括学习、内在力量、兴趣和需求等），来评价教师的观察能力和解释能力。② 第三，可以从文化的维度出发，通过对学生生活和背景的探究，从而分析教师在多元文化课堂和社区沟通中所需要的智力和情绪经验。

（三）分析教与学

1. 分析“公共文本”

成功的教师教育项目，除了要求师范生研读并撰写案例研究之外，也同时为他们提供一些“公共文本”（common-text）③，用以分析并反思自身的教学效果和学生学习的成果。这里的“公共文本”包括师范生的工作日志、课堂实践的录音带和课程材料等。在判断教学过程和教学结果的质量方面，这种针对“公共文本”的分析是一种有效的评估手段。通过使用这些文本，师范生和教师教育者能一起检验并分析教和学的质量与成效。例如，弗吉尼亚大学的教师教育项目，师范生要使用指导性模式来调查其他师范生的教学实习课。于是，他们使用录音带将教学实习课记录下来，然后一起边听录音带，边探讨指导性模式的教学策略及其有效性。在其他的一些项目中，

---

① Shulman L. Toward a Pedagogy of Cases 转引自 Daling-Hammond L. et al. Powerful Teacher Education. San Francisco：Jossey-Bass，2006. p. 119

② Roeser R. Bringing a “Whole Adolescent” Perspective to Secondary Teacher Education：A Case Study of the Use of a Adolescent Case Study 转引自 Daling-Hammond L. et al. Powerful Teacher Education. San Francisco：Jossey-Bass，2006. p. 119

③ Ball D. Cohen D. Developing Practice，Developing Practitioners：Toward a Practice-Based Theory of Professional Education 转引自 Daling-Hammond L. et al. Powerful Teacher Education. San Francisco：Jossey-Bass，2006. p. 104

师范生也会给自己的教学实习课录音，然后与督导和同事们一起分析自己的教学过程和教学效果。

2. 持续性反思

柯兰-史密斯和赖特(Lytle)将一种对教学进行反思、调查和分析的能力称为对教学的“质疑态度”①。反观所有成功的教师教育项目，仅仅从课程安排上，就不难发现项目为了培养师范生的“质疑态度”，普遍要求他们参与对教学的调查与研究。同时，项目要求师范生不仅在预备过程中使用反思和分析教学的方法，而且要在整个教学生涯中都贯穿一种持续的、系统的、有目的的探究和反思性实践。

这种探究和反思性实践的形成需要使用一系列工具，例如，通过撰写教学实践日志和反思札记，来系统研究自己的课堂教学；通过使用自传形式的自我反思和探究的工具，不断扪心自问“教什么和怎么教、学什么和为什么学”，从而克服自身视野的局限性，不断提高自己处理复杂教学实践的能力。

(四) 捕捉实践的智慧：教学档案袋

艾米克指出，档案袋评估的使用和发展很有可能是20世纪80年代以来，教师教育项目最具有深刻意义的发展。教师教育项目根据档案袋来检查师范生的受训情况，它不仅展示了整个项目的完成情况，同时也是确定项目是否达到内部的预期目标及州层面的认证标准的重要依据。②

1. 工作和思想的“博物馆”

档案袋(portfolio)，又称卷宗。最初使用这种形式的是画家、摄影师等人，他们把自己有代表性的作品汇集起来，包括最佳作品和准备参展或参赛的作品，并向委托人展示。运用到教学领域中，具有两方面的含义：第一，指学生的“代表作品集”。它内含了学生最好的作品或对作品优劣进行评价的文件夹，用以描述学生成长轨迹的作品集，包括学生成就、学习态度、优秀功课等，可以说是一种捕捉和描述学生成长和进步轨迹的重要工具。第二，指

---

① Cochran-Smith M., Lytle S. L. Relationships of Knowledge and Practice: Teacher Learning in Communities 转引自 Daling-Hammond L. et al. Powerful Teacher Education. San Francisco: Jossey-Bass, 2006. p.107

② David G. Imig. The Teacher Effectiveness Movement—How 80 Years of Essentialist Control have Shaped the Teacher Education Reform. Journal of teacher Education, 2006, 57(2):pp.167～180

教师档案袋。教师档案袋最初来源于行动研究的传统，行动研究要求将教师从事研究教育教学问题的过程以档案的形式保留下来，为诊断、发现问题和解决问题提供依据。它一般包括了四个方面的内容：即专业教学标准与个人目标和学校目标的融合；教师工作的范例；教师反思记录；与同事或管理者对话过程中所积累的经验。因而，教师档案袋成了描述教师生涯中专业发展的有效工具。① 舒尔曼认为，教师档案袋作为教学和反思的工具，为实践提供有利的证据，能够减轻“教学健忘症”(pedagogical amnesia)。为了防止对教学经验和成果产生过多和过快的模糊，甚至遗忘，档案袋的使用能促使教学在长久持续的进程中得到检验、分享和学习。通过收集教师教学活动过程中的材料证据，形成工作和思想的“博物馆”，从而塑造教师反思与评估教学的一面“窥镜”。②

2. 专业档案袋的开发

如今，档案袋已经成为中小学和大学教师使用的正式评估手段。③ 因为，越来越多的证据证明使用档案袋能够帮助并鼓励教师不断进行反思。同时，评估者可以检验自身的实践发展与思维演进的线索，分析自己行动研究的质量，并依靠其特征和学习情况来确认评估的有效性。这种评估工具开拓了评估者视野，帮助他们克服传统教学观察带来的“视野局限”④，从而深入理解评估的目标和影响。

马丁克尼普具体介绍了档案袋开发的情境和要点⑤：

首先，专业档案袋的开发是可以在各种情境中进行的，包括在职课程的项目、同伴互助圈等，或者是作为评价过程的一部分来进行开发。它们可以通过正式的、指导性过程的方式(告诉档案袋开发者，哪些内容是要包括进去

① [美]马丁克尼普. 教师专业档案袋——捕捉实践的智慧. 夏惠贤等译. 北京：中国轻工业出版社，2005. 译者序

② [美]马丁克尼普. 教师专业档案袋——捕捉实践的智慧. 夏惠贤等译. 北京：中国轻工业出版社，2005. 译者序

③ Daling-Hammond L. et al. Powerful Teacher Education. San Francisco: Jossey-Bass, 2006. p. 146

④ Daling-Hammond L. et al. Powerful Teacher Education. San Francisco: Jossey-Bass, 2006. p. 146

⑤ [美]马丁克尼普. 教师专业档案袋——捕捉实践的智慧. 夏惠贤等译. 北京：中国轻工业出版社，2005. 译者序

的和需要加以说明的)，或者通过自我指导和非正式的方式(档案袋开发者自己确定应该包括的工作，并且一有机会就反映到工作中)来开发档案袋。

其次，档案袋可以由个人或者小组来进行开发，他们可以决定是包括所有内容还是部分作品。教师可以通过开发档案袋，从而对自己的课程学习、教学以及评价的发展过程中所获得的知识进行归档；管理者则可以通过开发档案袋从而对他们在教学、学习、管理以及监控过程中所获得的知识进行归档。另外，当学区重新设计教师评价和监控体系时，也可以开发档案袋。在这种情境中，教师和管理者可以把他们正在开展的工作证据汇编起来，并使用档案袋作为与他们的监控者进行交流的基本手段。同时，专业档案袋可以在合作性的探究情境中进行开发，例如，参与校本行动研究或同伴互助圈的教师可以用他们的档案袋，来探究、反思和处理对他们的实践产生影响的事情。

最后，马丁克尼普指出：一个值得信赖的档案袋所需要的要素首先是明确的评价标准；其次是合适的产品证据(由档案袋开发者自由选择)。①

达琳-海蒙通过研究指出，成功的教师教育项目使用的教学档案袋，主要收集教师工作的材料和产品，通常包括以下一些要素：教师对教育哲学的陈述；教师课堂管理计划的描述；课程材料(例如单元和一堂课的计划、分配、评估和日志札记)；札记、日志或反思、调查研究、录音带和教师自己授课的评论、学生工作范例。也有一些档案袋包括了其他教师或者督导观察，对该教师教学的评价。

3. *有效使用的范例*

成功的教师教育项目证实了档案袋的开发对师范生的学习是一个强大的助力。② 项目通常让师范生使用档案袋来整合自身的学习经验，进而评估他们对担负未来教学责任的准备情况。例如，南缅因州立大学将“目标和证据”档案袋作为毕业的条件之一，需要师范生围绕一系列的结果标准组织他们的档案袋，并从他们的教学实践中提取证据。阿维诺学院在项目培养的最后专业阶段，将许多表现性评估最终组合成一个访谈式的档案袋评估，作为师范生进入正式教学领域前必备的“通行证”。

---

① [美]马丁克尼普. 教师专业档案袋——捕捉实践的智慧. 夏惠贤等译. 北京：中国轻工业出版社，2005. 译者序

② Daling-Hammond L. et al. Powerful Teacher Education. San Francisco: Jossey-Bass, 2006. p. 140

三一大学的教师教育项目也使用类似的专业档案袋，不仅收集师范生的工作材料，也同时展示他们的学习状况。其包含的典型要素有：(1) 范例单元或系列课堂计划、课程提纲；(2) 师范生教育哲学的文字声明；(3) 5 年中的研究论文；(4) 师范生的工作范例；(5) 师范生的教学录音带、简历；(6) 专业发言录音(例如，某年在得克萨斯中学会议上的发言)；(7) 出版物(已经出版或在版的书或者文章)；(8) 其他人工制品(来自学生、家长、指导教师、校长或学校负责人的表扬信等)。其依据的评估标准主要是：(1) 对内容知识的理解；(2) 对学习过程的计划；(3) 是否使所有学生参与学习；(4) 是否营造并管理课堂学习共同体；(5) 是否彰显了专业水准；(6) 是否促使自身发展成为专业教育者。

此外，师范生还要陈述他们在各实习点和具体课堂中的教学实习情况，描述其教学内容对学生的重要意义，展示其设计的学习活动，分析具体教学实习范例，阐述档案袋评估的功效，展示他们所营造的课堂共同体、与家长的合作，以及教学技术的使用情况等。

由此可见，达琳-海蒙的研究所呈现的 7 个成功教师教育项目，无论其学制是四年的本科、五年本硕连读，或者两年的硕士项目，也无论其培养对象是小学教师或者中学教师，它们的教师培养模式都存在着内在的一致性。首先，在培养宗旨上，它们都将“学习”和“学习者”作为教师教育的中心。其次，项目也在充分考虑自身区域特点与优势的基础上，将“实践”与“合作”的概念贯穿于教师的整个学习过程，使教师在不断深入的实习过程中获得实际的现场教学经验，体验指导教师、中小学教师和同伴教师之间的多方合作所带来的互动与相互促进，并学会如何通过多角度的表现性评估进行持续的教学反思。最为重要的是，它们都以“为所有孩子和社会正义而教学的教师”，作为教师教育的培养目标。

第六章

基于科学的研究：研究取向之争

对方法的考察不应脱离运用此一方法的经验研究；否则，这样的考察就只能是一个僵死的研究，无助于在致力这一研究的心智中滋长科学的种子。当我们从抽象的角度考虑一个对象时，针对它所发表的任何言论，都被化约为一种含糊得对思想体系不能产生一点影响的一般性概括。

——奥古斯特·孔德(Auguste Comte)，《实证哲学教程》第一卷

"教师教育研究正在成为蓬勃发展的探究领域，取得了许多新的进展。教师教育中实质问题的扩展，伴随着方法论的更新，为教师教育在许多新领域的探索提供了机会。而且，教育研究共同体正在继续努力整合教师教育中的研究、实践和政策。"①1996 年出版的《教师教育手册》作出了这个概括，但是稍后，情况又发生了变化。

20 世纪 80 年代解释性的、质的研究的转向(就是上文所说的"方法论的更新")之后，新千年的转折点上，教育研究的天平又重新向量的研究倾斜。教师教育研究者大都更倾向于多元方法的共存，但是政策制定者往往更青睐简洁明了、能清晰说明因果关系和有效性的实验方法。"基于科学的研究"(scientifically based research)、"黄金标准"(gold standard)频频出现在文献中。许多研究者认为政策制定者倡导的这种"基于科学的研究"，窄化了教师教育研究，减少了照亮"黑箱"的光源。当前的争论大都围绕这一主

① Lee O. and Yarger S. J. Modes of Inquiry in Research on Teacher Education. John Sikula, Thomas Buttery, Edith Guyton. ed. Handbook of Research on Teacher Education. 2nd ed. New York: Macmillan Library Reference, 1996. p. 14

题展开。

第一节 “黄金标准”？

“黄金标准”①是对“基于科学的研究”的一种理解，指的是把随机实验作为最高标准来评价教育研究项目，并以此作为资助依据。它深得政策制定者的青睐，也得到了一部分研究者的支持。但是，批评的声音也频频出现。“现在80%以上美国联邦自选教育研究基金资助，严格按照声名狼藉的、狭窄的‘黄金标准’来判断。接近黄金标准的准实验和回归设计也勉强容忍，但是质的案例研究，混合方法的研究和人种志则不在考虑之列。”②从这位长期从事教育研究方法论探讨的菲利普斯(Philips D. C.)的措辞中，我们不难看出他对“黄金标准”所持有的批判态度。

一、从一项教育部委托的研究项目说起③

为了避免空洞的争论，本节先从一项颇有影响的美国教育部委托的研究项目说起。

(一) 背景

该研究结果刊登在美国2002年第三期《教师教育杂志》上，这是一期特别刊物，其主题是：教师教育中的证据与探究。

这期刊物有一种不同寻常的版式。先是两篇长的文章，第一篇就是教育部委托项目，由密歇根州立大学的威尔逊等人撰写，是他们基于对教师教

---

① Reyna V. What is Scientifically Based Evidence? What is its Logic? 转引自 Lather P. & Moss P. A. Introduction: Implications of the Scientific Research in Education Report for Qualitative Inquiry. Teachers College Record, 2005, 107(1): pp. 1～3

② Phillips D. C. The Contested Nature of Empirical Educational Research (and Why Philosophy of Education Offers Little Help). Journal of Philosophy of Education, 2005, 39(4): p. 584

③ Suzanne M. Wilson, Robert E. Floden, and Joan Ferrini-Mundy. Teacher Preparation Research: An Insider's View from the Outside. Journal of Teacher Education, 2002, 53(3): pp. 190～204

育研究的长期关注所作的综合评论，评论范围是过去20年间出版的关于美国教师教育的实证研究，题目是《教师教育研究：局内人站在局外的审视》；第二篇是《更多光亮》，作者弗洛里奥·瑞安(Florio-Ruane)支持在教师教育中关注广泛的研究问题，采用多样的研究方法。在这两篇文章之后有九篇短小的文章，是由对教师教育研究持不同观点的学者们撰写的。每一位作者都被邀请来读前两篇文章，然后把它们作为起跳板，进而展开自己的评论。本着公开探讨和探究的精神，《教师教育杂志》的编者们希望这期刊物能对当时教师教育中进行的关于证据和探究的讨论作出贡献。

威尔逊等人应美国教育研究和改进办公室(Office of Educational Research and Improvement，OERI)以及教育部的要求对关涉教师教育五个问题的高质量研究进行了评论(对五个关键问题的回答见附录6-1)。作为这一任务的一部分，教育部也要求他们开发一系列选择高水平文章的可辩护的标准。威尔逊等首先声明："我们认识到，研究不是决策的唯一基础，特别是关涉美国儿童未来的学校教育，但是我们同意做这项工作是因为作为教师教育者和研究者，我们感到，作为局内人像局外人一样仔细审视我们自己的工作是很有助益的。"①

威尔逊等人带着这样一些警示开始了研究：首先，尽管对于教师培养似乎所有人都很熟悉，但是由于美国各地所说的教师培养含义往往不同，所以这种熟悉感是虚假的。第二，把评论聚焦在教师教育在帮助所有学生达到学业标准方面所起的作用上，但是承认教师教育也有其他目标。第三，认识到由于测量手段发展的不完善，宣称教师教育的效果必须谨慎。第四，尽管研究的核心问题每个都很重要，但也认识到其局限。其他问题，例如教师招聘，也是影响教师质量的重要因素。

威尔逊等人通过查询数据库、检视各种评论和报告的参考文献、浏览主要杂志和网站以及向学者咨询，来识别候选研究。他们聚焦经过同行评议(peer-reviewed)的杂志中达到各领域传统的一般接受标准的文章，包括相关分析和解释性研究，也就是"那些符合学者们关于学科探究特征的研究，呈

① Suzanne M. Wilson, Robert E. Floden, and Joan Ferrini-Mundy. Teacher Preparation Research: An Insider's View from the Outside. Journal of Teacher Education, 2002, 53(3): p. 190

现了探究和分析方法以及研究结论以便他人很好地评估其效度的研究”①。威尔逊等排除了80%的研究，找到了57份完全符合标准的研究。

（二）评述者的主要结论

威尔逊等专家的结论，关注这项研究对教师教育共同体的教益。评论和寻找符合严格标准的实证研究带给他们一个深刻的感受：教师教育者所宣称的证据和来自外部的证据之间存在很深的鸿沟。与自身所在领域那些存在问题的信条拉开距离，这会带来更好的实践基础，也许能带来重新思考实践的理由。

首先，国家对教师教育的关注表明了对该领域的广泛兴趣。为了在这些关注的话语中拥有有力的声音，教师教育者的工作需要从同伴（包括圈外同伴）那里获得认真的批评和更高的可信性。

第二，研究者公开自己研究结论的理由时，需要更多地描述研究设计，收集和分析数据的过程，也需要更仔细地检查、选择所引用的文献。文献是论证的合理性基础。教师教育领域（或许更宽泛点说，在社会科学领域）引用一篇文章往往是因为它的主张而不考虑其主张的基础，这种做法减弱了通过引用来论证的价值。威尔逊等发现许多引用文献没有提供实证证据或者其本身就建立在缺乏证据的主张基础上。有一些引文来自难以找到的文献，因此无法评估。作为共同体要更注意自己的引用规范。总之，教师教育研究非常缺乏对支持论证的证据的关注，这让他们感到非常吃惊。

第三，开发合理的测量工具。威尔逊等人对教师教育领域缺乏有效测量感到吃惊。他们说：“我们相信教师教育有作用。我们相信，作为教师（包括未来的教师），我们应该对学生的学习负责。我们担心，除非我们（作为教师教育者和研究者）编制合理的测验证明我们的作用，否则其他人（政策制定者和批评者）就会制造出其他不那么合理的测验。与其把这看做问题不如看做机会。我们都会受益于测验方面知识、技能、承诺和能力的发展，我们希望未来的教师得到我们的陪伴。”②

---

① Suzanne M. Wilson, Robert E. Floden, and Joan Ferrini-Mundy. Teacher Preparation Research: An Insider's View from the Outside. Journal of Teacher Education, 2002, 53(3): p. 191

② Suzanne M. Wilson, Robert E. Floden, and Joan Ferrini-Mundy. Teacher Preparation Research: An Insider's View from the Outside. Journal of Teacher Education, 2002, 53(3): p. 202

第四，作为未来教师教育研究者的教师，要把教训铭记在心。10年或20年前，自然主义或解释主义的探究在杂志中很缺乏。它的成长对于探究教育、学校和教师培养作出了贡献。但是，威尔逊等人发现大多数学者局限于小样本的解释性研究，本评论中的大样本的量化研究几乎全部(除了达琳-海蒙的工作)是由教师教育共同体外部的人所做。

他们认为，毋庸置疑，多种传统的高质量、严格的研究是需要的。他们也欢迎外部的学者来分析教师教育，但是教师教育共同体内部的学者拥有教师培养及相关的内容知识，这在外部学者进行研究时有时会漏掉。这种内容知识能丰富大小样本的研究。培养未来的能评价和从事多元方法研究的教师教育研究者是义不容辞的。

总之，能博得广大读者尊敬和关注的高质量研究需要多元方法，需要关于探究对象的深入的知识，包括教学和教师教育方面的知识，需要同行评议和高标准。如果不能培养出能运用各种方法和大小样本研究的下一代研究者，不能使研究设计和分析具有公开性，不能让自己的工作经受严格的教育共同体内外的同行评议，那么就会限制自己改善教师教育的学术能力。

(三) 批评的声音

同期杂志紧随其后的一篇文章视角有很大的不同。弗洛里奥·瑞安探讨了教学和教师教育研究的复杂性问题，寻求对教学和教师教育深入、细致的理解。他将类似上文的选择标准所推崇的研究范式称为法理范式(nomological paradigm)。① 法理范式在社会问题研究中，在20世纪中期就有优势，在当代教学研究中仍然非常突现。一些研究者认为，基于这种范式来研究人类的思想和活动，能够寻求类似法律的普遍法则，来判断教师如何思考，以及教师需要怎样的知识来作出好的教学决策。这种研究试图提供一个合法的、使人信服的、有一致基础的社会行为图景，它对教育决策者尤其具有吸引力，能够帮助他们设计和评估项目。但是，他认为，这样的研究方式减少了探寻和照亮“黑箱”的光源。②

---

① 不同研究者在不同语境下所用术语有所不同但含义相似，许多研究者使用“过程—结果”模式，如下文将提到的舒尔曼；比较普遍的说法是实证主义范式或科学主义范式。

② Florio-Ruane S. More Light: An Argument for Complexity in Studies of Teaching and Teacher Education. Journal of Teacher Education, 2002,53(3):p. 209

瑞安借用了迈克尔·寇尔(Michael Cole)在他的《文化心理学：一种属于过去和未来的方法》(Cultural Psychology：A Once and Future Discipline)中的比喻：一个男人遗失了车钥匙，但他没能找到，因为他仅仅在被路灯照亮的区域内寻找。① 寇尔强调，心理学研究要从文化和历史情境中的人类活动得到启示。教师教育研究是一种要对实践问题有所回应的应用领域，同样要关注文化和历史情境以及教育本身的复杂性。然而，当相关问题在言辞上被框定为"危机"的时候，研究者就倾向于用简便、权威和秩序来回应问题的紧迫性。自相矛盾之处在于：这种举动减少了多样的研究传统和类型所能给予的"光源"，从而限制了通向问题解决的路径。

芬斯特马赫(Gary D. Fenstermacher)分析道，这两篇文章中的概念、对谁服务、如何提供服务的观点都不同。例如，威尔逊等提出了一系列关于适当的教师教育研究的标准，结果拒绝了80%起先认为与他们提出的问题相关的研究。显而易见，这些研究大都符合瑞安的标准②。这两篇文章中存在一种张力，随后的文章围绕这两篇文章展开评论，两个阵营隐约可现。

威尔逊等人的研究更为政策制定者所赏识。显然，威尔逊等并没有完全局限于"黄金标准"来选择进行评论的研究，而是包括了许多解释性研究。但是他们数次评论道，解释性的小样本研究缺乏可推广性。这又表露出其对大样本量化研究的偏爱。该研究引发的一些具体争议将在后文展开。这里要说的是：类似这样的论争并非无端而生，而是有其发生背景的；这样的论争也并非刚刚开始，而是有其历史渊源的。

二、论争的背景与历史

"创新与运动的短命，几乎完全以个人经验或政策决定而不是以坚实的研究为基础的实践，专业语言中术语的不断变化，这些现象阻碍了策略和概念间的分析，由此表明，不仅需要整合研究与专业文献，也需要运用它们来

① Florio-Ruane S. More Light：An Argument for Complexity in Studies of Teaching and Teacher Education. Journal of Teacher Education，2002，53(3)：p. 205 华康德也曾借用卡普兰的相似比喻，说明相似的问题(见[法]布迪厄，[美]华康德. 实践与反思. 李猛，李康译. 北京：中央编译出版社，1998. 32页)

② Fenstermacher G. D. A Commentary on Research that Serves Teacher Education. Journal of Teacher Education，2002，53(3)：p. 242

改进教师教育。”①

对教师教育缺乏研究基础的批评，凸显了教师教育研究的重要性。研究对于教师教育的必要性并不是当前争论的话题，争论的焦点在于教师教育需要什么样的研究。

(一) 当前背景——对证据和科学研究的狭隘观念及批评

对“基于科学的研究”和“黄金标准”的强调与整个教育领域对证据的强烈需求不可分割。李(Lee)和亚格(Yarger)评论道②，20世纪80年代开始的教师教育改革和争论热潮中，过多地充斥着个人意见。因此，对证据和科学方法的需求似乎非常强烈。《美国教育部2002—2007年战略规划》在几处都提到基于科学的研究。如，目标1.4为“鼓励在联邦教育项目中应用基于科学的方法”，指出美国教育系统所需要的文化变革中的一部分，是从教学风潮的空想转变到以科学为基础的研究；在目标2.4“提高教师和校长素质”中，也承诺将对有关教师质量和校长质量的研究进行大笔投资，从而更好地制定政策；目标4为“将教育转化成有科学证据支持的领域”，“和医药、农业和工业品的制造不同，教育领域在很大程度上是基于意识形态和专业共识来运行的，这样一来，教育政策的制定就容易追求时尚，不能从科学方法的应用和系统信息的搜集、客观信息的使用中不断积累进步。我们将改变教育，使之成为一个立足于科学的证据的领域”③。

菲利普斯指出，科学研究的标准并不是新问题。艾森哈特(Eisenhart)和陶恩(L. Towne)认为，是美国联邦政府在1999年的《阅读优异法案》(Reading Excellence Act)中对“基于科学的研究”(scientifically based research SBR)的定义激起了当前的争论。④ 随后联邦政府2001年出台的《不让一个孩子掉队》和2002年的《教育科学改革法案》(Education Sciences

---

① John Sikula, Thomas Buttery, Edith Guyton. ed. Handbook of Research on Teacher Education. 2nd ed. New York: Macmillan Library Reference, 1996. p. 1

② Lee O. and Yarger S. J. Modes of Inquiry in Research on Teacher Education. John Sikula, Thomas Buttery, Edith Guyton. ed. Handbook of Research on Teacher Education. 2nd ed. New York: Macmillan Library Reference, 1996. p. 15

③ 转引自吕达，周满生. 当代外国教育改革著名文献(美国卷·第一册). 北京：人民教育出版社，2004. 224，242，250页

④ Eisenhart M. & Towne L. Contestation and Change in National Policy on Scientifically Based Research. Educational Researcher, 2003, 32(7): pp. 31～38

Reform Act, ESRA)，都要求以“基于科学的研究”作为教育项目的基础。政策制定者强调教育研究应该用严格的设计去探寻因果关系(同时强调效果的准确测量，像医学领域一样)，并把随机实验作为“黄金标准”来评价教育研究项目。联邦政府对各种教育项目和研究计划的资助就依据相关标准来评定优先次序。

为了深入理解和贯彻“基于科学的研究”的思想，2002 年 2 月 6 日，初等与中等教育部部长助理苏珊·纽曼(Susan Neuman)主持了教育和科学领域顶级专家参加的论坛，论坛主题是“基于科学的研究”及其在数学教育、阅读、学校安全和学校变革等各领域中的地位。

瓦莱莉·瑞娜(Valerie Reyna)作为教育研究与改进办公室的代表参加了论坛。她的演讲题目是《什么是基于科学的证据，其逻辑是什么?》，她的发言对于了解“黄金标准”很有参考意义。① 瑞娜是一位认知心理学家，她是参照医学领域来谈论教育研究的。她说，在医学领域，直到 20 世纪 40 年代随机实验才开始作为黄金标准。在医学领域，临床实验是唯一真正确证疗效的办法，这是唯一允许作出因果推断的设计。随机化能保证在实验组和对照组之间的差异除了偶然因素外，只有自变量在起作用。但是如果样本太小，随机原理就不起作用。在教育领域，要推断是什么做法起了作用，逻辑和规则跟医学领域是一样的。教师教学生时就好像在做头脑手术，有时教育者的做法起帮助作用，有时在无意中会造成伤害。如果不做随机实验，就不知道教育者所做的是否对学生有帮助。教育者的做法可能初衷很好，但是这并不够，还需要证据来证明教育的结果究竟如何，而随机实验是最好的证据。也存在水平低一些的证据，例如准实验或大样本调查数据，能揭示出许多学生的特征，这些特征相互联系，并与结果相关。事实上，在真实世界，每个因素都与其他因素相关。但是可以抓住“黄金标准”——随机实验的基本要求，人为安排一种比较。这比黄金标准提供的证据稍差，但总比没有证据好。瑞娜进一步说明，在真实的世界中，自我选择偏向是存在的，这意味着，人们在真实世界中不是被随机安排的。某种类型的人倾向于做不同事，归属不同群体。随机实验可以平衡或控制某些差异。这就是它有力

① Reyna V. What is Scientifically Based Evidence? What is Its Logic? [EB/OL]. [2006-11-01]. http://www.ed.gov/nclb/methods/whatworks/research/page_pg3.html

的地方。瑞娜认为，由于个案的代表性难以确定，因此会产生误导，不能作为可靠的证据。

瑞娜等人列出的证据水平的等级是：随机实验在最高层，然后是准实验、相关研究、案例研究。美国研究院（American Institutes of Research，AIR）的赫曼（Becki Herman）又把准实验和相关研究称为“白银标准”。① 瑞娜作为官方代表所作出的解释以及整个论坛的主导声音，都表现出对“黄金标准”的推崇。更有代表性的是以证据为基础的政策联盟（the Coalition for Evidence-Based Policy，2003）向教育部及教育科学院提交的《识别和贯彻以严格的证据支持的教育实践：友好的用户指南》更是明确指出，除了随机实验和能够良好匹配的对照组研究外，其余研究均不能提供有效的证据。②

在一部分人极力推崇“黄金标准”的同时，也有人对其提出了批评。柯兰-史密斯就不满于这种状况。她认为，在“黄金标准”的概念框架下，在教育中只有一个有效的问题——是什么在起作用？对这个问题的回答直接指向提高标准测验分数的教学或教师教育策略，而且只有一种科学、严格而有效的方法能回答这个问题——随机实验。③

菲利普斯带有讽刺意味地分析道，教育政策需要因果逻辑的处方：“如果期望产生结果 R，那么要引入处理或项目 P——为了让教育机构信服地执行这种政策，就需要提供强有力的证据说明项目 P 能产生结果 R。这一逻辑深嵌于北美和英国‘基于证据的政策与实践’旗帜下的运动中。”菲利普斯进而批评道，用狭窄的“黄金标准”来描述科学严重歪曲了科学事业④（详见第二节“批判的研究”）。

艾森哈特说，她在很大程度上赞同尼尔森（Dick Nelson，2003）在技术层

① Becki Herman. Comprehensive School Reform[EB/OL]. [2006－11－01]. http://www.ed.gov/nclb/methods/whatworks/research/page_pg9.html

② The Coalition for Evidence-Based Policy. Identifying and Implementing Educational Practices Supported by Rigorous Evidence: A User Friendly Guide[EB/OL]. [2006－11－01]. www.excelgov.org/evidence2003

③ Cochran-Smith M. What a Difference a Definition Makes: Highly Qualified Teachers, Scientific Research, and Teacher Education. Journal of Teacher Education, 2002, 53(3): editorial

④ Phillips D. C. The Contested Nature of Empirical Educational Research (and Why Philosophy of Education Offers Little Help). Journal of Philosophy of Education, 2005, 39(4): pp. 584～585

面对实验研究的批评:“多年来,这些实验在科学取向的教育学院中很受重视。但是总是出现这样的情况:在一个实验学校或选定场景中报告的数据很难在该场景之外重复……问题部分在于不可能充分精确细致地描述自变量,使得人们不知道是否复制了核心因素;部分在于情境条件使得特定处理产生了作用,而研究者对这一点并不完全清楚,这种条件在另一场景中可能不存在;部分在于评价本身存在问题,在许多情况下仅能得到模棱两可的结果。”①也就是说,“黄金标准”自诩的严密性、对因果关系的洞察,在面对教师教育这样复杂的问题时往往是力不从心。正如威尔逊等人的评论中所显现的那样,同样符合标准的研究,得出的结论却大相径庭。

事实上,与瑞娜在同一论坛上发言的陶恩,就表明了与“黄金标准”不同的立场,她认为脱离了研究情境是无法判断方法的优劣的。②

当前教师教育领域对证据的迷恋(参见第三章)、“黄金标准”的出现以及对这种狭隘观点的批评,在历史的回溯中也许更能把握其来龙去脉。从历史上看,对明确的结果和证据的要求以及相应的批评并不是今天才有,其中所带来的经验与教训也许能为思考今天的问题提供借鉴。

(二)追寻简单结果的历史经验与教训③

休斯顿(W. Robert Houston)在《教师教育研究手册》第二版前言的开篇就强调,“忘记过去的人注定要重复历史”,而“历史有时惊人地相似”。

对证据和基于科学的研究的追捧,与“有效性”(effectiveness)问题密切相关。有效性问题历来就是教学与教师教育研究中的核心问题。在教师教育早期,特别是18、19世纪,学校工作、教师教学、学生学习的有效性是通过舆论模式来衡量的——父母、有影响的社区学校委员会、有力的管理群体、地方教育委员会以及校友会等的认可。但是,舆论逐渐被认为不具有代表性,无法作为坚实可信的证据。从20世纪开始,随着州许可证制度的兴起以

① Eisenhart M. Science Plus: A Response to the Responses to Scientific Research in Education. Teachers College Record, 2005,107(1):p.56

② Feuer M. & Towne L. The Logical and the Basic Principles of Scientific Bases Research[J/OL]. [2006-11-01]. http://www.ed.gov/nclb/methods/whatworks/research/page_pg4.html

③ 本部分内容除特别标注外参见 Schwartz H. The Changing Nature of Teacher Education. John Sikula, Thomas Buttery, Edith Guyton. ed. Handbook of Research on Teacher Education. 2nd ed. New York: Macmillan Library Reference, 1996. pp.5~7

及它与师范学校入学率的紧密关系，更正规地用于检验教师教育项目的手段开始使用。

二战以后，心理测量方法就被广泛用于测量过程—产品（process-product）关系。在当时看来，这条研究线路前景非常光明，因为它提供了客观科学的数据，以向管理者保证如果教师受过特定训练并适当地、持续地应用训练过的策略，那么就能成功达到成就目标。无论如何，过程—产品模式曾成功过，因为它达到了管理者、校董会以及立法者的要求。然而，它妨碍了教师积极性的发挥，以及在课程中的基于判断的行为。这与当前"黄金标准"所处的状况何其相像！甚至可以说，今天的争论在一定程度上仍然是历史上争论的延续。

20 世纪 60 年代，有许多研究者试图寻找有效教师的特征。但是得到的结果莫衷一是，被评价为"不那么成功的研究线路"。稍后，有学者进行生涯发展研究，努力把各种项目中的准备因素与有效教学联系起来，但是却缺乏预测效度。

此后教师教育的术语不断翻新：20 世纪 70 年代中期，能力本位教师教育（Competency-Based Teacher Education，CBTE）或绩效本位教师教育（Performance-Based Teacher Education，PBTE）占据主导地位。该运动以行为目标运动为基础，它们都与行为主义密切联系。学校、教科书、州的教育政策部门以及公众都支持该运动，它席卷了整个美国。几年内，在美国有 400 多个教师教育项目是能力本位的；同时，对其无效、不当、缺乏远见等指责也燎原成为反对运动。随着这一术语失去光泽，其名称改为成果本位（outcome）或精通本位（proficiency）教师教育；20 世纪 90 年代，这些术语也被谴责，结果（results-based）、标准（standards，criteria）成为时髦的术语。术语变了，但是含义并没有变①。

今天的证据本位（evidence-based）和科学本位（又译基于科学，scientifically-based），把这个清单又延长了。当然对科学基础的强调，比以往的术语更有诱惑力。而所有这些对绩效、结果、证据、科学基础的强调，都与有效性问题密不可分，或者可以说是有效性问题的不同称谓。

---

① Houston W. R. Foreword. John Sikula，Thomas Buttery，Edith Guyton. ed. Handbook of Research on Teacher Education. 2nd ed. New York：Macmillan Library Reference，1996. p. 1

尽管存在争议，但是教师有效性的研究不断在教师教育文献中增加新的编码知识。这方面的探究在很大程度上影响了职前和在职项目的改革努力，以及20世纪80年代更广泛的教育改革。过程和程序，以及特定方法训练与评估比教师决策能力，又一次更受重视。能力表现受到关注，教学被简化为一系列指示器，这种观点在80年代后期受到一些学者的质疑，90年代仍受到多尔(Doyle)、舒尔曼等人的质疑。一些批评意见认为，这种模型排除了教学的艺术和道德之维(Noddings, 1988)。批评者们更喜欢反思实践者、适应性专家模型，认为该模型是真正的教学专业模型，它不仅关注教学中惯例性的操作，更关注对于教育情境性、灵活性的解释与应对(详见第五章)。

伴随着对教学和教师教育简单化理解和实证研究局限的批判，80年代以后，案例研究(case study)和人种志方法，如自然观察、访谈、内容分析以及分析教师发表的文章等研究方法，正在对教师教育与成绩之间的联系产生更深入细致的理解。在有关研究基础上，研究者已经开始寻求跨个案、跨文化的共同性，并试图获得符合逻辑的概括性(如元人种志研究)。

从对历史的简要回顾中，我们已经可以比较清晰地看到，尽管质疑声不断，但是对有效性、绩效、结果、证据的强调通过变换不同的术语，其实质内容并没有多少改变；尽管对于寻求证据和科学基础这一目的并没有太多分歧，但是对其内涵的理解却差异巨大。符合"黄金标准"的研究所给出的简明的研究结论得到了政策制定者的认可，但是却妨碍了教育者自身智慧的发挥。如果说这里所谈的更多的是研究主题和内容方面的论争，下面将讨论研究方法论的范式之争。

(三) 范式之争①

1996年，李和亚格(Yarger S. J.)描述道："近来，教师教育研究中增添了许多新方法，特别是质的和叙事方法。在一段时期的方法论、范式甚至意识形态之争后，这些方法共存着来回应更广泛的研究问题，尽管不总是和谐的。"

在美国的教育研究领域，伴随着科学化运动的开展，整个20世纪几乎都是被与"黄金标准"接近的量化研究主宰着。教育领域的研究范式之争要晚

① 本部分内容除特别标注外，参见 Lee O. and Yarger S. J. Modes of Inquiry in Research on Teacher Education. John Sikula, Thomas Buttery, Edith Guyton. ed. Handbook of Research on Teacher Education. 2nd ed. New York: Macmillan Library Reference, 1996. pp. 15,19

于其他社会科学。李和亚格认为，从 80 年代开始，随着质的研究在教育研究中流行起来，质的研究与量的研究之间的范式之争就开始了。例如，美国教育研究协会的论坛《教育研究者》杂志在 1985—1993 年间发表了 30 余篇这方面的文章，许多是互相呼应的。

两种范式倡议者间的争论在不同阶段主题不同：第一阶段的争论关注两种范式间的哲学和认识论差异，以及何者占据主导地位；第二阶段关注二者在方法论和认识论层面的相容与对立。盖吉(Nate Gage)称“范式之战”已经达到了残酷的地步，20 年后教育研究共同体的三种可能状况是对峙、共存、合作。盖吉提倡合作，并认为这是一个道德义务，因为教育研究的目的是为了全国儿童和青少年获得更好的教育。李佐(Rizo)回顾了过去两个世纪的论争背景，他预测在认识论层面的对峙将会继续。同时，许多研究者试图通过关注教育领域实践和认识论中的真实问题，来超越范式之争。

第三阶段，争论关注两种范式的具体问题，包括效度、信度、推广性、主观性与客观性等。这里仅以推广性为例加以说明。科学研究中的一个普遍信条是寻求普遍的规律，而对于质的研究，非议最多的是它缺乏可推广性。质的研究的这一缺陷，被认为源自它难以进行大样本研究。前述威尔逊等人的研究就在多处提出这个问题。大样本的量化研究在可推广性方面似乎占据很大优势。然而，结果并不像支持者所宣称的那样。同样遵循“黄金标准”的研究，得出的结果却并不一致，这在威尔逊等人的评论中非常明显。许多作者，包括教育研究者、社会科学家和教育哲学家都指出个体植根于特定历史和社会文化情境，带着自己个人的信念、价值和先前经验，这些都会影响个体在特定情境中如何行动。有人认为，恰恰是这种情境性破坏了经验研究者推广其结论的努力，尽管人们还是坚持推广“不可能被推广的事情”①。

这种阶段划分并不完全是按时间顺序的，也许表述为论争的三大主题更恰当。直到现在，所有这个三阶段所争论的问题都还在继续探讨中。这在本章中也有所显示。

威尔逊等人的研究发现，当前“大多数学者局限于小样本的解释性研

---

① Carr D. Making Sense of Education. London and New York. Routledge-Farmer, 2003. p. 54 转引自 Phillips D. C. The Contested Nature of Empirical Educational Research (and Why Philosophy of Education Offers Little Help). Journal of Philosophy of Education, 2005,39(4):p. 584

究”，也许“黄金标准”的提出在一定程度上正是为了扭转这样一种状况吧。但是，用“黄金标准”来衡量教育研究并通过资助机制限制其他形式研究的做法，遭到许多经验研究共同体中使用更广泛研究谱系的研究者的反对，也遭到部分教育哲学家和教育理论工作者的反对。美国教学研究会（IRT）的分支机构全美研究委员会（National Research Council，NRC），其职责是“整合各领域的科学知识以为公共利益服务”，于 2002 年发表的一份报告《教育中的科学研究》（SRE）提倡更广泛地看待严格的科学探究的性质（NRC，2002），随后的报告发表于 2005 年（NRC，2005）。《质的研究》杂志（2004）、《教育研究者》（Educational Researcher，2002）、《教育理论》（Educational Theory，2005）和《教育学院记录》（Teachers College Record，2005）等杂志也出版了相关的评论集。英国的杂志也包含相关的一些文章。① 《教育中的科学研究》成为当今论争的核心文本。

三、教育中的科学研究②

（一）简介

全美研究委员会 2002 年发表的《教育中的科学研究》报告，这样描述其产生的背景：学者、政策制定者以及其他人对于教育中科学研究的性质和价值，以及科学的努力产生所期望的知识积累的程度，一直在争论。这些争论伴随着对基于证据的教育政策和实践的不断增加的热情，导致了全美研究委员会来检验和厘清教育中科学探究的性质，以及联邦政府如何能够最好地配置和支持教育中的科学研究。该委员会的特别职责是“评论和整合最近科学的教育研究的文献，思考联邦教育研究机构如何支持高质量科学研究”③。

迈克尔·富厄（Michael Feuer）是全美研究委员会教育中心主任。他介

① Phillips D. C. The Contested Nature of Empirical Educational Research (and Why Philosophy of Education Offers Little Help). Journal of Philosophy of Education, 2005, 39(4): p. 584

② National Research Council. Scientific Research in Education. Washington D. C. Brookings Academies Press，2002 此书中文版《教育的科学研究》由教育科学出版社 2006 年 7 月出版

③ National Research Council. Scientific Research in Education. Washington D. C. National Academies Press, 2002. Executive Summary. p. 1[R/OL]. [2006－12－28]. http://www.nap.edu/openbook/0309082919/html/11.html

绍说，尽管与政府有密切的工作关系，但全美研究委员会是非政府的独立组织，目的是服务于美国人民。全美研究委员会是美国国家科学院（NAS）而不是国家诗歌学院的下属机构，因此，其关注的主题是科学。美国国家科学院（NAS）的主旨就是提升科学的价值和精神及其在公共决策中的作用。科学是有目的的、理性的、有规范的、诚实的、开放的，尊崇不带情感的、政治上中立的证据。同时，一些科学家自身常常承认，过于强调严格的科学方法会带来人类判断的失误。全美研究委员会成立了教育研究科学原则委员会（Committee on Scientific Principles for Educational Research，CSPER），撰写了《教育中的科学研究》报告，小组成员包括细胞生物学家、化学家、教育科学家、统计学家等。①

《教育中的科学研究》相信：没人会认为不用研究就能登月、扫除疾病。同样，我们不能期望在没有基于研究的知识指导的情况下，教育改革就能取得显著成效。教育的科学研究能够照亮日趋复杂和追求学生成绩的美国教育系统。②

报告提出了6条科学研究的指导原则：

1. 提出可通过经验探究的重要问题。
2. 把研究与相关理论联系起来。
3. 运用可以指导探究问题的方法。
4. 提供一致的、清晰的推理链条。
5. 进行重复验证和研究推广。
6. 发表研究成果，鼓励专业审核和批评。

《教育中的科学研究》阐述了教育的特殊性：教育是多层的，不断变化的，发生在机构、社区和家庭间的相互作用中（例如中小学和大学）。教育是高度价值负载的，关涉各种型塑其特点的人群和政治力量。这些特征要求在研究中关注物理、社会、文化、经济和历史环境，因为这些因素常常显著地影响教育。由于美国教育系统是异质的，教与学的性质又是如此复杂，因此

① Feuer M. & Towne L. The Logica, and the Basic Principles of Scientific Bases Research[EB/OL]. [2006－12－28]. http://www.ed.gov/nclb/methods/whatworks/research/page_pg4.html

② National Research Council. Scientific Research in Education. Washington D. C. National Academies Press, 2002. Executive Summary. pp. 3～5[R/OL]. [2006－12－28]. http://www.nap.edu/openbook/0309082919/html/11.html

对情境的考虑就显得至关重要，它决定了一项研究的理论和结果能在多大程度上运用于不同的时空和对象。

它也阐述了教育研究的一些特征，特别是关系特征。例如，教育研究的对象是人（如学生和教师），需要确保道德地对待参与者；教育研究依赖于与实践的关系，与其他学科的关系等。教育研究涉及的这些关系存在于一个谱系中：一些类型的研究仅仅需要很弱的联系，其他的需要与中小学或其他机构紧密的合作关系。为了研究影响学生成绩的机制，就需要长期的研究与实践间的合作。

《教育中的科学研究》根据教育和教育研究的特征，结合一般科学原则的指导，设定了设计科学的教育研究的界限。它承认教育研究中有各种合理的研究方法：从随机实验到对教师的深入的人种志案例研究、运用脑成像技术的认知科学的研究。但是，"为了保证科学性，设计必须是对重要问题的直接的、经验的探究，考虑了研究所进行的背景，具有概念框架、认真的反思和完整的推理，发表研究结果以激励科学共同体的争论" ①。

《教育中的科学研究》报告试图扩展被"黄金标准"窄化的科学研究图景。柯兰-史密斯认为，该报告的观点大致代表了教育研究者团体的主流观点②。但是许多批评者仍然认为它太局限于因果解释，其观点同先前把实验—量化方法看做教育科学的"黄金标准"没有什么区别。《教育中的科学研究》报告的出版引起了广泛的讨论，成为教育科学对话的中心文本③。

作为报告撰写人之一的艾森哈特认为，《教育中的科学研究》的主要目的是综合各种方法，包括质的和量的研究。但艾森哈特也承认，该报告实质上同意提倡更多的实验研究，认为实验方法是研究精确定义的因果问题的有力工具，但她也不否认其他研究问题和方法的同等的合法性。由于艾森哈特的观点非常具有代表性，以下主要根据她对批评者的回应来呈现关于

① National Research Council. Scientific Research in Education. Washington D. C. National Academies Press, 2002. Executive Summary. pp. 5～6[R/OL]. [2006－12－28]. http://www.nap.edu/openbook/0309082919/html/11.html

② Cochran-Smith M. What a Difference a Definition Makes: Highly Qualified Teachers, Scientific Research, and Teacher Education. Journal of Teacher Education, 2002,53(3):editorial

③ Howe K. R. The Education Science Question: A symposium. Kenneth R. Educational Theory, 2005,55(3):p. 235

该报告的争论。①

艾森哈特是人类学家和质的研究者，她就同行们的观点给出自己的解释：《教育中的科学研究》做什么、不做什么，为什么它说得不够。她认为学者们把《教育中的科学研究》看做情境性的文件，是有道理的。作为力图代表多数人意见的报告，它由16位研究者和一位研究主管完成，由几个机构资助，写作了一年时间，试图影响国会立法《教育科学改革法案》，并潜在地影响数以千计的研究者和成千上万的学生与教师的生活。它是情境性的产物，不是依据某一个理论而是依据多样的理论，它也受政策、组织动力、历史和情境的影响。

(二)《教育中的科学研究》的贡献

艾森哈特认为，《教育中的科学研究》至少在以下几方面作出了贡献：

1. 对科学方法的强调能与教育研究的批评者产生共鸣

不管教育研究者是否喜欢，国会领导人和全国的很多人对教育研究评价很低。这种低评价并不是新近才发生的，事实上，这有着很深的历史根源。但是不幸的是这种低评价并没有促使人们关注是否有研究对政策或教育实践产生影响。艾森哈特认为，从事教育实践和政策的研究很重要，“因为我们需要尽可能多地知道我们的实践和政策是否产生了我们希望的效果”。该报告并没有假设科学方法是唯一的研究实践和政策的方法，它只是一种好的方法，它会与那些能向教育研究提供支持却怀疑其价值的人(如国会议员)产生共鸣。

2. 更加包容的立场

《教育中的科学研究》(pp. 24～26)清楚地说明，科学研究包括多种研究设计和方法，不能局限于某种特定的方法或程序(例如随机化的实地试验randomized field trials)，因为方法要依赖于所提出的问题和探究问题的环境。它试图在后实证主义(postpositivism)而不是实证主义(positivism, pp. 15～16)意义上提升“科学”或“基于科学的”研究的地位。科学的后实证主义观点对教育研究很重要，它是超越孤立的实证主义或解释主义的概念上的进步，因为它能包容两种行为模式和意图。当然后实证主义不是完美的，还有其他应该采纳的科学概念(如批判理论)，但是与其他立场相比，后实证主义相对具有包容性和易理解性。

---

① Eisenhart M. Science Plus: A Response to the Responses to Scientific Research in Education. Teachers College Record, 2005,107(1):pp. 52～58

3. 关注了教育现象的特殊性

《教育中的科学研究》认为,能够为教育的科学研究和知识积累提供适当榜样的是生物学(pp. 31～33)、政治科学(p. 56)和文化人类学(p. 107),而不是物理学。物理学中一般规律的积累和高度控制的实验不适合于教育中知识的积累和科学研究,因为它不能容纳普遍存在于人类现象包括教育中的历史、意图和社会性影响。人类意图、社会性、权力和历史通常被认为与物理现象的探究无关,但是它们却是社会和教育现象的基础。这个基本差异要求社会研究者提出不同的问题,描述不同的事物,使用不同的工具和策略,在更复杂的环境中论证其设计、结果和影响。在生命科学、社会科学和教育领域中,科学研究的目的是以发展、精致、反驳经验为基础的用于解释其时空意义的概念和工作理论,关键在于揭示教育科学研究中的理论与情境的相互依赖、价值负载、偏爱、复杂等特点,而不是普遍适用的一般规律。

4. 认识到了科学研究的局限

《教育中的科学研究》认为科学研究对于回答某些问题是有用的,特别是那些经验证据能起作用也能收集到的问题(pp. 24～26)。与此一致,科学研究不是回答所有问题的适当方法。例如,它无法回答教育方法的道德价值问题。很多重要的教育问题必须由哲学家(例如,这是促进民主社会的正确的教育政策吗?)、批判理论家(例如,这项教育政策是否减少了教育中的贫富不均?)和其他科学范围之外的人士来探讨。

5. 超越了对标准的简单抽象理解

《教育中的科学研究》认为提倡科学方法时,适当的研究方法和质量标准依赖于所提出的问题、实地的情况、探究的背景、寻找的答案等。该报告陈述道,应该由教育研究共同体而不是政客和立法者决定在特定时刻什么是必要的和好的教育研究。它没有说:科学性就要求因果解释;科学方法是价值中立的;科学方法的程序一定是线性的、还原论的模式;仅仅实验或量的方法是科学的;从事科学研究会致使方法或结果一贯正确或清晰。

6. 对建立知识基础的强调

艾森哈特最后表示,她赞同该报告的要点是建立知识基础的重要性。孤立的、易测量的和可观察的变量——尽管常常有广泛的出版机会——却不能揭示生活中以及学校中的复杂的交互作用。正如报告中注意到的,这样的变量无法揭示学校中的种种文化,也无法解释单一行为的多种解释视角。这明显地鼓励研究者个体与群体应该关注建构基础,这在一个常常喜新厌旧——而不管这些不那么令人激动的旧观念或机制对于建构基础多么重要——的群体中是很重要的、令人欣喜的立场。

7. 促进了对话

委员会成员反复提出希望参与对该文件的公共对话，把文件作为持续对话中轮流发言的一方。报告不仅为教育研究共同体作了辩护来维护他们在科学工作中的权威性，而且制定了清晰的严格标准来接受广泛的批评。许多教育研究者把报告作为激起自我反思的契机。

(三)《教育中的科学研究》忽略了什么?

艾森哈特对该报告的反应是“不是明显的不同意。相反，我关心那些被忽视的东西”。关注被忽视的东西将有助于提升研究的质量。

1. 窄化研究问题和方法

评论者批评该报告把一种问题和一种方法放在优先地位。艾森哈特认为，这是教育研究的一个重要种类，但不是唯一重要的种类。报告讨论了另外两类研究问题:什么正在发生？它为什么(或如何)发生？这两类问题与“什么有效”的问题同样重要。如果没有其他原因，这两类问题必须在回答“什么有效”的问题之前来回答。这是因为，准确评估什么有效的前提是，什么在发生。在准确比较行为或政策效果之前，研究者必须仔细全面地描述什么在发生(例如，课堂中事实进行着什么阅读活动，学校中事实上运用着什么阅读政策)，也必须解释为什么和如何——事情发生的意义或机制。发现在阅读项目 X 与期望的阅读结果 Y 之间存在相关或系统联系，对于行为基础来说是毫无意义的，除非能令人信服地解释为什么这一原因和这一结果联系着。若非作出了令人信服的解释，就无法设计出随机实验或任何其他种类的假设检验的研究。按艾森哈特的观点，《教育中的科学研究》应该关注所有这三类问题:描述性的(descriptive)、因果性的(causal)和解释机制(explanatory mechanisms)的问题。

2. 对质的研究重视不够

正如《教育中的科学研究》所说，质的和量的研究方法都适合于探究所有这三类问题。遗憾的是，报告对于质的研究如何起作用关注太少。艾森哈特深感这是《教育中的科学研究》的弱点。质的研究(如人种志、案例研究、观察研究)一般说来更适合于提供完全的描述，对于清楚地说明什么在发生和解释事情为什么这样发生很有必要。深入描述问题背后的原因和结果比仅仅描述表现和发生频率往往更重要。质的研究也能对探讨什么起作用的问题有所助益，因为质的研究允许直接的、第一手的观察 X 如何影响 Y（在某些情况下）。艾森哈特认为，在教育科学研究中，质的研究比量的研究能够提供更多，而不是更少。她希望《教育中的科学研究》能涉及更多这方面的内容。

3. 在与政治压力抗衡方面显得力量不足

艾森哈特还感到遗憾的是，《教育中的科学研究》不够有力地与政治压力抗衡，窄化了教育科学研究中的方法。尽管《教育科学改革法案》(Education Sciences Reform Act)中出现了一些与《教育中的科学研究》一致的变化，但是在《不让一个孩子掉队》中关于研究的优先次序、美国教育部当前的资助目标，以及根据《教育科学改革法案》成立的美国教育科学研究院(IES)的新政策，都很狭窄地关注随机实验设计。艾森哈特认为，这些政策制定者排出的优先次序，反映了对什么是科学研究的误解。而《教育中的科学研究》也仍然把实验研究置于优于其他研究的位置。

从以上讨论中可以看出，威尔逊等人的研究立场基本与《教育中的科学研究》相同。正因如此，对《教育中的科学研究》的批评与对威尔逊等人研究的批评也非常相似。

第二节　“科学”之外

“‘科学’之外”借用了艾森哈特的说法。需要解释的是，说到“科学”，不同人的理解并不相同。如前文已经看到的，在极端信奉“黄金标准”的人那里，除了随机实验研究，其他研究都够不上科学研究的资格；也有的人会把相关研究、对照组和实验组严格匹配的准实验研究等大样本量化研究看做退而求其次的选择，而排除其他研究。尽管《教育中的科学研究》试图扩展对“基于科学的研究”的理解，但是它仍然把质的研究放在从属的地位。针对《教育中的科学研究》忽略的这些方面，艾森哈特提出了需要关注的“‘科学’之外”的一些方面。

参照“黄金标准”和《教育中的科学研究》，吸纳了批评者的意见，在回应对《教育中的科学研究》的批评时，艾森哈特认为不仅需要传统的科学来改进教育研究，还必须在几个方面超越《教育中的科学研究》：(1) 解释性研究对探索人类事务有重大影响，对此教育研究必须加以重视，像人类意图、社会性等解释性研究所关注的主题必须要整合到教育研究中来。(2) 教育研究中哲学、历史、道德、文化批评的重要性必须要强调。艾森哈特不主张很多人来作这样的研究，但是它们是教育研究、政策和实践的基础。(3)（广义的）批评性研究在民主自由社会的重要性必须要强调。批评、怀疑、多重视角应该受到鼓励和严肃对待，无论是否是科学性的，它们对政策和实践产生了很多影响。(4) 实验和准实验设计既有必要性、可行性，也有荒谬性，需要加以改进，以增强其在教师教育研究中的适用性①。除艾森哈特外，持相似看法的还有柯兰-史密斯、菲利普斯等人。

需要说明的是，随着对教育复杂性的认识程度加深以及统计和测量技术的发展，实验和准实验设计等量化研究方法，本身也在不断改进。美国《教师教育杂志》2006 年第 1、2 期特刊就介绍了这方面的进展。

但是，沿着"黄金标准"的狭窄思路，人文社会科学永远达不到自然科学严密、精确、普遍适用的要求，人文社会科学研究者也往往处于自惭自叹的状态。与这种用自然科学的范式要求社会科学研究的逻辑不同，自 19 世纪以来，不断有人文社会科学研究者致力于对人文社会科学本身独特性的探讨。这些具有强烈人文精神的人文社会科学研究者重视人的精神生活，强调体验、理解、对话，并由此达成人的自我完善和对智慧的爱，呼吁人们不要在金钱社会中"物化"为没有灵魂的"机器人"②。这些探讨都为"'科学'之外"的研究提供了丰富的养分。本书主要从两个方面展开论述：一是同属经验研究的质的研究，也称为"解释性研究"，二是作为思辨研究的规范的和批判的研究。

一、质的研究

(一) 潮涨潮落

像意图、价值、情境、过程、地方性等对于教育和教师教育至关重要的特征，在"科学"研究中是被忽略的，而这些恰恰为质的研究所重视。现象学教

---

① Eisenhart M. Science Plus: A Response to the Responses to Scientific Research in Education. Teachers College Record, 2005,107(1):pp. 52～58

② 鞠玉翠.走近教师的生活世界——教师个人实践理论的叙事探究.上海:复旦大学出版社,2004.22 页

育学的重要代表人物范梅南(Max Van Manen)坚持,“教育学不能从抽象的理论论文或分析系统中去寻找,而应该在生活的世界中去寻找”,教育学存在于“极其具体、真实的生活情境中”①。

如前所述,质的研究在教师教育领域的兴起,是20世纪80年代的事情。这与对教学和教师教育复杂性的认识密切相关。例如,当库班(1984)研究20世纪早期教学的历史记录时,他没有找到教学实践的系统文献。然而,他在实践的趣闻轶事记录中发现了教学的踪迹,例如课堂摄影、学生的回忆录、学校的报纸和年鉴、访问课堂的管理人员的报告等等。库班认为,就好像陶瓷的碎片对考古学家的意义,他所积累和研究的教学踪迹,暗示了一种比它本身所记录东西更为复杂的实践。②

研究方式的新发展也伴随着实质性问题的发展。20世纪80年代后期,教育研究重心从产品转到过程;教师教育研究不仅关注教师教育项目和成分,而且关注在教师教育项目中通过与学生互动而产生的教师知识、技能和品性(disposition)的变化。这种关于教师学习或学习教学的研究,探究了教师教育项目提供的机会和教师观念、实践变革的关系。这些研究大量运用质的方法,以便研究者和教师对随时间而产生的变化进行丰富、细致地描述,促进了研究的开展。③

1996年出版的《教师教育研究手册》第二版,在“研究方法和问题的新发展”的标题下,这样写道④:“方法论上,戏剧性地尽管未必是健康地转向质的研究和叙事方式。”威尔逊等人的研究也表达了类似的观点。应该说,正是质的研究自身独特的气质以及它与教师教育研究的适切性,使它逐渐在教师教育研究中获得一席之地,甚至掀起了不小的风浪。但是,批评的声音也没有停息过,诸如主观性太强、缺乏推广性等等。

---

① [加]马克斯·范梅南. 教学机智——教育智慧的意蕴. 李树英译. 北京:教育科学出版社,2001. 43页

② Florio-Ruan S. More Light: An Argument for Complexity in Studies of Teaching and Teacher Education. Journal of Teacher Education, 2002,53(3):p. 208

③ Lee O. and Yarger S. J. Modes of Inquiry in Research on Teacher Education. John Sikula, Thomas Buttery, Edith Guyton. ed. Handbook of Research on Teacher Education. 2nd ed. New York: Macmillan Library Reference, 1996. p. 15

④ Lee O. and Yarger S. J. Modes of Inquiry in Research on Teacher Education. John Sikula, Thomas Buttery, Edith Guyton. ed. Handbook of Research on Teacher Education. 2nd ed. New York: Macmillan Library Reference, 1996. p. 19

进入新千年以后，天平在向另一边倾斜，曾经成为一道风景的质的研究的浪潮，被“黄金标准”、“证据”和“结果”的潮流遮盖了。质的研究在政策文本和《教育中的科学研究》中被排斥，或仅仅处于补充位置。但是众多研究者却不希望把这一重要的“光束”从教师教育研究中弱化甚至排除，而是希望通过了解它以便更好地运用它。

《教师教育研究手册》在评价质的研究时说，尽管质的研究发展迅速，但是这些模式的许多问题还不清楚。例如，存在哪些类型的质的研究，彼此的区别是什么，各种类型最适合的研究主题是什么等。在这方面，质的研究者可以向量的研究传统学习。在量的研究中，各种方法之间的区分很清楚（如实验与准实验），每种方法中的特定技术也很清楚（如相关研究中的多元回归、路径分析、因素分析）①。显然，联系前文关于“范式之争”的讨论，不难看出，对质的研究的质疑声一直伴随着它。对这些问题的回答也将影响质的研究前进的道路。

质的研究与量的研究之间的论争如藤缠树，彼此攀援，在论争中相互认识并自我反省。无论争论多么激烈，二者却具有一个重要的、共同的本性：对经验的信任。因此，它们也常常被合称为经验研究（如菲利普斯）。但是，不同于量的研究对结果的强调、对客观和“价值中立”的宣称、对去情境的普适性的追求，质的研究更强调对具体情境中发生的教育事件的过程的细致描绘，相关人物的意图、情感、意义的刻画和理解、感悟，对地方性、多元性的关注。质的研究与第五章所描述的教学的复杂本性颇为吻合。质的研究关注意图、感受、价值等主观因素，在这一方面，它与随后要探讨的规范的和批判的研究具有一致性。

（二）家族成员②

质的研究中包含许多取向：解释主义、自然主义、人种志、社会学、批判理论、象征互动主义、符号学、认知人类学、生态心理学等。人种志方法是原型；叙事探究兴起较晚，但特色鲜明。以下就以这两种方法为例加以探讨，

---

① Lee O. and Yarger S. J. Modes of Inquiry in Research on Teacher Education. John Sikula, Thomas Buttery, Edith Guyton. ed. Handbook of Research on Teacher Education. 2nd ed. New York: Macmillan Library Reference, 1996. p. 33

② Lee O. and Yarger S. J. Modes of Inquiry in Research on Teacher Education. John Sikula, Thomas Buttery, Edith Guyton. ed. Handbook of Research on Teacher Education. 2nd ed. New York: Macmillan Library Reference, 1996. p. 27

希望能有窥斑见豹之效。

1. 人种志(Ethnography)

人种志在人类学中又称实地研究或田野研究(fieldwork research),是对“生活方式”或某个人群文化的研究。它既关注过程又关注产品,描述概念、信念、习俗、规范、一定社会文化背景中的人际互动。为了了解一个文化族群,人类学家要与该族群一起生活相当长的时间,通过观察人和事件、参与日常活动、交谈、阅读文献和记录等来了解其文化的意义。从这个意义上说,人类学家就是关键的研究工具。理解的过程需要通过“主观”(同情)经验来“客观”(保持距离)的理解。人种志不仅是描述人和事件,也建构理论来解释族群的生活。

人种志的主要优点是:从局内人视角深入细致地描述社会文化意义,能够很好地体现地方性、情境性等特点。对于理解情境中的有思想的行为来说,对教师和管理人员有用的研究种类恰恰是更为地方化的。要理解教学和教师教育中的地方知识,就需要深入研究个体教师的工作,以及教师思考和工作的多种方式。在这一方面,人种志方法有鲜明的优势。另外,不像其他研究方法主要是检验理论,人种志方法主要通过归纳并扎根于来自文化现象的数据建构理论,这更有可能带来某些新鲜的认识。

教师教育背景中运用人种志方法会面临两大挑战:其一是努力使人们对似乎是司空见惯的教师教育产生新的认识,这就要求研究者能够化熟为生,能够挖掘出表面现象背后的深层意义,对教师教育产生新的、深入的理解与认识;其二是教师教育的处方性和规范性、个人价值等会影响研究的客观性。但这不是质的研究面临的独特挑战,事实上,自诩为客观中立的实验研究也很难避免价值因素的影响。关键不在于回避价值取向,而在于正视和反思自己的价值取向。

教师教育领域运用人种志方法的实例很多。如《教师教育者的生活》(the Lives of Teacher Educators,Ducharme, 1993),研究目的是了解教师教育者的经验、知觉、信念、职业观念等,试图通过深度描述教师教育工作者的生活,更好地理解教师教育者建构的意义,以及这种建构如何影响着他们的行为，这对于深入了解教师成长、建构有力的教师教育项目至关重要。①

2. 叙事探究②

尽管叙事探究在人文社会科学领域中有很长历史，但是进入教育研究只是 20 世纪 80 年代中期以后的事。到 90 年代中期，叙事探究仍被认为是教师教育研究中最新最独特的发展。

叙事探究常常涉及个人的和主观的经验。康奈利和克兰迪宁说："教育研究面临的困境之一是——往往教育研究越是精确，其与人类经验的联系则越来越少。客观主义者有时称研究经验者为'软性的'和'主观的'；与此针锋相对，经验主义者宣称教育的科学化研究是非人格化、非人性化和将人客观化的研究。随着科学—人文这两种教育研究模式的交锋和转换，叙事与讲故事，这两个密切相关的术语频繁出现在文献中。"③

叙事探究提出了权力和声音的问题。传统研究往往在抽象理论的学术圈中存在，而叙事探究则扎根于实践世界和日常经验。特别是教师从事叙事探究时，他们可以讲述自己的故事。叙事探究具有实用性和意识形态价值。它能识别教师的实践知识和智慧；出于研究的目的把教师的故事讲给研究者听能扩展知识基础；因为教师教育的对象是教师并关涉教学，所以研究者能从教师那里学习关于教学的知识；教师的故事讲给其他教师听，能培养其他教师并建构实践知识的基础；教师和教学叙事能容易地与公众沟通。尽管存在方法论问题和不确定性，却不能否认叙事探究在教师教育中的作用。

叙事探究颇为引人注目。但是，基本的研究问题，包括效度、信度、推广度、知识主张、证据等在叙事探究中都存在问题。叙事探究的方法论发展将

---

① Lee O. and Yarger S. J. Modes of Inquiry in Research on Teacher Education. John Sikula, Thomas Buttery, Edith Guyton. ed. Handbook of Research on Teacher Education. 2nd ed. New York: Macmillan Library Reference, 1996. p. 27

② Lee O. and Yarger S. J. Modes of Inquiry in Research on Teacher Education. John Sikula, Thomas Buttery, Edith Guyton. ed. Handbook of Research on Teacher Education. 2nd ed. New York: Macmillan Library Reference, 1996. p. 33

③ Connelly M. & Clandinin J. Narrative Inquiry. Torsten Husen & Neville Postlethwaite. eds. The International Encyclopedia of Education (2nd Edition, Volum 7). Oxford: Pergamon Press, 1994. pp. 4046～4051 转引自叙事研究. 丁钢译. 全球教育展望. 2003(4)

决定它对教师教育研究贡献的大小。

自传是叙事探究的一种重要形式。附录6-2提供了达琳-海蒙的一段个人自传,她从自身作为教师和家长的经验出发比较了缺乏和拥有知识基础的教师,这也是她从事"有力的教师教育"研究的重要动力。对于我们深入细致地了解美国教师教育的许多方面都很有助益,这在量化研究中是无法体现的。①

(三) 不可或缺的视角——文化模型

在"黄金标准"和《教育中的科学研究》引发的讨论中,一些学者提出了一系列适合质的研究方法探究的问题:如,教师为什么要离职?为什么新教师要从乡村学校迁到郊区的学校,即使他们是专为乡村学校中的课堂而培养的?在主要是白色人种的项目和机构中,有色人种的教师候选人的经历是怎样的,这重要吗?经历和没有经历正规教师培养课程的大学毕业生在与学生互动以及解释他们在课堂中看到情况之间有什么差异?这些差异是否影响到学生的学习?师范生怎样才能搞清楚家长在孩子学校生活中所扮演的角色——他们在学生回到家里的晚上和家长会上做了些什么?②

这个清单无疑还可以列下去。下面集中探讨一个质的研究非常关注,而"科学"研究却视而不见的话题——文化。全面探讨文化的问题显然超出了本文的范围,这里仅以一例来说明质的研究和文化问题在教师教育研究中的不可或缺。

施瓦茨(H. Schwartz)在《教师教育研究手册》中介绍了如何运用人种志方法和文化模型来理解"执行问题"。施瓦茨认为,文献中丰富的研究成果,在应用于教师教育项目时的拖延是令人沮丧的。在教育中,这种新知识难以运用于教学、学习和学校中的现象被称为执行问题。具体表现有:制度化的迅速变革导致了变革的仪式化,但是结果是停滞和缺乏改变;有外部基金资助、涉及一小部分人(常常是从外部借来以完成项目的)的项目在短期试验后,就回到原来状态;著名的"双重说法"(famed"double-speak")所表达的——一个术语在字典中是一种定义,而在实践中使用时却是相反的含义。

① Darling-Hammond L. et al. Powerful Teacher Education. San Francisco: Jossey-Bass, 2006. Foreword: pp. ix~xii

② Cochran-Smith M. Taking Stock in 2006—Evidence, Evidence everywhere. Journal of Teacher Education, 2006, 57(1): p. 10

也就是说，教师教育者常常描述变革，但不作出变革。①

施瓦茨提出的问题是：假设教师教育的职前项目给学生提供了最好的证据和一流的理论模型，能在多大程度上保证这些知识被应用于课堂？用什么结构来研究课堂，确定教师教育项目能达到目标？他认为，人种志的分析工具，通过描述教师教育文化的公共性和独特性——一组个体作为独特共同体所具有的信念、行为、作品，能提供一些探究这个问题的方法(参见附录 6-3)。

比较教师教育和文化模型所得到的最重要的发现是，新手教师发现自己必须按照与九个方面文化要素相关的大学以及中小学文化所决定的行为或期望过日子。例如，如果流行的学校价值包含专业改进，新教师就会通过社会化接受这些价值；如果社会组织欣赏教师合作地从事工作，那么教师就更倾向于应用教育学知识；如果在专业活动中校长和教师是同事关系，那么教师就会更多地关注其教育工作而不是应付监管。文化普遍而又独特地对教师运用他们在教师教育项目中所获得的教育学及其他知识产生影响。每种文化都提供了一个透镜，去探究学校、课堂、教师教育项目中知识未被应用的问题。

质的研究拥有自身独特的涵义，能解决狭隘的"科学"研究所不能解决的问题。而且，研究范式之争本身也并非"科学"所能涵盖，权力和声音隐藏在争论中：在 20 世纪 80 年代，质的研究引发了争论，他们获得了权力，使自己的声音出现在教育研究共同体中，而这个领域一直被量的研究取向把持。② 在《教育中的科学研究》中，通过强调质的研究与量的研究的相似性来论证质的研究的合法性，这是有一定道理的，至少二者同属经验研究。但是，教师教育中还有许多问题很难或无法通过单纯的经验研究来回答和解决，例如价值、规范、权力、利益等。这些问题往往要通过思辨研究来解决，这里进一步将其划分为规范的和批判的研究。瓦伦佐拉就认为，教师教育研究的核心范式之战不是在量的研究和质的研究方法之间，而是在意识形

① Houston W. R. Foreword. John Sikula, Thomas Buttery, Edith Guyton. ed. Handbook of Research on Teacher Education. 2nd ed. New York: Macmillan Library Reference, 1996. p.1

② Lee O. and Yarger S. J. Modes of Inquiry in Research on Teacher Education. John Sikula, Thomas Buttery, Edith Guyton. ed. Handbook of Research on Teacher Education. 2nd ed. New York: Macmillan Library Reference, 1996. p.19

态基础之间，他主张将种族、阶层、性别、文化和语言看做教师教育的中心使命。①

二、规范的和批判的研究

（一）规范的研究②

对于规范的研究，《教师教育研究手册》将其包含在"哲学方法"中。李和亚格（Lee O. and Yarger S. J.）写道：其他研究用数据来发展和检验理论，在哲学方法中用的是逻辑。逻辑并不是哲学家的专利，在每项研究的过程中都需要分析概念、厘清语言、逻辑论证。研究者根据其特定哲学信念提出研究问题，应用与其信念一致的特定方法，这些都与每个研究者相关。

李和亚格认为，哲学方法中主要有两种方式：一是对规范性问题（normative）的探讨，包括道德（如学校是否应该提供性别教育）、价值（在各种双语项目中，哪个最有利于少数民族学生）、目的和目标（职业教育的目的是什么）、关于理想教育的规范理论（在教育领域兼顾优异与公平的最好途径是什么）等。二是对概念的分析。例如，研究者可能会问："什么是多元文化教育?"并对这个概念进行界定和解释；也可能列举各种看法，并提出自己的主张，这对于保证概念的准确性、语言的清晰性具有重要意义。

具体到教师教育领域，规范的研究可概括为四种类型：

1. 语言和概念分析

这种类型以分析哲学为典型代表，从20世纪50年代开始在教师教育领域颇为盛行。③ 事实上，教师教育领域术语使用混乱的问题普遍存在。例如，对于教师角色的描述可能会用到许多术语：反思性探究者、反思性教师、适应性教师、教师作为行动研究者、教师作为应用科学家、教师作为道德技工、教师作为问题解决者、教师作为实地研究者、教师作为政治技工、激进教师（radical pedagogues）、学者型教师、反思性实践者、批判思维者、即兴表演

---

① Valenzuela A. Reflections on the Subtractive Underpinnings of Education Research and Policy. Journal of Teacher Education，2002，53(3)：p. 236

② Lee O. and Yarger S. J. Modes of Inquiry in Research on Teacher Education. John Sikula，Thomas Buttery，Edith Guyton. ed. Handbook of Research on Teacher Education. 2nd ed. New York：Macmillan Library Reference，1996. pp. 30～31 更详细的探讨见该手册第一版，作者是 Floden，Buchman. Philosophical Inquiry in Teacher Education.

③ 陆有铨. 现代西方教育哲学. 郑州：河南人民出版社，1990. 379～422 页

者等。在一些人头脑中,这些术语无疑是有区别的,但是它们却常常被互换使用。在研究方法领域,"质的研究"和"量的研究"这样的术语尽管常用,但有些研究者更喜欢用实证主义的(positivistic)、经验主义的(empirical)、自然主义的(naturalistic)、解释性的(interpretive)或现象学的(phenomenological)来突出对某些人而言不那么重要的区别,也有学者交替使用。对术语的争论既可能使问题更清晰,也可能阻碍对话。针对这种情况,李和亚格建议美国教育研究会出台教育研究术语表加以规范。① 与此相联系的是对论证、政策和实践中的逻辑进行检视。例如,本书第一章关于教师教育两种取向间的争论就各自指向对方的论据、逻辑中的瑕疵。

2. 与经验研究结合的论辩

这种工作的力量和局限都依赖于哲学和经验研究两方面。这种研究方式背后暗含着这样的假设:通过经验研究可以为价值判断提供证据。在教师教育领域寻求有效性证据的研究都有类似的特点。对此,瑞娜表达得很清楚:"当我们思考价值时,寻找证据很重要。没有事实根据我们可能会作出错误的决定,即使是基于我们的价值。因为我们不知道什么是真实,什么是不真实。事实上,证据对于确定影响学生生活的因素是必要条件,但不是充分条件。我们现在所推崇的就是,至少实践可以部分地建立在证据的基础上。……但是,需要重申的是,我们现在的课堂中连次级甚至三级水平的证据都没有。专业人员所应该做的就是弥补这些空白。关于人类决策的经验研究已经表明,了解经验证据是必要的;人类有许多决策的智慧,也有许多系统的偏见。我们现在的任务不是了解所有正确的做法。科学的性质是,我们要发现新事物,淘汰旧知识。至少,在科学中进步是累积的,建立在过去真正科学知识的基础上,科学不会丢弃那些已经被证明有效的东西。……许多人担心科学是没有灵魂、没有情感的事业。我认为绝不是这样,当我们给学生学习和成功的机会,就是在使他们成为人。科学与价值、情绪不能分离。"②

3. 理论建构

① 在本书中基本按照西方学者的用词,因此常常交替使用这些术语。

② Reyna V. What is Scientifically Based Evidence? What is its Logic? [EB/OL]. [2006－11－01]. http://www.ed.gov/nclb/methods/whatworks/research/page_pg3.html(关于事实与价值关系的探讨,参见[美]希拉里·普特南.事实与价值二分法的崩溃.应奇译.东方出版社.2006)

这是一种不容忽视的需要逻辑的力量来驾驭的研究工作，它往往需要综合运用各种方法。设计分类系统是理论建构的一种形式，就是对事物的要素加以区分，如舒尔曼对教师专业知识的分类①。这样的研究给人们一个框架来组织和理解知识。

施瓦茨预测，在未来教师教育研究的场景中，对宏大系统理论或统合理论的需求仍然存在。教师教育必须用一种认真的、坦率的、概念上引人注目的方式，找到一系列结构。如果不能预测，至少要描述共同性和独特性、信念与行为，以及从大学到单个课堂的教师教育的主流文化。施瓦茨相信，理论的构建会激发问题的提出，其答案将会增加该专业的知识和实践基础。②

4. 行动建议

主要包括：提醒读者思考自己的背景知识，提供可分享的观念和价值，提供伟大的教育家(如杜威)对教育的洞见等。像“黄金标准”、“基于科学的研究”的倡导等，即可归属此列。可以说，几乎所有的教育研究最终都试图提出行动建议，不过有的更强调以经验证据为基础，有的则更多的从理论出发加以推断，也不排除有一些仅仅出于感情或利益。许多教师教育项目就是对这些行动建议的宣讲和践行。

瑞娜解释道：“理论经过证实和反驳，能说明人是如何学习的机制。如果你知道一些关于人是如何学习的、某种做法是如何起作用的知识，知道哪些做法起作用，哪些不起作用，你就有一些线索来把可能是有效的做法推广到自己的课堂。当然基于理论的推断也有缺陷，有时由于其他因素在起作用，使得行动建议并不符合某类人群。”③也就是说，行动建议在教育领域应用时，一定要考虑情境因素。

(二) 批判的研究

如果说规范的研究更多关注的是正面的建构，是“立”的话，那么，批判的研究则偏重“破”，更准确地说，是一种审视、质疑、不轻信的态度。当然这

---

① Shulman L. Knowledge and Teaching: Foundations of the New Reform. Harvard Educational Review, 1987,57(1):p. 22

② Schwartz H. The Changing Nature of Teacher Education. John Sikula, Thomas Buttery, Edith Guyton. ed. Handbook of Research on Teacher Education. 2nd ed. New York: Macmillan Library Reference, 1996. p. 8

③ Reyna V. What is Scientifically Based Evidence? What is its Logic? [EB/OL]. [2006-11-01]. http://www.ed.gov/nclb/methods/whatworks/research/page_pg3.html

只是侧重点的区分，归根到底，“破”的目的还是要“立”，二者可以相互制衡。与规范的研究相同，批判的研究所依靠的仍然主要是逻辑的力量。

在教师教育领域，早在1987年，贝耶(Beyer)就提出，美国当时的教师教育被技术理性(technocratic rationality)所统治，或者如卡茨(Kartz，1992)等所说的过分的现实主义(excessive realism)，这使得师生关系庸俗化。大量的被称为功利主义(utilitarian)教师观或生存观的文献，已经把教学从伦理、政治和社会根基中分离出来。①

贝耶等在二十年前所批评的问题，在今天的教师教育研究领域仍然存在。这在极端推崇随机实验的“黄金标准”中体现尤为明显——似乎教育研究可以不去考虑社会根基，似乎只要是提高了学生考试成绩的做法就是道德的、正义的，而不必考虑受压迫者在这样背景下更加恶化的境遇。事实上，对“基于科学的研究”本身的反思，已经超出了“科学研究”的范围，而这对认识教师教育和教师教育研究都是必不可少的。本书其他章节已经从不同角度涉及对教师教育的批判，以下将着重围绕对“基于科学的研究”的批判来展开。

1. 对教育中科学研究的否定②

有一种极端的观点，就是对教育中科学研究的彻底否定。

菲利普斯说道，要说成百上千的同事们所做的工作都是无意义的，这当然太骄傲自大，但是一些教育哲学家提出了这个令人沮丧的挑战！他们试图把整个科学研究推向终点。例如，D. 卡尔(David Carr)就认为“与人类特征密切相关的教育事业”不适合“科学的或经验的研究”③，还有主张排除一切“严格获得有效性证据”的说法，也有人把一些科学研究贴上“放肆的现代主义或实证主义”的标签。

有学者认为经验研究对于教育既不适合也不必要：“很清楚这种研究的

① Schwartz H. The Changing Nature of Teacher Education. John Sikula, Thomas Buttery, Edith Guyton. ed. Handbook of Research on Teacher Education. 2nd ed. New York: Macmillan Library Reference, 1996. p. 9

② Phillips D. C. The Contested Nature of Empirical Educational Research (and Why Philosophy of Education Offers Little Help). Journal of Philosophy of Education, 2005, 39(4): p. 584

③ Carr D. Making Sense of Education. London and New York: Rout ledge-Farmer. 2003. pp. 54～55 转引自 Phillips D. C. The Contested Nature of Empirical Educational Research (and Why Philosophy of Education Offers Little Help). Journal of Philosophy of Education, 2005, 39(4): p. 584

主要不足是其概念上不充分、不合适系统观察人类微妙的交互作用……事实是，大多数关键的和令人感兴趣的教育概念不仅没有而且不能令人信服地用孤立的可观察的术语来充分说明，也不能得到满意的经验研究。”①

一些学者坚信教育项目应该依据先前的概念或规范基础来选择，因为教育是规范的而不是科学的事业。当人们进行教育活动的时候，是要把个体变得更好——政策需要按照一定的规范价值来评估，而且这样的评估不是用经验社会科学方法来研究的事情②。W. 卡尔(W. Carr，1997)对教育探究从亚里士多德式的具有道德意涵的“实践智慧”转变为经验探究，感到很悲痛，“(经验探究)只能解决狭隘的技术问题……教育探究从一种实践哲学转向一种自然科学，其中，方法获得了中心地位。”③

还有一些学者强调，科学研究结果或实验处理可能存在意想不到的破坏性。不是所有的教育策略、实验处理都可能在达到其目标方面有效，一些项目在投入实践后可能产生意想不到的破坏。

对于这种彻底否定和取消教育中的科学研究的极端观点，许多学者并不赞同。尽管他们认为科学研究不能解决所有问题，但是他们更愿意把这种极端观点看做警示。下面是一种有代表性的观点，提醒研究者在从事“基于科学的研究”的同时，思考“科学”之外的力量。④

2. 审视型塑教师教育研究的社会力量

密歇根大学的斯蒂芬·劳登布什(Stephen Raudenbush)说，在医学领

① Barrow R. Giving Teaching Back to Teachers. Sussex: Wheat Sheaf Books, 1984. pp. 213～214 转引自 Phillips D. C. The Contested Nature of Empirical Educational Research (and Why Philosophy of Education Offers Little Help). Journal of Philosophy of Education, 2005, 39(4): p. 591

② Carr D. Making Sense of Education. London and New York: Rout ledge-Farmer. 2003. p. 132 转引自 Phillips D. C. The Contested Nature of Empirical Educational Research (and Why Philosophy of Education Offers Little Help). Journal of Philosophy of Education, 2005, 39(4): p. 588

③ Carr W. Philosophy and Methods in Educational Research. Cambridge Journal of Education, 1997, 27(2): pp. 206, 207 转引自 Phillips D C. The Contested Nature of Empirical Educational Research (and Why Philosophy of Education Offers Little Help). Journal of Philosophy of Education, 2005, 39(4): p. 588

④ 还有一种代表性观点是“经验研究和经验证据本身不决定我们在政策和实践中应该做什么”，价值、权力等因素往往是决定性因素。相关讨论参见第三章。

域，是采用科学的方法还是依靠医生的临床经验，在半个世纪前已经开始争论。事实是，科学方法胜利了，医学领域的核心专业基础来自临床试验。找到真正起作用的因素才是造福人民的，是道德的。①

通过与医学、工程学或与生物学等作类比，来谈论教师教育的说法非常多。这些类比能给教师教育带来一些借鉴，但是也有许多研究者看到，这样的类比忽略了教师教育作为社会现象的独特性，忽略了影响教师教育研究的重要的社会力量。密歇根大学的莫斯(Moss)运用法国社会学家布迪厄(P. Bourdieu)提出的场域、惯习和资本概念，关注型塑教育研究的社会力量。②

布迪厄把社会科学作为学术研究对象，这一点与《教育中的科学研究》立场一致。但是，对于布迪厄来说，严格的社会科学需要研究者寻找决定自身理解和判断的历史和社会因素。这种批判反思对于社会科学非常重要，因为在社会科学中免于外部影响的自主性要少于自然科学。莫斯认为，布迪厄的这一观点对《教育中的科学研究》关于如何界定严格的科学提供了批判的视角。

莫斯认为，布迪厄以及其他社会学家和科学史家会要求教育研究者问自己:《教育中的科学研究》报告所支持的社会科学的图景是如何取得特权的？反过来，这个报告对型塑教育研究场域及其成员的理解又会起什么作用？在何种程度上社会科学的特定图景会变得更准确，并成为研究者规范自己研究的严格标准？报告中的这些建议，包括同行评议小组、资助机制、

---

① Raudenbush S. Research[EB/OL]. [2006－12－01]. http://www.ed.gov/nclb/methods/whatworks/research/page_pg5.html

② Moss P. Toward"Epistemic Reflexivity"in Educational Research: A Response to Scientific Research in Education. Teachers College Record, 2005,107(1):pp. 19～29 一个场域由附着于某种权力(或资本)形式的各种位置间的一系列客观历史关系所构成，而惯习则由"积淀"于个人身体内的一系列历史的关系所构成，其形式是知觉、评判和行动的各种身心图式。每个场域都规定了各自特有的价值观，拥有各自特有的调控原则。这些原则界定了一个社会构建的空间。在这样的空间里，行动者根据他们在空间里所占据的位置进行着争夺，以求改变或力图维持其空间的范围或形式。这一简要定义有两个关键特征:1) 场域是诸种客观力量被调整定型的一个体系(其方式很像磁场)，是某种被赋予了特定引力的关系构型，这种引力被强加在所有引入该场域的客体和行动者身上。场域就好比一个棱镜，根据内在的结构反映外在的各种力量。2) 场域同时也是一个冲突和竞争的空间，在这里参与者彼此竞争，以确立对在场域内能发挥有效作用的种种资本的垄断。(见[法]布迪厄，[美]华康德. 实践与反思. 李猛，李康译. 北京:中央编译出版社，1998. 16～18页)

训练未来的科学家、使研究者获得社会和文化资本等，如何让政策制定共同体知晓？这些都是重要问题，而这些问题都无法在《教育中的科学研究》所提出的社会科学概念框架中得到严格的回答。

费耶阿本德(P. K. Feyerabend)认为，现代科学之所以会远远超过其他意识形态和生活形式，处于至高无上的地位，原因之一是由于国家和科学紧密结合在一起，形成了拒斥一切其他意识形态的科学沙文主义。这种科学的不民主束缚了人们的创造力和自由抉择。① 沃克尔(V. S. Walker)认为，学者的争论能产生更准确的理解，但是通过让一些声音沉默，能使某些具有特权的观点凸显出来。② 例如，《教育研究评论》当时的新任编辑格劳(E. Graue)在对以往杂志的回顾时发现：如果说事实上这本杂志是关于教育研究会谈的一个场所，那么非常悲哀的是，这些会谈是“一边倒”的，并且只限于某些特定的团体。一个简明的例子就是对解释性作品的排斥。表面上看，这种排除原则从方法上说似乎是适合的，其意图和影响基本是技术性的，但是通过限制组成一篇评论的研究形式，事实上，就排斥了认识问题的方式。③

具体到教师教育领域，关注教师教育研究的社会根基和背景，对于了解和把握教师教育研究十分必要。教师教育研究发生在大的社会、政治、文化、经济背景中。这些因素发生在不同水平，包括国家、地区、州、学区、大学、教育学院。下面几点在思考教师教育问题时非常值得关注。

首先，教师数量巨大。以 1991 年为例，美国有 200 多万中小学教师，1200 多所高等教育机构提供教师教育项目，每年培养 10 万名新教师，这为高标准要求这个职业增加了困难。

其次，教师教育机构庞杂。大量的在职和入职教育在高等教育机构、学区和各种替代性教育机构存在着。这些教师教育项目的结构和设计概念框架差异巨大。在设计项目的结构和概念定向时考虑了哪些因素、决策是如何制定的、谁在决策中起决定作用，都很不清楚。

第三，教师教育作为一项社会事业深受政治和经济条件影响。只要公

① 刘放桐等.新编现代西方哲学.北京：人民出版社，2000.542 页

② Walker V. S. After Methods, Then What? A Researcher's Response to the Report of the National Research Council. Teachers College Record, 2005,107(1):p. 35

③ Elizabeth Graue, Carl Grant. Question, Calls and Conversations for Researchers in Teacher Education. Journal of Teacher Education, 2002,53(3):268～272

共教育受公共基金资助,许多力量和声音就会表达对于教学、学校以及教师教育的看法。联邦和州的拨款就制约着研究项目。事实上,拨款已经成为政府调节研究方向的重要杠杆。① 当前,政府青睐的是"科学"的研究,强调的是可测量的学生成绩。

第四,教师教育从被忽视到被过分关注。在许多国家,教师教育一直是被忽视的事业。例如,美国从 19 世纪末到 20 世纪 80 年代后期,即使是委托的关于教育改革的报告也很少提到它。古得莱得说,毫不奇怪,既然教师教育在 20 世纪后半期涌现的研究型大学中地位很低,对教师教育的研究当然也就很衰微。教师教育长期被忽视,在一定程度上导致了教师教育者欢迎政策制定者对教师教育兴趣增强的幼稚倾向。但是当这种兴趣降低了教师教育者在应负责任的领域的决策权时,欢迎就变成了担忧。近年来,各领域的学者表现出对教师教育的强烈关注,超出了政治上正确的程度,这影响了该领域学术论文以及引用文献的主题。这种关心现在太多地被市场的经济使命所推动,而不是被传统大学独立探究的使命所推动。②

第五,更高的要求和更多的批评。弗洛里奥·瑞安分析了当前教师教育面对的难题——需要补充多样的教师,教师教育要更好地服务于多样的学生,要改善教学和教师教育的效力,以教育所有的孩子,尤其是那些在贫困中无法享受公共教育的孩子。然而,面对诸多问题,批评的风气仍在盛行。公众可能希望通过研究来寻找权威、效率和便利。屈从于这种诱惑的企图可能非常强大。这样会导致过紧过早地对问题进行关注,或者错误地建构了问题的本质,错过了研究实施的关键点,从而无法实现社会对教师教育的高要求。

第六,"战争思维"。弗洛里奥·瑞安说,战争思维是 20 世纪教学和教师教育研究的遗产。"向贫穷开战"、"向癌症开战",这是人们面对危机时常见的思维方式。这样的思维方式具有自相矛盾的特征:在危机中,人们急于解决危机,往往会把目光聚焦到某一点,从而倾向于限制照亮主题的光亮,而

① Lee O. and Yarger S. J. Modes of Inquiry in Research on Teacher Education. John Sikula, Thomas Buttery, Edith Guyton. ed. Handbook of research on teacher education. 2nd ed. New York: Macmillan Library Reference, 1996. p. 16

② John I. Goodlad. Teacher Education Research: The Outside and the Inside. Journal of Teacher Education, 2002, 53(3): p. 216

不是向探索的大道尽可能地开放，结果往往是导致危机的加剧而不是消解。在教师教育研究领域，“黄金标准”、对证据的强调就是“战争思维”在回应危机时的表现。他警告说：当政策制定者对教师教育感兴趣时，“战争思维”就会凸显，就会带来教育研究领域的僵化。① 这也得到了古得莱得的赞同。

批判的研究强调从宏大的背景中审视教师教育研究，关注型塑自身的社会力量，这样对自身会有更清楚的认识，自我反思能力也会增强。

第三节 “白金标准”

教师教育遭遇的批评之一是：教师教育主要由传统、时尚或意识形态而非有效因素和坚实的证据主导。② 应该说，在这样的背景下，科学研究对于教师教育的发展无疑至关重要；但是为摆脱传统、时尚和意识形态而走向另一个极端，窄化教师教育研究，又会带来新的问题。用随机实验作为“黄金标准”来评判教师教育领域的研究，或者过于强调教师教育研究的“科学”的一面，忽视了“科学之外”的广大领域，显然遮住了探究这个“黑箱”的太多光亮。

“黄金标准”减少而不是增加了可能性，这和真正的科学探究的精神相悖，和一个健全的研究团体——正如健全的民主一样——依靠公开的讨论、可选择的观点以及多样的视角这种假设相悖。③ 研究者们试图把它改造成更有价值的“白金标准”④。

① Florio-Ruane S. More Light: An Argument for Complexity in Studies of Teaching and Teacher Education. Journal of Teacher Education, 2002,53(3):pp. 211,213,215

② Cochran-Smith M. Taking Stock in 2006—Evidence, Evidence everywhere. Journal of Teacher Education, 2006,57(1):p. 8

③ Cochran-Smith M. What a Difference a Definition Makes: Highly Qualified Teachers, Scientific Research, and Teacher Education. Journal of Teacher Education, 2002,53(3): editorial

④ Phillips D. C. A Guide for the Perplexed, Scientific Educational Research, Methodolatry, and the Gold Versus the Platinum Standards. Educational Research Review, 2006,(1):pp. 15～26

一、多元方法论

与“黄金标准”把研究方法按高低等级排列的思路不同，更多学者强调的不是研究范式的高低之分，而是彼此的互补、对话、融通、整合。

(一) 研究方法的互补性

什么研究能更好地服务于教师教育？芬斯特马赫说，答案是不同的研究都能起到这样的作用，因为不同研究有不同的应用、价值和责任。

每种研究方法各有自己的功用、目的和适用范围，而多种方法的共存则能起到相互补充的作用。教师教育是个复杂的事业，对外涉及政治、经济、文化，其内部又关涉教师、学生、教学、项目设计、评价等一系列问题。要对教师教育这个庞大的系统进行全面研究，不运用多种方法是不可能的。跨学科视角和跨范式的合作不可或缺。例如在教师教育研究领域成果卓著的达琳-海蒙，就综合运用多种方法，对教师教育进行了比较全面的考察。

每种方法都有自己的假设和达到目的的条件。不满足这些假设，研究所得出的结论会大大降低可信性。在真实情境中，要满足这些假设很困难。研究者往往不得不在理想和现实条件中取得妥协。《教师教育研究手册》列举了实验和准实验、相关、调查、案例研究、人种志、历史和哲学研究等具体方法，对每种方法分别从目的、假设、优缺点等几方面加以探讨，并给出了实例。例如，实验法起源于自然科学，是量化研究的原型。实验法常用于微观水平，需要界定清晰的、具体的概念，与短期的干预、有限的短期的效果相联系。随机实验对条件的要求最为苛刻，在现实的教育场景中几乎无法实现，这也是它的致命弱点。①《教育中的科学研究》尽管试图倡导多样的研究方式，但是仍然把实验研究置于所有研究方法之上，这遭到了广泛的质疑。

研究者要同时考虑问题、目的、背景和所选用的方法，这可能是个持续不断的过程。这种对研究整体性的要求，不是降低研究质量的借口，它要求研究者认真评估环境，选择尽可能严格的方法来进行研究。当然这一评估

---

① Lee O. and Yarger S. J. Modes of Inquiry in Research on Teacher Education. John Sikula, Thomas Buttery, Edith Guyton. ed. Handbook of Research on Teacher Education. 2nd ed. New York: Macmillan Library Reference, 1996. pp. 15,20

过程一方面要考虑代价，一方面要考虑可能的结果。① 这是一个可能性与现实性之间的平衡过程。

对于量化研究与解释性研究的兼容性问题，芬斯特马赫进行了清晰的论证。在 2002 年第 3 期的《教师教育杂志》中，在本章开篇介绍的两项研究之后，芬斯特马赫发表了自己的观点。他认为这两篇文章之间的对立可以化解，甚至可以转化为兼容性的。芬斯特马赫指出政策制定者可能常常出于自身利益来窄化研究，也就是说这种研究范式之间的对立和冲突，其中包含一定的政策因素，并不完全来自研究范式自身。让正规大样本社会科学研究和解释性、叙事性研究各自找到自己的适当位置，使二者和谐共存，这是可能的，也更加重要。②

大样本社会科学研究常常被批评为缺乏情境敏感性、忽略参与者的意图、脱离自然情境。这也是一些研究者喜欢作对话性、情境性、解释性、多重声音的叙事研究的原因。

大样本研究为了获得高水平的证据和解释力，往往要转化所研究场景的特征——简化真实场景(如分割变量以便分析、排除其他重要变量等)，对真实场景进行人为加工(例如随机分派实验组和对照组)，保持真实世界中往往不存在的稳定性(例如保持所研究情境特定特征不变)。若非如此，大样本研究不可能获得必要的变量控制水平来预测其关系。因此作这样的研究，情境、复杂性和意向性通常必须要牺牲掉。不过这并不是此类研究最大的缺陷。

更常出现的问题是，粗暴地把研究发现用于被认为与研究所发生的场景相似的真实场景。当某些场景和个人的关键方面被排除(或控制)以获得可证实性、可推广性时，就必须在某种程度上歪曲场景和参与者。芬斯特马赫相信这就是威廉·詹姆斯所说的教育者“会犯很大的错误，如果把心理学——心灵规律的科学当做可以演绎出直接在课堂中应用明确的程序、方

---

① Lee O. and Yarger S. J. Modes of Inquiry in Research on Teacher Education. John Sikula, Thomas Buttery, Edith Guyton. ed. Handbook of Research on Teacher Education. 2nd ed. New York: Macmillan Library Reference, 1996. p. 18

② Fenstermacher G. D. A Commentary on Research that Serves Teacher Education. Journal of Teacher Education, 2002, 53(3): pp. 242～244

案、途径的话”①。他认为，中介性的有创意的头脑在应用过程中很重要。这样的头脑会通过实践的、辩论的或案例的推理形式把研究带进实践情境，从而恢复了意向性、情境敏感性和复杂性。就像冻干食品，在冷冻过程中食物的重要成分损失掉了，在吃之前要重新复原，否则只能对研究结果生搬硬套、生吞活剥。

许多大样本研究都“冻干”了真实的、充满活力的、处于复杂学校场景中的师生生活，以达到可证实的水平和解释力。基于案例的推理和实践性的辩论是复原这些研究的途径。在这个过程中，情境性、解释性研究能够有效地帮助实践者复原“冻干”的大样本研究结果。

“我们不能从科学知识出发来判断叙述知识的存在和价值，反过来做也不行：这两处的相关标准是不一样的。说到底，我们也许只需赞叹话语种类的繁多就够，就像赞叹动植物种类的繁多一样。”②这样一种宽容的态度，对相对处于弱势的解释性研究来说是很必要的。但是对于钟爱这种方式的研究者来说，在方法论层面的认真探索、在研究过程中的严格要求，对于它的生存发展更为重要。

除经验研究内部的互补性外，经验研究与思辨研究之间也是互补的、相互哺育的。布迪厄说：“观察技术和证明技术的复杂性，如果不伴随加倍的理论警醒，就很可能使我们看到的东西越来越少。”当然他们并不是要否定观察和证明技术本身，而是强调技术不能脱离理论，经验研究不能脱离思辨的规范与批评。布迪厄坚持认为，每一项研究都同时既是经验性的（它面对的是由可观察的现象组成的世界），又是思辨性、理论性的（它必须构思有关现象所具有的根本关系结构的假设，而这些关系结构正是各种观察所欲加以把握的对象）。③

教师教育研究具有自己独特的理论与实践问题。量的研究和质的研究传统都过分强调收集现象的经验数据，而对理论和概念基础的说明和批判则重视不够。这个问题在应用定向的研究中普遍存在。因为应用研究的主

① James W. Talks to Teachers. New York: Norton, 1958. p. 23 转引自 Fenstermacher G. D. A Commentary on Research that Serves Teacher Education. Journal of Teacher Education, 2002, 53(3): p. 244

② [法]利奥塔尔. 后现代状态. 车槿山译. 上海：三联书店，1997. 56 页

③ [法]布迪厄，[美]华康德. 实践与反思. 李猛，李康译. 北京：中央编译出版社，1998. 31，37 页

要兴趣是找到起作用的要素是什么和如何起作用，而不是探讨为什么起作用。在面临紧急状况时更是如此。为了让教师教育研究成熟起来，思辨研究特别是理论发展应该伴随实证研究和方法论的进展。①

结合前面两节的相关内容，可以概括地说：实验方法对清晰因果关系的追寻，解释性研究对情境和人的内心世界的关注，规范和批判性研究对价值、对公平正义的强调，共同成为教师教育研究的资源。

（二）一位资深学者研究经历的启示：从轻视结果到过程结果并重②

卡内基基金会促进教学委员会主席舒尔曼回顾了自己30多年的研究生涯：他作了一系列研究项目，积累了有意义的知识基础，对政策和许多研究领域产生了持续的影响。他由此认为，需要思考广泛的学术项目，其中包括各种类型的研究，才能从教学研究中获取最大的价值。

舒尔曼等人于1975年成立了美国教学研究会（Institute for Research on Teaching，IRT），其研究基础在于对当时流行的过程—结果教学研究的批评。他们认为该模式是行为主义的、简单化的、过度强调把标准化测验的成绩作为教育质量的指示器。事实上，过程—结果研究的领导者像盖吉和布莱克·罗森舍因（Barak Rosenshine），抱怨批评者是把教学不必要地复杂化了，因为科学过程的特征是不断简化而不是复杂化。而且，如果教学研究要对政策制定者产生影响，就需要简单清晰，与学生成绩这个明了的指示器紧密相关。过程—结果传统并非没有道德意味——作为教师的最基本义务就是学生和学习，研究教学而不考虑学生就是无道德的自我放任。

舒尔曼在20世纪六七十年代开始从事医学问题解决方面的工作，随后研究教学作为信息加工过程，这是教学研究会的职责。他们从事的一系列关于教师知识发展的研究，特别提出了“学科教学知识”的概念，这被吸纳进当时还处在婴儿期的全美教学专业标准委员会（NBPTS）的教师评估项目中。NBPTS自身对其标准和评估效度的研究是2000年进行的。这段关于历史的简要叙述有助于说明，舒尔曼关于研究项目的价值概念是随所从事

① Lee O. and Yarger S. J. Modes of Inquiry in Research on Teacher Education. John Sikula, Thomas Buttery, Edith Guyton. ed. Handbook of Research on Teacher Education. 2nd ed. New York: Macmillan Library Reference, 1996. p. 18

② Shulman L. S. Truth and Consequences? Inquiry and Policy in Research on Teacher Education. Journal of Teacher Education, 2002, 53(3): pp. 248～253

研究的类型和机构不同而变化的，用达尔文式的观点回顾，这是一种适应性策略。(具体过程见附录6-5)

从几十年关于教学与教师教育研究的回顾中，舒尔曼得出了这样一些结论：

(1) 不再需要更多研究来比较既有教师教育与有缺失的项目，这不值得研究。如果政策制定者继续坚持要这类研究，就忽略他们。不值得从事的研究不能通过元分析来得到改进。需要另外的研究来比较有意义的、可信的、可选择的设计。要记住克龙巴赫(Cronbach)曾警示的，如果你想比较骆驼和马，那就拿你能找到的最好的骆驼和最好的马来比较。别找来两头骆驼，把其中一头的驼峰砍掉。

(2) 大范围概括教师教育有效性似乎不可能从经验研究得出。但是，这并不意味着否定好仪器、细致的测量、深入忠实的人类学描述、仔细的推理论证的重要性。地方性知识像经典科学研究一样需要精致。正如吉尔茨(Geertz)所言，完全消毒是不可能的，但这并不意味着在外科手术时就该用缝衣针。

(3) 同行评议杂志不再是研究价值的有意义的指标。许多重要的工作以文集和报告的形式出版，越来越多地出现在互联网上。许多重要杂志，如《哈佛教育评论》从不进行同行评议。因此，需要开发新的机制来保证教学研究的质量。

(4) 需要整合下述特征的研究项目：实践智慧，可能的愿景，工具开发，能识别学习机会与教师能力变化之间联系、学生学习与发展之间联系的项目和工具。

(5) 只要可能，教师学习的研究应该以持续的教师教育项目为基础，以准实验设计开展。

舒尔曼最后说，如果教师教育研究要起重要作用，研究者必须作出新的学术承诺：长期的学术项目，根植于持续的教师教育项目，尽可能与学生学习联系起来。如果希望生活在被教学和教师教育的光亮所照耀的社会，就需要寻找那些为教师、学生、社会带来真正结果的真理，去寻找途径照亮许多黑暗角落。

(三) 研究是一种交流性的活动

尽管从口头上很少有人会反对多元方法论，但是实际上，由于个人学术偏好、外部压力等因素的影响，能真正奉行多元方法论的就会少得多。因为教师教育是一个应用领域，研究者来自各学科，包括心理学、社会学、人类学、历史学、哲学、经济学和政治学等。研究者不仅带来一系列研究计划和方法，也带来了其所在学科的世界观或研究视角。人类学家往往不喜欢量的方法，实验心理学家则不喜欢质的方法，他们使用的术语也不同。不同的学科背景、不同的研究视角和兴趣导致对这种状况的不同看法：有人认为，这种多样性很有价值，因为它能提供多样的探究路径、多样的发现或解释；有人则认为，这种状况起了副作用，阻碍了沟通，对教师教育共同体中的主导者带来挑战，并哀叹教育研究共同体中有太多的争吵。① 陶恩承认确实存在争吵，但是她认为，研究者就是受过训练的有怀疑精神的观察者和提问者，这就是他们的工作。因此，批评他人的发现并试图使其有意义，表明科学事业是健康的，而不是它的失败。这也是把不同领域和学科的科学探究连接起来的基本原则。②

正如前文已经提到的，仅仅关注与紧迫问题直接相关的、由强大的研究的消费者和捐助人建立的区域，从而导致研究范围狭窄化的趋势，在当前十分明显。③

莫斯分析道，在《教育中的科学研究》报告中，对科学的同质性的强调至少在两处表达出来(pp. 13，50)，但是可选择的状态(那些反对同一的科学观)既没有被清晰描述，也没有被反驳。因此，通过确信“科学探究在所有领域中是一样的”(p. 2)，报告冒险表达了同一的社会科学观。尽管从表面看，报告主张多种方法的共存。《教育中的科学研究》提倡教育研究者共同体的自我反思。但是，它本身对社会科学带有偏爱的观点和对科学的同一性的强调，结果可能限制了作者非常看重的自我反思能力。莫斯认为，如果说在社会科学的多种哲学中有一个共鸣的主题的话，那就是遭遇多种视角、试图说明在特定研究共同体中想当然的东西，以及限制我们理解世界的东西(例

---

① Lee O. and Yarger S. J. Modes of Inquiry in Research on Teacher Education. John Sikula, Thomas Buttery, Edith Guyton. ed. Handbook of Research on Teacher Education. 2nd ed. New York: Macmillan Library Reference, 1996. p. 19

② Feuer M. & Towne L. The Logical and the Basic Principles of Scientific Bases Research[J/OL]. [2006 — 12 — 15]. http://www.ed.gov/nclb/methods/whatworks/researcj/page_pg4.html

③ Florio-Ruan S. More Light: An Argument for Complexity in Studies of Teaching and Teacher Education. Journal of Teacher Education, 2002,53(3):p. 206

如，伯恩斯坦、伽达默尔、霍伊等）。① 通过遭遇不同视角，才能意识到“我们不知道我们已有的问题”，想象事情如何可能是其他的样子。按照伯恩斯坦等人的观点，严格的社会科学方法必须不断寻求这些挑战。

为了开阔视野，一些研究者已经对教学和教师教育的研究放宽了视野，广泛汲取文学、文学评论、政治理论、历史和社会分析的养分，并欢迎各种参与者之间的批判性对话，从家长到政客、新教师到政策制定者、儿童到管理人员。②

《教育研究评论》当时的新任编辑格劳等认为，所缺少的声音不是方法的同质性；只要求包含更多的人种志方法或要求对包容性原则作出解释是远远不够的，关键是要形成一种欢迎讨论和交流的文化，人们才可能用一种全新的方式来思考他们的工作。因此，他们在自己编辑的第一期杂志上发出号召：《教育研究评论》是对该领域已经发表的作品进行评论的一个论坛，该领域的学者有着不同的研究传统。一篇评论并不是对某个教育问题的最终回答，它是对某个问题的多角度探讨。正因如此，他们邀请各方专家，提出教育问题，提交对教育文献及理论进行整合、分析以及评论的作品。

在《教师教育杂志》的讨论中，格劳等明确提出：研究是一种交流性的活动，它只是很长的会谈中的一个部分，研究是用以回应对某种号召的理解。但正如每天日常生活中的会谈一样，这些讨论被一些信息占有者操控了。如果你不是这个圈子里的一分子，是很难进入其中的，而且在一个相同的老的群体里，新的话语方式是很难产生的。对于教师教育抑或其他的领域，对研究的讨论需要更自觉地考虑到：研究如何将人们领进新的会谈，研究怎样限制人们的谈话对象和所知道的东西。③

正如莫斯所说，希望能为富有思想但观点片面的《教育中的科学研究》报告，提供至关紧要的反面的平衡。希望都从对方的视角那里学习，从长远观点看，希望对话的双方能一起工作，去找到对政策制定者和研究者有用的途径，据此判断是什么组成了合理的有价值的研究。莫斯相信，这种持续对

---

① Moss P. Toward “Epistemic Reflexivity” in Educational Research: A Response to Scientific Research in Education. Teachers College Record, 2005,107(1):pp. 21,23

② Florio-Ruan S. More Light: An Argument for Complexity in Studies of Teaching and Teacher Education. Journal of Teacher Education, 2002,53(3):p. 211

③ Elizabeth Graue, Carl Grant. Question, Calls and Conversations for Researchers in Teacher Education. Journal of Teacher Education, 2002,53(3):268～272

话对于教育研究共同体的长远发展以及其工作的质量和有用性是必要的。①

需要特别注意的是，对话特别是对对方的批评要以了解对方为前提。例如，菲利普斯认为经验的教育研究没有得到教育哲学家很好的对待。教育哲学家提出了各种批评，从琐碎、价值不高、概念混淆到经验研究不可能研究规范过程。但是，许多批评缺乏对具体实例的学术性的检视。如果哲学家更多关注真实案例，教育哲学和经验就都能获益。菲利普斯参照科学哲学著作，建议对教育研究进行哲学分析时要深入，熟悉相关具体研究，特别是影响大的、甚至作为范例的研究，不能只是出于自己的构想，也不能仅仅根据作得不好的研究作出批评。②

除了与他人对话，自我反思和对话同样重要。柯兰-史密斯认为，站在一个大的系统中的公共知识分子的立场上来质疑这个系统，是所有的学者和更大的教师教育团体的一部分责任。当然，批评的同时也意味着仍然在这个系统中继续工作。③

（四）加强元研究

随着各类研究的开展，积累的研究资料越来越丰富。有学者开始运用元研究的方法对既有研究加以整合。通过元研究对已经进行的某类研究加以整合、评论，有利于总结积累经验，找到不足，明确方向。威尔逊等人的研究就是如此。再例如伊丽莎白·海斯·莱斯（Elisabeth Hess Rice）曾对1990—1998年专业发展学校合作关系方面的64项人种志研究进行了元研究。每个单项的研究能抓住具体学校的独特性和情境性，而元研究则试图把每个案例研究的深度和丰富性转化为一般性概念。作者概括出专业发展学校合作过程的四大维度：情境、结构、过程、关系。每个维度又细分为若干主题，例如，情境维度中的主题一是合作意向缺乏，揭示出由于相关工作太耗费时间、缺乏高质量督导教师等原因使得相关人员缺乏合作意向；主题三是资金的困难。结构维度的主题四揭示出缺乏制度化的问题（即大学与中

① Moss P. Toward "Epistemic Reflexivity" in Educational Research: A Response to Scientific Research in Education. Teachers College Record, 2005,107(1):p. 27

② Phillips D. C. The Contested Nature of Empirical Educational Research (and Why Philosophy of Education Offers Little Help). Journal of Philosophy of Education, 2005, 39(4):pp. 577,582

③ Cochran-Smith M. Thirty Editorials Later—Signing off as Editor. Journal of Teacher Education, 2006,57 (2):p. 101

小学之间的新组织往往缺乏相应规则)。

作者在研究的基础上提出了针对性的建议,如:在合作态度上是邀请而不是命令;将专业发展学校的结构正式化(书面文书、交流过程正式化);通过非正式见面、聚会加深感情和信任;在合作之初通过会议等形式加强沟通,建立共同愿景等等。① 这项研究对理解相关问题带来许多启发,使得认识更全面、深入、具体、清晰。

在已有质的研究基础上所作的元研究在具体和抽象、特殊和一般之间架起了桥梁,既寻求所研究问题的一般框架,又呈现具体、鲜活的实践场景和独特、细腻的内心感受。从众多具体场景中概括出有普遍性的问题、特征和解决策略,既具有启发性又具有可读性,能对读者产生强烈的触动。这也是解决质的研究可推广性问题的有力途径。对于量的研究而言,元研究也具有类似功效。

二、教师成为研究者②

教师教育和教师教育研究都关涉教师,这是不言自明的。但是进一步追问一下:这种"关涉"究竟是怎样一种关系呢?答案就不那么显而易见了。这里关心的就是这样一些问题:教师与研究曾经是什么样的关系,又应该是什么样的关系呢?教师仅仅是研究的对象、信息提供者或者研究成果的消费者和使用者,还是可以成为合作研究者,甚至是独立研究者?教师是否有必要从事研究,能否从事研究?教师成为研究者能带来些什么?

(一) 教师与研究的疏离状态

1. 表现

"教师成为研究者"的观点并不是新出现的。早在 1908 年就出现了这方

① Rice E. H. The Collaboration Process in Professional Development Schools: Results of a Meta-Ethnography, 1990—1998. Journal of Teacher Education, 2002,53(1):pp. 55～67

② Henson K. T. Teachers as Researchers. John Sikula, Thomas Buttery, Edith Guyton. ed. Handbook of Research on Teacher Education. 2nd ed. Newyork: Macmillan Library Reference, 1996. pp. 53～64

面的努力，两年后这一说法就出现在专业杂志的标题中。① 正如奥尔森(M. W. Olson)所说："在20世纪早期教师就被看做识别教育中存在的问题的人。而且，教师还有责任探究这些问题的解决，尽管这种举动不被称为研究。"② 但是必须看到，即使教师被鼓励从事研究，其类型和水平在20世纪前半期还是很有限。

事实上，教师不是研究者的观念更普遍、更深入人心、更被视为天经地义。人们通常认为，教师是实践者、行动者，教师和研究者是生活在两个不同世界中的人。教师与大学研究者看待研究的方式存在明显不同，这种分离造成了双方合作的困难。阿特金(Myron Atkin)描述了这一问题："教师……很少参与系统地探究教育问题。结果，教师与研究者之间在理解学校方面存在很大的鸿沟，许多教师和管理者相信，教育研究与己无关甚至是导向错误的。"③教师往往只在下面两种情况下与研究相关。

一种情况是，教师充当研究对象，或者表面地参与研究。外部人员提出问题，教师往往只帮助收集数据，这种模式20世纪30年代就存在。阿特金这样描述这个问题："调查者观察教师，但是仅仅当教师做了研究者认为重要或感兴趣的事情时才观察。这种情况占据着教育研究的主流。"④在这种情况下，教师往往连研究结果都看不到。

第二种情况是，教师被看做研究结果的接受者、使用者、消费者。但是，事实上，很多关注教师决策基础的研究发现，教师往往忽略研究而高估个人

---

① Bagley W. C. Bell J. C. et al. ed. Journal of Educational Psychology, 1910, 1(1), pp. 1～3 转引自 Henson K. T. Teachers as Researchers. John Sikula, Thomas Buttery, Edith Guyton. ed. Handbook of Research on Teacher Education. 2nd ed. Newyork: Macmillan Library Reference, 1996. p. 54

② Olson M. W. The Teacher as Researcher: A Historical Perspective 转引自 Henson K. T. Teachers as Researchers. John Sikula, Thomas Buttery, Edith Guyton. ed. Handbook of Research on Teacher Education. 2nd ed. Newyork: Macmillan Library Reference, 1996. p. 54

③ Atkin J. M. Can Educational Research Keep Pace with Education Reform? 转引自 Henson K. T. Teachers as Researchers. John Sikula, Thomas Buttery, Edith Guyton. ed. Handbook of Research on Teacher Education. 2nd ed. Newyork: Macmillan Library Reference, 1996. p. 54

④ Atkin J. M. Can Educational Research Keep Pace with Education Reform? 转引自 Henson K. T. Teachers as Researchers. John Sikula, Thomas Buttery, Edith Guyton. ed. Handbook of Research on Teacher Education. 2nd ed. Newyork: Macmillan Library Reference, 1996. p. 59

经验的价值。马歇尔(Marshall,1991)问教师他们决策的理由时,他们的回答是:“我的老师是这么教我的”;“我自己就是这么学的”;“这是完成教学内容的最简便的方法”等。① 哈斯蒂(Hastie,1992)报告说,大学研究者认为,教师不关注当前研究信息,他们认为研究者提供的信息很难迁移到教学情境中,或研究者的题目太理论化或者太表面化,根本不重要。教师关注的是行动、具体的知识和在真实世界中工作的能力等话题。②

2. 原因

从历史上看,教师不从事研究或从事研究的水平很低,表现出与研究的疏离状态。对于造成这种状况的原因,亨森列举了这样几点:(1) 先前的培训项目没有要求师范生从事研究。(2) 教师参与研究的主要障碍是教师的时间安排。简单地说,教师有太多的责任,几乎没有时间作研究,也没有几位教师把教学看做需要规划的事情。(3) 教师与研究者之间的文化差异。库班(1992)把教师和研究者之间的区别归因于其日常生活文化的差别。教师的世界更具体。例如,研究者满足于探究可能性,而教师总是提出排除不确定性的问题,例如“产品应该是什么样?”“通过合作能得到什么?”“具体的操作步骤是什么?”因此,教师往往是不情愿的研究主体。即使教师参与了,在研究结果中也很少甚至没有声音。③

吉特琳(Gitlin)等从知识合法性这一长期争论的问题的角度,分析了研究者与教师之间兴趣对立的根源,以及教师的声音往往不被听到的原因。这里关涉的基本问题是:谁应被当做专家?什么是合法的知识?通常的答案是,大学的研究者是专家,复杂的统计知识和研究方法以及由此得到的研

① Marshall C. Teacher's Learning Styles: How They Affect Student Learning 转引自 Henson K. T. Teachers as Researchers. John Sikula, Thomas Buttery, Edith Guyton. ed. Handbook of Research on Teacher Education. 2nd ed. Newyork: Macmillan Library Reference, 1996. p. 54

② Hastie P. A. Prospects for Collaboration between Teachers and Researchers 转引自 Henson K. T. Teachers as Researchers. John Sikula, Thomas Buttery, Edith Guyton. ed. Handbook of Research on Teacher Education. 2nd ed. Newyork: Macmillan Library Reference, 1996. p. 54

③ Cuban L. Managing Dilemmas while Building Professional Communities 转引自 Henson K. T. Teachers as Researchers. John Sikula, Thomas Buttery, Edith Guyton. ed. Handbook of Research on Teacher Education. 2nd ed. Newyork: Macmillan Library Reference, 1996. p. 55

究知识是合法的。教师常常不被当做专家,因为他们把知识建立在较低层级的经验基础上。这样的等级划分,使得教师从客观上很少有机会接触研究知识,从主观上也排斥研究知识。①

3. 损失

教师与研究的疏离状态带来一系列问题,造成了许多损失。其核心在于教师越来越被看做官僚体制上的齿轮而不是专业的实践工作者,这切断了研究结果、政策与教育实践之间的桥梁,造成了沟通不畅,严重影响了所有这些方面的发展,导致整个系统巨大的资源浪费。教师是整个教育事业各种力量的汇聚点。离开了教师的参与,特别是自愿的、主动的参与,前文所讨论的"执行问题"就无法解决,进而无论多么美好的理论和政策蓝图都无法实现。

这种损失具体表现在这样几方面:

(1) 教师对研究结果不了解、不理解或抵触,很难应用于实践中;即使知道的研究知识也很少用于课堂。教师对政策的态度与对研究结果的态度相似。从20世纪60年代开始,大多数重要的学校变革都来自政府立法的推动,被称为"防教师"的改革。这样的改革因为缺乏教师的主动参与和认同,达不到所期望的效果。而许多教育者认为如果期望的变革要有效实施,教师必须参与计划。只有这样教师才能了解、理解政策,产生内部动机,这比外部强制更有力,也更人道。

(2) 切断了教育研究与理论的重要源头——教育实践。漠视实践知识的合法性,使得教育研究包括教师教育研究成为空中楼阁,只能获取一些表面的信息,无法深入到具体、复杂的实践内部,削弱了对教育的理解。

(3) 抑制了教师的探究能力,把教师局限在应用已有的研究成果上。白伦(Bellon)等把教师无法发展出有效教学策略,归因于缺乏适当机会去发展适当的研究知识基础。②

(4) 也许最根本的是,在合法知识的名义下,把实践者置于较低等级,教师的权利和权力被漠视,损害了平等观念和有思考能力的人的尊严。

---

① Gitlin A. et al. Teachers' Voices for School Change: An Introduction to Educative Research. London: Routledge, 1992. pp. 1~2

② Bellon J. J. et al. Teaching from a Research Knowledge Base. New York: Merrill 转引自 Henson K. T. Teachers as Researchers. John Sikula, Thomas Buttery, Edith Guyton. ed. Handbook of Research on Teacher Education. 2nd ed. Newyork: Macmillan Library Reference, 1996. p. 54

(二) 教师应该成为研究主体

教师不是研究者，这是一种习以为常的状态，但是它却造成巨大的损失。也许正因如此，历史上让教师成为研究者的努力也不断出现。20 世纪 20 年代，教师从事研究在进步教育等几方面推动下得到加速；50 年代，柯利(Corey)等呼吁教师成为自己课堂的研究者。教师成为研究者在某种程度上"是进步教育立场的直接和逻辑的产物。在让儿童学会如何为解决问题而共同活动之后，接下来便是让教师也采用他们曾教给儿童的那种方法，学会如何共同有效地解决自身的问题"①。正因为教师成为研究者有着与进步教育相同的思想基础，这就难怪它在教育领域的兴衰与进步教育的起落几乎是同步的。在当今保守主义势力占上风的情况下，对教师成为研究者的呼声是处于比较微弱的状态的。越是在这样的时候，认识"教师成为研究者"的涵义、贡献和实现条件，就越显得必要。

1. 涵义

与教师教育研究本身的多样性相似，"教师成为研究者"的涵义也不是统一的。赖特和柯兰-史密斯将其界定为"教师所从事的系统、有目的的探究"②。麦克柯南(McKernan)认为，教师成为研究者意味着严格检视自己的实践，这是专业发展的基础。③ 还有的学者使用不同的措辞，试图表达或强调特定的方面。例如，吉特林(Gitlin)等用"教育性研究"试图提高参与者对教育世界的理解，以及他们对那个世界起作用的能力，同时也体现自己作为会思考的人的尊严。④ 更多学者把教师成为研究者与行动研究等同，认为这是教师发现实践中的问题、加以系统探究和解决的过程。

所有这些主张都与仅仅把教师作为信息提供者的模式不同，强调教师成为从事研究的自愿、主动的主体。这样的研究往往由教师在自己的课堂

---

① Cohen L. & Manion. Research Method in Education. London: Rout ledge, 1995. p. 188

② Lytle S. L. & Cochran-Smith. Learned from Teacher Research: A Working Typology. Teachers College Record, 1990, 92(1): pp. 83～103

③ McKernan J. Teachers as Researcher: Paradigm and Praxis. Contemporary Education, 1998, 59(3): pp. 154～158 转引自 Henson K. T. Teachers as Researchers. John Sikula, Thomas Buttery, Edith Guyton. ed. Handbook of Research on Teacher Education. 2nd ed. New York: Macmillan Library Reference, 1996. p. 53

④ Gitlin A. et al. Teachers' Voices for School Change: An Introduction to Educative Research. London: Routledge, 1992. p. 8

中开展，针对自己教学和管理实践中的问题及时进行反馈。

教师从事研究往往涉及合作问题。尽管不是所有教师参与的研究都要与大学或其他机构合作，但是大多数需要合作，而且合作对象最多的是大学。

教育改革正在扩展教师角色。例如：基于情境的决策要求教师成为主动的问题解决者；对问责的强调要求教师具有高水平的自信；许多学区要求教师选择并运用经过研究证实的实践做法；教师必须运用当前知识基础来调整自己的教学策略和方法。从事研究是达成这些目标的绝好的途径。

2. 贡献

与教师在研究中缺席或疏离导致的问题相对，教师成为研究者打通了研究、理论、实践、政策间的壁垒，使得所有这些方面从中受益。

(1) 研究成果和政策的执行问题得到一定程度的解决。首先，教师自己从事研究得到的结果，在了解程度和应用意愿上高于他人的成果①；其次，教师从事研究必然要关注和参考他人研究成果，这也会提升其了解他人研究成果的程度和应用意愿。亨森说，考虑到教师对学生学习的重要影响，教师必须跟上教学领域的最新发展，需要深入理解内容领域的重要概念。这些可以通过教师从事行动研究来做到。近年，教学研究的扩展使得研究成果对于教师更重要。白伦等发现："大多数能干的教师不希望仅仅得到简单的旨在提高效果的处方。他们知道教学是复杂的过程，具有很强的情境性。成功的教师想拥有广阔的知识基础来帮助自己作出最合适的教学决策。"②同样，教师从事研究能改善其对待政策的态度，即在理解政策合理性的基础上，批判地对待，既不盲目遵从，也不盲目拒斥。

(2) 教师教育研究找回了自己的实践根基，更能够深入到真实的教育实践之中去开展研究，使得研究获得了不竭的源泉和动力。教师通过系统地探究自己所从事的实践，既丰富了研究成果，也有助于应对充满不确定性和模糊性的教育实践。这与下面两点密切联系。

① 鞠玉翠. 行动研究何以联结教育理论与实践. 济南：山东教育科研. 2002，7页

② Bellon J. J. et al. Teaching from a Research Knowledge Base. New York: Merrill 转引自 Henson K. T. Teachers as Researchers. John Sikula, Thomas Buttery, Edith Guyton. ed. Handbook of Research on Teacher Education. 2nd ed. Newyork: Macmillan Library Reference, 1996. p. 54

(3) 促进教师自身的成长。亨森概括了诸多研究者的观点:当教师真正参与进研究,会获得几方面的利益:促进不断学习,在本领域中见多识广,对于自己做事情的理由具有更深入的理解,对自己的选择行为作出更好的准备,对自己和研究的感受更积极、更自信;增强教师的自我效能,使教师对自己的教学更具有反思性、分析性和批判性,提高教师的问题解决技能等。通过监控和评估参与研究的教师的行为,贝内特报告说:"教师研究者认为自己……比最初开始研究时更见多识广。他们现在把自己看做自己领域的专家,是更好的问题解决者和更有效的教师,对教育有更新鲜的态度。"①教师叙事、日志、档案袋是帮助教师反思自己教学实践的有力途径。尽管存在对其合法性的警告和关注,教师和教师教育者的个人传记已经获得了教育研究共同体的接纳。随着叙事探究的大量使用,过去处于沉默状态的教师们现在热衷于将自己的观点与研究者分享,教师们用自己的话语讲自己的故事。教师作为研究者已经被教育共同体看做教师成长和专业发展的方式。②总之,教师从事研究超越了单纯依靠经验积累去发展自身的模式,教师因此得到成长,教育也因此发生改变。

(4) 参与研究使教师成为独立的明智的思考者、决策者,这使得教师真正地被赋权。正如吉特琳等所说,由于只有当所有的参与者都有说话的机会的时候,互惠关系才有可能实现,所以建立这种关系的一个重要部分就是发出声音。在这个过程中,沉默的教师发出自己的声音,认识到自己不仅可以接纳知识,还可以创造知识,看到自己所熟悉的实践知识的价值和局限(p. 182)。一位参与教育性研究的教师凯西逐渐意识到,一成不变的学校结构的长寿性,部分是由于老师不能找到可替代的方式,因此,他们乐意接受现状(p. 23)。而研究则不断质疑那些被视为理所当然的事情,寻求其他可能的视角。另外,与其他过分强调理解的方法论有所不同,教育性研究试图将理

① Bennett C. K. Teacher-researchers: All Dressed up and No Place to Go 转引自 Henson K T. Teachers as Researchers. John Sikula, Thomas Buttery, Edith Guyton. ed. Handbook of Research on Teacher Education. 2nd ed. New York: Macmillan Library Reference, 1996. p. 55

② Lytle S. L. & Cochran-Smith. Learned from Teacher Research: A Working Typology. Teachers College Record, 1990, 92(1): pp. 83～103

解与那些参与学校实践层面探究过程的人的行动连接起来(p. 184)。① 研究的过程就是导致变化的过程。

教师成为研究者被认为是一种富有生命力的发展方向，仅仅研究课堂是不够的，要由教师来研究课堂。

3. 条件

教师成为研究者能带来许多益处。但是要把这一切变成现实，是需要条件的。联系教师教育实践的自我研究小组(Self-study of Teacher Education Practices)的体会，不难看到教师从事研究的困难：仅仅有一部分教师教育者，往往是那些在会议上广为人知的人，处于以研究为主的大学中。在那里，他们能将大部分精力集中在研究上。教师教育者中的大多数还是常规地与师范生一起在常规程序或课程结构中工作。也就是说，即使是教师教育者，要从事研究也不是容易的事情，天天与中小学生在一起的教师，状况更不容乐观。

对于大多数希望参与研究的教师来说，一个主要障碍是时间。亨森建议减少教师的教学时数，使他们有时间从事研究。第二个障碍是缺乏信心。许多教师认为自己没有研究能力和统计技能。一些教育者认为这更是认识上的问题而不是真实的问题。因为教师从事研究并不必然要求复杂的统计技能。第三，一些教师处于不支持研究的环境中，教师在合作关系中往往有低人一等的感觉。

吉尔(Gill)列举了下列使合作成功的条件：(1) 充分的专业发展，包括充足的知识基础和足够的时间；(2) 来自教师群体的支持；(3) 可信的领导团队；(4) 学校管理者的支持——精神的和物质的；(5) 理解新实践的人(如专业研究者)的持续支持；(6) 有规则的反思和问题解决的机会；(7) 运用新途径，从传统评价和测试中解脱出来等。②

在各种促使合作研究成功的条件中，吉特琳等强调合作中互惠与平等的重要性：所有的参与者在制定议程或论题中都有发言权，并且他们都可能

---

① Gitlin A. et al. Teachers' Voices for School Change: An Introduction to Educative Research. London: Routledge, 1992. pp. 182, 184

② Gill A. J. Thinking Mathematics. Educational Leadership, 1993, 50(6): pp. 40～41 转引自 Henson K. T. Teachers as Researchers. John Sikula, Thomas Buttery, Edith Guyton. ed. Handbook of Research on Teacher Education. 2nd ed. New York: Macmillan Library Reference, 1996. p. 60

从这样的经历中受益或学习。这意味着反对仅仅把教师当做研究对象，或把教师置于低人一等的状态(p. 7)，向合作团体内和教师与学者之间的等级差异提出挑战。

向等级制度挑战的根本是要进一步向更深层的专业知识的狭隘标准提出挑战，力图恢复实践知识的合法性，让教师得到公平的社会资源(p. 6)。如果反对这种等级制度，鼓励教育性团体的发展，重视合法知识和专家概念的多样性，这会消解传统的对专家的看法，从而避免使某一部分人获得更多机会和共同体资源的不平等的份额(pp. 1～2)。当然，需要说明的是，在向这些夸大的差异进行挑战的过程中，并不是要消除一切差异，不是迫使所有的教师变成相同的模子；而是尽力鼓励和重视真正的差异，欢迎一个更加多变、更大范围的关于什么是合法知识的观念，该观念准许那些沉默的教师进入政策辩论中(p. 7)。① 这就打破了关于教学的知识是由学科研究者生产出来，被教师应用去改进他们实践的神话。

也就是说，除了时间等资源外，更隐蔽但是也可能更关键的是观念。如果把教师从事研究的过程看做与自己对话、与同行对话的过程，就能激发教师的自我反思，更多的可能性会随之而展开。

尽管保守势力在窄化教育研究，这也在一定程度上削弱了对教师成为研究者的重视程度，但是，还是有一些积极的努力，给教师成为研究者带来希望。

国际上许多机构中的教师教育者都在致力于实践者的调查和自我研究。美国教育研究协会(AERA)的特殊兴趣小组，由美国、加拿大、澳大利亚等国学者组成的教师教育实践的自我研究小组在过去的十年中吸引了大量的成员，其基本理念就是教师教育者应该致力于对他们自己的表现、传记和假设以及他们的工作对职前教师所产生的影响进行研究和自我批评式的反省。② 这样的活动对于教师成为研究者将会起到积极的促进作用。

许多国家(澳大利亚、西班牙、英国、美国等)的教育研究杂志也开始表现出对教师的友好态度，并作出特别努力来刊登教师研究的文章，而且出现

① Gitlin A. et al. Teachers' Voices for School Change: An Introduction to Educative Research. London: Routledge, 1992. p. 7

② Cochran-Smith M. Taking Stock in 2006—Evidence, Evidence everywhere. Journal of teacher Education, 2006, 57(1): p. 7

了专门的行动研究杂志(例如,Educational Action Research)。现在,校外的教育研究者在报告研究成果时把教师看做研究客体的倾向也开始减弱,而是更倾向于把教师作为参与者、读者和通过研究改善教育的贡献者。①

三、扩大研究对实践和政策的影响

在教师教育领域,研究对实践和政策的影响都很微弱。学者们越来越关注这种现象:各领域公共政策以过时知识、习俗知识和意识形态而不是持续的智慧的探究为基础。② 布迪厄认为,社会科学总是不断地面临各种形式的抵制和监督(来自内部的决不少于来自外部的),威胁着要一点一点蚕食它的专业性和自主性。这种抵制和监督对于生物学或物理学这些发展最为成熟的领域来说,几乎闻所未闻。③ 但是这在学校和教师教育中却尤为突出。州和国家的教育委员会往往更多的由商界和政界领导人而不是由教育界领导和研究者组成。政策制定者常常规定学校中的阅读应该如何教,教师教育课程中应该包括哪些内容。

当今,教师教育的更新被陈旧知识所阻碍。大多数教师教育项目、项目要素、活动都不是来自系统研究的支持,而是来自历史、实践智慧、尝试错误,而且在很大程度上受专业之外的人士如立法者、基金会成员、一般公众的影响。甚至如前所述,许多陈旧的、狭隘的观念就是通过政策传播的。

教师教育共同体已经开始高度关注与立法者、行政人员、出版社和公众的沟通,试图扩大研究对实践和政策的影响。④ 在这个过程中,还是有些具体问题需要回答。例如,教师教育需要知识基础吗,或是依靠常识就够了?这在第五章中已经进行了讨论,可以作出明确的、肯定的回答。这也肯定了研究的必要性。

---

① Kemmis S. "Action Research". Husen, T. ed. The International Encyclopedia of Education, 1994,1:p. 43

② John I. Goodlad. Teacher Education Research: The Outside and the Inside. Journal of Teacher Education, 2002, 53(3):p. 217

③ [法]布迪厄,[美]华康德. 实践与反思. 李猛,李康译. 北京:中央编译出版社,1998. 54 页

④ Lee O. and Yarger S. J. Modes of Inquiry in Research on Teacher Education. John Sikula, Thomas Buttery, Edith Guyton. ed. Handbook of Research on Teacher Education. 2nd ed. New York: Macmillan Library Reference, 1996. p. 34

在此部分准备探讨的主要问题是：什么样的研究能服务于政策制定？这可以从研究类型和水平两方面来讨论。①

先从研究类型来说。政策制定者更愿意寻求什么起作用、什么不起作用的证据，然后按照起作用的因素来设计和完成政策。大样本研究似乎更符合这一要求，在政策制定中也具有特权。但是，当前，无论政策制定者、实践者还是研究者，对大样本研究应用于专业实践的理解还存在差距，特别是用于开放性的意向性系统如学校场景中的师生时。

芬斯特马赫提议政策制定者应该像实践者一样，必须能够运用自己的实践知识解释和重构大样本研究，使其恢复情境性；但是似乎他们既不需要也无兴趣复原(重构)研究发现、概念和理论，使其适应特定实践情境。他们可能会简单命令或把研究结果强加为实践，或者更微妙地把资助从研究结果不支持的实践中转移开。过分详细的强制性政策、规则和法令会比大样本研究对自主性、情境性和专业带来更大危害。

有研究者担心政策制定中的滥用会归咎于大样本研究，因此必须仔细区分滥用和大样本研究自身存在的问题。由于缺乏对这种差异的深刻理解，已经削弱了在实践场景中使大样本研究复原的努力；也减弱了政策制定者对教育性地运用研究的理解，从而妨碍了通过教育使人们获得美好生活的道德诉求的实现。

在这样的情况下，关注解释性研究对政策制定的贡献就显得格外重要。即使当缺乏必要的证据指导政策时，解释性研究也能提供深入的理解：首先是恢复复杂性和原本状态，它能帮助理解特定主体(如管理者或教师)是如何理解其背景，从而使相关人员更深入地理解道德义务、实证证据、个人传记等对计划、意图和实践的影响。这样的理解对于政策的成功制定和实施都很重要，因为它使得政策的正确而敏锐的明确表述成为可能。第二个价值是，尽管解释性研究可能对于形成广泛的政策太过地方化和情境化，但是，它对于指导和提高那些制定、实施和评估政策人的理解力很有作用。如果要理解什么使政策表述成功或失败，或者为什么在某一情境中成功而在另一情境中失败，解释性研究可能非常有作用。第三方面价值是，解释性研究更接近实践，能够获得特定时空的独特视角。许多抽象的社会科学研究

---

① Fenstermacher G. D. A Commentary on Research that Serves Teacher Education. Journal of Teacher Education, 2002,53(3):pp. 244～246

难以获得对人类所在情境的深刻细致的理解。解释性研究则相反，能使相关人感同身受，促使其反思和成长。

除了经验研究，思辨的研究同样不能排除在政策制定者的视线之外，其职责主要是通过不断地批判和建构提供价值反思和导向，不断寻求更加公平、合理的教师教育路向。这对教师教育的健康发展无疑是不可或缺的。历史的经验与教训表明，教师教育本身是复杂多元的，对某类方法的排斥只能减少检视这只黑箱的光源，唯有在对话中完善自己，发挥各自的作用，才能最终照亮黑箱的各个角落。尽管各类研究存在旨趣和技术上的差异，但是，其共同点在于进行了有益的和系统的努力来试图用多角度的光源，通过协同努力一起照亮教师教育的“黑箱”：在有了明确的目标、更多的研究基础和更多的亮光之后，各个层面的实践者和政策制定者就将更好地作出决定而使教师教育得以发展。

无论从事何种类型的研究，对研究质量的要求是研究者共同体和每位研究者都要思考的。对于高质量教育研究标准的更多共识非常关键。艾森哈特说：“我们需要规范研究的原则，需要根据研究问题和设计来区分强的和弱的研究。除非我们能告诉政策制定者和公众对于特定题目什么是好的研究，否则我们将继续面临如何使他们相信我们工作（即使是最好的）价值的困扰。”①

本章开头的两篇文章在研究旨趣和强调的重点上有所不同，但他们的建议都是值得关注的。威尔逊等人的建议是：(1) 要扩大研究的影响，需要更多的教师教育者以读者是教师教育之外人士的杂志为目标。教师教育者的工作需要从同伴，包括圈外同伴，获得认真的批评和更高的可信性；(2) 为了向前推进教师教育者共同的理解，给外部的人接受教师教育者主张和研究（杂志、报告、书籍中的）的理由，需要更多地描述研究设计、收集和分析数据的过程，向公众审查开放；(3) 会博得广大读者尊敬和关注的高质量研究需要多元方法，需要关于探究对象的深入的知识，包括教学和教师教育方面的知识；(4) 培养能运用各种方法和大小样本研究的下一代研究者。弗洛里奥·瑞安

① Eisenhart M. Science Plus：A Response to the Responses to Scientific Research in Education. Teachers College Record，2005，107(1)：p. 58

认为应该抵制的是①:(1) 使不同研究方法相互对立;(2) 仅仅由于与政策要求吻合,而给予某种研究方法以特权;(3) 不加鉴别地接受任何研究方法;(4) 忽视那些强调了解地域性的研究。因此,发挥各种研究的优势、规范研究的程序、针对教师教育的特定问题选择相适宜的方法进行研究、将研究程序和结果向公众的审查开放等,是提升教师教育研究政策影响力所必须关注的。

同时,古得莱得的提醒也很必要:"不管哪个领域的研究者都应该认真对待把研究结果推向街灯以获得政策制定者关注,从而作出一些成效的愿望。从瓶子出来的鬼怪一旦在世俗的智慧中找到了神龛就很难再回去。研究结论一旦变成'真理'就会阻止新知识的进入。今天,教师教育的更新被过去的知识的神话所阻止,这个神话通过政策命令变得让人信服。"②教师教育的研究者有责任打破这些神话,让更多的人,特别是关注教师质量但并不真正了解教育和教师教育的人,知道更多的"真相";让研究的精髓——不断质疑、系统探究和对话为越来越多的人所接纳,这对于建构有力的、有益的、不断更新的教师教育体系,将是有利的甚至是必需的。本书也在作出这样的努力。

---

① Florio-Ruane S. More Light: An Argument for Complexity in Studies of Teaching and Teacher Education. Journal of Teacher Education, 2002,53(3):p. 205

② John I. Goodlad. Teacher Education Research: The Outside and the Inside. Journal of Teacher Education, 2002, 53(3):p. 220

第七章

建构有力的教师教育体系

多样化本身并不具有任何意义，重要的是多样化之间的合作，合作意味着冲突的发生。同质的文化或许没有分歧，但彼此之间也缺少兴趣；异质文化虽然潜藏冲突，但也包含突破的种子。①

——迈克尔·富兰

在我国，教师教育被提到关涉国计民生的重要地位，受到党和政府的高度重视，取得了长足进展，办学层次显著提高，办学规模不断扩大，并进入了法制化轨道。② 但教师地位偏低、专业化水平不高、教师教育效率低下、优质教师短缺等问题依然存在，这与一些西方国家的状况有相似之处，其中有些也可能是教师教育领域永恒的话题。

本书所探讨的关于教师教育的各派观点，其目的和口号是一致的，那就是"让所有孩子拥有高质量教师"。由于立场不同、对问题的诊断不同，开出的处方也不同。但各方的观点都能够提供有参考价值的视角。由于各国国情不同，他国具体举措的简单搬用并不是解决我国问题的有效手段。本章拟针对我国教师教育面临的问题，从西方教师教育论争的各方汲取营养，借鉴经验，记取教训，展开思考。而更为关键的则是要根据具体国情，把握方向，展开具体研究，为教师教育变革提供比较坚实的基础。

---

① 迈克尔·富兰. 变革的力量续集. 中央教育科学研究所，加拿大多伦多国际学院译 北京：教育科学出版社，2004. 31 页

② 管培俊. 为全面建设小康社会准备高素质教师. 2003. [EB/OL]. [2009－3－1] http://www.edu.cn/20030919/3091386.shtml

第一节 强有力的政策支持

达琳-海蒙在《有力的教师教育》中依据一系列证据明确指出,在教育投资竞赛中,教师质量是教育改进的核心。尽管教师教育仅仅是高质量教学所需要的一个成分,但是它是保证所有其他学校急需的改革成功的要素。没有富有思想的、能开发新课程、能评估学生学习、根据评估作出反应、为学习方式不同的学生提供成功学习经验的教师,政府就没有什么办法改进学生的学习。考虑到学生在学校的成功、他们后来的工作能力、他们最终对社会的贡献等等好处,为所有教师提供有力的培养所作的投资,其花费会数倍地得到回报。基于专业标准仔细规划的政策,投资于严格的准备、为所有教师提供获取知识的充足机会,可以想象有一天每间教室的所有学生都将得到"关心、有能力、高质量的教师"①。当这一切发生时,儿童将会真正得到他们不可剥夺的权利——学习的权利。② 也就是说,教师教育作为一项国家事业,政府责无旁贷。

一、高标准高投入:多国的经验③

达琳-海蒙列举了世界各国值得借鉴的经验,最值得关注的一点就是:高标准高投入。她指出,在过去二十多年间,许多国家和地区——包括澳大利亚、法国、芬兰、德国、爱尔兰、荷兰、新西兰、挪威、瑞典、中国香港和中国台湾,以及加拿大的一些省——已经把大多数教师教育纳入本科水平,加强了教育学研究和严格的实习或在中小学的实践。有趣的是,所有这些国家(和

---

① National Commission on Teaching and America's Future. What Matters Most: Teaching for America's Future. New York: Teachers College, Columbia University, 1996. p. vi

② 参见 Darling-Hammond L. et al. Powerful Teacher Education. San Francisco: Jossey-Bass, 2006. Foreword, p. 341

③ 参见 Darling-Hammond L. et al. Powerful Teacher Education. San Francisco: Jossey-Bass, 2006. Foreword, pp. 332~333

地区）现在在国际测评中超过了美国，他们大多数在最近的国际学生测评（PISA，Program for International Student Assessment，这一测试关注高水平思维和操作执行技能）中名列前茅。

芬兰在这些测试中最成功，2003 年在全世界范围，阅读排名第一，数学第二（排在香港后面）。芬兰的"秘诀"是，它从 20 世纪 90 年代早期开始对教师教育和教学的极大关注，使其教师教育处在一系列以不断的评估为基础的持续的改革中。芬兰以硕士水平培养所有教师，包括有力的内容准备和教育学准备，特别重视学会教好多样的学习者，包括那些有特殊需要的学习者，反思、探究定向教学也是重点。政府对教师教育、教学研究和教师教育研究投资力度很大。除了对条件很差地区的教师进行的特别激励措施以外，中小学校间的教师工资是平等的。

在德国，候选教师要在两个学科拿到学位，在两年的教育学培养之前还要通过一系列论文和口头测试，教育学培养以教学论坛为主，结合有指导的课堂教学经验。两年的实习中，大学和中小学的督导观察和评价至少 25 节课。这一过程结束时，候选人准备、教授、评价一系列课程，完成课程分析，从事另外一系列测试，才能进入教学。这一过程相当严格，标准很高。

1989 年，法国对教师教育展开了彻底检查，这次检查受这样的信念驱动——如果要使其学生在更具有挑战性的学习中取得成功的话，中小学教师需要更全面地理解学科和教育学。现在，完成本科学位后，候选教师要在教师教育的大学机构完成一项高淘汰率的两年硕士项目。其间他们学习教学方法、课程设计、学习理论、儿童发展等科目，同时从事研究，并在附设的学校进行教学实践。候选人由政府提供定期生活津贴，在最后一年的培训中接受工资，这期间他们在督导下从事教学，就像医生在高级训练阶段（住院实习医生）所做的一样。

日本、中国台湾在 1989 年进行了教师教育改革。变革更多地强调研究生水平的教师教育并增加了一年实习。参加了高竞争性的教师指定考试之后，新教师被安置到中小学，与有专门时间指导他们实习的督导教师一起工作。教师教育受到资助，教师候选人为其精深的训练只需要付很少费用或不需要付费。

达琳-海蒙指出，在那些教师工资可与其他专业相匹配的地方，很少出现教师短缺现象。在台湾地区，教师的工资在市民服务雇员系列（civil sevice employee)中排位相当高。教师暑假和寒假不工作,但可获得研究津贴和13.5个月的工资。义务教育阶段的小学和初中教师还拥有免税待遇。在日本,教师工资可与工程师相比,比其他服务性职业高10～20%。政府通过提供补贴使教师工资都能达到国家水平,以此来消除地方的不平等。政府负责所有相关人员以及校外培训花费的一半。这样,教师短缺是很少见的,相反教师席位竞争很激烈。

这些国家或地区成功的经验雄辩地说明,对于教师和教师教育的低地位,政府是可以有所作为的。这种提高标准、加大投入的举措,对于提升教师教育的专业地位起到双翼的作用,缺一不可,这也应该是政策支持的基本导向。离开了高标准高投入,教师教育就无法在国计民生中发挥应有的基础性的作用;离开了高标准高投入,教师职业就不会成为真正受人尊重和让人感到自豪的职业;离开了高标准高投入,下面谈到的竞争机制只能使优秀教师从贫困地区流向发达地区,甚至从教师职业流向收益更高的职业。

二、通过竞争激发活力

市场机制所带来的竞争,有利于调动教师教育者的积极性,激发教师的工作热情。教师教育对自己“消费者”的需求不够敏感、教学内容缺乏实用性等问题,在市场竞争的推动下有望得到较好的解决。就像第二章所阐述的那样,教师教育机构应该拿出充分的证据表明自己质量的优越,表明自己的毕业生是值得信赖的,并借此占据竞争中的优势地位。①

进入20世纪80年代以来,我国教师培养逐步走出封闭的模式。1998年第三次全国教育工作会议提出,鼓励综合性高等学校和非师范类高等学校参与培养、培训中小学教师工作,允许综合大学建立教育学院培养师资,这是教师教育走向开放的重要政策转变。1999年6月,中共中央、国务院在《关于深化教育改革　全面推进素质教育的决定》中提出:“调整师范学校的层次和布局,鼓励综合性高等学校和非师范类高等学校参与培养、培训中小学教师的工作,探索在有条件的综合性高等学校中试办师范学院。”这一决定打破了我国传统的师范教育体系,确立了我国教师教育体系的开放性,拓宽了师资来源的渠道。

---

① 可参见第二章第一节第二部分,(三)教师教育者:无奈之举.

建立以现有师范院校为主体的开放的教师教育体系包括两层含义：一是现有的师范院校仍然是我国教师培养的主体；二是教师教育体系应该是开放的，师范院校和综合大学都应该参与到教师教育体系中来。我国"综合大学办教育学院"的模式，有两种基本的途径：一种是综合大学创办以教师培养、特别是培训为特色的教育学院，如北京大学等综合性大学创办教育学院的探索，推动着我国开放的教师教育体系的建立；第二种是师范院校与其他院校合并，或以师范院校为基础发展成为综合性大学，如苏州大学、扬州大学、宁波大学等。①

我国建设开放的教师教育体系的初衷是整合优质教育资源，形成竞争氛围，提升教师教育的质量，这与美国的替代性途径有相似之处。但是，与解制取向把教师教育看做是阻碍优秀人才进入教师职业的栅栏从而试图绕开教师教育的理念不同，我国的"开放型"教师教育希望达到更高水平的专业化。或者说，对于教师职业而言，美国的解制取向，有很强的去专业化或反专业化倾向，而我国教师教育体系建设的目标则是通过提升品位和竞争达到更强的专业性。"开放型"教师教育打破了由师范院校垄断教师培养的做法，试图形成多元的培养方式、竞争的氛围，这对于保持教师教育的活力，发挥社会主义市场机制的作用具有积极意义。

市场机制希望实现的是具有多种选择的市场，是满足不同层次不同消费者需求的市场。因而，教师教育的竞争也并不意味着大家要都站在同一个起跑线上，奔向同一个目标。正如有观点认为，中国高校不应都追求升级、成为"985"、"211"工程大学一样，教师教育机构也应注重自己的独特价值，发挥出自身的优势。由于基础和起点的不同，各个教师培养机构对自身的定位、目标应该有明确的认识，用特色和优质来赢得市场竞争。

进一步说，就像商品应该有一定的保修期一样，培养机构应该与教师保持更为密切的联系，而并非仅仅将产品推向市场就撒手不管。有这样一个事例：国外某公司在我国建造一栋建筑，在时隔近百年之后，通过各种途径联系到现在建筑的所有者，告知这栋建筑的"保质期"已经到了，建议进行维护或处理。在感叹他人负责精神的同时，不禁想到我国的教师教育领

① 唐玉光. 新世纪的教师教育：理论、制度、政策——第三届教师教育政策分析高级研讨会综述. 高等师范教育研究，2001.9 页

域——教师在从毕业后便与自己的培养机构不再发生联系。这种状况必须改变。随着职前和在职培养的一体化的趋势日益明显，教师教育更应该承担起这份“售后服务”的责任。

教师教育项目间的竞争不仅应体现在对职前教师的培养上，还体现在对在职教师的培养上。我国目前对教师的在职培训事实上可以被看做是一个大市场，而每个教师教育培养机构或项目都要争取这块蛋糕。在现实中，由于没有充分打开这个市场，在有些地区，地方保护主义的盛行使得只有在当地的教师教育机构中接受培训才能得到当地行政主管部门的认可。而在这种没有竞争的状况下，教师教育机构自然缺乏动力反省并改善自己。在这种“地方割据”的背景下，如何建立全面、开放式的教师教育市场？如何维持这个市场的良性运转？政府该如何作为？这些都是值得探索的问题。

三、钝于禀赋而敏于志向

效率与公平这对人们追求的价值之间似乎总是存在矛盾：一边是加速人类文明前行的神圣职责，而另一边是对弱者的同情和对生存价值的思考。以市场竞争为导向的机制更加强调对效率的追求，这样必然加大学校之间、教师之间、教师教育项目之间的差距，使处于劣势地位的学校个体处境更加艰难；但以结果均等为导向的公平只会打击大家的生产积极性，出现“遍地懒汉”的境况。

弗里德曼指出的方向是通过自由市场机制实现公平和效率的融合：“凡是容许自由市场起作用的地方，凡是存在着机会均等的地方，老百姓的生活都能达到过去做梦也不曾想到的水平。相反，正是在那些不允许自由市场发挥作用的社会里，贫与富之间的鸿沟不断加宽，富人越来越富，穷人越来越穷。”①市场的调节作用应该能够充分调动大家的积极性，但是又不使其因资质和条件所限而处于困境，市场反对所有人的均等，但是并不排斥对弱者的补偿，而这，恰恰是政府应该发挥作用的地方。最终实现的分配结构应是“钝于禀赋”而“敏于志向”，即人们的命运应该取决于自己的志向（关于人生的远大目标和自身的努力），而不应该取决于他们的自然禀赋和社会禀赋

---

① [美]米尔顿·弗里德曼，罗斯·弗里德曼. 自由选择一个人声明. 胡骑，席学媛，安强译. 北京：商务印书馆，1982. 150 页

(即他们追求自己志向的先天条件和环境条件)。只有确立这种公平观的变革、不再拘泥于二元对立的思维,把目标确定为效率与公平、市场模式与政府作为相互兼容的体制,可能才是正确的航向。

当前的中国,教育市场化或教育产业化一度是炙手可热的字眼,也曾落到骂声一片的境地。有人曾调侃似的为其下了一个定义:所谓"教育产业化",是指20世纪90年代以来,在教育经费严重不足的背景下,我国教育系统和各级学校用市场机制和手段大规模经营创收、扩大教育资源的制度化活动。其基本特点是对教育资源的"宏观垄断,微观搞活",它衍生出基础教育阶段的"转制"学校、高等教育阶段的"独立学院"等政策。它的确弥补了教育经费的不足,扩大了教育资源,但与此同时,出现高收费、乱收费等严重弊端,致使教育行为扭曲,教育腐败丛生,教育的品质、质量和社会声誉也因此受到极大伤害。① 从某种意义上看,这种说法似乎并不为过。据此,市场是有缺陷的,但这并不意味着应该因此彻底否定市场机制;只能说,政府的调控能力应该改善,对于我们这个市场机制引入不久的国家更是如此。"当前在社会公平方面出现的问题,也许并不是在引入市场机制、私人产权方面做得太多,而是在政府公共治理改革方面做得太少。"②

《教育部2007年工作要点》指出,要"加强教师教育改革和发展,开展师范生免费教育的试点,引导各地建立鼓励优秀人才当教师的新机制"。③ 这种政策的指导方针是值得提倡的,因为教师职业的特殊性和重要性决定了它应该由国家来引导和发展。教师的质量关系到整个国民素质的提高,鼓励和吸引优秀人才当教师是国家的应尽职责,国家应尝试采用多种方法来达到这一目标。作为尝试手段的一种,师范生免费制度仍然要面对诸多问题,例如:在理论基础上,这种举措事实上是希望通过降低培养成本来补偿一个缺乏吸引力的职业,但是通过提高回报来提升该职业的地位是否更为可取?对于师范生来讲,过早地确定前途是否会导致他们丧失前进的动力?等等。当然,类似的尝试是需要的,因为更合理的机制只有在探寻中才能实现。

---

① 杨东平.中国教育公平的理想与现实.北京:北京大学出版社,2006.106页

② 杨东平.中国教育公平的理想与现实.北京:北京大学出版社,2006.24页

③ 教育部.教育部2007年工作要点.中国教育报第2版,2007—01—01

第二节　推动教师教育的专业化进程

解制取向对替代性途径的推崇，向教师教育的专业化取向提出了严峻的挑战。与西方一些国家类似，在我国，长期以来，教师职业也常常被看做是半专业或准专业，教师教育境遇相似。然而，教师教育的立身之本是自身的专业品质。教师教育必须证明自身的不可替代性。因而，建构有力的教师教育体系核心就是要推动教师教育的专业化进程。

冯克概括了欧洲多国推动教师教育发展的主要关注点：提供高质量的教学、确保在教师生涯中保持高的标准，核心是教学专业化。其加强教学专业化的举措主要有：(1) 改善教学的前景和地位，以吸引最优秀的候选人进入这个行业：一方面，通过加强教学的理论根基(例如，通过建立教育系并增进教育研究成果的运用，提高教师教育的学术水平)；另一方面，在初始培训中，特别关注教学实践以及教师个人技能、社会技能的发展。(2) 为教师的专业发展提供机会。(3) 通过建构教师的生涯阶梯(初级教师、专业教师和专家教师)，为教师描绘事业前景。(4) 提供专业发展方案，例如入职计划，以及为所有教师提供的贯穿整个职业生涯的在职培训机会。(5) 给教师极大的空间负责评价自己的工作，并为自己的不足之处寻找补救措施。(6) 考虑教师教育者、学校校长、督导员以及其他教育行政人员的培训需求。① 本节主要针对我国教师教育培养模式单一、理论学习与教学实践脱节等问题展开探讨。

一、丰富教师教育的培养方式

为了把握错综复杂的教师教育，一些学者如乔伊斯(Joyce)、沙科纳等总结出了理想教师的五种类型，并相应提出了理想教师培养的模式。这使得

① J. H. C. Vonk. Teacher Education and Reform in Western Europe: Sociopolitical Contexts and Actual Reforms//Shimahara N. K. & Holowinsky I. Z. ed. Teacher Education in Industrialized Nations. New York & London: Garland Publishing Inc, 1995. pp. 300～301

思考教师教育的有效性、质量控制和研究主题具有了基本的框架①。

一是良好受雇者模式(good employee model)。教师教育项目要求新教师像优秀教师一样表现。他们练习处理真实世界中的问题,学习实用技能、有价值的实践知识等。这个模型受到了在职实践者和管理者的喜爱。

二是初级专业模式(junior professor model),重视学科知识(subject matter)。这种模式认为教师教育应在学术性的系科进行,新手应该跟着有经验教师做学徒,大学项目应严格选择、学术定向。

三是全面个人功能模式(fully functioning person model),认为教师教育应致力于个人发展、自我效能、澄清某人的价值、发现意义以及发展独特的个人的教学风格。其核心是人类发展知识,以及创造积极的学习环境的技能。心理学家、咨询者以及初等教育者对此模型比较青睐。

四是创新模式(innovator model),认为教师教育项目应提供学校创新的源泉。提倡者认为每个学校、课堂和教师是真正的改革者,要不断创造超前的新模式而不是固守传统的、过时的模式。社会与行为科学家、教师教育研究者、课程改革者等往往喜欢这个模式。

五是反思性实践者(reflective practitioner)或实践者/学者模式(practitioner/scholar model),致力于训练观察、分析、解释、决策等反思能力。教师们要探究教学本质,发展运用技能的概念框架。与此模式密切相关的研究方式是深描、人种质、个案研究等质的研究。倾向质的研究和现象学定向的教育学者喜欢这个模式。

有力的教师教育模式应该吸收这些模式的优点,全面关注学科知识、教育理论、实践经验、个人素养、反思适应性/革新性等,并将其融会贯通为统一整体。这多方面的融合构成了教师教育发展的基础和框架,在此基础上,根据自身传统、候选人需求等确定自身的定位、氛围、课程等方面的特色,从而真正培养出"适应性专家"。

达琳-海蒙针对成功教师教育项目的研究,展示了西方国家在丰富教师培养模式方面作出的努力。首先,就教师教育项目的定位而言,研究中列举

① 转引自:Henrietta Schwartz, thc Changing Nature of Teacher Education, in John Sikula, ed. Handbook of Research on Teacher Education. 2nd ed. Newyork. Macmillan Library Reference USA. 1996. pp. 5～6

的7个各具特点的项目，都各自针对了不同年龄、学术背景与职业发展需要的教师候选人。有为小学教师设计的四年制本科项目，也有为中学教师设计的五年制本硕连读项目，还有为立志从事教学而非教育本科毕业的师范生设计的2～3年的硕士项目。

其次，就每个项目的教学场所而言，项目会根据教师培养的定位，营造出极具针对性的教学环境。在7个项目中，以儿童学校为工作中心的纽约州班克街学院，最大的特点就是通过使用大学校园的物理空间，来促进学校教育和教师教育的综合。师范生能够全面参与儿童学校的日常工作，学院的咖啡馆和图书馆是对所有人（包括教师、合作教师、师范生、学院的大学生、儿童学校的孩子们、学生家长及领导管理人员）开放的。因此，师范生就有充分的时间在一个理想的环境中观察儿童，学习和研究教学。另外，针对非教育专业毕业的本科水平师范生，南缅因州大学则通过建立中小学和大学合作学区，让师范生以小组形式参与到不同学区基地的合作工作，从而在完成硕士课程和教学实习的同时，更加深入地认识专业协作的意义。例如，专业发展学区有5个教学实习基地，每个基地可以接受15～20名师范生，项目为每个基地配备两名协调员（一名大学教师教育者和一名中小学教师）合作指导基地的培养项目。

再次，每个项目所设计的课程也各具特色，例如，同样是每学期都安排现场实习，阿维诺学院将现场实习与具体的课程安排相关联，而班克街学院则是将现场实习与具体的理论课程相结合，每年围绕一个特定的课题展开实习和论文撰写（详见第五章第三节）。

虽然项目定位、氛围营造和课程设计都特色各异，但它们却有着共同的教学理念基础：将“学习”和“学习者”放在教学的中心，超越了简单的“将教师培养成教授标准课程、管理安静班级、帮助学生获得好成绩”的目标。超越僵化低效的传统教师培养模式，对西方国家的教师教育来说是势在必行，而对于我国的教师教育来说，至少在教学场所与课程设计上是值得学习和借鉴的。因为，教师教育的基本目的，肯定是要让教师对作为教师所必须掌握的基本知识和基本技能有所了解，但这远远不够。要能够培养出满足课堂中每一个学生学习需要的“适应性专家”，就要求教师教育项目本身是丰富多样，具有适应性的。正如舒尔曼所说：“培养教师的教学法和培养孩子的教学法一样复杂。教师教育需要形成多种不同的教学法，每一个教师教育项目都是各具特色的独立承担者。”①

二、各板块之间的融会贯通

“标准”的本科教师教育模式在20世纪20年代就出现了，由时任哥伦比亚大学教育学院主任拉塞尔(James Earl Russell)和同事创立。他们认为，适当的教师教育项目应该包括四个基本要素：普通文化或知识(通识教育)；学科知识；专业知识，即教育理论和实践的系统探究；技术性技能，或者粗略地表述为教育学的实践性专长。这里的每个成分，或与之相似的要素，从此以后在传统的四年制本科职前教师教育中找到了自己的位置，到现在仍然是教师教育的普遍模式。②

但是，教师教育条块分割、互相争夺资源的问题也几乎一直都存在着。教育学知识与通识教育、学科教育之间的矛盾逐渐通过延长修业年限获得缓解。但板块之间的融会贯通，特别是学习用教育学的眼光看待学科知识、将教育理论与实践性专长真正体现在实际教学中等方面还亟待加强。教师教育领域内教育理论与实践的二元分离是个历久弥新的话题，不仅存在于西方，也存在于我国，已经成为影响我国职前教师教育质量的重要因素之一。西方国家的一些成功的经验，例如，案例教学、“大学与中小学合作”等值得我们借鉴，以解决这一问题。

类似阿瑟·莱文指出的那样，当前美国中小学职前教师教育培养的情况不容乐观，我国也有相关数据表明，国内师范院校课程与教育实际需要之间严重脱节。例如，上海师范大学对768名中学优秀教师关于“7种教学能力的形成期”的调查显示：65.31%的优秀教师认为自身的教学能力形成于职后；21.95%认为形成于大学之前；认为形成于大学期间的只有12.74%。同时，国内师范院校在理论课程与实习课程上的安排也基本没有关照到两者之间的联系；类似达琳-海蒙的研究结果，在我国，师范生的短期教学实习与毕业论文之间，也缺乏关联性。

目前，我国的教师职前教育还停留在“大学本位”阶段，即师范生学习教

① www.edwcck.org/ew/articles/2005/10/12/07carnegie.h25.html

② Christopher J. Lucas. Teacher Education in America—Reform Agendas for the Twenty-First Century. New York: St. Martin's Press, 1997. p.102

学的过程,是通过对教育理论的抽象、权威化解读,分析一些典型的教学范例,研读教育教学的基础理论和他人的学术著作来完成的。至于理论与实践的相互融合、教师教学技能的获得与熟练掌握,则并不算做是职前教育的内容。根据理性主义的观点,这种教师培养模式旨在将教师培养成为储存丰富理论知识的"容器"。这种在英国高等教育制度中风行了 30 年的教师培养模式,在当前的西方教师教育中已是饱受批评。如今,许多成功的教师教育项目都或多或少地拥有"大学—中小学"合作这一元素。在西方中小学教育改革的 20 年间,"大学—中小学"合作关系的建立,可以说是一个具有标志性意义的运动。由于充分考虑到了教师的自主与发展、具体教学的复杂性以及教学专业领域的共同协作,成功的"大学—中小学"合作关系,不仅成为职前教师完成教学现场实习的理想场所,更为促进教师的职后学习与发展,以及提高中小学教学质量,发挥着不可替代的作用(详见第五章第三节)。

当然,西方在"大学—中小学"合作过程中也暴露出一定的问题,这同样是值得我们关注与记取教训的。关键问题在于,这种合作不是一种单纯的空间上两者距离的靠近,或者增加师范生、大学教授在中小学校的时间,而是一种文化上的跨越,是大学文化与中小学文化之间的冲突与融合的可能性。良好的"大学—中小学"合作关系意味着两者在教育观念、课程设置、教学方式、师资队伍等多方面的问题上达成协商与合作。教学的一系列理论与方法,事实上是在双方的对话、交流与共同工作中建构起来的,它不是生硬地、静止地、被动接受的课本内容,而是在师范生、大学教授和中小学教师多方参与的实践活动中生成的。在这种建构性学习的持续进行中,合作关系中的每个人都能从这种合作关系中受益,并深刻体会到教育理论与教育实践之间的内在互动与联系。

事实上,有些国家在解决理论与实践脱节问题上已经取得了显著成效。① 芬兰的大学通过建立"示范学校"以及其他与中小学的合作伙伴关系来扩展实践经验。所有教师都必须完成指向实践的硕士论文。教师教育的目的是开发"高度发展的问题解决能力",这来自教师对学习规律的深入理解,使得他们能创造"有力的学习环境",并随着"自我负责的计划、行动和反

① 参见 Darling-Hammond L. et al. Powerful Teacher Education. San Francisco: Jossey-Bass, 2006. Foreword, pp. 332～334

思/评估的循环"而稳固地改进。

日本法律规定,新教师在第一年必须参加至少20天在职训练以及60天关于班级管理、计算机使用、教学策略、咨询方法等方面的专业发展活动。新教师的教学负担轻一些,每两周参加一次有指导的在中小学的训练,每周还接受校外训练,包括论坛和参观其他学校。指导教师有专门时间辅导新手。地方政府为每两个新教师派一个全职指导教师。

新西兰针对所有新教师工作前两年的建议和指导项目与日本相似,包括来自同伴的课堂和课程支持,参观有经验教师教学的机会,会见有经验教师和其他新教师的机会。新教师在工作的第一年只承担0.8的工作量,以增加其专门用于专业发展的时间。这类政策在许多不那么富裕的国家也被采用。这些做法展示了确保教师获得教学所需要的知识的可能性和重要性,以及各板块融贯的多样途径。

三、从多元文化的视角更新教师教育

在当今文化多元的世界中,在教师教育领域,应该以多元文化的视角而非采用标准化的模式来看待教师。安吉拉·瓦伦佐拉(Angela Valenzuela)指出,我们常常根据制造高的考试分数和其他可测量的结果来判断是否是"好"的教师教育。事实上,按照这样的定义,一位"好"的教师可能恰恰是文化入侵者、以"恩人"姿态出现的沙文主义者(chauvinistic)。而且,教师教育的核心问题之一是,为少数民族青少年开设的学校是增强还是减弱文化包容性的。

瓦伦佐拉进一步通过亲眼所见的实例说明,当仅看重分数的时候,教师就不可能关注学生的文化资源;而且他们越是敬业,就越远离学生独特的文化。"我对教职工的精力和责任感印象很深,同时也很为他们有缺陷的意识形态感到困扰。一位学生对我们唱了他们的校歌,包括下面的字句:知识就是力量,力量就是金钱,没有捷径。这些都不是墨西哥文化价值,尽管他们可能是药品经销商。……听着这首歌,我特别关心其课程的语言和假设。"①

全球化背景下,这样的问题是需要追问的:弱势群体将来会把生养自己

① Valenzuela A. Reflections on the Subtractive Underpinnings of Education Research and Policy. Journal of Teacher Education, 2002,53:pp.235～241

的地方看做要躲开的地方吗？他们会被西方主流文化同化并蔑视自己的文化吗？这些问题是关涉自我认同、民族认同的关键问题，而自我认同、民族认同对于内心安宁、对于高质量的精神生活、对于民族凝聚力至关重要。

在一个以学生多元化为特征的当代社会中，教师教育就不仅是一个发展技术竞争力和坚实的知识科目的问题了，而且要发展社会文化竞争力。其中一个策略是加强和当地社区的联系，充分利用这些社会关系网络的资源，而目前的教师在这方面往往很薄弱。所以在培养职前教师时也要关注到这一点，使他们认识并了解教学所在的社区及其教育需求。①

为了保护文化的多样性，为了保护弱势群体的文化认同，在关注分数、效率的同时，还需要培养教师的多元文化意识；尊重学生之间种族、社会经济和文化甚至个性等方面的差异，避免用一己习以为常的观念“裁剪”学生的文化。教师教育者要开展实践活动，帮助未来的教师们认识到这一点，同时自己也要树立榜样，挑战自己已有的相关观念。与此相关，教师的多元文化意识、平等观念、校本课程开发能力，都应是教师教育关注的主题。

第三节　建立和完善质量保证体系

我国教师教育正处于从封闭式走向开放式培养的过程中，质量保证体系的建立和完善成为当务之急。在西方，无论是解制取向的提倡者，还是强调专业化取向者，最终都无法逃避的一个问题就是如何保证教师教育的质量。也许没有哪个国家的质量保证体系是完备的，但是西方国家已经做了许多的工作和努力以试图构建有力的教师教育质量保证体系，其中有很多地方值得我们借鉴。

一、开展基于证据的问责

正如第三章所述，所有的教育者都应当为他们的工作业绩接受问责，这

---

① Moll L. C. & Arnot-Hopffer E. Socialcultural Competence in Teacher Education. Journal of Teacher Education, 2005,56(3):pp. 242～247

既是为了保证质量，同时也是为了教育者自身的利益。政府和公众需要通过问责促使教育者更好地承担责任；教师教育者需要拿出证据，证明自身的价值。教师教育的对象是教师，那么，教师教育有效性的体现便是教师在以后职业生涯中的表现状况。也可以说，教师教育有效性证据的主要来源应该是它的培养对象——教师。在西方国家，对学生学业成绩的关注是当今教育不能绕过的话题，这也是政府最为关注的指标，而专业工作者则倾向于用更加综合的指标来证明自身的有效性。

在美国基于证据的问责体系中，这方面所作出的努力并不尽如人意。巴内特·贝莉指出，尽管全美教师教育认证委员会(NCATE)努力推动其认证机构追踪其毕业生的表现状况，但是，在收集他们所培养出来的初任教师是否在他们开始教学生涯的时候真正帮助了学生的证据方面，几乎没有教育学院表现出了相关的兴趣和能力。考虑到追踪毕业生、将教师与学生成长记录联系起来、控制影响成绩的多种因素等方面的困难，基于绩效的教师教育问责还是难以捉摸。①

虽然目前关于证据的体系存在诸多问题，但这并不能说明不需要证据或者证据并不重要。恰恰相反，证据对于教师教育乃至整个教育领域都有极为重要的意义。证据可能无法为教师教育的发展指明方向，但是它可以帮助人们了解教师教育的工作内涵，专业工作者借此也能够对自己有更清楚的定位。在看清楚自己足迹的基础上，才能更清楚地勾勒出未来的图景。

相关的尝试带来了希望和借鉴。例如，达琳-海蒙对优秀教师教育项目的深入研究，提供了良好的范例。她在全美范围内进行了“教师教育项目”的声誉调查，调查对象包括教学领域的研究者、专家实践者、教师教育学者、教师教育项目设计者以及地方雇主(主要是各地区中小学校)，同时进行了对师范生的实际培养与实践状况的调查。在此基础上，筛选出了 7 个成功的教师教育项目进行细致的研究，并总结出其共同点，为实现为所有孩子和社会正义而教的目标提供了良好的范例和富有说服力的证据(详见第五章)。

① Berry B. The Future of Teacher Education. Journal of Teacher Education, 2005, 56(3):p. 276

卡内基纽约公司及其“为了新时代的教师”(Carnegie Corporation of New York and its Teachers for a New Era)帮助11所大学探索创新之路，来收集教师教育的毕业生是否(以及如何)促进了学生学习的相关证据。这些机构通过设计自己的价值增值途径来测量其毕业生的有效性，包括运用课程内评估(检验教师分派给学生的任务，并评估随时间延续学生的反映变化)，计算标准化测验的分数，观察学生表现的描述性案例研究等。一些“为了新时代的教师”机构将比较他们毕业生所教的学生和其他教师的学生，或比较机构内部教师培养的方式。

为了考察教师教育与学生成绩的关联，为教师教育质量提供数据证据，研究者正在致力开发一些新的技术，价值增值方法的开发和改进是当前的一个研究热点(详见第三章)。当然，由于存在无数的干扰变量，因此测量教师教育对于中小学生学习的有效性的运算法则必须进一步精细。最近，兰德(RAND)公司指出了当前运用价值增值(Value-added methodologies, VAM)方法中存在的许多技术问题，尽管现在的模型已经比其他基于测验的问责模型要合理，但仍有很大的改进余地。

当然，通过各种途径搜集起来的证据仍然需要进一步的分析。证据是判断的基础，但并不等于判断。证据的类型、服务目的、牵涉的价值和利益等均可能对证据本身造成影响。拓展证据渠道并对证据进行批判性分析，让政府和公众看到教师教育的贡献。为自身的价值辩护，是每个教师教育者的职责之一。

二、完善教师资格制度和标准体系

教师资格制度以及相关标准体系的完善和实施，是教师教育质量保证体系的重要组成部分。从世界范围来看，20世纪80年代以后，随着对教育质量问题的关注，各国普遍要求把教师职业作为一个专门的职业看待。要提高教学质量，就必须确立教学工作的专业地位，并建立起与这一专业性职业相对应的衡量标准。教师教育的责任就在于培养出训练有素的、达到专业化标准的教师，以教师的专业化实现教学的专业化。

因此，在国家政策层面，应该建立国家教师专业标准，实行严格的教师资格制度。在我国，关于教师资格制度的建立也作出了许多努力。例如，1986年颁布的《中华人民共和国义务教育法》明确提出和规定“国家建立教师资格考核制度，对合格教师颁发资格证书”。1993 年颁布的《中华人民共和国教师法》和 1995 年颁布的《教师资格条例》，进一步对我国教师资格制度作出了详尽的规定。① 2000 年 9 月，教育部令第 10 号正式发布《〈教师资格条例〉实施办法》。到 2004 年底，全国所有省（自治区、直辖市）均完成了面向学校在编正式教师的首次认定工作。除西藏自治区外，其他省份都开展了首次面向社会认定教师资格工作。大多数省份的教师资格认定工作已经正常化。据不完全统计，2001—2004 年全国 31 个省（自治区、直辖市）和新疆生产建设兵团共认定在职教师和社会人员 608 万人。②

但是，从我国实际情况来看，教师资格证书制度的推行还存在着很多问题。在 2001 年第三届教育政策分析高级研讨会上，各界专家学者就此提出了一些意见和建议，如：几乎所有在职教师都自然过渡获得了证书、教师资格证书制度缺乏科学的鉴定、进入教师队伍的门槛过低等。这些问题主要可以归为两个方面，一是标准本身不够合理，二是执行力度和效度不足。

就标准本身而言，首先是它主要集中于学历标准和职业道德，并且认证机构分别是各级人民政府教育行政部门，这就导致了教师资格制度中对教学本身作为一门专业的忽视，以及专业人员参与的缺失。由于长期的中央集权制的管理，教育作为一项公共事业，主要的管理主体是国家行政部门，缺乏强大的教育专业团体，这样就容易导致外部的监督和硬性的指标不能够充分体现教师专业的内涵。因此，制定一种教师和教师教育专业标准，需要吸收和采纳广大专业工作者的建议。

还需要避免的问题是标准的狭隘。像全美教学标准委员会的标准，倾向于将立足点仅仅局限于教学，突出了文化实践的属性，却淡化了社会实践、伦理实践、政治实践的属性，容易陷入心理学主义或者“教育中立性”。正如里斯顿等所说的，我们坚决反对在某些建议报告中忽视道德意识、社会和政治责任的倾向，以及忽视教师改变社会（包括教育的、经济的和政治的）不平等状况能力的做法。③ 虽然里斯顿等人的话不是直接针对专业标准的，

① 陈孝斌. 教育管理学（修订版）. 北京：北京师范大学出版社，1999. 301 页

② 于兴国. 教师资格制度全面实施. [G/OL]. [2009－3－5]http://www.moe.gov.cn/cdoas/website18/info25207.htm

③ [加]迈克尔·富兰. 变革的力量——透视教育改革. 中央教育科学研究所，加拿大多伦多国际学院译. 北京：教育科学出版社，2004. 131 页

但是这种批评却也适用于某些专业标准。而在我国，情况正好相反，长期以来，教育更多关注的是它的社会工具价值，并且特别强调教师的道德品质，因此，由专家参与设计的教学专业标准也许正好可以起到一种与传统教师资格观念相补充的作用，从而促进教师职业的进一步发展。

教师资格标准还存在的一个问题就是执行力不强，这一方面体现在资格证书形式化，并不能够有效区分教师的优劣，另一方面在于资格证书与是否从事教学并无太大联系。关于前者，应该形成多元化、立体的教师资格标准体系，以多种分类模式区分教师的能力和水平，可以尝试让更多的机构参与教师资格标准的制定和执行。至于后者，则需要强化资格制度的实施力度，让教师资格证书在教师招聘、教师发展上发挥更大的作用，甚至不妨采用国外以专业组织认证为导向的做法。

三、形成教师教育认证制度

教师教育认证制度是质量保证的关键环节。巴内特·贝莉认为："教师教育共同体在高质量教师教育项目标准方面必须采取更有力的姿态，应该期望1200所大学明确说明它是如何招聘和培养候选人以服务于多样的学生，而且必须追踪毕业生几年以收集这些数据。高等教育机构需要改变资助模式，新的资助模式应该支持新的使命。州政府包括许多州教育委员会也应该向NCATE提供更严格的基于表现的认证标准。否则弱的培养项目将会持续地产生出低质量的教师。"①

我国的师范大学(学院)一直以来都没有一套较为完整的认证制度，在允许师范类大学培养非师范生、综合性大学培养教师之后，这个问题变得更加急迫。各个师范大学纷纷把自身定位为以教师教育为引领和特色，但是怎样才能确保这些教师教育项目是高质量的，怎样才能建立起合理、高效、世界领先的标准是值得我们深思的问题。我们应吸纳西方发达国家在这方面的经验，同时结合中国国情，重视发挥认证主体的积极性，使我们的教师教育标准建立在一个更高的起点上。

首先，教师教育认证主体应该不仅仅是外部的审核，而更应该发挥内部

---

① Berry B. The Future of Teacher Education. Journal of Teacher Education, 2005, 56(3):p.277

机构的能动性，促使其实现自我反思和发展。1997年，美国教师教育认证委员会（Teacher Education Accreditation Council, TEAC）成立，打破了全美教师教育认证委员会（NCATE）的垄断地位。该机构的一个明显创新就是它的评价机构是由各个教育学院的前任院长组成的，他们本身就是教师教育机构的内部成员，扮演着该领域内部人员进行核查的角色。我国在实施相关认证的时候也应该关注教师教育的内部动力。

其次，教师教育认证的对象应该尽可能具体化。在美国，传统的NCATE所要认证的对象是教师教育机构（如教育学院），要从整体上审查这个机构是否满足了培养教师的要求。但是TEAC的认证对象则是教师教育机构内部的特定项目。接受NCATE认证的机构中所有项目都必须进行评价，这样就会出现一种情况：有些项目拿不出充分的证据表明自己的成功，但是受惠于该机构中其他项目的成功，也能得以通过。TEAC则只针对该机构拿出成功证据的单个项目，其他的项目可以不接受认证并继续保持未经认证的地位。这样既避免了一些效果并不理想的项目"蒙混过关"的情况，同时也给予了教师教育项目自身以更大的空间，使他们自己决定哪些项目可以拿来认证，哪些项目还需要继续努力等。

最后，教师教育认证还应该给予教师教育项目自身以更大的空间。TEAC并没有像NCATE那样坚持指令性的标准，规定学生学习的证据必须是什么和应该是什么——例如，教育学院必须根据它的毕业生在州许可证书测试中的通过率来评价自己。TEAC的标准则更具有灵活性：它认为，如果州的测试内容与项目目标不一致的话，认证可以不考虑这方面的因素。但是它们必须表明州测试通过率纯属误导或者与该项目的要求和目标无关，或者拿出更好的证据表明它们毕业生的竞争力。如此一来，教师教育项目本身拥有了更多的自主权，能够更好地执行本项目中教师培训的目标，而不是完全受制于统一标准。

四、建立多元化、情境性的教师评价体系

教师教育的质量要通过所培养的教师的水平反映出来。有一种简明的评价教师的方法，就是用学生成绩来评价教师。这种方法的优点和缺点都很明显，这里不再赘述。在当前我国大力提倡素质教育、试图避免"应试教

育”弊端的背景下，西方一些多元化情境化的教师评价方面的尝试可供我们借鉴。他们将“教师评价”更多地理解为一种“教学评价”，一种促进教师自我反思、自我学习与自我成长的方式，而不仅仅是一种管理方式。

教师评价应该做到质与量并重。西方成功的教师教育项目在涉及师范生评价的部分，很少使用过分追求精确简化的“量化评价”，而充分地选择“质性评价”，例如：关注教师执行性反馈、案例分析、日志、反思札记、自传、教学档案袋等等。深度的“质性评价”不仅考虑到教学实际情境对师范生的学习和教学的作用和影响，也显然更加全面地记录、解释、描述教师在教育理念、专业知识、教学技能等方面的实际情况。

教师评价作为一种促进教师自我反思与成长的工具，更多地应该作为一种过程性的评价，而不是结果性评价。这一点要和评价者联系在一起看，我国的教师评价制度比较忽视教师的自我评价，将群体评价的结果当做是对教师工作的衡量标准。西方国家在群体性评价的同时，也特别将评价看做是教师对个人成长和教育教学活动的分析与反思，因而非常重视自我评价的作用。

“教学档案袋”在教学评价中的使用与发展在西方的教师教育领域具有深刻意义。许多西方教师教育项目都根据“教学档案袋”来检查师范生的受训情况，它不仅展示了整个项目的完成情况，也确定项目是否达到目标和州的认证标准。教学档案袋一般包括四个方面的内容：专业教学标准与个人目标和学校目标的融合；筛选出的教师工作的范例；对教师反思的记录；与同事或管理者对话过程中所积累的经验等（具体见第五章第三节）。

我国的教师评价体制应更多地将评价重点从“管理性作用”向“发展性作用”转移。20 世纪 80 年代，西方国家教师教育提出以“促进教师发展为目的”的评价制度，所提倡的“发展性教师评价”是建立在对教师角色全新认识基础上的。我国要在教师评价体制改革中汲取更多创新的、多元的方式，就要从根本上认识到教师不仅是知识的传授者，更是学生学习的促进者；不仅是课堂中的教育者，也是终身学习者；不仅是实施课程的组织、执行者，也是课程的研究、开发者。评价的一个重要作用是促进教师对自身个性、教育理念、专业发展、伦理价值等方面的全方位、长期性的反思。

第四节　依靠研究改进教师教育

与西方相似，我国的教师教育发展中，研究并没有发挥应有的作用，常识、误解、政策指令的影响往往超过了研究。这里并不打算全面阐述这个问题，仅从以下三个方面谈谈可以从西方借鉴的经验与记取的教训，期望能提升教师教育研究的质量，更多地依靠研究来批判常识、澄清误解、改进政策，从而积累坚实的知识基础，更深入地理解教师教育，促进教师教育的发展，体现自身的专业特性。

一、研究与实践的相互生成

教师教育领域研究和实践割裂的情况不仅在西方存在，在我国也存在。突出表现是实践者的决策很少依据研究，而研究也很少考虑实践的逻辑，研究与实践往往被认为是由两类人从事的、完全不同的事情。结果是使彼此失去共生的生态环境，导致两败俱伤。

布迪厄指出，唯智主义的偏见(intellectualist bias)诱使我们把世界看做一个旁观的场景，而不是有待实践解决的具体问题。无论何时，只要我们未能对"那些深深嵌入我们对世界的思考的事实中的预设(这些预设认为要思考某一行动我们就要从世界和世界中的行动中隐退出来)进行系统的批判，我们就有可能错误地瓦解实践逻辑，使之消解于研究和理论逻辑之中"。①

① [法]布迪厄，[美]华康德著. 实践与反思. 李猛，李康译. 北京：中央编译出版社，1998. 42 页。持类似观点的现代学者还有杜威、海德格尔、波兰尼等。他们的一个共同点在于致力于克服西方传统的主客二分的寻求抽象、永恒、普适、本质的思维方式。这种思维方式将人与知识、此在与用具割裂开来，将其视为孤立的、具有某种先在本质的人与物。其结果是，二者都变成僵硬的存在物，失去了彼此关照的意义。这种知识观可以概括为旁观者的知识观(a spectator theory of knowledge)、静态的知识观或者客观主义的知识观。知识被视为普适、中立的客观知识，面对斩钉截铁的客观规律，个人的经验变得微不足道甚至被刻意排斥，人对客观规律顶礼膜拜，人成为"客观知识"的奴仆。(可参见鞠玉翠. 走近教师的生活世界——教师个人实践理论的叙事探究. 复旦大学出版社，2004. 299～303 页)

由于实践中必须每时每刻地作出反应，在有些境况中拒绝作出反应本身就是一种反应。实践的这种压力往往使得实践者（这里主要指教师和教育政策制定者）急需一些能够即刻在实践中见到效用的规则和技巧，实践者也常常满足于获得这样的规则和技巧。这样的做法又把研究的逻辑消解于实践的逻辑之中。

实践是研究的本源、出发点和最终目的，研究本身也是广义的实践的一部分。实践的律动，是人类生命的流露，它永不止息的脚步，是促使研究发展的不竭源泉。在教师教育领域，新问题不断涌现，需要研究者不囿于某种单一的标准或范式，要根据问题灵活选择方法，甚至创造新的研究方法和技术，就像舒尔曼等所做的那样（详见第六章）。

实践又需要借助研究开阔视野、促进反思。实践者所期望的“实用技术”给人以安全感。但是，“把一个人的思想，用一条很短的绳子，拴在功用的柱子上，是不值得的。行动的力量需要有宽阔的眼界”。要使行动“既不是顽固倔强的愚蠢行为，又不必依靠代价很高的‘教师’——偶然性的实验去获得知识”①，就有必要借助研究或已有研究结果来开阔视野、深化认识、促进反思，形成一种“假设—检验”的思维方式。也就是说，从当下的事件出发，以既有经验（或个人实践理论，或既有研究成果）为立足点，把它作为可以依靠、但是存有疑问的可能性和假设，并参照更广范围的研究结果逐步加以批判、改进，并在实践中加以检验。这不仅是一种比较稳健的实践方式，而且其本身也就是研究过程。在这个过程中，作为研究者的实践者理智、自为地把握着自己的成长，应对实践中的问题；真切关心实践的研究者，根植于实践的逻辑展开带有怀疑精神的、不断“假设—检验”的研究过程，研究与实践实现了相互生成。

需要说明的是，强调研究与实践的相互生成并不是要消弭二者的区别，没有区别的同一事物是谈不上相互生成的。美国的《教育中的科学研究》报告在“联邦教育研究机构的设计原则”中特别提出，使该机构不受不良政策干扰的原则。防止过于关注眼前问题，把该机构作为提升特定政治目的的工具；建议把研究的使命和教育改革的使命在组织结构上分开，以确保研究

---

① [美]约翰·杜威. 我们怎样思维·经验与教育. 姜文闵译. 北京：人民教育出版社，1991，185，111 页

使命的培植。同时,它的工作应该包括政策研究和对当前需要作出反应的短期任务①。保持研究的独立性、批判性和理想追求,是保持宽阔眼界的条件;关照当前的政策和实践需求也是研究的使命。如何在研究的现实性与超越性之间保持适当的张力,需要每个研究者去思考、选择和把握。

二、研究作为教师专业发展的途径

从前面的论述中,我们也能为"教师成为研究者"的呼吁找到某些依据。通过研究促进教师成长,已被证明是十分有效的方式。事实上,西方一些成功的教师教育项目,正是把研究作为教师教育和促进教师专业发展的有力途径之一。

例如,达琳-海蒙在其对"有力的教师教育"项目的研究中发现:职前或在职教师可以阅读和分析案例,找到其中的经验和见识;也可以写自己的案例,对表现自己经验的事件进行解释。这些案例能促进学习并充当他人的学习材料。教师自己写案例能帮助他们理解自己经历的事件与更大的原理或问题之间的联系。②

教师成为研究者,在我国这并不是一个新的提法,因为无论是教育政策、教师教育的课程设置还是中小学校的工作规划中,"教师从事教育研究"都有一席之地。问题在于,真正把自己当做研究者的教师却不多。固然有国外学者所说的实践者工作压力大、时间不够等原因,更关键的还在于"研究观"和知识观的问题。

从旁观的、客观的角度去从事研究的"研究观",使得研究成为与教师的日常工作相距遥远的事情,教师往往感到它与己无关、于实践无用,因而也无暇去做。迫于职称评聘的压力,必须要写"论文",就只好采用"剪刀+浆

---

① 其他的原则还有:机构成员应具有熟练的科学、领导和管理技能;建立指导研究日程、资助决策和监控工作的结构;开发聚焦的和平衡的研究策略库,探究短期、中期和长期政策与实践问题;充足的资助;向基础研究投资等。National Research Council. Scientific Research in Education. Washington D. C. Brookings Academies Press. 2002 National Research Council. Scientific Research in Education. Washington D. C. Brookings Academies Press. 2002. pp. 6～10

② Darling-Hammond L. et al. Powerful Teacher Education. San Francisco: Jossey-Bass, 2006. Foreword, p. 119

糊”的办法去拼凑。这样写出的“论文”往往是既无理论的见地，也失去了实践的鲜活。当教师在实践中围绕实践中的困惑、问题展开研究，教师个人的经验、教育理论（研究结果）的学习、与同事的切磋等等都成为解决问题的用具和资源，这些资源都不再是僵死的、孤立的东西，而是在解决问题过程中获得了生命与意义。在这种明确的问题指向的研究过程中，教师的思维敏锐起来，专业理论与他人经验使得教师的经验世界受到冲击，并提供了自己没有想到的“参考答案”，教师才可能切身体会到自身个人实践理论对教育实践的巨大影响，以及自身个人实践理论的不合理之处，从而产生更新它的欲望与动机，并由此获得自身的发展。联系当今教育改革大潮对研究性学习的强调，教师作研究的必要性就更加凸显。

三、扬辩证思维之长，补分析思维之短

如果把教师教育研究分为四类：实证性、解释性、规范性和批判性的，那么，在我国，绝大多数的研究是规范性的，其余三类都非常缺乏。近年，归属于解释性研究的教育叙事流行起来，但也是谈论的人多，真正规范地去做的人并不多。

复杂方法论的倡导者，法国思想家埃德加·莫兰（Edgar Morin）在其著作的中译本译丛总序中，赞赏《道德经》中“道”的吸纳百川精神。他感到，他的复杂方法论与中国传统所固有的深刻的思想方式处于共鸣之中。他在复杂方法中归结出的两条原则——两重性逻辑（dialogique）的原则和回归环路的原则——都可以在中国找到它们以其他词语所作的同样的表述。这两条原则强调，对立的原则和概念是以不可分离的方式互补地联系着的，而且它们在这种互补联系中仍保持着彼此对立性的两重性逻辑。

莫兰还认为《庄子》第2篇《齐物论》中“大知闲闲，小知间间”（意为大的智慧宽容广纳，小的智慧务求精细的区分）的观点，与指导他的思想的帕斯卡的原则会合了：“所有的事物都既是结果又是原因，既是受到作用者又是施加作用者，既是通过中介而存在的又是直接存在的。我认为不认识整体就不可能认识不分，同样，不特别地认识各个部分也不可能认识整体。”①

① [法]埃德加·莫兰.迷失的范式：人性研究.陈一壮译.北京：北京大学出版社，1999.总序：东方和西方的交融，1～3页

我们的文化传统是重视整体、联系、变动、转化的。在西方被视为新兴事物的复杂方法论，在我国有着悠远的历史。但是我们需要注意的是，西方的复杂方法论是在其分析思维高度发达的情况下兴起的，而我国传统的思维方式中缺乏对事物的精细分析和认识。加之我国素有重视伦理道德的传统，这样看来，对于我国教师教育领域四类研究的现状就不难理解了。在与西方的比较中，我们更能清楚地看到自己的长处与短处。我们所要做的就是扬长补短。

我们的长处——整体的辩证的思维，对规范研究的重视这是西方部分学者正在强调的，我们不能丢弃，还要继续发扬；而我们的短处——分析思维的薄弱、对经验研究和批判质疑精神的忽视，则需要我们花大力气去弥补。否则，离开了对部分的细致把握，对整体的高瞻远瞩就可能变成空谈；离开了不断的审视、质疑、批判，规范就可能变成僵死的、钳制人的锁链。在有着悠久的分析思维传统的西方，许多人仍然在不遗余力地倡导的“基于科学的研究”，甚至把随机实验作为“黄金标准”，这对于我们来说具有正反两方面的借鉴意义。

先从反面看，也就是从“黄金标准”遭遇的批评来看：原本崇尚自由探索的科学就是五彩缤纷的人类生活的一部分，与教育研究也不冲突。但是，批评者们认为，用随机实验作为“黄金标准”来衡量“基于科学的研究”，明显地窄化了科学研究的意涵。特别是在教育这样一个高度情境化、人文性的领域，更是如此。更有批评认为“黄金标准”利用凝固、歪曲的科学形象兜售某种单一的研究标准，消除异己样式，禁锢了真正的科学探索。这从反面映衬了费耶阿本德的“怎么都行”的合理的方面。

尽管未必赞成费耶阿本德的无政府主义知识论的立场，但是他的某些观点和论述还是值得借鉴的。费耶阿本德认为，一位科学家要想尽可能清楚地了解自己，就必须尽可能多地引进其他见解。他必须采用多元的方法论，把自己的思想与其他思想进行比较；他必须修正而不是抛弃在竞争中失败的见解。他接受的知识就不是一种集中理想见解与自身一致的理论，宁可说是一个互不相容、可供抉择的日益增加着的知识海洋。①

因此，培养拥有多元视角、掌握不同方法的教师教育者是必需的。只知

① 刘放桐等编著.新编现代西方哲学.北京：人民出版社，2000.539页

道一种视角和相关方法的狭窄眼光会阻碍研究者发现更广泛的问题和其他探究途径。跨范式、跨学科的视野对于培养教师教育研究者是必要的。

同时，多样方法的恰当运用至关重要。奥古斯特·孔德很久以前就强调，所使用的各种方法必须与所要处理的问题相适配，并且必须在实际应用中，在采用它们来解决具体问题的运用过程中，不断地对它们进行反思。孔德的教导今天仍然值得每个教育研究者认真思考、领悟。

再从正面看，或者从其合理性的一面来看："黄金标准"是针对教育领域研究水平低下、不断遭受质疑的现状而提出的。布迪厄认为，在科学场域中科学能力或权威是主要的资本：科学能力的垄断在特定机构中被看做说话和行动的合法性。场域中的主要代理人是那些成功地影响科学的定义（说明科学最完美的实现由哪些所有、所是、所做组成）的人。① 从这里得到的教益是：在教师教育研究中，唯有加强研究者自身的学术修养，提高研究质量，才能拥有更多权力。

为了在国际性的对教师教育的关注中发出教师教育研究的声音，博得广大读者的尊敬和关注，给外部的人接受教师教育者主张和研究（杂志、报告、书籍中的）的理由，必须严格研究标准，讲究研究方法。在发表研究成果时，需要更多地描述研究设计、收集和分析数据的过程，使研究获得更广范围的认真批评和更高的可信性，这样教师教育研究就能向公众的审查开放；需要关于探究对象的深入的知识，包括教学和教师教育方面的知识；需要根植于持续的教师教育项目的长期学术研究，并尽可能与学生发展联系起来；需要对扎实的具体研究进行元分析，去寻求更具有概括性和深刻性的结论；需要多元方法和视角；需要借鉴多学科的资源，与所有关注教师教育的人士如教师、家长、政策制定者等，展开持续的对话。

众所周知，西方学者有以批评时政为己任的传统，政府出台的政策总是伴随着一片质疑声。这对于避免决策出现严重偏颇、保障决策合理性以及完善决策具有不可或缺的作用。同时，学者之间针锋相对的辩论也是家常便饭，与我国提倡的百家争鸣有共同的旨趣。但是，凯蒂·海库克的话提醒研究者去关注，在一片辩论声中，如何避免囿于自己的立场，为批评而批评。

① [法]布迪厄，[美]华康德著．实践与反思．李猛，李康译．北京：中央编译出版社，1998．24～25 页

她说:“只要教师教育领域如此多的声音都贬低其他人的努力、坚持认为教师教育不能作出太多贡献、错误理解政策领导人的动机,并且挑剔这些措施而不是奋力挖掘这些资料中的新的宝藏,那么教师教育者就会被认为是无所作为的人,并仍然待在政策制定过程的边缘。”①

事实上,对于教师教育的发展道路和教师教育者的责任,也许没有唯一的答案,没有唯一的道路。在西方国家,人们在寻求理想道路的过程中,得到的答案并不相同,论争也由此产生。英国学者里德在回顾了英格兰教师教育自19世纪至今的历史后说,教师教育中的论争还将继续,而研究将为论争提供依据。② 本书努力展现论争各方的观点、论辩和依据,了解更多的理论建树以及他人有效的做法,并尝试着给出自己的回答,期待将探索引向深入,希望本书的建议能够为改进实践、建构有力的教师教育体系提供借鉴。

① Haycock K. Choosing to Matter More. Journal of Teacher Education, 2005,56(3): p. 264

② Reid I. Accountability, Control and Freedom in Teacher Education in England: towards a Panoptican. International Studies in Sociology of Education. 2000, p. 225

附 录

附录 5-1 班克街学院教师培养项目[①]

班克街学院长期以儿童学校作为工作中心，作为进步主义教学原则的典范，学院每年有来自世界各地的数以千计的教育工作者前去访学。儿童学校占据了一幢 7 层学院大楼的好几层，几乎覆盖整个学院，并拥有一个“日护中心”(day care center)，可容纳相当数量的特殊需要学生。学校所雇用的教师几乎都毕业于班克街学院，同时每年有 80 名师范生加入项目培训，他们中的许多人花费大量时间来观察儿童，并从事相关研究。在教师配置方面，首先，大学教师作为儿童教师的指导教师或讲师；其次，一些来自中小学的实习指导教师也作为研究生课程的助教。

班克街学院的儿童学校培养学前、小学和中学的教师。作为研究生水平的职前项目，它包括 30 个学分的研究生水平理论课程和 12 个学分的实习。进入项目的师范生已经拥有本科学位，他们主要参与教育理论学习和实践课程，涉及实际的教学任务、内容详尽的教学方法，以及关于儿童发展、语言和读写能力发展的研究型课程论文。一些采用密集模式撰写课程论文的师范生能够在 12～15 个月内完成项目培养，而大部分的师范生需要 2 年的时间来获得学位。一些师范生在进入为期 1 年的教学实习(与核心的课程论文相关)之前，学习 1 年的基础课程。其他的一些师范生先进入为期 1 年的教学实习，然后在完成第 2 年实习的同时完成必修课程。

班克街项目的必修课程分为四大类：发展型课程、基础课程、教学策略课程和课程设计。学生可以有多种选择，但是核心必修课程包括：儿童发展、教学策略、儿童观察、家校合作和课程开发。值得注意的是，所有职前教

① 附录 5 的内容均根据达琳-海蒙的研究整理。Daling-Hammond L. et al. Powerful Teacher Education. San Francisco：Jossey-Bass，2006.

师，包括中小学教师和幼儿教师，都要参与对学前和中小学儿童的研究。

班克街项目的一大特点是通过使用大学校园的物理空间融合学校教育和教师教育，具体表现在：

(1) 儿童学校就设于学院内部。

(2) 师范生的许多课程都是在儿童课堂中进行，教师可以直接观摩儿童课堂学习的情况，并进行针对性的讨论与研究。

(3) 图书馆和咖啡馆对所有人开放，包括教师、实习指导教师、师范生、其他项目的大学生、儿童学校的孩子们、学生家长以及管理人员。

学院对待儿童的态度是：孩子们能够教会师范生如何接近儿童。因此，经常可以在图书馆中发现一名研究生询问一个 10 岁的孩子“最喜欢的书是什么”之类的问题，这种类似的调查可能与研究生的学期论文有关。

项目的另一大重要特色：师范生有充分的时间在一个理想的环境中学习教学。因为，儿童学校不仅提供理解教学的模式，同时还提供了接近不同种类儿童的机会。这是一种不同寻常的教育哲学。对师范生和新教师来说，这里所提供的珍贵且富有挑战性的实践与合作机会，无论是在学生时期，或者他们今后的教学场所中，都将是非常少见的。

附录 5-2 南缅因州大学拓展型教师教育项目

南缅因州大学(University of Southern Marine's, USM)合作模式与众不同的特色之一是"南缅因州合作伙伴关系"(Southern Marine's Partnership, SMP),它涉及了一组学区长期的改革。"南缅因州合作伙伴关系"创立于1984年,几个学区的负责人和大学教师团体共同探讨针对改进课程和重建中小学校的教育改革。两年以后,这个合作组织带领南缅因州的教育工作者加入了约翰·古得莱得的国家教育更新网络。不久之后,他们活跃于国家重建教育、中小学和教学中心(National Center for Restructuring Education, Schools, and Teaching, NCREST)(位于哥伦比亚大学教育学院)建立的专业发展学校网络中。由于高水平的协作已经在学区、学校和大学中形成多元的学校改进框架,因此,拓展型教师教育项目所设计的新教师教育项目在组织角色、责任承担和资源分配等方面就可以统筹安排、相互协作。

南缅因州大学的拓展型教师教育项目为期 9 个月,共 33 个学时。每年大约培训 80 名合格的小学或中学教师(目前的入学人数是 100 人)。进入项目的教师候选人可以是已经拥有本科学位或者希望转业从事教学的人。通过研究生水平的项目培养,他们能获得教学硕士学位(Master of Teaching and Learning, MTL)。

拓展型教师教育项目的独特之处在于师范生既参加硕士生水平的项目,也进入专业发展学区开展教学实习。学区共有 5 个实习基地,每个基地可以接受 15～20 个师范生,配备有 1 名大学教师教育者和 1 名中小学教师,他们合作指导每个基地的培养项目,被称为大学基地协调员和中小学基地协调员。协调员的角色和教学责任是:

(1) 管理和分配预算开支。

（2）分配基地内和跨基地的课程。

（3）接纳实习教师，并分派实习任务，对师范生进行指导、观察和评估。

（4）组织并主持每周和每学年的实习研讨会。教师教育部门的负责人，通过召开所有基地协调员和其他教师教育人员参加的例会，来监控所有的项目培养过程，但是日常管理的细节由 5 个基地的合作协调员自行处理。

附录 5-3 三一大学专业发展学区模式

三一大学专业发展学区模式是一个成功的范例。整个学区包括了圣安东尼奥学区和圣安东尼奥城的东北学区，都作为三一学院教师和师范生的现场教学场所。所有特色项目的设计都为了活跃教师参与改革，提升他们的教学技能。学区中的学生基本上都来自低收入家庭和少数裔家庭，但是他们的学习情况非常好。三一大学的专业发展学区网络也成立了一个"好学校"联盟，成员就包括了与其合作的几所中小学。

首先是霍桑小学，位于圣安东尼奥自治地区，当地人口数量非常不稳定，在校的幼儿园到 5 年级学生大约有 500 个，并且大多数学生的英语交流能力有限。96％的学生享受免费伙食或者低费用伙食(qualify for free or reduced-price meals)。这个小学在 1992 年成为了核心知识学校，它更多地围绕特定内容来组织主题课程和各学科课程，这种特定内容取决于学生在各个领域(包括历史、地理、数学、科学、语言艺术和美术)所应该了解和能够接受的学习内容。在这样的模式中，整个学校通常统一教授一个主题(例如，古埃及)，而每个年级围绕这个主题教授复杂程度不同的学科内容。

又如，位于同一个学区的马克吐温中学，它的学生背景与霍桑小学相仿，大约 90％的学生是拉丁美洲儿童，25％的学生英语能力有限，92％的学生享受免费伙食或者低费用伙食。自 1987 年起，马克吐温中学就加入了三一"好学校"联盟。大学—中小学的管理层和教师层通过协作研究，开发中等教师教育项目。

三一"好学校"联盟的成员还有位于东北自治学区的杰克逊—科勒小学和罗伯特李高中，这些机构之间的互动形成了"校际家庭小组"和"跨国学校合作"的项目，使师范生有更多的机会在国际社会与多元文化背景下参与教学实践与合作。

三一大学的“五年”硕士学位项目，基于教师教育一致性的原则，注重人文科目、理论与实践的紧密结合，通过大学与中小学紧密联系的网络协作关系的支撑，以培养终身实践教育变革的教师为目标。师范生要在专业发展学校指导教师（三一实践教师）的督导下，进行为期1年的实习（总学制为5年）。

三一大学注重人文学科的发展，并在全球视野下进行课程改革与发展。项目为师范生提供一套全新的公共课程，包括：(1) 第一年的讨论会项目（根据每年的热点话题变化）。(2) 写作专题研究。(3) 外语、计算机和数学技能。(4) 终身教育/健美教育。(5) 围绕6个基础领域建立的课程（被大学称为6个基础理解能力）：理解西方文化的理性传统（9小时）；理解其他文化（3小时）；理解价值角色（3小时）；通过科学理解世界（7～9小时）；理解人类社会背景（9小时）；理解审美经验（3小时）。

辅修课程包括：(1) 社会科学及相关领域的13门课程，包括历史（美国、欧洲和亚洲）、政府、经济、哲学和宗教等。(2) 科学及相关学习的8门课程，包括地理、人类学、考古学和环境科学。(3) 4门英语课程，包括写作专题研究，以及英国名著、美国名著和莎士比亚的课程。(4) 2门数学课程，包括微积分。

三一项目的教育课程领域包括儿童和青少年发展、教育改革和政策、学校和共同体等。其课程与论文写作非常强调理论和实践的关联，理论课程结构与实地工作计划是相互关联的，每年围绕一个特定主题展开，由师范生来综合理论课程与现场实践的学习。下面为三一大学教育理论课程与实践工作相对应的课程计划：

	教育理论课程	相关的实践工作
第1年	学校和共同体当前的教育问题	以校本案例研究的形式呈现对中小学的观察基于教育问题的中小学调查访问
第2年	社会中的儿童	实习课1：学校研究；专业发展学校指导教师安排的课堂任务每周3小时

第3年　成长在美国	实习课2:教学研究;在专业发展学校安排的课堂任务中,观察教学的多个方面
第4年　美国的学校教育	实习课3:个体学生需求的研究;在完成专业发展学校指导教师安排的任务的同时,完成儿童案例研究
第5年　课程、教学调查和实践	在专业发展学校指导教师的监督下,完成1年的研究生实习
学校领导层、监督管理层和评估	计划并实施一个课程单元;最终完成一个关于实践问题的研究项目

附录 6-1 对五个关键问题的回答

威尔逊等人应美国教育研究和改进办公室(OERI)以及教育部的要求,对关涉教师教育五个问题的高质量研究进行了评论,并对委托人提出的五个关键问题进行了回答:

1. 教学内容准备的效果如何?

威尔逊等人没有找到直接评估候选教师教学内容知识,以及评价内容知识准备和学生学习之间关系的研究报告。已有的与此主题有关的研究也很有限,而且结果在某种程度上互相矛盾。他们的结论是:作出任何关于教师学科知识重要性的一般性结论都要冒风险。

2. 教育学准备的效果如何?

威尔逊等人认为,这些研究大都把通过教学认证作为教学专业学习质量的指示器,但是这个指示器过于粗糙,提供不了很关键的关于教育学准备的具体信息,无助于人们理解哪些具体做法在教师培养方面产生了作用;由于各州认证方面的巨大差异,使得相似研究之间缺乏可比性,而且批评者有权提出问题:教师教育者来证实教师教育必要性,由于利益关系,其客观性是否值得质疑?

3. 实践经验的效果如何?

相关研究显示,实践经验可能比学科知识和教育学知识学习具有更一致的积极效果。但是,这方面的研究存在很多问题,例如:这个领域的研究大都是解释性和小样本的,许多研究聚焦相对狭窄的教学技能,且与其他教师教育因素脱节,尽管这样的研究能帮助人们了解一些影响因素,但是有限的样本和地方性处理使得它不可能推广。研究往往关注实习教师的态度变化,而不是实际上学到了什么知识和技能。

4. 哪些政策改进了职前教师教育质量?

很少有研究探讨这个问题,但是有几个策略抓住了政策制定者的注意:要求项目认证,强调州项目许可,要求增加理论课程(特别是阅读教学方面的),在认证中限制教师教育理论课程的数目,增加教师测验量和教师教育项目对教师测验结果的责任,要求任教学科主修,把职前教师教育从 4 年延长到 5 年,设立专业发展学校,关注入职培养等。尽管政策制定者对这些策略的热情很高,但是这方面的研究基础很薄弱。

然而,有一项研究提供了激动人心的证据。达琳-海蒙等人 2000 年运用国家数据库的证据,统计了各州全美教师教育认证委员会(NCATE)鉴定学院的比例和合格教师的比例(如获得完全认证和学科主修),发现二者显著相关。这项研究表明,能够运用全国范围的代表性的数据来检验政策的影响,也表明当前国家提供的数据的局限。由于缺乏更细致的关于教师教育、其毕业生表现、培养方式对雇佣和留任的影响等方面的数据,所以研究无法显示是州的项目许可政策、促进雇佣机制有助于教师质量改进,还是其他因素在起作用。如果从国家层面开始收集更多教师教育的信息,大样本研究可能有助于弄清州或机构政策与教师教育变量之间的关系。

5. 高质量替代性项目的要素是什么?

威尔逊等人找到了许多达到标准的描述替代性途径内容和特征的研究。结果表明,替代性项目成功地招聘到更多样的教师,但是在教师招聘和培训质量方面表现出很大差异。一项对 14000 多名教师的分析表明,3.3%的"替代性教师"没有学士学位。与获得认证的教师相比,更多替代性教师在数学和科学之外的科目任教。

尽管政策制定者和研究者对替代性认证(alternative certification)的兴趣在提升,但是对其效果的研究很有限,也产生了不一致的研究结果。这部分是因为从一年或两年职前模型到进入教师领域前的为期几周的培训项目都被贴上了"替代性"的标签。由于研究文献很少包括对替代性项目内容和因素的描述,所以要确定哪些变量影响了项目质量就很困难。

尽管文献存在一些不足,不过有几个特征对于高质量替代性认证还是显得很重要:高准入标准;全面的辅导和督导;广泛的教育学训练,包括教学、管理、课程和与多样的学生相处等方面;频繁的、实质性的评估;在成为负完全责任的教师之前参与教学计划和实习;高毕业标准等。

该领域研究的弱点之一，仍是对督导者主观评分的依赖以及学科知识指标的问题。另一个批评是，教师们的反应是不准确的，特别是教师们可能混淆自己的证书状态。例如，52%的教师报告他们获得了替代性证书，也说他们本科主修教育。而且，许多早期对替代性项目的研究是在那些项目刚刚建立的时候，项目本身发展水平低，相对不稳定。威尔逊等人认为，现在更多的州都有替代性项目，而且许多项目都更完备，现在是进行新的研究的时候了。

附录6-2 达琳-海蒙小传[①]

美国教育界流行的最具有危害性的说法或者说神话就是，好教师是天生的而非培养的。这种迷信的观点使得美国的教师教育政策太依赖先天魔力，太不相信系统地、持续地主动培养全体教师，以保证他们都有机会成为受过完备训练的教师。与之相伴随的观念是，好的教师教育项目事实上是不存在的，甚至也许是不可能建构出来的。

我作为教师和父母，对这些观念的代价感受非常深切。30多年前，我通过一个替代性证书项目进入了教学领域。20世纪70年代早期，教师开始出现短缺，替代性项目急剧膨胀。此前，作为中西部城区的助理教师以及一项东海岸内城项目的辅助教师和课程指导者，我已经喜欢上与学生一起工作。靠着这点经验的武装、极大的热情和一个常青藤大学的学位（不是教育学位），我完成了简单的夏季训练，包括在新泽西一个高中的实习。当年秋天，我成为一所高中的教师，同时学习教育方面的硕士学位课程。

很快，我深切地体会到：如果你想了解每个学生的话，教学是难以置信的困难。……同事都很忙，督导来听完课说"还可以"，然后就走了。我靠着义务感、热情、真诚和常识努力工作，努力把所学的内容与学生的经验拉近，尽量让学生参与，以此来激发学生的兴趣。但是，作为一名新教师，我时常感到困惑和疲惫。此时，我女儿的上学经历给了我启示。

我女儿的老师只会机械地运用奖励和惩罚（五角星、把名字写在黑板上、留在学校、减少休息时间等），不准讲话、做小动作，孩子们很快就开始厌学。我把孩子转到另外一所学校，遇到了截然不同的老师，她也是第一年的新教师，她的课堂充满了令人激动的智力活动：读书、写作、出版自己的书，

---

① Darling-Hammond L. et al. Powerful Teacher Education. San Francisco: Jossey-Bass, 2006. Foreword: pp. ix～xii

研究身边的科学和数学，完成各种学科内或跨学科的项目，学着与他人合作。没有学生因成绩和行为而被贴上标签。学生的分组根据他们的需要和从事的活动而变化。几周后，她诊断我女儿有诵读困难(dyslexia)，建议她进行测试和治疗，并很快提出了一系列策略教她阅读，而我女儿并不知道她自己有缺陷。我后来问这位技能丰富的新教师，她是如何学会做所有我观察到的这些事情的。她告诉我，她是哥伦比亚大学教育学院的毕业生，不仅完成了严格的硕士学位包括一整年的实习，而且参加了一系列特殊教育课程，包括阅读困难教学。这个例子有力地说明教师教育项目能够给新教师有效教学所需的知识和技能。

后来，我在纽约工作(在我成为了教育学院的教师之后)。通过观看老师们教学和听他们讨论其教学实践，在课程内外我发现自己总是能识别出有特色的职前项目，例如班克街教育学院(Bank Street College and Teachers College)。我们研究组发现，通过询问全国各地能得到最好培养的实践者，显然，这些教师拥有这样的知识和技能：关于课程和评价的深入的知识、对学生个体的理解、运用复杂教学策略对待差异巨大的学习者。……而且，通过与其他教育者的对话我发现(我们的研究小组系统地证实了这一点)，全国许多地方在校长、管理者和教师中对于哪些学院培养了最好的、能成功应对各类学习者的教师拥有共识。这些出色的实践者倾向于推崇附近的少数几个学院(往往是一两个)，这些学院在培养教师时从开头就关注对学生学习的理解以及对学生生产性学习经验的建构。

“有力的教师教育”研究就来自这些经验。确实存在着有力的教师教育项目，但这常常不被政策制定者和实践者知晓。我观察到一些政策的目的是绕过教师教育，理由是大多数教师教育仅仅是让更多的人进入课堂的障碍。这些政策总希望跳过对低报酬和“少数”在市中心的教师的培养，允许这些地区用未加训练的教师来填充空缺，这样就不必提高工资和改善工作环境。我发现，与此相反，教师如饥似渴地渴求知识，当他们找到好的教师教育项目时，甚至像得到福音书一样兴奋。

我越来越坚信，对不良的学校教育的解决办法在很大程度上在于理解什么是有力的教师培养，它能够做什么，并采取必要的措施保证所有的教师都能获得这样的培养。

附录 6-3　文化模型的九种要素[①]

施瓦茨认为，人类学家赫尔斯科维茨(Melville J. Herskovits)描述的一般文化模型的九种要素似乎特别有用，因为所有学校和课堂都显示出这些特点，教师教育项目也有类似特征。所有文化和亚文化，都有价值体系，体现了偏爱的行事方式，特别是什么是好的，什么是坏的。在教师教育中，研究清楚地显示了有效性和质量控制被认为是核心价值。所有文化都有宇宙观或世界观，涉及这样一些信念：人在宇宙中的位置，个体在更大的学校、社区、课堂文化中必须接受的限制。例如，大多数州的法律反对教师在学校体罚和谩骂学生，实习教师出现类似行为将被取消项目资格。每个文化单元也有自己的社会架构，以组织个体和群体关系，甚至决定着语言表达的形式。大学和中小学的实习教师的定向项目使他们很快、很清楚地知道在一定的文化中，什么是合适的表达。

每种文化系统都有一种技术、知识体系，以保证系统的功能和生存。这在教师教育中非常重要。例如，网络技术为教师教育提供了丰富的资源、远程培训方式和更大的互动空间。专业知识基础更是教师教育研究中的热点话题。

文化也依赖于经济系统，它控制着货物和服务的分配。在学校中，经济系统可能仅仅是供应物橱柜的钥匙。在教师教育项目中，生师比可能是关键，而当今市场机制在教师教育领域成为一股重要力量(参见本书第二章)。

除此之外，文化也依赖于管理形式或政策系统规范个体和机构的行为：以详细说明决策是如何制定的；权力、权威和影响是如何获得和使用的；谁

① Schwartz H. The Changing Nature of Teacher Education. John Sikula, Thomas Buttery, Edith Guyton. ed. Handbook of Research on Teacher Education. 2nd ed. New York: Macmillan Library Reference, 1996. pp. 8～9

参与什么决策。在 20 世纪 90 年代以前,除了关于合作和实验项目以及高等教育中的管理的文献外,描述教师教育项目决策的文献很少,但是近年相关研究日益增多。

很典型,文化类型也表明特定语言适合于特定过程和内容。教师教育的语言有待规范化。最后,还有社会化或系统的知识传递的教育过程。《教师教育杂志》中有许多描述这些内容的文章。

附录 6-4　教师凯西的研究经历①

凯西(Kathy)是参与教育性研究的一位教师。她所教授的学生，是按能力分组的——一个传统上看起来合适的结构。她自愿选择教低水平的学生，她的班级中有15个对学校充满敌对情绪且有明显攻击行为的学生。她为此采取了某些压制的措施，试图命令他们专心听讲，强迫他们学习。教育性研究的经历帮助凯西探究到教学的一种可选择的方法："我提出这个问题，并向自己挑战：学生个人历史的运用能否促进自己和别人进一步的理解，能否建立信任，能否在小学班级中形成一种团体意识?"她不仅讲述了自己的故事，而且试图写下来。她越来越不满和对抗这种状况——教师接受现状，以及她自己在加强专制的师生关系中的作用。

1. 缘起。一些学校之所以是现在的样子，仅仅是因为许多老师都这样说："我们总是这样做的。"学校培养和鼓励顺从行为，而不是创新。学生所学的第一件事情，就是在他的整个学生生涯中继续学习，就是满足教师的要求和期望。这样的做法扼杀了许多孩子的才能。凯西的哥哥就是这样，直到一位高中教师认识到他的艺术才能，让他认识到自己作为人的尊严。凯西受其哥哥经历的影响，对那些在传统学校中感到不适应的儿童感兴趣。她想把这些儿童按照他们本来所是和希望成为的样子来看待，而不是给他们贴上"失败"的标签。对这些孩子用传统方法(组织讨论，强迫他们读书等)不奏效，他们对功课不感兴趣。凯西让他们描述自己成长经历，写日记，写任何自己感兴趣的事情，画画来表达自己也可以，这样来扩展对自己历史的描述。老师也会提供一些参考的选题，大家就这些内容进行讨论，但不必谈论自己认为是隐私的内容。

---

① Gitlin A. et al. Teachers' Voices for School Change: An Introduction to Educative Research. London: Routledge, 1992. p. 24

2. 雅克布(Jacob)的案例。雅克布是凯西班级里一位8岁男孩，很小时父亲就离家，母亲正在戒毒。他在妈妈毒瘾发作时照顾妈妈，在妈妈偷盗以维持毒品供应时陪伴她，他还常常遭受继父的身体和精神上的虐待。他很少与同学、老师说话，总在保护自己，怕受任何人(包括凯西)伤害。他总是用暴力来应对问题，与同伴、老师、学校都是敌对的。班级规则对他没有什么作用，阅读很差。

他拒绝大多数老师分配的任务，但是对回顾自己的个人历史很感兴趣，他母亲也帮他回顾。以此为契机，他开始阅读、交流。学生们从学生自身经历、感受出发，讨论相关话题，如亲子关系、种族歧视、校园暴力等，在不断地讨论自己受欺负的经历后，雅克布逐渐不受欺负了，敌意和愤怒也不断减弱。大家讨论人与人之间的共同点与差异，理解他人、欣赏不同观点的重要性。渐渐地，大家以一种更相互关爱的方式交往，承认他人的力量，能合作共事。

3. 凯西与雅克布的对话①。

凯西：我们为什么要了解个人历史，写日志？

雅克布：因为要更好地了解孩子们，去听听自己的感觉。例如，你对某人感到愤怒，或者你为拥有了一辆自行车感到很高兴，或者因为母亲住进医院感到很悲伤。你可以把它写出来，告诉大家。

凯西：你说可以告诉大家你的感受，你认为这重要吗？

雅克布：重要。

凯西：为什么？

雅克布：因为……如果不告诉任何人，你自己坐在那里，很悲伤，别人问你，你也不理，或者说“我不想说”。这样人家会请求你说，然后就可能讥笑你。让别人知道你的感觉就不会这样。

凯西：你从自己和别人的故事里学到了什么？

雅克布：我有继父，有的人也有……我的一些故事，有的人不喜欢，有的人喜欢。一些人觉得自己悲伤，一些人觉得自己快乐。

4. 凯西从这个案例展开反思。在这个过程中教师的职责不是教，而是

① Gitlin A. et al. Teachers' Voices for School Change: An Introduction to Educative Research. London: Competency-based Teacher Education, CBTE, 1992. pp. 157～175

促进对话。学生教给我很多东西。我也更多地把学生理解为有自己独特知识和历史的个体，而不是把他们假想为相同的一群人。我们可以从小组成员的相似与不同中学习，并由此开发出适合我们需要的课程。作为教师，如果我们花时间去了解我们所教学生的生活，加强家庭和学校之间的联系，我们就会知道影响儿童先前经历的是什么。从这里开始，就可以设立对个体和群体来说都很重要的共同目标，并共同学习。我主要不是发布信息，而是提出问题，也许更重要的是倾听。通过倾听，能够获得对学生校外生活的了解。起初，我认为雅克布的母亲一定是不关心他的，但是通过个人生活史才获得了准确的信息，改变了这种看法。但是，现在学校的惯常做法就是要求教师讲课、发布信息，即使家长会也是由教师单向发布信息。这限制了家长参与学校工作，没有园地供他们发表对学校的看法，学生和家长的声音是难以被听到的。另一个限制条件就是对学生学习结果和成绩的关注，而不考虑学习过程。我们倾向于给那些我们不了解的学生很低的分数。档案袋可能是更好的评估方式。

附录 6-5　舒尔曼的研究经历①

舒尔曼在医学问题解决研究中没有找到一般诊断能力的证据，从而得出医学诊断具有领域特殊性的结论。他当时研究所用方法是大声思维、录像一刺激、内容分析等，这对他后来的研究都有影响。舒尔曼关于教学和教师的研究主要经历了以下历程：

1. 关于教学的研究——重过程轻结果

为什么医生被认为是自主的问题解决者，他们的思维需要被理解和支持，而教师（在 20 世纪 70 年代早期）就被认为是执行者呢？难道不该通过研究教师计划、判断和决策等思维过程来改进对教学的理解吗？舒尔曼等人不仅用医学领域的方法，也与人类学家瑞安和艾里克森以及八位教师一起进行合作研究。

该项目持续了近十年，改变了教学研究的范式：从关注行为到关注思维；从可观察的表现到策略和理解；从简单的刺激反应模式到更复杂微妙的涉及背景、内容、认知的模型。

但是舒尔曼反省自己的研究时丢掉了过程一结果模式的核心原则：把教学的重要特征与学生学习质量联系起来的重要性。丢弃了有效的标准化测验成绩作为学生理解的适当表征，也把对教学的复杂描述和普遍接受的学生学习指示器（学生成绩）对立起来。由于轻视处于明处、容易看见的测量的价值，丢掉了对教学结果的关注。舒尔曼说当时的他被教学的认知过程迷住了，几乎完全忽视了学生的学习结果。20 年后在与政策共同体的对话中，这个错误被证明对教学研究者而言是代价惨重的。

2. 教师知识的研究

20 世纪 80 年代早期，舒尔曼等人不再问“教师如何思维和决策”，而是

① Shulman L. S. Truth and Consequences? Inquiry and Policy in Research on Teacher Education. Journal of Teacher Education, 2002,53(3):pp. 248～253

“教师知道什么，如何用其所知”。他们询问已经以特定方式理解学科的教师，如何将自己的知识转化为对学生有意义的方式进行呈现。这种工作的新路向是从先前医学和教学方面的研究中生发出来的，既关注实质内容，也关注方法，更强调教学内容知识以及内容知识与教学的结合，舒尔曼称之为学科教学知识(pedagogical content knowledge)。这阶段的研究还没有与学生成绩联系起来。

3. 教师评估项目

在为有经验的教师设计全美教学专业标准委员会(NBPTS)的工作中，舒尔曼等在斯坦福大学的研究小组，从事创建全国委员会评估工具原型的研究。因此，1985 到 1990 年，小组的研究从理论驱动的基础研究转向更重结果的探究。这项工作以先前的教师知识研究为基础，根据教学概念与教育学推理和行动的理论模型作出了预测，认为教学根植于深入的内容知识和学科教学知识(这是教师理解教育学表征的基础)、反思能力和从自己经验中学习的能力以及学科领域特定的教育学假设。

因此，评估从研究教师的实践智慧开始，将教师的思维和行动作为设计标准的基础。从一开头研究小组就假设，对于教授不同学科、不同年龄学生的教师必需进行不同的评估。评估除观察到的课堂实际表现外，应强调教师作为设计者、评估者、反思者的角色。评估将既关注教师知识，又关注知识在真实课堂情境中的呈现。因此，以前的基础研究所进行的理论建构——内容、认知和情境——成为 NBPTS 认证政策的核心。如果没有此前十年左右的基础研究，这项应用研究是不可能开展的。而且，即使在应用性的评估研究开展得很热闹的时候，重要的基础研究仍在进行。

该研究过程中也诞生了重要的新方法，其中最重要的是评估课堂教学的档案袋。舒尔曼认为，由于评估的重大意义，这项工作，最终会对教师教育、教育学及其评估甚至更广的领域产生巨大影响。

但是，舒尔曼认为，如果说这项教师评估项目的工作反思了 3C：内容(content)、认知(cognition)和情境(context)的理论重要性，但它还是忽视了第四个 C，就是学生的学习结果(consequences)。尽管情境化的、特定内容的档案袋曾被预期包含学生的成绩，但是委员会认证和学生成绩之间的系统联系还是没有揭示出来。

4. NBPTS 标准的效度研究：过程结果并重

全美教学专业标准委员会(NBPTS)已经成为通过提升教师质量改变美

国教育的最持久的政策推动力之一。从1990年到2000年,该委员会从愿景(vision)和一系列原型转变为公共机构(institution)。其评估过程,与基于情境的教学档案袋、计算机评估中心结合,被用于30多个领域的管理。在邦德(Lloyd Bond)领导下,研究人员进行了第一次广泛的效度研究,他们试图把过程与结果联系起来。在邦德等人的研究中,评估者通过课堂观察对教师进行打分,这些评分者并不知道该教师在既往的NBPTS评估中的成绩。研究表明,在NBPTS评估中得分越高的教师,他们在实际课堂教学中的表现与NBPTS的教学标准越一致,其学生成绩也就越高。

因此,基于过程—结果与基于实践智慧研究所开发的教学和医学模型,在后续对师范生所进行的教师知识发展研究中被细致地描述,并成为设计和执行教师质量评估新途径的基础。这一评估又依据课堂教学表现的观察和学生学习测量得到了效度分析。舒尔曼认为,教师评估的两种方式以及教师培养的替代性途径的有效性问题必须持续关注。当从宏观图景鸟瞰时,上述研究历程很清楚地说明了这些类型间的紧密依赖关系,而不是对立关系。

5. 教师培养的工具箱

舒尔曼和他在卡内基基金会的同事近期在从事一项研究,其目的是理解和改进教师教育质量。他们认为问重复的问题没什么意义,如教师教育是否有作用?或者,正规教师教育项目比完全没有培养(或减少培养)有优势吗?教师教育或其替代途径无法作为有精度的自变量。事实上,所有形式的教师教育,不论发生在哪里,都可看做是替代性项目。不像律师或医生的培养,教师培养没有标准模式,即使在认证过的大学项目中也是如此。

舒尔曼等认为,离开了工具开发和实地测验,理解教师教育是不可能的,严肃的改进就更不可能。这一系列工具是:用来说明和测量各种教师学习和发展的重要维度,以及未来教师在各种途径中的重要学习机会。舒尔曼认为,该领域非常需要低投入、高产出的工具来监控教师培养的重要指标,并指导教师教育者和教师自身。其中一些工具可能更接近测验,有的更类似档案袋或评估中心。舒尔曼的小组已着手与几个教师教育项目合作,用教师教育者的工具箱进行开发、实地测验和实践。

总体而言,这些工具必须能把教师主动和有意识发展的能力,与他们对学生发展和学习的影响联系起来。

转型期西方教育理论与实践丛书
主编　陆有铨

论争与建构

——西方教师教育变革关键词及启示

鞠玉翠　著

主　管： 山东出版集团
出版者： 山东教育出版社
（济南市纬一路 321 号　邮编：250001）
电　话： (0531)82092663　**传真：** (0531)82092661
网　址： http://www.sjs.com.cn
发行者： 山东教育出版社
印　刷： 山东临沂新华印刷物流集团有限责任公司
版　次： 2011 年 3 月第 1 版第 1 次印刷
印　数： 1—3000
规　格： 787mm×1092mm　16 开本
印　张： 23.5 印张
字　数： 329 千字
书　号： ISBN 978－7－5328－6268－9
定　价： 47.00 元

（如印装质量有问题，请与印刷厂联系调换）

电话：0539—2925659